本书为江苏高校现代服务业协同创新中心、江苏高校人文社会科学校外研究基地“江苏现代服务业研究院”和江苏高校优势学科建设工程资助项目(PAPD)的研究成果。

江苏高校现代服务业协同创新中心研究报告

江苏商务发展报告 (2013)

DEVELOPMENT REPORT OF JIANGSU BUSINESS (2013)

主编　张为付

中国人民大学出版社
·北京·

编写指导委员会主任：陈章龙　刘志彪

编写指导委员会：

陈章龙　刘志彪　徐　莹　王开田　蒋伏心

蒋乃华　赵有广　党建兵　张为付

主　　编：张为付

副 主 编：原小能

编写人员：（按姓名拼音顺序）

陈小文　霍　焱　李逢春　李平华

吕文慧　杨　晨　原小能　宗　颖

目　录

综合篇

国内贸易篇

对外贸易篇

外商直接投资篇

对外直接投资篇

服务外包篇

企业篇

政策篇

数据篇

Contents

Comprehensive Articles

Domestic Trade Articles

Foreign Trade Articles

Foreign Direct Investment Articles

Outward Foreign Direct Investment Articles

Service Outsourcing Articles

Enterprises Articles

Policy Articles

Data Articles

综合篇

Comprehensive Articles

第1章 江苏商贸发展概况

江苏是开放型经济大省，近年来随着国内商贸环境的改善，商贸活动发展迅速，整体表现比较突出，但由于受国际金融危机的影响其内部结构也呈现出有升有降的局面。从内部结构来看，商贸活动内涵较为广泛，涉及国内贸易、对外贸易、外商直接投资、对外直接投资、对外经济合作、服务外包等六个方面。

一、社会消费品零售总额逐年增长但增速下降，旅游市场增长较快

金融危机以来，江苏社会消费品零售总额始终保持两位数的高速增长，2008 年到 2012 年年均增长速度达 18.1%。① 近三年来，江苏在积极发展内贸方面推出很多举措，包括借助电子商务平台积极推进企业开拓国内市场，因此消费品零售总额逐年明显增长，2010 年至 2012 年江苏社会消费品零售总额分别是 13 606.80 亿元、15 988.38 亿元和 18 331.30 亿元，2012 年占全国的比重达到 8.7%。但值得注意的是，江苏内贸虽然总量逐年增长但增速出现了下滑，2011 年和 2012 年的消费品零售总额比上一年分别增长 17.5%和 14.7%。另外，由于电子商务的快速发展，在传统实体贸易企业和网络电商企业两方面出现了分化。传统实体贸易企业增长乏力，而网络销售增长迅猛，逼迫传统实体企业转型升级，利用电子商务开拓销售渠道。另外，多年以来江苏旅游市场一直保持着较快的增长速度，在内外贸市场中呈现一枝独秀的局面。

（一）批发和零售业占据主体并保持稳定比例，餐饮业增幅居首

在社会消费品零售总额中，批发和零售业始终构成总额的较大比重，2010 年到 2012 年这一比例分别是 89.71%、89.57%和 89.73%。从行业增长来看，2012 年批发和零售业、住宿业、餐饮业均保持两位数以上的增幅，增长分别达到 14.86%、10.18%、16.83%，其中餐饮业增长最快。这三大行业以外的行业被归入“其他行业”，在 2012 年呈现负增长。

从 2010 年到 2012 年限额以上企业状况来看，限额以上法人企业总数、限额以上产业活动单位总数及限额以上企业（单位）从业人员总数均逐年上升，表现出总体向好的发展

---

① 数据来源除特别注明外，本章其他数据均来自 2013 年《江苏统计年鉴》及作者的计算。

势头。

（二）商品交易市场数量总体趋于下降，农村市场数量下降明显

江苏商品交易市场数量在2000年以后呈现明显下降趋势，从2000年的6 268个下降到2011年的3 879个，2012年略有回升，总数为3 890个，但改变不了总体下降的趋势。究其原因，一是众多小规模市场通过合并扩大规模、提档升级；二是电商市场的飞速发展对实体交易市场形成较大冲击，部分市场由于定位不准、位置偏远、管理不善等原因逐渐退出；三是农村市场由于人口大量向城镇转移而逐步萎缩。

从市场内部结构来看，按地区分，商品市场在城市和农村表现出明显不同的变化趋势，城市市场数量在2005年达到最高，为2 279个，2010年之后小幅波动，从2010年的2 215个下降到2011年的2 113个，再到2012年的2 176个。但农村市场下降幅度较大，2000年同样达到最大值4 241个，之后一路下跌，2010年至2012年农村市场数量分别为1 817个、1 766个和1 714个，城镇化的加快和农村人口迁移显然极大地影响了农村市场的发展。

从市场类型来看，消费品市场数量总体变化不大但其中的农村市场数量下降明显，生产资料市场无论是城市市场还是农村市场均直线下降。生产资料市场从2000年的720个逐年下降，其中2010年至2012年分别是456个、428个和398个。这一发展趋势再次反映了农村市场的萎缩。

从交易规模看，2012年江苏亿元以上商品交易市场已达562个，营业面积3 314.69万平方米，平均每个市场5.9万平方米。从经营环境来看，有封闭式市场411个，占比73.13%。从经营方式看，批发市场与零售市场个数比较接近，分别是293个和269个。市场类别中有综合市场171个以及专业市场391个。这些数据显示了江苏商品交易市场具有规模大、环境好、专业市场发达且专业分工细化的特点。

（三）旅游市场主要指标均稳步上升，星级饭店数量有微量下降

随着收入水平的日益提高，江苏旅游市场从2000年以来一直稳步增长，是各个市场中唯一比较稳定的市场。各项指标中除了星级饭店数量近两年略微下降外，其他各项指标均增长明显，涵盖旅行社数量、旅游人数（包括入境旅游人数、国内旅游人数）、旅游收入（包括旅游外汇收入、国内旅游收入）等。旅行社数量从2000年的646家发展到2010年的1 857家，十年增长近两倍，表明江苏旅游市场的接待能力和市场容量提升较快。2011年和2012年这一指标继续攀升至1 986家和2 117家。入境旅游人数也有大幅增加，从2000年的160.94万人增长到2010年的653.55万人，增长了306%。2011年和2012年入境游客数字再次不断刷新，分别达到737.33万人和791.54万人，其中外国游客远超港澳台同胞。与入境游客相比，国内旅游人数增长更快，从2000年的0.72亿人增长到2010年的3.55亿人，增长达393%。2011年和2012年国内旅游人数继续分别增长至4.12亿人和4.4亿人。旅游人数大增一方面得益于收入水平的提高，另一方面也由于江苏的开放度日益提高，作为旅游大省，江苏的人文自然旅游资源本身比较丰富，在此基础上又打造了诸多具有深厚文化历史底蕴的景区，借助各种媒体及大型赛事对江苏旅游资源进行了充分宣传，有效地培育了江苏旅游市场。

从旅游市场收入来看，收入的增长速度远超旅游人数的增长速度，旅游外汇收入从2000年的7.24亿美元增长到2010年的47.83亿美元，增长了561%。2011年和2012年旅游外汇收入继续保持两位数的增幅，收入总额分别是56.53亿美元和63亿美元。国内旅游收入的增长速度高于旅游外汇收入的涨幅。2000年江苏国内旅游收入是587.52亿元，2010年已达4 287.86亿元，增长630%。2011年和2012年江苏的国内旅游收入再创新高，分别达到5 161.47亿元和6 055.8亿元。旅游收入的大幅提升显示了江苏旅游市场质量和价值创造的提高。

二、外贸增速下降，结构多变，服务贸易发展较快

金融危机对世界主要市场造成了巨大影响，作为外贸大省的江苏也因此在2009年出现外贸总额以及出口额、进口额三个方面的负增长。自2010年以后，随着主要出口市场的经济复苏，江苏的外贸也随之回暖，但从内部结构来看依然是喜忧参半。

（一）外贸总额及出口总额增速下降，进口出现负增长

2010年至2012年，江苏的外贸总额分别是4 657.93亿美元、5 397.59亿美元、5 480.93亿美元。但由于世界经济形势依然存在较大变数，特别是光伏等产业遭受了欧美反倾销反补贴等贸易壁垒的巨大冲击，江苏的外贸发展并没呈现匀速增长的态势。2011年外贸总额增速达15.88%，而2012年外贸总额同比仅增长1.54%。这一特点同样体现在外贸出口上。外贸出口总额2011年是3 126.23亿美元，同比上升15.6%；2012年略有上升，达到3 285.38亿美元，但升幅仅有5.1%。而外贸进口形势逆转，2011年江苏外贸进口额为2 271.36亿美元，同比上升16.3%，但2012年再次出现负增长，进口额为2 195.55亿美元，同比下降3.3%。进口出现负增长不仅有内需的影响，同时也与外贸出口乏力有关，因为出口形势的不利导致了出口生产中所需进口原材料和中间产品的萎缩。

（二）机电产品独占半壁江山，高技术产品增速下降，服务贸易发展迅速

江苏的外贸发展在整体回暖的同时，外贸结构也呈现出不同的变化趋势，其中高技术产品的贸易更是反映外贸质量高低的重要指标。江苏外贸的主要类别是工业制成品，2012年该项贸易额比重高达92.86%，相应地初级产品只占7.14%。在工业制成品中，外贸大类产品主要是机电产品和纺织服装，其中机电产品一类就占了江苏外贸的一半以上。2012年江苏机电产品出口与进口占江苏出口额和进口额的比重分别是66.26%和58.73%。在继续保持纺织服装等传统产业优势的同时，机电产品的竞争力不断上升，从而成为江苏重要的经济增长点。

高技术产品出口额2010年至2012年分别为1 258.82亿美元、1 292.5亿美元和1 315.55亿美元，近三年来虽有小幅增长，但从占外贸出口额的比重来看却呈现持续下降的态势。在这三年里江苏外贸出口中高新技术出口额占江苏出口总额的比重分别是46.65%、41.34%和40.04%。2011年和2012年江苏的出口分别比上一年增长2.7%和1.3%，进口的增速分别是6.7%和1.0%。高技术产品贸易额虽继续上扬，但增长乏力。

江苏的服务贸易近年来有了飞速发展。2010年服务贸易额229.1亿美元，2011年达

到331.2亿美元，到了2012年这一数字再次刷新，达到516.4亿美元，比上一年增长了55.92%。出口额为230.5亿美元，同比增幅为54%，进口额为285.8亿美元，同比增幅为57.5%，逆差额为55.3亿美元，占同期外贸的比重为9.4%。① 这一变化与江苏近年来大力发展现代服务业、推进产业结构升级以及促进服务外包有直接的关系。

（三）一般贸易和加工贸易比重逐渐接近，加工贸易面临困境

贸易方式可以分为一般贸易、加工贸易和其他贸易，其中前两者构成贸易的主要部分。从贸易方式来看，2011年江苏一般贸易出口占比是40.38%，远低于同期加工贸易出口所占比重55.08%；2012年两种贸易方式出口占比分别为42.48%和48.76%，两者比重差距大大缩小。同时加工贸易出口在2012年出现负增长，这既和国外加工贸易订单减少有关，也体现了江苏推进外贸转型升级初见成效。在进口方面，2011年江苏一般贸易进口增长高达32.1%，加工贸易进口仅微增1.6%；2012年江苏一般贸易进口和加工贸易进口均出现负增长。与此同时，其他贸易在2011年和2012年均高速增长，其中2012年出口增长高达102.8%，成为值得关注的亮点。

（四）外资企业是外贸主体，但增速不及内资企业

按外贸企业性质分类，外资企业始终是江苏外贸的主体，这和全国情况保持一致。2011年和2012年外资企业出口占江苏外贸出口的比重分别是68.53%和62.01%，两年中外资企业进口占比分别是74.47%和69.38%。外资企业虽然所占比重较高，但增速不及内资企业。2011年外资企业出口增长11.9%，进口增长9.7%，2012年进出口均出现负增长，而内资企业两年出口增长分别达24.6%和26.8%，进口增速也维持在两位数的高位，具有强劲的发展势头。内资企业中，民营企业无论在外贸规模上还是增长速度上均远超国有企业，显示出江苏民营企业较强的发展势头。

（五）欧洲市场差强人意，亚洲与美洲市场增长乏力，非洲市场相对平稳

亚洲一直是江苏外贸出口的最大市场和进口的最大来源地。江苏外贸总额中亚洲市场的比重2011年和2012年分别达到54.14%和55.72%，同时亚洲市场出口增长率在2011年和2012年均远高于欧洲和北美市场。2012年亚洲市场出口占江苏出口总额的45.26%，从亚洲市场的进口占江苏进口总额的71.32%。其他出口市场的排序依次为欧洲、北美、拉美、非洲和大洋洲，其他进口来源地的排序依次为欧洲、北美、大洋洲、拉美和非洲。

由于近几年受金融危机和欧债危机影响较大，市场需求动荡不定。2012年江苏对亚洲和欧美的出口和进口都有较大波动，其中欧洲市场表现较差。2012年江苏对欧洲的出口与进口出现了“双降”：出口同比下降了10.4%，而2011年对欧洲的出口比2010年增长了5.0%；2012年从欧洲的进口下降了8.4%，与2011年同比增长33.6%的增速形成巨大反差。对亚洲、拉美和北美的出口虽然有所增长，但增速下降显著，进口与欧洲一样

① 参见江苏省商务厅：《2012年度江苏省商务运行情况》，http://njtb.mofcom.gov.cn/article/u/201304/20130400092782.shtml。

也出现了负增长。值得关注的是，非洲市场虽然从总量上来看位列倒数，但2012年对非洲的出口却出现了远超过其他各洲的增幅，达到22.7%，与之前一年28%的增速相比略有下降，进口降幅0.5%也远低于其他各洲（进口来源地中只有大洋洲增长2.4%，其他各洲均为负增长），比其他各洲表现更为稳定。

（六）苏南稳居外贸总额第一，苏南与苏中增幅大起大落，苏北表现抢眼

江苏省内共有13个地级市，习惯上划分为三大区域：苏南的南京、镇江、常州、无锡和苏州；苏中的扬州、泰州和南通以及苏北的徐州、连云港、宿迁、淮安和盐城。经济总量苏南占60%以上，苏中、苏北大体相当。苏南开放型经济发展较早，外贸总量大，多年稳居三地之首。苏中外贸总额居中，与苏南和苏北均呈现明显梯度性。近两年来，苏南与苏中外贸发展起伏不定，2011年苏南与苏中8个地级市中除苏州以外其他地级市均呈现两位数的增幅，但2012年仅有镇江增长13.3%，常州、苏州、南通、扬州四地只有微量增长，而南京、无锡、泰州均出现负增长。但外贸总量最小的苏北，由于近年来基础设施发展较快，外资进入迅速，外贸发展反而呈现出一枝独秀的态势：2011年苏北五个地级市外贸总量增速均远远超过苏南与苏中，其中宿迁和徐州外贸增速分别高达69.7%和51.7%，表现十分抢眼。2012年对比更加明显，在苏南与苏中多地仅有微量增长甚至负增长的情况下，苏北依然维持高速增长，淮安、宿迁和徐州的外贸总量增幅分别高达48.5%、34.9%和32%，后发优势十分明显。

三、引进外资数量基本稳定，行业结构和来源地结构逐步改善

由于江苏具有优越的地理位置、较为完善的市场环境、丰富的人才和经济发达的市场，在吸引外资方面始终走在全国前列。

（一）合同利用外资有所下降，实际利用外资匀速增长

2010年江苏合同利用外资568.33亿美元，2011年达到595.54亿美元，2012年有所下降，达到571.41亿美元，合同外资减少和人民币加速升值有较强的联系。实际利用外资受汇率影响则不太明显。2010年江苏实际利用外资额是284.98亿美元，2011年和2012年分别是321.32亿美元和357.6亿美元，依然保持匀速增长。

（二）外资主要投向资本密集行业和技术密集行业，服务业利用外资成为新热点

外资投向行业中制造业依然是主体，2012年制造业合同外资额和实际利用外资额分别是375.99亿美元和223.28亿美元，占总额的比重分别是65.8%和62.44%。从制造业内部来看，按照实际利用外资额进行统计，占据前五位的行业分别是通用设备制造业、电气机械及器材制造业、通信设备计算机及其他电子设备制造业、交通运输设备制造业、化学原料及化学制品制造业，显示出在制造业中江苏引进外资以资本密集和技术密集行业为主的特点。在服务业利用外资方面，2012年实际利用外资额为111.77亿美元，占当年实际利用外资总额的31.26%，是利用外资的又一主要产业部门。以实际利用外资进行统计，

外资在服务业中投向的前三位行业是房地产（58.7亿美元）、批发和零售业（17.46亿美元）以及租赁和商务服务业（11.19亿美元）。江苏积极推进产业转型升级、大力发展现代服务业，在引进外资方面也给予了较多的优惠政策，从而引导外资流向更快地转入服务业。

（三）外资企业单体规模增长较快，独资化趋势明显

江苏引进外资项目数近年来连续下降，从2010年到2012年合同外资项目分别是4 661个、4 496个和4 156个，但单体规模却不断增长，从2010年的平均投资额1 219.3万美元快速攀升至2012年的1 374.9万美元，显示出引进外资的质量有所提高。从外商直接投资的四种企业类型来看，独资企业远超合资企业、合作企业及外商投资股份制企业的总和，当年新增合同项目数占比从2010年到2012年分别是79.3%、78.54%和82.15%。这种趋势与在华投资的总体趋势一致。由于对外资企业的股份比例限制逐步取消，国内市场日益规范，外资企业逐渐改变过去主要以合资方式进入中国市场的做法，改为以独资方式获取最大的市场利益。

（四）外资来源以亚洲为主，欧洲与北美投资增长提速

江苏引进外资的来源地依然以亚洲为主。2010年到2012年三年中，江苏实际利用外资中来自亚洲的额度分别是194.53亿美元、235.59亿美元和259.28亿美元，占比分别是68.26%、73.72%和72.51%。从亚洲内部来看，对江苏投资较多的国家和地区主要是中国香港、中国台湾、日本、新加坡、韩国，其中中国香港一地的投资项目数就占到了亚洲的一半以上，这固然得益于诸如CEPA（《内地与香港关于更紧密关系的安排》）、ECFA（《海峡两岸经济合作框架协议》）等优惠协议的推动，更得益于上述经济体独特的地缘优势，同时也存在部分珠三角的外资向长三角转移的现象，特别是苏北地区由于土地及劳动力成本依然较低，近年来成为吸引外资的重要区域，比如淮安已经成为新的台资集聚地。按各洲外资来源进行统计，以2012年实际利用外资额来进行排序，对江苏投资的顺序由高到低依次是亚洲、拉美、欧洲、北美、大洋洲和非洲，但亚洲遥遥领先，其他各洲的总份额只有27.49%，显示了外资来源存在失衡状况，尤其是代表最先进技术创新地的欧洲和北美洲对江苏的投资依然不足，这显然不利于江苏借助外资技术溢出来提升科技水平和创新能力。但值得注意的是，近年来欧洲与北美的投资总额有明显增长，两地加总来看2011年比上一年增长2.6%，到了2012年增速已达8.7%，显示了江苏吸引外资的风向有所改变。

（五）外资日益集中于开发区，国家级开发区与省级开发区引资差距拉大

目前各地均以各种类型、各种级别的开发区作为外资集中投资的区域，以特殊的园区政策、园区管理、园区服务作为吸引外资的有利手段。截止到2012年年底，江苏共有37个国家级和98个省级开发区，涵盖专业类开发区（比如南京化学工业园区）、工业园区（比如镇江京口工业园区）、经济技术开发区、高新技术产业开发区等多种类型。2012年开发区吸引的实际外商投资额已经占到江苏吸引外资总额的78.4%，外资集群式发展已经成为主流，避免了过于分散不利于管理的问题。从开发区级别来看，国家级开发区更容易受到外资的青睐。2012年江苏国家级开发区吸引的外商实际投资额占开发区外资总额的

59.4%，而且自2010年以来，国家级开发区与省级开发区吸引的外资额差距还呈现出逐年拉大的趋势。

四、对外直接投资稳步增长，主要投向第三产业

在积极促进“引进来”的同时，江苏也大力推动企业“走出去”进行对外直接投资。对外直接投资结构逐步优化，数量与质量同步提高。

（一）投资总额逐年增长，单体规模逐步扩大，非贸易项目占据主体

2010—2012年江苏对外直接投资新批项目数分别是408个、505个和572个，中方合同投资额分别是21.76亿美元、36.02亿美元和50.45亿美元，可以看出对外直接投资不仅总额明显增长，项目单体规模也在提高，从2010年的平均533.37万美元增长到2012年的平均882.08万美元。近年来江苏对外直接投资均以非贸易型项目为主，2012年江苏贸易项目和非贸易项目分别是243个和329个。

（二）行业投向以第三产业为主，但第一产业增速明显

从对外投资的产业分布来看，第三产业是江苏对外投资的主要部门。2012年中方合同投资额中，第一、二、三产业的分布比例分别是4.62%、29.84%和65.54%。值得一提的是，江苏对外直接投资投向第一产业的额度占总额的比例从2011年的1.32%提升到4.62%，显示出行业投向的新特点。第二产业中以制造业为主，中方合同投资额达7.28亿美元。第三产业中位列前三的行业分别是租赁和商务服务业15.84亿美元、批发和零售业8.96亿美元以及房地产业4.11亿美元，世界范围内商贸服务快速发展的环境造就了江苏对外投资中对商贸服务的日益重视。

（三）投向区域分布冷热不均，仍以亚洲为主

在对外直接投资地区分布上，与引进外资的来源地以亚洲为主相同，江苏对外直接投资在亚洲的投资同比增长43.76%，其中香港以其特殊的政治地位和优越的投资环境位居江苏投资目的地之首。2012年对亚洲投资的中方合同投资额为26.84亿美元，占53.2%。与大量投向亚洲形成显著对比的是，江苏投向其他区域的直接投资明显较少。按照中方合同投资额排序，其他投资区域依次是欧洲5.19亿美元、大洋洲4.41亿美元、拉丁美洲4.32亿美元、非洲3.67亿美元，北美洲则为空缺。欧美作为创新技术的主要来源地，江苏对欧美投资较少不利于企业借助对外投资吸收先进技术、获得研发信息。

（四）投资主体中民营企业占据绝对多数，国有企业增长较快

对外直接投资的企业主体有四种类型，近年来江苏民营企业活力日益凸显，对外投资步伐加快，占据了对外投资企业最多的一类。2012年江苏民营企业参与境外投资项目383个，占全年新批项目数的66.96%；合同投资额320 725万美元，占全年合同投资额的63.57%。国有及国有控股企业对外直接投资额虽然落后于民营企业和外资企业，但2012

年增速显著，新增项目数从 2011 年的 34 个快速增至 60 个，相应地对外投资额占比从 7.57%上升到 16.75%。

（五）省内投资地区中苏南占据绝对优势但占比下降，苏北后发优势明显

江苏省内经济区域呈现出苏南、苏中、苏北明显分化的局面，经济总量从南向北依次下降且差距明显，这一特征同样也反映在对外直接投资领域。2012 年苏南对外直接投资占全省比例达到 66.69%，相较于苏中、苏北占据绝对优势地位，但纵向比较却发现这一优势有所削弱，从 2010 年的 79.53%下降到 2011 年的 68.78%，再到 2012 年的 66.69%，呈现出占比逐年下降的特点。与此同时，苏北近年来由于经济总量稳步上升，再加上当地政府对“走出去”政策的大力推进，对外直接投资快速增长。2012 年苏北地区对外直接投资 7.39 亿美元，较上年增长 61.94%，增速远高于苏中地区的 47.80%和苏南地区的 39.68%。

五、对外经济合作内部有升有降，对外承包工程占据主体

近年来江苏对外经济合作也取得较快发展，但从内部结构来看还是以对外承包工程为主，对外劳务合作所占比重较低并连续出现负增长。对外承包工程合同金额稳步上升，2010 年到 2012 年分别达到 54.47 亿美元、59.49 亿美元和 71.98 亿美元 ；实际完成营业额分别是 51.98 亿美元、59.92 亿美元和 64.68 亿美元。从综合合同数和合同金额两项指标来看，对外承包工程呈现出单笔合同平均金额快速增长的特点。2010 年至 2012 年平均合同金额分别是 562.73 万美元、667.9 万美元和 713.42 万美元，显示出对外承包工程单体规模的逐步扩大，从而在量和质两个维度上都有了显著提高。

同期对外劳务合作合同金额则出现了下滑，2010 年到 2012 年分别是 7.6 亿美元、6.49 亿美元和 6.2 亿美元，实际完成营业额分别是 7.69 亿美元、7.36 亿美元和 7.74 亿美元，呈现出小幅波动。

从年末在外人数来看，对外承包工程和对外劳务合作也呈现不同的特点。对外承包工程年末在外人数近年来较为稳定，总体变化不大。对外劳务合作年末在外人数自 2007 年以来逐年减少，2007 年达到历史最高值 75 924 人，2012 年已经下降到 51 234 人。

六、服务外包规模扩张迅速，来源地逐步扩大

（一）服务外包总额及离岸服务外包规模增长较快

近几年江苏服务外包经历了较快的发展，产业规模、企业数量、从业人员数量均高速增长，其中离岸服务外包更能反映服务外包的质量和水平。从产业规模来看，2007 年至 2009 年江苏离岸服务外包执行额保持着三位数的增长速度。2010 年以后增速比前一阶段虽有所放缓，但依然维持着两位数的增长水平。2011 年江苏离岸服务外包合同额和离岸服务外包执行额分别达到 77.1 亿美元和 63.83 亿美元。2012 年全省服务外包合同总额为 206.4 亿美元，同比增长 62.5%，其中离岸合同金额为 118.5 亿美元，同比增长 53.6%。全省服务外包执行总额达到 168.0 亿美元，同比增长 61%，其中离岸执行金额为 97.8 亿

美元，同比增长 53.3%。①

在企业数量方面，2010 年江苏服务外包企业已经达到 3 778 家，2012 年年底这一数字再次刷新到 6 524 家，出现了一批骨干龙头型企业，多家企业进入中国服务外包成长型企业 100 强的行列。同时除了本土企业的蓬勃发展外，江苏也吸引了大量国外具有较强实力的服务外包企业落户。截至 2012 年年底，投资江苏的世界 500 强企业、国内外包 50 强企业已有 60 多家。从业人员增长较快，2010 年至 2012 年江苏服务外包从业人员分别是 48.5 万人、64 万人和 84.27 万人，人数不断增长，从业人员学历和素质也较高。同时，江苏非常重视服务外包人才培训，有南京、无锡、苏州三个中国服务外包人才培训中心以及包括南京大学软件学院在内的七家中国服务外包人才培训机构。

（二）服务外包载体多样，形成服务外包产业集群

江苏为推动服务外包的发展，打造了各类服务外包载体，包括软件园、物流园、创意园、研发中心等。这些载体由于吸纳了大量服务外包企业，形成良性运行、功能完善、共享相关技术信息和人才流动便利的服务外包产业集群。江苏众多服务外包先进城市也先后成为不同等级的示范城市和国际服务外包基地，比如国家级服务外包示范城市包括南京、苏州以及无锡；省级服务外包示范城市包括南通、镇江。江苏还拥有各类软件产业基地，比如国家软件产业基地江苏软件园。在江苏各区域中，苏南由于自身基础设施较好，人力资源丰富，率先发展起服务外包行业，离岸服务外包也走在前列。近年来，苏中与苏北也迎头赶上，在促进产业转型升级的过程中更加重视服务外包的发展，其中 2011 年徐州离岸服务外包增幅居江苏首位。

（三）离岸服务外包的来源地逐步扩大

在服务外包业务发展早期，受地缘因素影响较大，江苏承接离岸服务外包的来源地主要是日本、港台等地。近年来江苏由于相关优惠政策的推动，服务外包公司业务范围不断扩大，再加上江苏人才优势和技术优势突出，离岸服务外包发展迅速，发达国家也逐渐把更多的业务转移到江苏，离岸服务外包来源地和业务量都不断增长。欧美等国也看到江苏服务外包的实力和价格优势，通过向江苏转移非核心服务业务、保留核心业务实现了企业间更深层次的分工。2010 年美国已经成为江苏离岸服务外包第一大来源国，执行金额达 10.69 亿美元，而来自日本的为 6.89 亿美元，成为业务最多的两个国家。2011 年欧洲地区内德国及英国转移的业务量也有所增长。2012 年前四大来源地业务量排序依次是美国、日本、中国台湾和中国香港：美国业务达 26.36 亿美元，占江苏离岸服务外包执行额的 26.9%，增长 58.5%；日本、中国台湾和中国香港离岸服务外包执行额分别为 11.45 亿美元、8.99 亿美元和 7.50 亿美元，同比增长 45.1%、54.3%和 26.2%。韩国执行额达 6.95 亿美元，增长 61.9%，业务量增长速度最快。②

---

① 参见江苏省商务厅：《2012 年度江苏省商务运行情况》，http://njtb.mofcom.gov.cn/article/u/201304/20130400092782.shtml。

② 参见江苏省统计局：《2012 年江苏服务外包业务强劲增长》，http://www.jssb.gov.cn/tjxxgk/tjfx/tjxx/201303/t20130304_153836.html。

第 2 章 江苏商贸在全国的位置

江苏经济总量位居全国前列，地区生产总值多年来仅次于广东，居全国第二，同时也位于外向型经济的第一方阵。江苏商贸与全国各省市的比较，尤其是与广东、浙江、上海等沿海发达省市的比较，有助于发掘江苏商贸活动的优势并找出与其他省市的差距。

一、引进外商直接投资大幅领先其他省市，位居全国第一

多年来江苏引进外资无论是合同外资额还是实际利用外资额均居全国第一位。以合同外资额为例，2010 年江苏合同利用外资 568.33 亿美元，2011 年达到 595.54 亿美元，2012 年有所下降，为 571.41 亿美元，而同期广东分别是 251.7 亿美元、348.55 亿美元和 354.46 亿美元，居全国第二。上海与浙江紧随其后，分别列第三、第四位。而从增速来看，2012 年上海吸引外资再创历史新高，实到外资增幅高出全国水平 24.2 个百分点，增速居东部各省市之首。上海以服务经济为主的引资结构也进一步凸显，2012 年上海市外商投资第三、二、一产业在实际利用外资中的比重分别为 83.5%、16.4%和 0.1%①，服务业占利用外资的绝对主导地位，外资结构优于江苏等其他省市。江苏多地形成规模较大的外资产业集群，比如昆山和淮安的电子产业集群、南京的化工产业集群、常州及苏州的纺织服装产业集群等。总体而言，江苏由于经济总量较大、基础设施完备、交通位置便利、科研水平较强等明显的区位优势，对外商直接投资有较大的吸引力。但引进外资规模大的同时，江苏吸引外资的质量还有待提高，尤其是外资大量进入江苏化工、纺织等高污染行业，对江苏环境恶化有难以估算的长期负面影响；劳动密集型制造行业由于劳动成本上升等因素，对外资的吸引力减弱，导致外资转移生产地等问题日益突出。推进创造以高科技产业和服务行业为主的引进外资环境、优化引进外资结构将成为江苏引进外资工作的重点。

二、非金融类对外直接投资额位居全国第三，与前两名差距较小

全国范围内各省市普遍存在对外直接投资严重滞后于引进外商直接投资的状况，沿海

① 参见姜煜：《2012 年上海利用外资逆势创下历史新高》，见中国新闻网，http://finance.eastmoney.com/news/1350,20121231266217636.html。

省市也不例外。从非金融类对外直接投资额来看，各省市普遍规模较小。2012 年位居全国第一的广东的非金融类对外直接投资额为 32.22 亿美元，江苏排名第三，额度是 29.23 亿美元。① 不过，值得注意的是，由于人民币升值和金融危机带来的国外企业处于较低估值等因素对我国对外直接投资有利，近两年各省市对外直接投资增长显著，尤其是并购占比明显提升。

三、进出口总额与广东相比差距较大，服务贸易占比较低

广东进出口总额多年稳居全国第一并与其他省份进出口总额始终保持较大差距。2012 年广东外贸总额高达 9 839.47 亿美元，同期江苏进出口总额为 5 480.93 亿美元，居全国第二，但占广东外贸总额的比例仅为 55.7%。上海、浙江位列江苏之后。目前我国外贸主要是以货物贸易为主，附加值低的劳动密集型产品占据较大份额，服务贸易呈现逆差，贸易结构亟须优化。2012 年服务贸易额统计显示，上海服务贸易总额达 1 515.6 亿美元，广东位列第二，达 1 065.00 亿美元，江苏为 516.4 亿美元，浙江为 270.38 亿美元。2012 年沪粤江浙四省市服务贸易额占外贸总额的比例分别是 34.7%、10.98% 、9.42%和 8.65%。从服务贸易额来看，沿海四省市中上海服务贸易额最大，同时占贸易总额的比例也最高，显示出外贸发展比其他省市转型更早的局面。

沿海省份因为优越的地理位置和较好的基础设施、人力资本等优势，较早地承接了国际产业转移，其中尤其以劳动密集型产业为主。伴随国际产业转移而来的外资企业为江苏等沿海省市的外贸发展作出了较大贡献。据统计，上海的外资企业对本地外贸贡献率高达 66.38%，江苏略低，达到 65.28%，广东为 58.06%。四地中最低的是浙江，外资企业对本地外贸贡献率为 33.03%，远低于本土企业，显示了浙江民营企业的活力异常显著。

四、对外经济合作金额总量偏小，但存在较大上升空间

与外资、外贸相比，各省市对外经济的发展还普遍处于较低的发展阶段。由于各省市对外经济合作中普遍以对外承包工程为主，对外劳务合作仅占很小的比例，因此主要比较对外承包工程合同金额。广东依然占据了全国第一的位置，2012 年对外承包工程合同金额达到 195.11 亿美元，上海、江苏、浙江则分别为 103.11 亿美元、71.98 亿美元和 36.12 亿美元，其中上海连续五年超百亿美元。江苏对外承包工程金额虽然总量不高，但增幅可观，2012 年比 2011 年增长了 12.1%。随着国家为企业和劳务人员“走出去”创造更多便利条件，江苏对外经济合作也将再上新台阶。

五、社会消费品零售总额居全国第三，旅游外汇收入居全国第二

江苏不仅外向型经济发展较快，总量较大，内需增长同样较快。2012 年社会消费品

① 本章数据如无特别注明，均根据国家统计局网站数据整理。

零售总额达到 18 331.3 亿元，在全国仅位于广东和山东之后，居第三位。这一发展水平和江苏较大的经济总量有直接关系。2012 年江苏国内生产总值位居全国第二，城镇单位就业人员平均工资居京、津、沪之后，排全国第四，居民消费水平居全国第六，除了三大直辖市之外，浙江、广东分列第四、第五位。再看旅游市场，与其他省市相比，江苏旅游外汇收入居全国第二，仅次于广东。江苏较高的内贸水平有利于经济可持续发展，特别是在外部市场受金融危机等因素影响较大的情况下，外需拉动型经济增长模式需要更快地转向内需拉动型经济增长模式，以内部市场的良性发展促进经济发展模式的转型。

第3章 江苏商贸活动发展的有利因素

江苏商贸近年来总体表现良好，虽然小部分指标出现负增长，但不影响其总体向上的趋势。商贸活动的发展离不开外部环境和内部环境的影响，其中内部环境改善对提升江苏商贸活动水平尤为重要。江苏商贸活动的发展无论从纵向增长速度来看还是从横向省市比较来看，在全国均处于第一方阵，发展势头良好。商贸活动未来的发展，不仅取决于国内外宏观经济形势的变化趋势，也取决于国际分工与国际产业转移、经济发展方式转变与产业升级、技术创新、收入水平提高等中微观因素的变化。

一、国外宏观经济环境总体向好

国外环境主要指外部市场因素的变化。2011 年至 2012 年世界经济增长放缓，各国经济冷热不均，复苏有快有慢，从而对江苏的外向型经济指标产生明显影响。江苏的主要外贸市场在欧美和亚洲，外资来源地和投资目的地主要在亚洲，江苏商贸数据尤其是外经贸数据变动也主要与这些市场的经济形势变化紧密相关。2010 年在大规模经济刺激政策下世界经济快速回升，但 2011 年和 2012 年整体来看世界经济增速放缓，发达经济体主权债务危机不断蔓延，尤其是欧元区受欧债危机扩散的影响从 2012 年第二季度起连续三个季度出现负增长，全年下降 0.3%。美国在量化宽松政策的刺激下 2011 年经济温和回暖，但 2012 年再次出现经济乏力的局面。亚洲经济中日本经济受大地震、全球经济放缓和日元升值影响，经济出现停滞，但整体而言亚洲经济经过起伏波动之后逐步企稳，经济总量占全球的比重超过 30%，已成为世界经济增长的主要动力，但也面临通货膨胀加剧、热钱大量涌入的经济压力。2011 年至 2012 年亚洲经济形势的向好，成为江苏商贸尤其是出口、引进外资和境外投资增长的主要动力。

国际经济形势的变化对江苏商贸的影响主要体现在：一是直接影响江苏的海外市场或者外需的规模，二是通过汇率传导、价格传导等机制影响江苏主要产业的竞争力。同时对江苏商贸的间接影响也会体现在对内需和产业活力的影响上。根据相关专家的分析，2013 年到 2014 年世界经济坎坷复苏，发达经济体总体低速运行，新兴经济体经济增长放缓，部分新兴经济体面临经济硬着陆的风险。[①] 2014 年整体经济复苏有望加快，发达国家和发

---

① 参见张宇燕、徐秀军：《世界经济形势分析与展望（2013—2014）》，载《中国远洋航务》，2014（2），20～23 页。

展中国家之间的增速差距将进一步缩窄，但美国量化宽松政策何时以何种方式退出具有较大不确定性，从而产生较大的风险。[①] 宏观经济的复苏意味着江苏海外市场尤其是发达国家市场具有向好的势头，但同时还要考虑到人民币升值对出口和吸引外资的不利影响、升值对进口和对外直接投资的有利影响、欧美贸易保护主义尤其是反倾销反补贴的“双反”调查日益频繁对江苏相关产业比如光伏产业的影响，等等。

二、国内经济增速总体保持稳定

2013 年中国经济的走势曾一度“探底”，第二季度中国经济增长速度跌至 7.5%。但随后中国经济开始出现奇迹般的企稳回升——第三季度同比增长 7.8%。与 2012 年以前相比国内经济增速虽有所放缓，但国家对新兴战略产业的重视、物价水平基本保持稳定、城镇化推进加快等因素也对江苏商贸产生了积极影响。江苏在“十二五”规划中也强调提升开放水平，优化对外开放环境，大力促进贸易投资便利化，同时形成扩大内需的长效机制，改善消费环境，培育新型消费模式。总体来看，未来国内外经济形势以及江苏商贸环境的改善将对江苏商贸产生积极的拉动作用。

2011 年作为“十二五”开局之年，政府实施“稳经济、调结构、控通胀”的经济发展思路，积极促进科技创新和经济发展方式转变，从一定程度上抵消了之前国际经济增长乏力带来的负面冲击。“十一五”期间江苏经济取得显著成绩同时也为后续商贸发展奠定了良好基础。“十一五”期间江苏经济发展再上新台阶。2010 年江苏地区生产总值 40 903 亿元，年均增长 13.5%；全社会研发经费占地区生产总值的比重达到 2%，区域创新能力较强。产业结构调整进一步优化。2010 年服务业占 GDP 的比重超过 40%；高新技术产业产值占规模以上工业产值的比重达到 33%，新兴产业成为新的经济增长点。此外，江苏立足长三角优越的地理位置、长三角一体化及都市圈的内驱动力、省内区域间差距缩小协调发展、丰富的人力资本、深厚的市场基础、较为先进的政府管理方式等有利条件都为江苏商贸未来的发展发挥了积极的作用。

三、区域经济一体化不仅打开海外市场，也铸就内在竞争力

改革开放以来，中国逐步对外开放，积极参与区域性经济合作，顺应了 20 世纪 80 年代中期以来区域经济一体化迅猛发展的潮流。近年来我国签署了大量的区域经济一体化协议，与其他国家之间的贸易、投资及其他经济合作也迎来了更大的发展空间。除了积极参与 APEC、亚欧会议、上海合作组织以及“10+3”等合作和对话外，我国还积极参与双边贸易自由谈判，主要有《中国—瑞士自由贸易协定》、《中国—东盟自由贸易区》、《中国—新加坡自由贸易协定》等，此外还包括与新西兰、智利、巴基斯坦等国家的自由贸易协定。从国内来看，积极推进和港澳台地区的合作协议，包括内地与香港、内地与澳门关

① 参见陆燕：《2013—2014 年世界经济形势分析与展望》，见环球网，http://china.huanqiu.com/News/mofcom/2013-12/4709871.html。

于建立更紧密经贸关系的安排、与台湾的海峡两岸经济合作框架协议。中国与韩国、海湾合作委员会、秘鲁、冰岛、澳大利亚以及南非关税同盟的自由贸易谈判也正在积极推进中。

在和其他国家以及地区推进经济一体化的进程中，江苏受益颇多，在与自由贸易协议其他成员国或地区的经济交往中极大地降低了成本。成员国之间相互逐步削减关税、大大减少非关税壁垒、加快推进科技合作、促进投资便利化等诸多措施的实施，使得江苏对外开放面临更加有利的条件。海外市场规模扩大，经济效应主要体现在江苏对东盟、香港、台湾等自由贸易协议成员国和地区的外贸、对外投资及其他商贸活动的快速增长上。同时，和这些经济体的紧密接触也可以有效地获得发达国家和地区的技术外溢，为江苏商贸发展注入了更多新的活力。

值得一提的是，江苏除了受益于我国与其他经济体的区域经济一体化合作的积极推进外，同时也因为与沪、浙之间的长三角区域经济一体化产生了发展的内在驱动力。长三角区域经济一体化旨在突破行政壁垒的分割，实现区域内资源共享、产业合理分工，提升区域内基础设施水平，有效扩大市场规模。江苏发展和改革委员会 2007 年年底即提出了多项举措来推进长三角区域经济一体化，包括将盐城及连云港划入长三角核心区、打造沪宁杭“一小时都市圈”、推进金融服务一体化等。[①] 目前这些举措已经取得重大进展，从南京到杭州、上海形成快速发达的高铁网络，苏北地区经济增长和对外开放步伐大大加快。同时江苏正在着力打造沿海城市群城际轨道交通网。江苏沿江城市群主要包括长江南岸的南京、苏州、无锡、常州、镇江和北岸的南通、扬州、泰州共 8 个地级以上城市，是长三角城市群的重要组成部分，也是江苏经济发展的先发区域和主要支撑。2012 年 4 月，中国国家发展和改革委员会批准了《江苏沿江城市群城际轨道交通网规划（2012—2020 年）》。该规划方案中提出，充分利用该区域铁路客运专线、普速铁路开行城际列车，并新建一批城际轨道交通线路，包括：南京——高淳、南京——和县（南京南站——黄里段）、南京——天长（林场站——金牛湖段）、南京——句容、南京——仪征、无锡——江阴、无锡——宜兴、苏州——无锡硕放机场线，线路里程约 375 千米。统筹研究南京——马鞍山、江阴——靖江、泰兴——常州线建设时机，适时启动建设。到 2020 年初步形成南京都市圈放射状网络布局和苏锡常都市圈及周边地区“井”字形加放射状网络布局的构架。其中 2012—2015 年开工建设 4 条线路，总里程 161 千米。[②] 便利的城际轨道交通将把江苏各省市经济发展连为一体，基础设施先行将进一步刺激区域市场的融合。2013 年长三角合作与发展共同促进基金确定支持十大领域的项目研究，涉及能源、信息、科技、环保、信用、人社、金融、涉外、产业、城镇化等多项内容。[③] 深层次和更多层面的一体化合作已经拉开大幕。

---

① 参见《江苏在推进长三角区域经济一体化的联动新举措》，载《新华日报》，http://news.zj.com/csj/jsxw/2007-12-17/904338.html。

② 参见国家发展和改革委员会：《江苏省沿江城市群城际轨道交通网规划通过批准》，http://www.ndrc.gov.cn/xmsphz/t20120905_503835.htm。

③ 参见江苏省发展和改革委员会：《2013 年长三角合作与发展共同促进基金确定支持十大领域项目研究》，http://www.jsdpc.gov.cn/xxgk/wjg/qyjjc/hsz/201305/t20130525_383313.html。

四、政府管理趋于简政放权，促进商贸活动便利化

改革开放三十余年来，市场化进程不断推进。新一届政府继续大力推进简政放权、促进政府职能转变和机构改革。到 2013 年年底，国务院先后召开 9 次常务会议研究部署相关工作，并先后分三批取消、下放 334 项行政审批等事项。近来国家工商总局发出通知，自 2014 年 3 月 1 日起正式停止企业年度检验工作，年检改为年度报告公示制度。据此，总局决定自 2014 年 3 月 1 日起停止对领取营业执照的有限责任公司、股份有限公司、非公司企业法人、合伙企业、个人独资企业及其分支机构、来华从事经营活动的外国（地区）企业以及其他经营单位的企业年度检验工作。除了取消工商年检外，目前对大型国企的管理也逐渐落实了属地管理方式，使得区级政府能够贴近属地企业提供贴身服务，政府与企业沟通更为顺畅。在对外经济活动方面，各相关部门积极推进贸易便利化和投资便利化，简化各类经贸活动审批流程，切实加强信息服务。以外汇管理局为例，“十二五”期间着力推进制度建设和管理改革，大力推进贸易投资便利化，先后出台了若干重要改革和便利化措施，涉及货物贸易、服务贸易、个人账户、外汇账户、境外投资、外汇资金运用、外债管理等涉外经济金融运行环节，切实提高了对外开放和便利服务水平。同时还充分利用电子信息技术和互联网，加快信息传递速度，扩大信息受众面，增强信息透明度。

近几年为了提升商贸活动发展水平，商务部和江苏商务厅不断推出相关政策促进经贸活动有效开展，其中尤其以对外贸易和服务外包方面的政策为主。2010 年 10 月商务部和多部门联合审定 16 个省（自治区、直辖市）共计 67 359 家企业参加出口货物贸易人民币结算试点，积极支持企业开展跨境贸易人民币结算试点，促进贸易和投资便利化。2011 年 9 月商务部等 34 个部门联合发布了《服务贸易发展“十二五”规划纲要》的通知，指出要坚持促进服务贸易和服务业发展相结合、服务贸易和货物贸易发展相结合的基本原则，实现服务贸易规模扩大、结构优化等目标。2012 年 3 月商务部协同中国进出口银行发布了关于“十二五”期间金融支持服务贸易发展的意见，大力发展服务贸易，加快转变外贸发展方式，加大对我国服务贸易的金融支持力度，扶持培育一批具有国际竞争力的服务贸易重点企业和项目，带动全国服务贸易健康快速发展。支持手段包括开发信贷产品、创新担保方式等。为鼓励和支持我国文化企业参与国际竞争，扩大文化产品和服务出口，2012 年 9 月商务部等多部门发布《2011—2012 年度国家文化出口重点企业和重点项目目录》；2012 年 12 月商务部及发改委制定了《中国国际服务外包产业发展规划纲要（2011—2015）》，指出了国际服务外包发展的目标及重点发展领域。除此之外，在促进加工贸易转型升级、转变外贸发展方式方面商务部也出台了诸多指导性意见。

江苏省商务厅除了执行商务部相关政策意见外，在推动江苏商贸活动方面也不断进行创新。2011 年 6 月江苏省商务厅开展了 2011—2013 年度江苏重点培育和发展的国际知名品牌评选工作。经各级商务主管部门初审、省各有关部门评审会议评审，确定 229 个品牌为 2011—2013 年度江苏重点培育和发展的国际知名品牌。为鼓励服务外包企业的落户和发展，江苏省商务厅会同财政厅设立了支持承接国际服务外包业务专项引导资金。此外，推动创建江苏医药化工出口基地、设立江苏纺织品企业“走出去”专项资金、在国外设立驻

外经贸代表积极为国内外企业引线搭桥、举办金秋经贸洽谈会等知名会展，诸多举措助推了江苏商贸良性发展。

五、国际分工和国际国内产业转移加速推进

国际分工往往同时伴随着国际产业转移。随着分工的推进，原有产业的主要生产地逐渐向高端部门迈进，低端部门逐渐收缩并向其他较为落后的地区转移，在较落后地区获得新的生命力。随着国际分工的深化，国际分工由以产业间分工为主的结构逐渐过渡为以产业内以及产品内分工为主的结构，这种分工模式将进一步带动中间产品贸易量的快速增长。江苏近两年外贸发展面临人民币升值、劳动及土地原材料成本的大幅上升等不利因素，一些产业开始向内地和东南亚等成本更低的区域转移，对江苏产业及外贸发展产生负面影响。但国际分工逐步深化和国际产业转移也会带来积极的影响。分工的细化带来更多的产业发展空间，产业虽有向外的转移，但同时由于江苏的区位优势明显，承接外部的产业转移也将加速。在转出和转入的过程中，江苏通过政策调节可以使得产业结构逐步优化，"十二五"规划中江苏提出打造先进制造业基地，坚持发展高新技术产业与发展战略性新兴产业相结合，推动高新技术产业做强做大。同时在产品内分工中江苏也将沿着价值链攀升到更高附加值的环节，产业发展依然潜力巨大，经济发展方式转型和产业升级也将逐步推进。从引进外资和服务外包的角度来看，大量外资企业进入江苏后首先立足苏南进行市场开拓，发展到一定阶段后也看中苏中、苏北更为便宜的土地和劳动力，在江苏进行面向苏中、苏北的二次转移。这种趋势在江苏区域内具有梯度发展的背景下将进一步持续，反过来也促进江苏三大区域发展逐渐趋于平衡。从长远看，国际分工深化和国际国内产业转移对江苏商贸有促进作用。

六、创新驱动进一步加快，商贸活动运营方式升级换代

创新驱动战略是江苏省委十一届九次全会提出的新的发展战略，并作为江苏经济社会发展的核心战略。江苏在领军人才引进、企业孵化培育、企业成长扶持、科技服务等四个方面着重推进科技创新体系建设。创新不仅体现在新产品新工艺的更快涌现上，在互联网时代，创新更意味着商贸活动及产业运营面临的革新。江苏"十二五"规划中强调以创新促进经济转型升级、构建现代产业体系，形成扩大内需的长效机制。贯彻"十二五"规划促进了江苏社会消费品零售总额逐年提升，产业国际竞争力提高对扩大出口、吸引外资和境外投资、承接离岸服务外包和对外经济合作均有积极作用。

近几年电子商务和移动互联网的飞速发展为商贸发展注入了新的活力，促进了商贸活动转型升级。近两年我国电子商务不断刷新交易规模。根据艾瑞咨询统计数据，2012 年中国网络购物市场规模为 13 040.0 亿元，同比增速为 66.2%。移动购物交易规模占整体网购的比例增大，全年占比 4.2%。2012 年中国移动购物交易规模达 550.4 亿元，同比增长 380.3%。①

① 参见黄渊普：《艾瑞咨询：2012 中国移动购物交易规模达 550.4 亿》，http://wireless.iresearch.cn/value-added/20130129/192287.shtml。

2012 年中国电子商务市场整体交易规模为 8.1 万亿元，较 2011 年上升 27.9%，2011 年同期增速为 32.8%。B2B 电子商务市场营收规模达到 167 亿元，同比增长 27.6%。[①] 从省份交易情况来看，在 2012 年 1—11 月中国网络购物市场省份订单量方面，广东省高居榜首，累计订单量近 10 亿单。位于第二梯队的江苏省、浙江省、山东省累计订单量均超过 5 亿单。中国电子商务研究中心监测数据显示，2012 年江苏电子商务交易额为 3 410.4 亿元。飞速发展的电子商务中，江苏位居全国前列，对提升区域商贸活动效果显著。以外贸为例，传统外贸运营方式因为贸易环节多使得贸易效率降低、商品价格优势被削弱，而现在更多的外贸公司开始借助外贸电子商务手段改进运营方式。更有外贸电商平台直接进行 B2C（企业对消费者）式的国际贸易，把国内供应商的产品直接销售给国外消费者，省却了外贸中间商环节，颠覆了传统外贸 B2B（企业对企业）的模式，同时以供应商提前供货的方式节约了商品到达顾客手中的时间，从而赢得了国外顾客的青睐。可以预见，互联网带来的运营方式创新将极大地克服汇率、通胀等因素对江苏商贸的不利影响。良好的网络通信条件也极大地降低了其他商贸活动的交易成本，离岸服务外包更便于执行，从而使得服务外包发展有了更为便利的技术条件支撑。

七、居民收入水平提高，社会保障逐步完善

从内需拉动的角度来看，内需的增长依赖于收入水平的提高以及社会保障的完善。江苏“十二五”规划提出的居民收入七年倍增计划、加快完善社会保障都为内需增长奠定了坚实基础。落实居民收入七年倍增计划已从多个方面展开，包括切实提高农民收入，完善公务员工资制度，深化事业单位工资分配制度改革，以及继续完善并落实工资指导线、劳动力市场工资指导价位和行业人工成本信息制度，引导企业合理进行工资分配等等。同时，江苏还继续推进优化二次分配，着力缩小垄断行业与其他行业的收入差距。江苏在完善社会保障方面也从多个角度提出了具体举措，包括扩大社会保障覆盖面、初步实现人人享有基本社会保障、完善各项社会保障制度、稳步提高社会保障水平并发展社会救助与社会福利。收入的提升以及逐步完善的社会保障，为居民消费解决了后顾之忧，有助于加快形成消费、投资、出口协调拉动经济增长的新局面，从而提高消费对经济增长的贡献率。2014 年 2 月 7 日，国务院常务会议决定在全国范围内建立统一的城乡居民基本养老制度。这一自上而下的政策实施，将对江苏完善社会保障提供进一步的制度保障。

---

① 参见张晶：《艾瑞咨询：2012 中国电子商务交易额 8.1 万亿，网购占比提升》，http://ec.iresearch.cn/shopping/20130128/192198.shtml。

第4章 江苏商贸发展的不利因素

江苏商贸活动的发展，除了受益于诸多有利因素外，也受较多的不利因素掣肘。当前金融危机的影响依旧突出，国内也面临经济放缓、环境污染等多方面的负面影响。

一、国际金融危机的负面影响仍在持续

自2008年金融危机以来，由于世界经济增长放缓，国际金融市场动荡，大宗商品高位波动明显，对世界经济产生了极大的负面效应。对我国以及江苏的不利影响在2009年表现尤为严重，造成当年对外贸易大幅下降。时至今日，金融危机最严峻的时期已经过去，世界经济缓慢复苏，但总的来看，金融危机对我国及江苏外向型经济的不利影响仍然没有结束。美国逐步退出量化宽松货币政策的举措也进一步加剧了包括我国在内的新兴经济体的市场动荡风险，美国一旦退出，人民币贬值、热钱流出、房地产价格急剧下降等因素将给我国带来重大市场冲击。因此，我国及江苏从入世之后到2007年在外贸、外资、外经方面的高速增长历史在短时期内难以重现，但由于世界经济形势趋好，相较于2012年之前江苏各项商贸活动指标总体来看将小幅上升。

二、欧美各国贸易保护对省内外向型企业冲击较大

金融危机以来欧美各国由于国内经济矛盾突出，为了转移矛盾不断发起针对发展中国家的贸易保护措施，我国也成为这波贸易保护浪潮的极大受害者。商务部公平贸易局最新统计数据显示，截至2010年7月，美国已裁决的正在实施的对华贸易救济措施已经多达104起，涉及产品超过80种。欧盟对华已裁决的正在执行的贸易救济措施产品多达59种。2010年上半年，美国一共发起四项贸易救济措施，全部针对中国产品；仅2010年上半年，欧盟对华发起的贸易救济措施就有7起，已经与2009年全年7起持平。① WTO报告显示，2012年上半年针对中国出口产品的贸易反补贴调查超过40起，同比增长40%。欧美作为中国的主要出口贸易国家和地区，也提高了对中国出口商品、订单质量的规格要求，

① 参见《欧美日贸易保护政策密集出台》，载《经济参考报》，http://jjckb.xinhuanet.com/gnyw/2010-08/30/content_254675.htm。

导致中国大量的中小外贸企业倒闭。

欧美贸易保护对江苏的打击也是沉重的。欧美频繁的反倾销反补贴即“双反”调查，给江苏诸多产业的发展蒙上了阴影，占据行业半壁江山的江苏光伏产业首当其冲。江苏能源局统计数据显示，2012 年前 10 个月江苏光伏产业实现总产值 1 800 亿元，同比下降 28%；2012 年前 10 个月江苏出口总值达到 68.9 亿美元，同比下降 38%。2013 年 8 月 6 日，中欧光伏贸易争端价格承诺协议实施。参与谈判并签署协议的 94 家中国企业，除按最低 0.56 欧元/瓦的承诺价格出口欧盟外，还将受到全年出口光伏电池 7 吉瓦的配额限制。目前江苏半数以上光伏企业经营困难，负债率普遍偏高，甚至在近千家光伏制造企业中已有半数以上企业处于停产状态，企业开工率也严重不足。这固然有自身管理不善、产能过剩严重的原因，外部贸易保护主义的制约和打击也是更重要的影响因素。光伏产业对外依存度畸高、盲目扩张等推动了行业调整期过早地到来，造成了光伏行业现阶段的困局。可以预见，欧美经济短期内并不能完全复苏，相应地贸易保护还将持续影响江苏的外向型经济。

三、国有企业垄断亟待打破，民营企业生存环境亟待改善

改革开放三十多年来，国有企业垄断一直饱受诟病，时至今日这一状况虽有所破冰，但整体仍未改变。民营企业特别是中小型企业生存环境不佳、融资困难、成本高企、内外需不足等问题使得民营企业生存空间更加狭窄，创新升级更是难上加难。近两年政府也尝试改变市场竞争环境，激发中小民营企业的活力。2013 年 7 月 24 日，国务院常务会议决定进一步推进公平税负，暂免征收部分小微企业增值税和营业税，600 万家小微企业将直接受益。2013 年 9 月 6 日，国务院常务会议研究部署有效落实引导民间投资及激发活力健康发展的措施。这些措施起到了一定的积极作用。国家工商总局公布的数据显示，截至 2013 年 11 月底，全国各类企业登记数同比增长 25%，其中民营个体企业增长 37%，带动民间投资以 23%左右的速度猛增。但这些政策与措施远远不能从根本上解决民营企业生存艰难的困境，企业数量增长的同时，企业依然处在最艰难的发展阶段。

江苏国有企业集中了较多资源。在国民经济的主要行业中，江苏国资占据了重要比例，涵盖石油石化、钢铁等多个行业。除了市场竞争环境需要进一步优化、市场进入壁垒尚需继续有效削减外，目前成本上升成为江苏中小企业面临的最大难题，原材料、能源、流通费用等纷纷上涨，传统优势行业尤其是出口行业中的纺织服装、玩具等生产企业大量倒闭，在人民币长期升值的背景下现存企业的利润空间也不断被挤压。另外，对于商贸流通企业来说，电子商务的蓬勃发展确实存在积极的拉动作用，但对于无法快速转换运营方式、无法用线上业务弥补线下业务缺陷的传统流通企业来说，电子商务对自身的发展反而产生了极大的挤压。

四、部分行业产能过剩矛盾突出，去产能化困难重重

2008 年金融危机之后，我国政府提出了 4 万亿元投资计划以刺激经济，4 万亿元被投

资到地方之后被成倍放大。这种刺激手段固然在一定程度上缓解了金融危机的冲击，但产能过剩的负面效应日渐突出。据统计，2012 年前 7 个月中，建材行业实现利润 1 662 亿元，同比下降 9.6%。其中，水泥行业利润 261 亿元，下降 53.1%。钢铁行业实现利润 793 亿元，同比下降 48.3%。其中，黑色金属矿采选业利润 492 亿元，下降 3%；钢铁冶炼及加工行业利润 242 亿元，下降 73.2%。① 多个行业面临严重亏损的境地。

在这场经济刺激带来的突出后果中，贡献了我国工业经济产量九分之一的江苏毫无疑问成为重灾区。4 万亿元投资刺激中，江苏获得了中央投放贷款总量的 8%。目前江苏除了纺织服装行业外，其他六大支柱产业包括光伏、造船、钢铁等行业产能严重过剩，相应地不良贷款规模在全国居于前列。2013 年 1—5 月，江苏新增不良贷款在全国占比约 40%。② 产能过剩产业多年来存在设备落后、竞争无序、产品积压、亏损严重的局面，而去产能化则并不容易。纺织行业由于对外投资门槛较低，江苏纺织企业大都通过“走出去”战略逐步扭转了产能过剩局面，而其他行业很难照搬。通过分析发现，江苏的产能过剩主要是结构性过剩，即低端产品生产一哄而上、高端产品生产则少人问津或无能为力，造成了低端产品大量过剩而高端产品还有很多依靠进口。产能过剩倒逼产品升级、调整产品结构转向高端产品和高附加值产品、延伸上下游产业链条、推进节能减排是这些行业发展的必由之路，但对众多企业来说却无法一蹴而就。

五、金融体系较为脆弱，对实体经济支撑不力

江苏作为沿海发达省份，融资规模一直位居全国前列。据中国人民银行统计，2013 年江苏地区社会融资规模达 1.207 万亿元，位列广东、北京之后，居全国第三位。这一指标衡量了一定时期内一定区域实体经济从金融体系获得的资金总和。但融资规模并不能代表融资结构和融资质量，何况大部分民营中小企业本身也难以从银行等金融体系获得贷款，银行信贷资源的绝大部分授予了国有企业和其他大型企业。中小企业从银行融资的难度大催生了具有较高风险的民间借贷。近两年来，民间借贷、影子银行、不良贷款、地方债等问题在全国日益凸显，江苏、浙江等发达省份也成为重灾区。在江苏宿迁、徐州、淮安、常熟等地民间借贷愈演愈烈，利率越抬越高，大量的担保公司和资产管理公司也参与民间借贷，造成整个行业混乱。不少企业因资金链断裂老板“跑路”而造成了更为严重的恶果。

除此之外，地方债成为制约江苏经济发展的又一恶瘤。据投行估算，中国地方政府债务在整个国家经济产出中的占比可能在 15%到 36%之间，按 2012 年的标准约为 3 万亿美元，接近 20 万亿元人民币。在各省份中江苏债务负担最严重，极有可能爆发债务风险。③ 而根据 Wind 的数据统计，截至 2013 年 8 月初，江苏城投债的发行余额达到 3 263 亿元，

① 参见新华网：《中国产能过剩行业能否成功转型?》，http://www.jste.gov.cn/ywdd/100197452.htm。

② 参见王海平：《江苏产能过剩，六大支柱产能平均使用率约六成》，载《21 世纪经济报道》，http://www.21cbh.com/HTML/2013-07-02/0NNjUxXzcxNDg0Nw.html。

③ 参见财讯网：《江苏成地方债代表，地方债阴云不散》，http://economy.caixun.com/cjld/20130726-CX03c00m.html。

其中2013年以来新发的城投债共计835.5亿元。这两个数据在29个省级地区中均位居第一，多个地级市负债率超过100%。2013年8月初江苏地方融资平台数量达到541个，其中风险无覆盖的有41个。[①] 城投债在江苏的地方债中仅占一半，意味着江苏地方债的规模远远超过能统计出来的规模。城投债主要投向了城市大型基础设施建设，虽然从长远看有利于商贸活动的发展，但却提前透支了未来的发展能力，对资金紧张、急需输血的实体经济也造成了进一步的融资挤压。由于城市城投债平均到期期限为4年左右，江苏多个城市将面临偿债高峰期的到来，届时多个地方政府可能面临无米下锅甚至破产的境地。另外，目前在余额宝等新型理财产品的冲击下，银行吸收储蓄的能力快速下降。江苏金融体系已经极端脆弱，如不尽快改革，对商贸发展以及整体经济的约束也势必日益凸显。

六、环境污染日益严重，投资硬环境趋于恶化

江苏经济发展较早，政府在着力改善经济发展软环境的同时却严重忽略了恶化的硬环境，即居民赖以生存的自然生态环境。早期无论是本土企业还是外资企业均没有重视环境保护，政府追求GDP的利益驱动也使得发展经济、引进项目过程中并不重视环境保护。江苏在创造了全国第二的经济总量的同时，也面临着严重的环境污染，土壤、空气、水质污染异常严重。近几年来，盐城、镇江、沭阳等多地出现严重水质污染事件，多地化工企业污水直排入河、废水超标等事件时有发生。2013年以来，江苏空气污染越发严重。据环保部门统计，省会南京年燃烧煤炭达4 400万吨，超过北京两倍，从而成为江苏空气质量最差的城市。这种状况不仅极大地损害了居民健康，同时也使得投资的硬环境恶化明显。严重的空气污染对于精密仪器、电子设备等不少行业的影响比较显著，一些企业考虑外迁，境外有投资意向的相关行业企业也止步不前，外籍人士开始出现回国潮。虽然雾霾经济也催生了一些商机，但总体来看负面影响极大。环境治理虽然也已经提上各级政府日程，但污染一旦形成需要长期投入才能见效，这对江苏商贸活动的不利影响从长远看将是巨大的。

---

① 参见赵士勇：《江苏地方债难以承受之重》，载《华夏时报》，http://www.chinatimes.cc/pages/moreInfo1.htm? id=130179。

第5章 江苏商贸发展的对策

江苏商贸总体来说在全国居于前列，但无论是在量上还是质上都还存在巨大的提升空间。虽然发展的有利因素众多，但由于未来发展仍然受到外围环境和内部环境不确定性的影响，不利条件也会成为阻碍江苏商贸提升规模与质量的绊脚石。如何利用有利条件、完善不利条件，加快江苏商贸发展成为江苏转变经济发展方式中无法回避的关键一环。

一、完善市场机制，提升政府服务水平

市场机制的完善是社会主义初期阶段的艰巨任务。江苏作为沿海发达省份，改革开放三十多年来一直着力提倡重视市场经济，遵从市场规律，发挥市场这只“看不见的手”的调节作用。虽然政府也在推进简政放权、科学管理，但在推进商贸活动过程中依然存在不按市场规律办事的做法，比如江苏光伏产业的发展就存在地方政府盲目投资、强力主导企业资产重组的乱象。在接下来的发展中，江苏应使得市场机制逐步完善，依靠价格信号调节资源流向，打造充分竞争的市场环境，让产能过剩的行业在市场竞争中保留一批、淘汰一批、提升一批；打破行业垄断，为民营企业创造条件，激发企业活力。政府同时应加强服务，区别管理与服务的内涵，强化服务理念、提升服务质量，主动与企业保持日常顺畅的沟通以便为企业解决后顾之忧，从坐等企业上门的被动式服务转变为主动询问并解决企业困难的主动服务，从“婆婆”变为“公仆”。同时，政府还应从科学发展的前提出发进行制度创新，设计管理思路，打破条块分割的传统管理。另外，政府考核也亟须更换思路：应摒弃单纯经济指标考核、指标任务每年只能增不能减的不科学做法，摒弃每个领导只考核任内指标以致造成诸多后遗症的短视做法，重视商贸发展的质量而非数量，结合环境保护、居民幸福指数、区域长远可持续发展等重要方面进行综合考核，避免“官出数字、数字出官”的冒进行为。此外，政府还应该提高政策及信息的透明度，通过网络及媒体及时发布。这体现了政府服务质量的一个方面，比如目前江苏服务外包方面的数据只是散见于网页和一些专门机构的报告中，政府并没有公开服务外包数据，因此统计数据应尽快公开，统计数据尽量细化，统计体系应与国际接轨并进一步扩充数据量。这不仅有利于市场根据历史数据及时作出判断和反应，也有利于提升政府决策的科学性。

二、推进外经贸活动便利化，借助区域合作提高开放水平

经过三十多年的改革开放，江苏的开放度远超各省市平均水平，多个开放指标位列全国前三。但江苏商贸的数据不仅反映出体量较大，也反映出在质量上需要提高、在结构上需要改善，比如加工贸易比例较大、高新技术产品出口增速下降、外资来源地以亚洲为主等。同时金融危机对江苏开放型经济发展的负面影响依然存在。为应对这些不利因素，江苏需要积极推进外资、外贸、外经、服务外包等方面的便利化，增强透明度，简化行政手续和程序，减少复杂的通关环节，推进网络化管理和服务，建立进出口双向调控机制，从而降低对外经济活动中的交易成本，促进货物、服务、资本的自由流动。另外，引导商贸活动的结构调整与优化，比如引进外资不能单纯以数量增长作为考核指标，必须让环境评价和社会综合效益评价先行，以引进外资的质量提高作为江苏外资工作的重点。服务业尤其是现代服务业能够创造更多价值，同时仅消耗较少资源，成为各省以后发展的一个重要方向。江苏应充分利用科研及人才优势，把服务业发展与服务贸易、服务外包、引进外资投向服务业等几个方面作为一个整体进行规划，下好整体这盘棋。

由于区域经济一体化在海外及长三角的共同推进，江苏已经受益良多，江苏也将继续利用区域合作带来的良机提升开放水平。在区域合作的外部市场中比如东盟，借助自由贸易和投资便利的东风引导帮助企业深耕老市场、开拓新市场，提升服务贸易比重，实现多元化的投资合作方式；利用各方金融和科技合作等方面的契机加强相关领域的研发合作与分工。我国与东盟在农业、环境保护、能源、知识产权等方面的合作也已经启动，江苏可以利用与东盟之间良好的经贸基础继续深化与东盟的合作。此外，长三角也需要在推进内部一体化的同时，对江浙沪商贸合作进行总体规划，避免重复建设，消除内部市场壁垒，形成既有合作又有分工的格局。

三、降低地方投资热度，促进金融体系健康发展

4 万亿元投资刺激了经济，同时也带来了产能过剩、大型基础设施建设过热、地方债居高不下等问题。过去几年中 GDP 靠投资大力拉升成为许多地方政府的偏好，形成投资主导型经济增长模式，江苏的不良贷款与地方债也随之飙升至全国前列，成为一颗会随时引爆的炸弹。为了逐渐降低江苏商贸发展的风险，实现消费、投资、外贸三驾马车并驾齐驱的良性经济发展，江苏应明确降低投资热度，严格控制投资项目，比如新机场的建设应该综合考虑本地人口和企业规模、邻近城市甚至上海及浙江的机场数量、本地及附近地区替代性运输方式等因素，避免诸如盐城南洋机场这样常年吃不饱的项目再次上马。大量的地方债需要较长的时间来消化，当务之急是尽快盘活在建和已建成项目，以出租、出售、引进合作方等方式提高偿债能力，减轻金融机构的负担。除此之外，要严控民间借贷风险，打击高利贷尤其是银行违规贷款，民间借贷的合法利率门槛是最高不超过中国人民银

行同期贷款基准利率的四倍。借鉴温州金融改革试验区的相关做法[①]，重点监控目前负债过高的企业和金融机构。同时，为了有效控制“民营企业贷款难”这一民间借贷的风险源头，要引导金融机构进行服务创新，为有较好发展前景的民营企业尤其是小微企业输血，培育一个较好的企业生存环境。另外，为了使金融市场逐步走上良性发展轨道，降低民营资本进入金融市场的严格限制、充分引入市场竞争是金融体系能够健康发展的关键。目前这方面状况有积极改善，余额宝、理财通等巨额规模的货币基金进入市场后，对银行垄断地位造成了巨大冲击，银行也不得不放下身价着手进行业务创新以维持市场地位。适时有度地放开金融行业并加以规范、有效进行风险控制和监管是金融管理部门的长期任务。

四、培养新型消费观念，引导良性消费需求

消费作为拉动经济增长的重要因素，是商贸发展的主要来源，消费的趋势好坏直接表现为社会消费品零售总额、旅游收入、进口贸易等几项指标的变化。如果消费总量增长乏力、消费观念陈旧、消费结构不合理，则商贸活动的发展也会遇阻。江苏虽然在省市横向比较中总体消费水平居全国前列，但由于行业收入差距拉大、教育医疗养老对居民尤其是农村居民依然负担沉重等现实问题的存在，消费潜力未能充分释放。基于这种现实，合理引导及刺激消费依然能拉升消费再上新台阶，但刺激手段需要科学论证，并辅之以相关保障措施。政府曾经推行的家电“以旧换新”政策就产生了大量的欺骗性做法以换取补贴，使得实际效果大打折扣。可尝试的做法包括，引导居民消费绿色节能环保产品，培养文化产品包括旅游产品消费观念，引导居民从注重物质消费转向更多地注重精神消费，提升消费质量。这种积极健康的消费观念一旦形成，将有力地引导相应的供给，倒逼服务业升级，提升企业绿色环保意识。

五、鼓励发展现代服务业，提高服务外包质量

服务业尤其是现代新型服务业是未来转变经济发展方式、促进经济转型升级中的重点，近几年江苏也同样把现代服务业的发展提上了新的高度。现代服务业发展在江苏已经四面开花，但分析发现，江苏现代服务业的竞争力在国际上来看依然较低，这直接反映在服务贸易和离岸服务外包的结构和层次上。比如承接的离岸软件服务外包大多处于产业链低端，大多数是在IBM、惠普、埃森哲等全球一线服务供应商做好行业解决方案和技术解决方案之后，承接其中基础的数据录入、运营维护、开发和测试等较为简单的环节。因此，江苏应在促进现代服务业规模扩大的同时，着力提升服务业竞争力，在高校及科研机构相应地推进相关研究和学科发展。现代服务业延伸产业链、提升服务外包质量绝不是仅仅建立几个功能园区就能够解决的，需要政、产、学、研合力推进，培育以技术、品牌、服务为一体的服务业竞争力。其中政府的引导作用和激励手段要科学理性，切忌一哄而上、盲目冒进。

---

① 全国首部金融地方性法规《温州市民间融资管理条例》及其实施细则于2014年3月1日正式实施。

六、大力发展环保产业，科学治理环境污染

推进发展环保产业将成为江苏未来发展的重中之重。环保产业具有巨大的内部区域市场，以环保产业推进环境治理不仅可以解决治理的设备来源问题，也打造了新的经济增长点。江苏环保产业已经初具规模，在宜兴形成了环保产业集群，其中环保科技研发区主要入驻项目包括清华大学宜兴环保研发中心、国家环境保护湖泊工程技术中心、江苏脱氮除磷水处理工程技术研究中心等一批较有实力的研发机构。江苏应在目前发展的基础上，加快研发技术产业化的过程，对环保企业给予更大的支持力度，包括辅导企业申报相关科研课题、给予科研人员更好的研究条件，避免使用直接补贴这一违反公平贸易的做法。同时，江苏的科研管理部门也应追踪环保产业的最新发展趋向，带领企业研发人员参与国内外环保产业的发展。引进外资时也可以优先考虑环保产业及相关环保服务企业。

与此同时，环境治理已经刻不容缓，以铁腕手段加科学治理进行环境整治是现实的选择。江苏目前在全国属于空气污染较为严重的地区，四大空气污染源中控制烟煤燃烧量、减少化工产业规模、抑制汽车尾气排放量、防止工地扬尘污染都具有较大的困难，硬压任务和指标会产生企业及基层政府数据造假的可能性。因此，政府不仅要铁腕治理，更要科学治理，不仅要遵从企业生产规律，还要对企业治污给予技术或贷款支持。对污染严重的企业关停并转，对各种所有制类型的企业以及内外资企业要一视同仁，同时还要有决心牺牲部分 GDP 换取江苏长远的可持续发展。

参考文献

[1] 江苏商务厅. 2012 年度江苏商务运行情况. http://njtb. mofcom. gov. cn/article/u/201304/20130400092782. shtml

[2] 江苏统计局. 2012 年江苏服务外包业务强劲增长. http://www. jssb. gov. cn/tjxxgk/tjfx/tjxx/201303/t20130304_153836. html

[3] 姜煜. 中国新闻网. 2012 年上海利用外资逆势创下历史新高. http://finance. eastmoney. com/news/1350,20121231266217636. html

[4] 张宇燕，徐秀军. 世界经济形势分析与展望（2013—2014). 中国远洋航务，2014 (2)：20-23

[5] 陆燕. 环球网 . 2013—2014 年世界经济形势分析与展望. http://china. huanqiu. com/News/mofcom/2013-12/4709871. html

[6] 新华日报. 江苏在推进长三角区域经济一体化的联动新举措. http://news. zj. com/csj/jsxw/2007-12-17/904338. html

[7] 国家发展和改革委员会. 江苏沿江城市群城际轨道交通网规划通过批准. http://www. ndrc. gov. cn/xmsphz/t20120905_503835. htm

[8] 江苏省发展和改革委员会. 2013 年长三角合作与发展共同促进基金确定支持十大领域项目研究. http://www. jsdpc. gov. cn/xxgk/wjg/qyjjc/hsz/201305/t20130525_383313. html

[9] 黄渊普. 艾瑞咨询：2012 中国移动购物交易规模达 550. 4 亿. http://wireless. iresearch. cn/value-added/20130129/192287. shtml

[10] 张晶. 艾瑞咨询：2012 中国电子商务交易额 8. 1 万亿，网购占比提升. http://ec. iresearch. cn/shopping/20130128/192198. shtml

[11] 经济参考报. 欧美日贸易保护政策密集出台. http://jjckb. xinhuanet. com/gnyw/2010-08/30/content_254675. htm

[12] 新华网. 中国产能过剩行业能否成功转型?. http://www. jste. gov. cn/ywdd/100197452. htm

[13] 王海平 . 21 世纪经济报道. 江苏产能过剩，六大支柱产能平均使用率约六成. http://www. 21cbh. com/HTML/2013-7-2/0NNjUxXzcxNDg0Nw. htm

[14] 财讯网. 江苏成地方债代表，地方债阴云不散. http://economy. caixun. com/cjld/20130726-CX03c00m. html

[15] 赵士勇. 华夏时报. 江苏地方债难以承受之重. http://www. chinatimes. cc/pages/moreInfo1. htm? id=130179

国内贸易篇

Domestic Trade Articles

第6章 江苏内贸发展概况

作为我国经济最发达的区域之一，江苏的产业实力、技术水平、市场发育、对外开放等都在全国处于领先地位。在目前经济发展方式转变、内外贸统筹发展的背景下，江苏积极推进商务体制改革，健全流通网络，提升服务水平，内贸取得了长足发展。全省社会消费零售额增长迅速，流通业规模不断扩大，多层次市场体系逐步完善，城乡商品市场统筹发展。同时，流通方式和流通业态创新不断推进，国际化水平进一步提升。

改革开放三十多年来，我国内贸传统的物资、商业、粮食、供销等系统的投资主体发生了很大的变化，国有企业在现代企业制度改革、重组并购等道路上已初显成效，民营经济的蓬勃发展给中国流通业带来了繁荣和活力。在结合国内外专家学者观点的基础上，参照《国民经济行业分类（2011）》，根据区域商贸流通业发展的现状和特征，本报告研究的内贸是指专门从事商品流通和专门为商品流通提供服务的产业，主要包括批发和零售业，住宿和餐饮业，交通运输、仓储和邮政业三大行业。

一、消费品市场稳步发展

江苏总体规模迅速扩大，全省社会消费品零售额的增长幅度较大。2012年，江苏社会消费品零售额为18 331.3亿元，占全国的8.72%，居第三位，是2008年的1.85倍，比2011年增长了14.7%；2010—2012年这“十二五”期间的前3年，全省社会消费品零售额年均增长率为16.9%。2012年，全省商品销售额为19 734.21亿元，是2007年9 060.81亿元的2.18倍，比2011年增长了13.11%，从2010年到2012年，全省商品销售额年均增长率为16.88%；江苏商品流通市场发展规模及增长率都显著高于前五年。全省批发零售销售额从2008年的8 890.3亿元增加到2012年的16 448.83亿元，为2008年的1.85倍。2012年，全省批发零售销售额比2011年增长了14.86%，从2010年到2012年，年均增长率为16.88%。江苏批发零售销售额持续保持很高的比重。自2008年以来，其占社会消费品零售额的比重一直保持在89%以上，2012年，这一比重达到89.73%。2008年，江苏住宿餐饮业销售额占社会消费品零售额的9.3%左右，2012年，这一比重达到9.6%（见表6—1）。

表 6—1　　2008—2012 年江苏社会消费品零售额行业分类及商品零售额　　单位：亿元

年份	社会消费品零售额	商品销售额	连锁经营销售额	批发零售销售额	住宿和餐饮业销售额	其他
2008	9 905.1	11 270.66	3 538.6	8 890.30	925.9	88.90
2009	11 484.1	12 305.24	3 721.62	10 312.81	1 064.9	106.40
2010	13 606.80	14 912.68	4 551.54	12 207.18	1 275.1	124.50
2011	15 988.38	17 447.10	5 440.56	14 320.87	1 521.2	146.30
2012	18 331.30	19 734.21	5 065.95	16 448.83	1 766.5	115.97

资料来源：根据《江苏统计年鉴》（2009—2013）数据整理而得。

二、商贸流通业规模迅速扩大

（一）商贸流通业规模增速快

江苏商贸流通业规模不断扩大，对于拉动生产、刺激消费起到了很好的桥梁作用，商贸流通产值对于国民经济的贡献逐年上升。2012 年，江苏流通业产值为 9 102.11 亿元，是 2008 年流通业产值的 1.8 倍。2008—2012 年，流通业产值的年均增长率为 18%，但 2012 年的流通业产值增长率仅为 8.5%；这一时期，江苏地区生产总值年均增长率为 15.82%，江苏流通产业总体规模进一步扩大，其增速明显高于江苏地区生产总值的增速，流通产业集中度逐步提高。2008 年，江苏流通业产值占地区生产总值的比重为 16.3%；2008—2012 年，这一比值比较稳定；2012 年，这一比值为 16.8%。2008 年，江苏流通业产值占第三产业产值的比重为 42.4%；2008—2012 年，这一比值呈稳步下降的趋势，下降幅度为 2.25%；2012 年，江苏流通业产值占第三产业产值的比重为 38.7%（见表 6—2），江苏传统流通业正积极向现代流通业转变。

表 6—2　　2008—2012 年江苏流通业产值及增长情况

年份	流通业		GDP		流通业产值占GDP 比重（%）	流通业产值占第三产业比重（%）
	产值（亿元）	增长率（%）	GDP（亿元）	增长率（%）		
2008	5 046.02	25.9	30 981.98	19.1	16.3	42.4
2009	5 681.42	12.6	34 457.30	11.2	16.5	41.7
2010	6 926.78	21.9	41 425.48	20.2	16.7	40.4
2011	8 388.22	21.1	49 110.27	18.6	17.1	40.2
2012	9 102.11	8.5	54 058.22	10.1	16.8	38.7

资料来源：根据《江苏统计年鉴》（2009—2013）数据整理而得。

（二）流通业管理人才需求大

流通业具有进入和退出门槛低、技术难度相对较小的特点，这就决定了商贸流通业具有很强的就业吸纳能力。考察流通业对就业贡献的大小，可以用流通业的就业人数占全社会就业人数的比重来衡量。从总体上说，劳动力在各产业之间发生的规律性转移，首先是劳动力从第一产业向第二产业转移，随着经济水平的进一步提高，劳动力将更多地向第三产业转移。江苏第三产业就业比重 2012 年比 2008 年增长 5.2%，这表明江苏第三产业平均每单位产值增长带动就业的能力大于第一产业与第二产业。江苏流通业的就业比重保持在9.1%以上，占第三产业的就业比重保持在25%～28%，2012年，流通业就业占总的就业比重为9.1%（见表6—3）。

表6—3　2008—2012年江苏三次产业就业构成

年份	就业构成（%）			
	第一产业	第二产业	第三产业	流通业
2008	25.1	40.2	34.7	9.6
2009	23.7	41.1	35.2	9.4
2010	22.3	42.0	35.7	9.1
2011	21.5	42.4	36.1	9.3
2012	20.8	42.7	36.5	9.1

资料来源：根据《江苏统计年鉴》（2009—2013）数据整理而得。

服务业内部结构有所调整，对传统商业的进一步改造，以及先进技术在流通业中的应用，这些因素可能会导致流通业就业比例有一定程度的减少。商贸流通业人员素质普遍较低，缺乏专业管理知识。对于流通理论研究人员、信息建设人才，特别是高层次人才需求量大，而目前在流通人才的培养方面，流通专业教育与快速发展的流通产业要求还不适应。2012年，江苏县及以上政府部门所属研究机构，流通业中仅交通运输、仓储和邮政业有1家研究机构，占总研究机构的0.74%，其从业人员185人，占总研究人员的1.1%，与前几年相比变化不大。企业规模扩张，如果要与管理、技术等方面具有优势的外资企业竞争，就急需大量商业管理人才。

三、多层次市场体系逐渐完善

随着经济体制改革的不断深化，流通业市场化程度不断提高，为商品市场体系的形成奠定了基础。由卖方市场向买方市场的转变，确定了市场的主导地位，推动了市场体系的发展。江苏商品流通领域已经初步形成了多种所有制经济成分、多种业态的流通主体平等竞争、共同发展的格局。

（一）流通主体多元化格局形成

江苏通过国有流通企业产权制度改革，转换经营机制，流通产业所有制结构、组织结构和业态结构得到进一步优化。按照现代企业制度的要求，改造传统的国有流通企业和合作社为公司制企业，个体、私营、外资股份制、股份合作制等多种所有制充分竞争、共同发展的流通格局初步形成。

截至2012年年底，全省限额以上批发企业中，内资企业数10 912个，从业人员达290 315人，港澳台投资企业158个，从业人员为21 873人，外资企业151个，从业人员为34 913人。零售企业中，内资企业活动单位数11 736个，从业人员达389 854人，港澳台投资企业239个，从业人员为63 948人，外资企业1 077个，从业人员为61 591人，从而形成了以多种所有制经济为主体的共同参与流通领域竞争的局面。全省限额以上住宿企业中，内资企业活动单位数 981 个，从业人员达 127 202 人，港澳台投资企业 32 个，从业人员为 8 247 人，外资企业 59 个，从业人员为 8 824 人。餐饮企业中，内资企业活动单位数 2 125 个，从业人员达 156 413 人，港澳台投资企业 150 个，从业人员为 13 078 人，外资企业 832 个，从业人员为 53 640 人（见表 6—4）。

表 6—4　2012 年江苏限额以上批发业、零售业、住宿业和餐饮业企业构成情况

企业性质	批发业		零售业		住宿业		餐饮业	
	企业数（个）	从业人员（人）	企业数（个）	从业人员（人）	企业数（个）	从业人员（人）	企业数（个）	从业人员（人）
国有控股	487	78 390	270	41 280	935	144 273	75	11 601
内资企业	10 912	290 315	11 736	389 854	981	127 202	2 125	156 413
港澳台投资	158	21 873	239	63 948	32	8 247	150	13 078
外商投资	151	34 913	1 077	61 591	59	8 824	832	53 640
总计	11 221	347 101	13 052	515 393	1 072	144 273	3 107	223 131

资料来源：根据《江苏统计年鉴》(2013) 数据整理而得。

目前，江苏限额以上批发业、零售业、住宿业和餐饮业的非国有化率分别达到 95.66%、97.93%、12.78%和 97.59%，表明江苏流通业市场化程度较高，住宿业市场化程度还需进一步深化。江苏限额以上批发业、零售业、住宿业和餐饮业外资比例分别为 2.75%、10.08%、8.49%和 31.61%，随着对外开放的深入，具有较大影响的国外流通企业进入江苏流通领域，加剧了流通市场的竞争。

（二）流通交易市场规模扩大

随着市场化程度的深入，生活资料市场和生产资料市场迅速发展起来，促进了以农产品交易市场和消费品市场为主体的商品市场的发展，市场数量不断增加，市场交易规模日益扩大，市场机制作用越来越突出。目前，江苏超百亿元市场达到 37 家，形成 5 个国家级大宗工业品指数编制发布中心。江苏已基本形成了包括综合市场与专业市场在内、生产资料和生活资料市场相结合、以批发市场为主导、以零售市场为主体的多层次的商品市场体系。如表 6—5 所示，2012 年，江苏商品成交额超亿元以上的市场达到 562 个，成交额达到 1.57 万亿元；批发市场商品成交额比重达到 87.24%。成交额超亿元以上的综合市场 171 个，摊位数达 127 331 个，商品成交额达 2 224.91 亿元，从业人数达 300 600 人。其中农产品综合市场 123 个，摊位达 65 792 个，商品成交额达 978.71 亿元；工业消费品综合市场 24 个，摊位达 34 868 个，商品成交额达 639.08 亿元；生产资料综合市场 8 个，摊位达 10 556 个，商品成交额达 153.16 亿元；亿元以上商品市场中，综合市场商品成交额占比为 14.21%，其中，农产品市场在综合市场中占比最大，达到 44%。各类专业市场达 391 个，摊位数达 262 823 个，从业人数达 823 400 人，商品成交额为13 434.33 亿元，所占比重为 85.79%，占据重要位置。按行业分，金属材料市场在生产资料市场中占比最大，为 77.1%；水产品市场在农产品市场中占比最大，为 21.8%；食品饮料市场在食品市场中占比最大，为 13.4%；布料市场在纺织品市场中占比最大，为 60.8%；小商品市场在日用品市场中占比最大，为 66%；计算机市场在电器市场中占比最大，为 73.4%，装饰材料市场在家具市场中占比最大，为 29.7%；汽车市场在汽配市场中占比最大，为

85.3%。专业市场中商品成交额比重前三名分别是生产资料市场48.3%、纺织品市场25.7%、农产品市场8.6%。从商品市场经营环境来看，封闭式的市场个数所占比重为73.13%，比上年有所提高，商品市场的经营管理更规范。

表6—5　　2012年江苏亿元以上商品交易市场情况

项目	市场数（个）	摊位数（个）	商品成交额（亿元）	比重（%）	从业人员（万人）
批发市场	293	249 319	13 661.28	87.24	83.03
零售市场	269	133 558	1 997.96	12.76	29.36
综合市场	171	127 331	2 224.91	14.21	30.06
其中：1. 农产品市场	123	65 792	978.71	6.25	16.45
2. 工业消费品市场	24	34 868	639.08	4.08	7.21
3. 生产资料市场	8	10 556	153.16	0.98	2.01
专业市场	391	262 823	13 434.33	85.79	82.34
总计	562	390 154	15 659.24	100.00	112.4

资料来源：根据《江苏统计年鉴》(2013) 数据整理而得。

全省形成了以大型连锁企业为龙头，以大型批发市场为骨干，多业态、多层次、专业化的市场流通体系，建立了以粮食、水产、汽车、金属材料、计算机产品等大类商品市场为基础的，辐射范围广的市场网络体系，形成了一大批设施水平先进、功能配套完善、在区域内颇具影响力的大型市场，发挥着非常重要的作用。

四、城乡商品市场统筹发展

(一) 城市流通市场趋于成熟，农村现代流通市场发展成效显著

江苏作为经济强省，始终坚持城乡统筹协调、共同发展的方针，以城带乡，提高农村商业的现代化水平，构建农村现代流通新格局。2012年，江苏县及以下社会消费品零售额为7 235.8亿元，占全省社会消费品零售额的39.5%；江苏农村商品交易市场为1 714个，与城市商品交易市场之比为44.4∶55.6，城乡商品市场趋于协调发展。江苏的“万村千乡市场工程”取得了一定成效，促进了农村现代流通体系的建设，进一步改善了农村市场环境。城市大型流通企业充分运用现代流通方式，不仅为城市“社区商业”作出巨大贡献，而且担当着“万村千乡”、“家电下乡”等拉动内需工程的重要角色，逐步把网络触角延伸到农村市场，拓宽了农民的消费空间，改善了消费环境，提高了生活水平，为农村生活日用必需品和农业生产资料提供了必要的流通渠道。江苏供销合作社会同省经贸委提出了在全省实施“百县万社连锁放心工程”，为此，江苏选择了18个县、25个骨干企业率先试点，依托供销合作社系统的经营门店和乡村为农村综合服务社，以苏果、苏农等大型连锁企业为龙头，对系统内的经营设施进行资源整合和优化配置。2012年，苏果已有70%以上销售额在农村实现，有连锁网点近1 200家。一方面，江苏加大财政支持力度，改建乡村农家店，加快配送中心的建设步伐，建立“以店代配”的中心店；另一方面，新型业态被引入县及以下乡镇，对加快实现农村流通现代化、实现城乡共同发展起到了积极的作

用。目前，全省已建成1万家“农家店”和一批配送中心，形成以城区店为龙头、以乡镇店为骨干、以村级店为基础的农村现代流通网络，基本实现所有的中心村都建有一个连锁放心店，保证以稳定的质量和优惠的价格向农村市场供应各类商品。日用消费品和生产资料连锁农家店实现乡镇全覆盖，村级覆盖率达95%以上。建立覆盖全省的省、市、县、企业四级屠宰监管体系，以及覆盖省辖市的肉菜质量追溯体系和市场监管公共服务体系；50万头以上规模屠宰企业的生猪屠宰量占屠宰总量的比重达到50%以上，全社会冷鲜肉市场份额达到35%。

（二）农产品流通市场活跃，城乡流通市场协调发展

在农村商品市场体系建设中，“双百市场工程”支持建设和改造100家大型鲜活农产品批发市场和100家流通企业，引导市场与基地和农户建立紧密联系，提升市场服务水平，完善交易设施，逐步形成以批发市场为核心、以农贸市场为基础、覆盖城乡的农产品流通体系，降低流通成本，减少农产品损耗，拓宽流通渠道。“农超对接工程”是我国流通方式的又一次创新，是推进统筹城乡市场发展的具体实践，有效地创建了农产品生产基地及农村合作组织和商家对接的渠道。连锁企业利用流通网络优势，采用“超市＋生产基地＋农户”等模式，延展农产品从生产到销售的产业链，带动了农产品加工企业的迅速发展，进一步促进了农产品进城和工业品下乡。目前，江苏已有2家农产品批发市场跻身28家国家重点龙头企业，19家农产品批发市场被农业部认定为定点市场，如南京白云亭农产品批发市场、扬州联谊农副产品批发市场、淮安清江蔬菜批发市场、兴化市粮食交易市场、吴江市华东苗禽市场等。供销社改革成效显著，全省供销合作社发挥农产品流通主渠道作用，加大农产品批发市场和农贸市场建设力度，重点发展一批集散功能强、辐射范围广、带动能力大的农产品市场。无锡朝阳股份有限公司锡澄果品市场在扩建市场的同时，立足水果批发主业，寻求经营的多元化，努力发展粮油类农产品经营。徐州蔬菜批发交易市场在引入经纪人制度上做了有效的尝试。2010年，该市场各类农民合作组织已达3 800个，吸纳农户社员超过76万人，经济组织交易量占总交易量40%左右。连云港市自2009年启动“家电下乡工程”以来，其销售网点达695家，销售家电下乡产品37.8万台，销售额近8.42亿元，形成了家电销售、配送服务、安装调试、维修、退换相配套的服务体系。

五、流通方式探索创新

连锁经营具有强大的规模效益和降低成本的优势，有利于商业资源的优化配置，提高企业组织化程度，保持良好的市场秩序和维护消费者权益。目前，连锁经营已成为世界商业组织发展的主要形式。电子商务一般指基于互联网所实现的各种商业交易活动，主要交易类型有企业与个人的交易和企业之间的交易两种，电子商务近几年得到迅速发展。现代物流业通过信息和网络技术、现代管理手段，将产品的生产与消费之间的运输、仓储、装卸、加工、整理、配送等环节形成完整的供应链，与此同时，现代物流能有力地提高生产和经营效益，从而提高企业和产品的竞

争力。

(一) 连锁经营发展空间大

“十一五”期间，江苏连锁经营额占社会消费品零售额的39.2%，“十二五”期间，江苏连锁经营仍有很大的发展空间。2012年，江苏连锁经营额为5 065.95亿元，占社会消费品零售额的27.63%。江苏批发和零售业、住宿和餐饮业有连锁总店200家，连锁门店数19 641个，连锁门店营业面积1 918.69万平方米，从业人员45.14万人，全年实现商品销售总额4 943.78亿元。其中批发和零售业实现商品销售额4 851.52亿元，住宿和餐饮业实现营业额92.26亿元（见表6—6）。限额以上批发和零售业比例达53.2%，其连锁经营率为22.35%；住宿和餐饮业比例达25.4%，其连锁经营率为31%。苏宁云商成为2012年中国连锁百强之首，前20强江苏占4席，它们的销售额占前20强的比重为19.55%。在中国连锁百强企业中，江苏占9家，均名列前70位，销售额均超50亿元，其中家电、超市、百货业各占三分之一。[①] 在特许经营方面，江苏流通企业做了有意义的探索，近几年来成效显著。南京桂花鸭、苏州迪欧餐饮品牌因为连续三年荣获年度中国优秀特许品牌而荣获2009—2010年中国特许奖，分别位列第一名和第三名。自1998年正式启动特许加盟以来，苏果超市的特许加盟店与直营店这两种连锁经营模式一直双向发展，并已成功探索出一套成熟的经营管理技术和加盟工作流程，其加盟店呈多业态、跨区域发展，通过“苏果学校”平台，给加盟商提供开店指导和管理服务，以减少加盟商的经营风险，提升盈利空间。

表6—6　　2012年江苏批发和零售业、住宿和餐饮业连锁经营情况

行业	门店数（个）	营业面积（万平方米）	销售额（亿元）	从业人员（万人）
批发和零售业	18 300	1 873.08	4 851.52	38.82
住宿和餐饮业	1 083	45.61	92.26	6.32
总计	19 383	1 918.69	4 943.78	45.14

资料来源：根据《江苏统计年鉴》(2013)数据整理而得。

(二) 电子商务发展迅速

中国电子商务突飞猛进，主流电商企业注定有一场鏖战，而其中B2C电子商务市场必然最为激烈。目前，电商购物网站的主要盈利模式有第三方交易平台型、生产者网络营销型、零售商直销型、综合型、垂直型等。2012年，我国B2C购物网站的销售额排名前四的依次为：天猫2 000亿元、京东601.4亿元、苏宁易购183.4亿元、亚马逊中国104.5亿元。2013年，继苏宁更名为“苏宁云商”之后，京东获得新融资，两巨头都重新调整了组织架构，国美电器深度整合旗下电商，腾讯电商突围也是必然，2014年将是众多电商大刀阔斧地进行自我革命的一年。江苏网络销售额占社会消费品零售总额的比重每年提高1个百分点以上，网络交易额占社会消费品零售总额的比重达到7.7%。[②]

---

① 参见中国连锁经营协会：《2012中国连锁百强》，http://www.ccfa.org.cn/pages/upload/up_fj/O0Jelm5WdL0g1366178830324.pdf，2013-04-01。

② 参见中国连锁经营协会：《2012年部分B2C购物网站销售规模排名》，http://www.ccfa.org.cn/pages/upload/up_fj/zGGRoWoGVYT41366167759209.pdf，2013-04-17。

（三）物流配送整合应用

一方面，传统运输、仓储、货代企业实行功能整合和服务延伸，加快向现代物流企业的转型，一批新型物流企业迅速成长，形成了多种所有制、多种服务模式、多层次的物流企业群体。另一方面，企业采用现代物流管理理念、方法和技术，实施流程再造和服务外包。全社会物流总费用与GDP的比率，由2005年的17.5%下降到2010年的15.3%，物流费用呈下降趋势，促进了经济运行质量的提高。2010年全省社会物流总额达116 226.3亿元，约占全国的9.3%。物流业贡献份额逐年提高。“十一五”期间，全省物流业增加值由1 361.2亿元扩大到2 659.5亿元，占GDP的比重由6.3%提高到6.5%，物流运行效率明显提高。① 江苏物流业有着较为统一的规划、完善的基础设施、逐渐壮大的市场主体，可以不断创新流通模式，提高商贸物流的社会化、专业化、信息化和现代化水平。依托港口、机场、货场等交通枢纽，建设、改造一批仓储、分拣、加工、配送、信息服务等功能齐备的商贸物流园区，建设一批以现代化物流配送中心和高效信息管理系统为支撑的物流基地。鼓励大型连锁企业高标准建设自有物流配送中心。加快发展第三方物流，大力发展保税物流，促进全省商贸物流公共信息平台的建设。

六、流通业态多元化发展

江苏流通业经过近20年的跨越式发展，走过了西方发达国家用上百年的时间所走过的道路。连锁超市、专业店、专卖店、购物中心等新型业态迅速发展。流通业态发展趋势一方面呈现出规模两极分化，另一方面表现为业态进一步细分。如表6—7所示，2012年，江苏批发和零售业销售额为4 851.52亿元，门店总数为18 300个，从业人员38.82万人，同比分别有所增长。流通业态中专业店、超级市场和百货商店以销售额占市场份额的38.19%、18.98%及4.39%分别位列前三位。

表6—7　　2012年江苏零售业态连锁店经营情况

零售业态	销售额（亿元）	门店数（个）	从业人数（万人）	营业面积（万平方米）
总计	4 851.52	18 300	38.82	1 873.08
百货商店	212.74	1 242	2.34	83.25
超级市场	921.03	4 409	13.82	518.63
专业店	1 852.89	5 359	18.14	737.41
专卖店	32.94	1 164	0.54	9.71
便利店	9.59	395	0.27	4.49
家具建材店	3.10	3	0.03	8.85
其他	1 819.23	5 728	3.68	511.05

资料来源：根据《江苏统计年鉴》（2013）数据整理而得。

① 参见江苏统计局：《“十一五”江苏物流业发展分析》，http://www.jssb.gov.cn/jstj/fxxx/tjfx/201110/t20111019_116049.htm，2011-10-19。

目前，江苏大型批发专业市场超过100家，涉及全省13个地级市，商品类别涉及范围广。流通企业1家进入世界500强，3家年销售额超千亿元，10家年销售额超500亿元。流通上市公司超过30家，赴海外经营、收购、上市的企业超过10家。很多企业已在江苏经济发展中起到重要的作用。不仅如此，不少企业已经跃居全国流通领域的前列，苏宁云商、苏果超市、江苏五星电器、宏图三胞等企业名列2012年中国连锁百强前20位，销售额都超过百亿元，苏宁云商销售额为1 240亿元，成为超千亿元的零售企业。江苏零售百货的佼佼者文峰大世界、金鹰国际销售额超百亿元，跻身中国连锁30强。[①]

近几年，江苏商贸流通业中零售业态的发展呈现出以下特征：

(1) 百货商店的商品结构和业态定位经历了多次变化，实现了从传统百货业向现代百货业的转变。百货商店的业态细分更加明显，出现了时尚百货商店、精品百货商店、百货折扣店、社区百货商店、购物中心型百货商店等不同定位，目标越来越清晰，由此带来的利润增长创出新高，使得差异化水平进一步扩大。2012年，百货商店销售额为212.74亿元，门店数为1 242个（见表6—7）。

(2) 超市受行业竞争和消费需求变化的双重影响，迫切需要改变同质化竞争局面，实现差异化经营，努力探索适合自身业态发展的策略，追求区域优势，贴近社区、服务社区，实行精细化管理等。近年来，出现了生鲜超市、社区超市、标准超市、大型超市、仓储超市和高端超市等具有明显特征的细分业态，超市的经营管理水平得到深化，一些新的技术也得到推广和应用。大型超市是发展速度较快的流通业态之一。目前，大型超市已在一、二线城市站稳脚跟，正向三、四线城市延伸。在大部分县级及乡镇以下地区，中等规模超市的直营门店或加盟店早已深入万村千乡，有条件的地区已自建或联合组建地方连锁超市。2012年，超市销售额为921.03亿元，门店数为4 409个（见表6—7）。

(3) 专业店作为某一品类专门店，加上冠以具有一定杀伤力的品牌，就成为同行业中的“品类杀手”。随着消费需求的差异性和多层次性的发展，流通业态不断地分化和细化，百货商店中原有一些部门的市场功能逐渐地弱化，它们以较为独立的姿态出现在消费者面前。近几年，家电专业店、家居专业店、儿童用品玩具专业店、药品专业店等逐步发展成熟，有的则以专业市场的形式出现。2012年，专业店销售额为1 852.89亿元，门店数为5 359个。专卖店销售额为32.94亿元，门店数为1 164个。家具建材店销售额为3.10亿元，门店数为3个（见表6—7）。

(4) 便利店大多设在居民小区、企事业单位附近，为社区居民和上下班员工提供了极大的便利。与超市卖场相比，消费者对其商品价格不够敏感，通常步行5～10分钟即可到达。不仅如此，大部分便利店在经营时间上也趋向全天候服务，在服务上更注重对人民生活的补充性服务，越来越让消费者觉得其是生活中不可或缺的部分。2012年，便利店销售额为9.59亿元，门店数为395个（见表6—7）。随着城镇化进程的加快，便利店这种服务于3 000人聚集点的业态店在未来的几年内仍将呈高速发展的趋势。

(5) 购物中心是近几年快速发展的业态店，具有多业态、多功能的集合能力。随着购

---

① 参见中国连锁经营协会：《2012中国连锁百强》，http://www.ccfa.org.cn/pages/upload/up_fj/O0Jelm5WdL0g1366178830324.pdf，2013-04-01。

物中心与品牌商业地产的强强联合，购物中心促进了城市新商圈的形成和发展。这种具有强大的集客能力的城市综合体，对城市商业的发展起着重要的推动作用。以南京为例，南京原有新街口、湖南路、中央门、夫子庙四大传统商圈，它们一直占有较大的商业比重，而其他区域商业配套较为欠缺。随着人们收入水平的不断提高及消费能力的增强，大型购物中心的发展对区域商业的发展起到了提档升级的作用。目前，购物中心年投资额在商业营业用房投资额中的比重超过 50%。①

七、流通国际化成效显著

随着我国经济的开放程度逐步扩大，以及全球经济一体化进程的加快，流通业对外开放的步伐明显加快，呈现出成倍增长的趋势。根据中国政府在入世谈判中所作出的承诺，2004 年年底，中国完全取消了对外商投资商业企业在地域、股权和数量方面的限制。外资商业企业的投资规模明显呈上升趋势，外资大型流通企业的开店速度加快，区域布局合理，经营管理理念先进，消费者得到更多的消费选择，优势更加明显。江苏对外开放日益扩大，进出口总量不断增加，占 GDP 的比重逐年提高。到 2012 年，江苏进出口贸易额为 5 480.93 亿元，比 2005 年增长了 1 倍，占 GDP 的比重为 10.14%，表明江苏流通业国际化程度大大提高。

2008—2012 年江苏限额以上外商投资流通企业经营情况见表 6—8。

表 6—8　　2008—2012 年江苏限额以上外商投资流通企业经营情况（%）

年份	外商投资批发和零售业			外商投资住宿和餐饮业		
	企业数占比	营业额占比	从业人数占比	企业数占比	营业额占比	从业人数占比
2008	6.38	7.9	13.12	18.71	18.09	18.39
2009	6.49	9.79	17.49	19.86	21.03	19.78
2010	6.54	11.3	19.35	23.34	21.49	21.59
2011	6.68	12.98	20.64	24.37	21.55	21.08
2012	6.69	12.07	21.14	25.68	21.62	22.81

资料来源：根据《江苏统计年鉴》（2009—2013）数据整理而得。

2012 年，江苏外商投资批发零售连锁总店为 21 个，门店数为 2 844 个，占批零企业数的 15.54%；销售额为 1 042.45 亿元，占批零企业销售额的 21.49%；其从业人数为 124 500 人，占批零企业从业人数的 32.07%。江苏外商投资住宿和餐饮连锁总店为 9 个，门店数为 912 个，占住餐企业数的 68%；销售额为 77.49 亿元，占住餐企业销售额的 84%；其从业人数为 52 400 人，占住餐企业从业人数的 82.9%。由此可见，外资及港澳台投资连锁企业在餐饮业经营中占主导地位，江苏住宿和餐饮业进入加速发展期。2012 年，江苏内贸外商直接投资项目比例为 37.39%，合同外资金额比重为 26.89%，实际外

① 参见宗颖：《江苏现代商贸流通业发展的现状、问题与对策》，见《江苏省现代服务业研究报告》，157～160 页，2011。

资金额比重为 31.25%。

2010 年，外资零售企业沃尔玛、家乐福和麦德龙分别在江苏设立门店 14 个、18 个和 10 个，江苏的沃尔玛、家乐福门店数排名均在广东之后，列第二，江苏的麦德龙门店数排第一位。外资零售企业凭借其先进的差异化战略、业态移植战略、定位清晰化战略、业态技术领先战略及本土化经营战略，已经在国内市场占有重要的位置。①

① 参见宗颖：《江苏现代商贸流通业发展的现状、问题与对策》，见《江苏省现代服务业研究报告》，162～164 页，2011。

第7章 江苏内贸发展环境

“十二五”时期是经济社会发展向更高层次迈进的关键时期，我国确定了以转变经济发展方式为主线，大力推进经济结构的战略性调整，积极实施扩大消费需求的战略，努力促进消费、投资、出口相协调，推动人口、资源、环境相协调，实现发展战略和发展模式的重大调整。这些变化为江苏内贸发展提供了较好的发展机遇，同时，各种挑战也仍然存在。

一、市场机制逐步完善，商品流通范围拓展

三十多年的改革开放，社会主义市场经济体制已初步建立，我国商品市场快速成长，市场体系框架已初步形成，在国民经济发展中发挥着重要作用。市场机制在配置资源中已经发挥基础性作用。商品流通领域的市场化程度已经比较高，目前，绝大部分消费品、农副产品和生产资料已经放开，价格由市场供求决定，市场在资源配置中的基础性作用已得到初步发挥，多元化的市场竞争格局已经形成。随着经济的持续快速发展，商品市场的供需关系发生了重大变化，已从以商品短缺为主要特征的“卖方市场”转变为绝大多数商品供大于求的“买方市场”。对主要商品市场供求形势进行预测，供过于求的商品占主导，没有供不应求的商品。①

商品市场体系已基本形成并初具规模。形成了包括生产资料和生活资料在内的、有形市场和无形市场相结合、期货市场和现货市场相结合、以批发市场及零售市场为主体的多层次、多门类的商品市场体系；形成了多种经济成分、多种市场流通渠道、多种经营方式并存的商品市场格局和遍布城乡的流通网络和商业网点设施。到2012年年底，江苏实现社会消费品零售总额18 331.3亿元，占全国的8.7%，位列第三，5年间年均增长率为16.9%。2012年，亿元以上各类综合市场达171个，交易业主从业人数达300 600人，商品成交额为2 224.91亿元，占市场总成交额的14.21%；各类专业市场达391个，交易业主从业人数达823 400人，商品成交额为13 434.33亿元，占市场总成交额的85.79%。商品交易市场的专业化经营特点更加突出，交易方式和手段逐步规范化。

---

① 参见郭凤莲：《全国商品市场体系建设研究报告》，http://www.chinaleasing.org/doc2/doc1490.htm，2006-02-22。

江苏的市场化程度较高，主要在于江苏较早就开始实施市场化改革，放开市场准入管制，实行对外开放，市场竞争的公平性、有效性高，加上政府高度重视现代流通业竞争力的发展。2011 年，江苏省政府发布了《关于加快发展现代流通业的意见》，为江苏流通业的发展提供了有力的政策保障。

二、流通业对经济发展的引导作用增强，政府政策支持力度加大

随着商品市场的发展，商品流通业对国民经济的贡献日益增大。近十年来，商品流通业在国内生产总值中的比重在16%以上，流通业是吸纳就业人数最多的行业之一，流通业上缴的财政收入也逐步增加，商品市场在国民经济中发挥着越来越大的积极作用。连接产需的商品流通部门，已逐步从传统的末端行业发展为先导性行业，商品市场在经济发展中的作用日趋增强。根据统一规划、合理布局、提升档次的要求，江苏制定了《江苏商品交易市场发展指导意见》，重点发展对产业有较强带动力的产地批发市场和特色鲜明的专业批发市场，引导各类市场向商品品牌化、经营商场化、管理规范化发展。以城乡市场公共服务平台建设为重点，建立现代市场调控体系。加强城市菜市场的规划建设，加大政策扶持和资金投入力度，加快推进城市菜市场的升级改造，积极构建以农产品批发市场为核心、以农贸市场为支撑、以大型超市为平台、农民专业合作组织和农民经纪人广泛参与的农产品现代流通体系。加大对大型农产品市场的改造和基础设施的建设，提高加工配送、冷链物流和电子结算等能力。①

（一）加大财政支持力度，支持流通业现代化发展

江苏对省级商务发展专项引导资金进行整合，适当扩大资金规模，采取以奖代补、贴息等方式，对关系民生、消费安全和流通产业发展的重大项目予以支持，对新型流通业态发展、农村流通载体建设、城市社区便民服务设施建设、市场调控体系建设、大型流通企业跨区跨国发展、中小流通企业公共平台建设、省内重点展会建设、流通领域质量可追溯体系建设、高级管理人才培训和引进等予以重点支持。

（二）加大对企业的政策支持

完善政策扶持和服务体系、优化发展环境，可以培育一批具有龙头带动作用和先进示范效应的连锁大企业。加大对省内具有一定经营规模和品牌知名度、拥有自主核心技术和研发能力的大型连锁企业赴境外设立销售网络或收购境外知名品牌的支持，建立全球供应链或销售网络，增强国际竞争力。支持省内优势流通企业到境外从事资源开发及并购、上市融资。支持一批大型物流企业创新发展，大力发展保税物流。支持国家级流通领域现代物流示范城市加快物流基础、信息平台和专业人才建设。对连锁企业、物流配送中心已登记的运送鲜活商品小型货车，适当放宽白天进入市区限制，支持中小流通企业发展。加大中小流通企业采购平台建设，通过商务发展专项引导资金，以中小超市和成品油企业采购

① 参见江苏省政府：《省政府关于加快推进流通业现代化的意见》，载《江苏省人民政府公报》，2011。

联盟平台建设为重点，搭建中小企业采购平台，为广大中小流通企业提供信息共享、交流合作、联合采购的服务载体，提高流通效率，降低采购成本，增强中小企业市场竞争力和抗风险能力。①

三、流通基础设施不断完善，流通效率提高

江苏近几年加大了对流通基础设施的建设，支持土地、科技、人才、资金等要素为流通业发展服务。2012 年，江苏公路通车里程 15.41 万千米，铁路营业里程 2 348 千米，内河航道里程 24 280 千米，输油管道里程 6 264 千米，公路桥梁 67 159 座；邮路及农村投递路线总长度 33.32 万千米，其中，汽车邮路 6.11 万千米，铁路邮路 0.58 千米。公路运输汽车拥有量 659 825 辆，全社会运输船舶拥有量 48 818 艘，载客量 41 121 位，净载量3 984.93 万吨。主要港口货物吞吐量 195 417.07 万吨，沿海港口 136 个，内河港口 7 164 个。私人车辆拥有量 1 362.4 万辆。在通信方面，2012 年，每百人固定电话普及率达 30 部，移动电话普及率达 95 部。固定宽带接入用户 1 406.4万户。

优化城市用地布局，增加流通设施用地比例，城市黄金地段规划确定的商业用地优先供地。对现代服务业用水（洗浴、洗车等特种行业除外）、用气、用电价格与工业用水、用气、用电价格实行并轨政策。对微利性民生服务业如社区服务、放心早餐、家庭服务、废旧物资回收利用实行税收优惠扶持。

对农产品流通基础设施给予政策引导和资金支持。如常州市政策规定菜市场内部提升按每平方米 1 100 元给予财政补贴，重建、移建及规划新建全部由政府投入。增加对市场国有与集体股权的投入，近年新建的南京众彩农副产品批发市场国有股比重占 70%，南通市农副产品批发市场股权全部国有，常州、无锡等地农贸市场的国有、集体参股比重在 70%以上。经过升级改造的农产品市场不仅改善了设施、健全了功能、强化了农产品集散能力，而且由于提升了公益属性，大大增强了政府对农副产品保供稳价的调控能力。如南京众彩农副产品批发市场，为降低商户经营成本，缓解蔬菜价格上涨压力，2011 年共降低和减免市场收费 600 多万元。②

目前，江苏省流通基础设施建设方面存在如下问题：内贸信息技术应用水平尚待提高，商贸信息资源开发利用不充分，如条形码的普及率低，管理信息系统（MIS）、销售点实时管理系统（POS）、电子订货系统（EOS）、流通增值网络系统（VAN）、决策支持系统（DSS）、电子数据交换系统（EDI）功能单一，供应链管理系统（SCM）、财务管理系统（FS）、客户关系系统（CRM）及商业智能、决策分析系统（BI）和企业资源计划（ERP）等商业软件开发落后，电子防盗系统仍未普及，流通业的规范化、标准化技术与质量保证的要求有差距。

---

① 参见江苏省政府：《省政府关于加快推进流通业现代化的意见》，载《江苏省人民政府公报》，2011（20）。

② 商务部：《完善基础设施 创新流通方式 努力打造稳定高效的农产品流通体系》，http://scjss.mofcom.gov.cn/article/ncplt/ncpltzh/201302/20130200036977.shtml，2013-02-26。

四、居民收入水平持续提高，消费能力增强

2012 年，江苏城镇居民人均可支配收入为 29 677 元，农村居民人均纯收入为 12 202 元，同比分别增长 12.7%、12.9%。2008—2012 年这 5 年间，江苏城镇居民人均可支配收入年均增长 12.3%，农村居民人均纯收入年均增长 13.5%。2012 年，居民人均储蓄余额为 37 951 元，5 年间年均增长率为 14.9%。政策性因素是推动居民工资性收入和转移性收入增长的主导因素。2012 年，城镇居民人均消费支出 18 825 元，农村居民人均生活费支出8 655 元，同比分别增长 12.2%、12.5%，2008—2012 年这 5 年间，城镇居民人均消费支出年均增长 12%，农村居民人均生活费支出年均增长 12.9%。消费市场的需求潜力与居民收入成正向关系，消费市场的发展潜力巨大。2008—2012 年，城镇居民恩格尔系数与农村居民恩格尔系数都有下降趋势。2008 年至今，我国城乡居民恩格尔系数都低于 40%，随着居民收入的提高，依据联合国粮农组织的标准，我国城乡居民生活正从小康水平向富裕水平过渡（见表 7—1）。食品、衣着、居住、家庭设备及服务、医疗保健、交通和通信、教育文化娱乐服务、其他商品和服务八大类消费的构成均呈两位数以上增长。

表 7—1　　2008—2012 年江苏人民生活收入消费情况

年份	城镇居民			农村居民			居民人均储蓄（元）
	人均可支配收入（元）	人均消费支出（元）	恩格尔系数（%）	人均纯收入（元）	人均生活费支出（元）	恩格尔系数（%）	
2008	18 680	11 978	37.9	7 357	5 328	41.3	21 782
2009	20 552	13 153	36.3	8 004	5 805	39.2	25 996
2010	22 944	14 357	36.5	9 118	6 543	38.1	29 652
2011	26 341	16 782	36.1	10 805	7 693	38.5	32 808
2012	29 677	18 825	35.4	12 202	8 655	37.4	37 951

资料来源：根据《江苏统计年鉴》（2009—2013）数据整理而得。

五、商贸流通体制改革步伐加快，商品交易成本降低

市场的法律体系框架已经初步形成。与商品市场的发展和市场化进程相适应，商品市场的法制化进程加快，我国相继出台了《反不正当竞争法》、《拍卖法》、《关于制止低价倾销行为的规定》、《商品市场登记管理办法》、《连锁店经营管理规范》、《零售业态分类规范意见》等一系列法律法规和政府部门规章，初步形成了依法治市、鼓励竞争、适应市场经济运行的法律体系框架，促进了市场的规范化发展。江苏各市普遍编制了农产品批发市场和农贸市场规划，徐州市还率先完成了农贸市场建设管理立法，出台了《徐州市市区农贸市场管理条例》。这些政策的出台，旨在加快重点连锁经营企业商品配送中心和现代商贸物流园区建设，提高商品流通效率，降低流通成本，为商贸流通业和现代制造业的发展提供强有力的物流支撑。

第 8 章 江苏内贸发展的区域比较

苏南、苏中、苏北三大区域的地理位置及资源配置等因素影响了其经济发展。以人均经济指标为标准，2012 年，苏南 5 个地级市人均地区生产总值为 101 370 元，是苏中 3 个地级市人均地区生产总值的 1.63 倍，是苏北 5 个地级市人均地区生产总值的 2.48 倍。苏南地区包括南京、无锡、常州、苏州和镇江五市，属于长三角的核心区域。作为江苏推进“两个率先”的先行区，苏南地区走出了一条开放创新、由内及外、以工促农、城乡区域统筹、共同富裕的发展道路。2012 年苏南地区的人均 GDP 是全国人均 GDP 的 2.6 倍，达到高收入国家和地区水平。苏南地区积极推进产业转型升级，成为具有全球影响力的制造基地，现代服务业快速发展，传统流通业提档升级，在全国率先进入工业化后期。苏中地区包括沿长江北岸的南通、扬州、泰州三市，苏中沿江岸线蕴含四通八达的黄金水道、产业升级的创新地带和生态文明的绿色走廊。如南通在陆海、扬州在跨江、泰州在产业统筹发展上取得重要突破，苏中地区彰显出古代文化与现代产业名城的地位。苏北是全国沿海经济带重要组成部分，苏北地势以平原为主，辖江临海，扼淮控湖，交通发达。苏北地区包括徐州、盐城、宿迁、淮安、连云港 5 个地级市。苏北地区交通状况有了根本性改善，区位优势凸显，拥有新亚欧大陆桥即陇海铁路、京沪铁路、京杭大运河，苏北地区的高速公路密度接近发达国家水平。

一、区域流通规模差距较大，但苏北地区增长速度较快

如表 8—1 所示，2012 年，苏南、苏中、苏北三个区域的第三产业产值逐年增长，分别是苏南 15 416.8 亿元、苏中 4 074.42 亿元、苏北 4 843.59 亿元。从全省角度看，苏南地区服务业比较发达，苏北、苏中地区相对落后，两者第三产业产值之和仅占苏南的 57.8%。与 2008 年相比，第三产业产值分别增长了 1.06 倍、1.13 倍、1.31 倍，服务业的增长幅度很大，从某种意义上说，商贸流通业的发展也相当迅速，苏北地区的增长速度更快。第三产业产值占本地区 GDP 比重分别为苏南 46.2%、苏中 40.0%、苏北 39.8%，比 2008 年均提高了五六个百分点。苏北地区的第三产业产值占江苏省的比重由 2008 年的 18.2%增加到 2012 年的 19.9%，有明显上升的趋势，苏南地区由 65.1%下降到 63.4%，略有下滑。这表明，2008—2012 年 5 年间，在各区域流通规模增大的情况下，三区域的差距没有缩小，但在占全省第三产业比重方面，2012 年苏北地区比重的增幅明显快于苏南地区。

表 8—1　　2008 年、2012 年苏南、苏中、苏北三区域地区生产总值及构成

区域	2008			2012		
	GDP	第三产业产值	占地区 GDP 比重	GDP	第三产业产值	占地区 GDP 比重
苏南	18 506.16	7 483.88	40.4	33 381.66	15 416.8	46.2
苏中	5 477.62	1 914.73	35.0	10 193.55	4 074.42	40.0
苏北	5 931.61	2 094.09	35.3	12 182.94	4 843.59	39.8

注：由于统计数据中没有地区第三产业各行业产值的统计数据，所以只能用第三产业产值情况说明地区流通业发展情况。

资料来源：根据《江苏统计年鉴》(2009、2013) 数据整理而得。

2012 年，苏南地区生产总值达到 3.34 万亿元，占全国的 6.5%，成为推动我国经济社会发展的强大引擎，服务业比重达到 46.2%。县域经济发达，区内 14 个县（市）中有 12 个县（市）进入全国百强县，其中 6 个县位列前十，综合竞争力不断增强。人均 GDP，无锡为 117 100 元、苏州为 113 900 元，分别位列第一、第二名；南京、常州、镇江与之相比，有些差距，都在 89 000 元以下。服务业增加值占 GDP 比重，最高南京为 53.4%，后面依次是无锡、苏州、常州、镇江。2012 年，苏中地区人均 GDP 达到 62 178 元，是全国人均 GDP 的 1.6 倍。地区生产总值达到 1.02 万亿元，占全国的 2.0%，服务业增加值比重达到 40%。县域经济发达，区内 12 个县（市）中有 10 个县（市）进入全国百强县。人均 GDP，依次为扬州 65 600 元、南通 62 400 元、泰州 58 300 元。服务业增加值占 GDP 的比重，三城市相近，均为 40%。2012 年，苏北地区生产总值达到 1.22 万亿元，占全国的 2.3%，地区服务业增加值比重平均达到 39.8%。县域经济发达，区内 23 个县（市）中有 3 个县（市）进入全国百强县。人均 GDP 苏北地区依次为徐州 46 900 元、盐城 43 200 元、淮安 39 980 元、连云港36 400 元、宿迁 31 700 元。服务业增加值占 GDP 的比重，徐州为 41.5%、淮安为 40.8%，位于前列，其他三城市均在 38%以上（见表 8—2）。

表 8—2　　2012 年苏南、苏中、苏北三区域国内贸易指标

区域		地区生产总值（亿元）	第三产业构成（%）	社会消费品零售总额（亿元）	批发和零售业（亿元）	住宿和餐饮业（%）
苏南	南京	7 201.57	53.4	3 103.82	2 793.48	287.09
	无锡	7 568.15	45.2	2 443.24	2 240.38	187.56
	常州	3 969.87	43.9	1 413.33	1 293.16	120.17
	苏州	12 011.65	44.2	3 240.97	2 830.37	382.73
	镇江	2 630.42	41.6	10 967.82	677.10	89.36
苏中	南通	4 558.67	40.0	1 719.27	1 576.34	132.31
	扬州	2 933.2	40.0	973.97	871.15	96.71
	泰州	2 701.67	39.8	737.57	633.73	103.87
苏北	徐州	4 016.58	41.5	1 312.50	1 173.31	139.19
	连云港	1 603.42	39.6	575.49	525.26	50.24
	淮安	1 920.91	40.8	633.24	567.60	65.64
	盐城	3 120.00	38.2	1 023.20	919.46	103.74
	宿迁	1 522.03	38.0	388.23	335.40	52.83

资料来源：根据《江苏统计年鉴》(2013) 数据整理而得。

二、消费品市场发展平稳，区域差距仍然明显

由表 8—3 可计算出，从 2008—2012 年这五年的数据来看，社会消费品零售额增长幅度较快，增长率分别为苏南 90.3%、苏中 87.3%、苏北 90.3%。通过比较可知，三区域 5 年的年增长率均为 17%左右，增长幅度差距不明显。社会消费品零售额中有很大比重的两项，即批发零售销售额和住宿餐饮销售额占社会消费品零售额的比重，2008—2012 年三个区域都分别是 85%和 12%左右。另外，三大区域的社会消费品零售额比重也是稳定的，分别是苏南 60%、苏中 19%和苏北 20%左右。这表明，从近 5 年的发展情况来看，苏南、苏中、苏北地区的消费品市场发展平稳，社会消费品零售额稳步增长，三区域的差距没有拉大和缩小。

表 8—3　　2008—2012 年苏南、苏中、苏北三区域社会消费品销售额　　单位：亿元

年份		2008	2009	2010	2011	2012
苏南	社会消费品零售额	5 763.12	6 872.31	8 135.12	9 568.87	10 967.82
	批发零售销售额	5 003.28	6 170.41	7 336.27	8 634.78	9 834.50
	住宿餐饮销售额	692.55	664.19	761.66	907.3	1066.90
苏中	社会消费品零售额	1 832.13	2 160.17	2 558.55	2 998.19	3 430.82
	批发零售销售额	1 584.74	1 940.60	2 304.04	2 690.69	3 081.22
	住宿餐饮销售额	236.76	196.15	236.15	280.5	332.89
苏北	社会消费品零售额	2 066.15	2 451.62	2 912.63	3 421.32	3 932.66
	批发零售销售额	1 763.92	2 106.34	2 602.30	3 067.68	3 521.03
	住宿餐饮销售额	291.42	345.28	292.49	353.64	411.64

资料来源：根据《江苏统计年鉴》（2009—2013）数据整理而得。

苏南地区消费品市场，社会消费品零售额占全国的比重为 5.2%，苏州、南京分列第一、第二名；无锡、常州的批发零售业社会消费品零售额所占比重位居前列，均大于 91%；苏州、镇江的住宿和餐饮业社会消费品零售额所占比重位居前列，均大于 11%。在消费收入和消费支出水平方面，城镇居民人均可支配收入，苏南地区是全国的 1.46 倍，苏州在城镇居民人均可支配收入、城镇居民人均消费支出上都是最高水平，城镇居民恩格尔系数苏州最低，为 33.3%；农村居民人均纯收入，苏南地区是全国的 2.17 倍，苏州、无锡位居前列，农村居民恩格尔系数，苏州最低，为 33.9%。城乡收入差距之比南京最高，为 2.37，南通最低。居民人均储蓄存款，苏南地区是全国的 1.82 倍，苏州、南京位居前列，分别为 5 787.75 元和 4 465.37 元。苏中地区社会消费品零售额占全国的比重为 1.6%，由高到低依次为南通、扬州和泰州；批发零售业社会消费品零售额所占比重，南通最高，为 91.7%；泰州的住宿和餐饮业社会消费品零售额所占比重最高，为 14.1%。城镇居民人均可支配收入，苏中地区是全国的 1.1 倍，优势已不明显，南通在城镇居民人均可支配收入、城镇居民人均消费支出上都是最高水平，南通城镇居民恩格尔系数最低，为 34.8%；农村居民人均纯收入，苏中地区是全国的 1.63 倍，南通在农村居民人均纯收入、农村居民人均生活费支出方面位居前列，农村居民恩格尔系数，泰州最低，为 33.1%。城乡

收入差距之比南通最高，为2.14，三城市都大于2；居民人均储蓄存款与全国的平均水平差距不大。苏北地区社会消费品零售额占全国的比重为1.87%，徐州、盐城位居前列，其他三个城市与前两个城市差距比较大，徐州是宿迁的3.38倍；批发零售业社会消费品零售额所占比重，连云港最高，为91.3%，其他城市都低于90%。宿迁的住宿和餐饮业社会消费品零售额所占比重最高，为13.6%。居民收入支出水平方面，城镇居民人均可支配收入，苏北地区略低于全国的平均水平，淮安的城镇居民人均可支配收入最高，为21 716元，盐城的城镇居民人均消费支出最高，为15 430元，盐城的城镇居民恩格尔系数最低，为34.3%，宿迁最高，为37.4%。农村居民人均纯收入，苏北地区是全国的1.33倍，盐城在农村居民人均纯收入、农村居民人均生活费支出上位居前列，其他城市之间的差距不大。城乡收入差距之比最高为淮安和宿迁，均为2.21，徐州最低，为1.58。居民人均储蓄存款与全国的平均水平差距不大。

三、城乡差距逐步缩小，居民生活水平提高

随着江苏内贸改革的进一步深化，全省消费市场规模增长速度较快。我们下面对2012年与2008年的苏南、苏中、苏北三区域的城镇居民与农村居民收入与消费支出方面的数据进行比较。2012年，城镇居民人均可支配收入方面，苏南为35 827元，比2008年增长57.4%；苏中为27 095元，比2008年增长63.5%；苏北为20 822元，比2008年增长66.1%。三区域在五年间的增幅最高的是苏北地区，比苏南高出8个百分点。2012年，苏南城镇居民人均可支配收入分别是苏中的1.32倍、苏北的1.72倍。城镇居民人均消费支出方面，2012年，苏南为22 786元，比2008年增长56%；苏中为17 103元，比2008年增长63.1%；苏北为13 837元，比2008年增长67.7%。苏北地区增幅最高，比苏南高出11个百分点。2012年，苏南城镇居民人均消费支出分别是苏中的1.33倍、苏北的1.65倍，绝对差距还是比较大的。城镇居民恩格尔系数方面，2012年，苏南为34.3%、苏中为35.6%、苏北为35.5%，分别比2008年下降2.2、3.5、3.9个百分点（见表8—4和表8—5），这表明，三区域的城镇消费结构和消费方式等方面变化明显，苏中和苏北地区逐步与苏南地区缩小恩格尔系数的差距，这或者与当地物价水平及消费模式有关。农村居民人均纯收入方面，苏南为17 160元，比2008年增长64.1%；苏中为12 877元，比2008年增长69.8%；苏北为10 502元，比2008年增长73.9%。增幅最高的仍是苏北地区，比苏南高出近10个百分点。农村居民人均生活费支出方面，苏南为12 427元，比2008年增长59.8%；苏中为9 301元，比2008年增长70.8%；苏北为6 660元，比2008年增长66.1%。五年间增幅最高的是苏中地区，比苏南高出11个百分点。农村居民恩格尔系数方面，2012年，苏南为35.7%、苏中为35.3%、苏北为36.5%，分别比2008年下降1.1、3.3、5.2个百分点（见表8—4和表8—5），苏北地区农村居民恩格尔系数降幅最大，其消费模式和消费结构变化最大。依据世界粮农组织的标准，到2012年，江苏居民已从小康向富裕水平迈进，城乡间的差距逐步缩小。

表 8—4　　2008 年苏南、苏中、苏北三区域居民收入消费情况

区域	城镇居民			农村居民			居民人均储蓄存款（元）
	人均可支配收入（元）	人均消费支出（元）	恩格尔系数（%）	人均纯收入（元）	人均生活费支出（元）	恩格尔系数（%）	
苏南	22 756	14 609	36.5	10 458	7 779	36.8	33 751
苏中	16 574	10 488	39.1	7 582	5 444	38.6	22 142
苏北	12 536	8 253	39.4	6 038	4 010	41.7	21 782

资料来源：根据《江苏统计年鉴》（2009）数据整理而得。

表 8—5　　2012 年苏南、苏中、苏北三区域居民收入消费情况

区域	城镇居民			农村居民			居民人均储蓄存款（元）
	人均可支配收入（元）	人均消费支出（元）	恩格尔系数（%）	人均纯收入（元）	人均生活费支出（元）	恩格尔系数（%）	
苏南	35 827	22 786	34.3	17 160	12 427	35.7	53 789
苏中	27 095	17 103	35.6	12 877	9 301	35.3	41 674
苏北	20 822	13 837	35.5	10 502	6 660	36.5	18 348
全省	29 677	18 825	35.4	12 202	8 655	37.4	37 951

资料来源：根据《江苏统计年鉴》（2013）数据整理而得。

第9章 江苏内贸与发达省市的比较

江苏经济在总量和结构发展上都超过了全国平均水平。2012年，江苏地区人均GDP为68 347元，位列第三，在北京、上海之后（见表9—1）。江苏在全国经济和内贸发展上有着重要的地位，尤其在新型流通业态的发展上，江苏的内贸企业在全国成绩显著。报告从横向角度，选取全国发达的省市与江苏作比较，以分析江苏内贸在全国的地位及与发达省市之间的差别和关联度。

表9—1　　2012年江苏与发达省市流通业规模比较

地区	GDP（亿元）	人均GDP（元）	第三产业产值（亿元）	第三产业产值占GDP比重（%）
北京	17 879.40	87 475	13 669.93	76.46
上海	20 181.72	85 373	12 199.15	60.45
江苏	54 058.22	68 347	23 517.98	43.50
浙江	34 665.33	63 374	15 681.13	45.24
山东	50 013.24	51 768	19 995.81	39.98
广东	57 067.92	54 095	26 519.69	46.47
全国	518 942.10	38 420	231 406.50	44.59

资料来源：根据《中国统计年鉴》（2013）数据整理而得。

一、流通业总量水平高，但产业结构仍需优化

2012年，江苏第三产业产值为23 517.98元，在广东之后，第三产业产值占GDP的比重，北京最高，为76.46%，其次是上海，为60.45%，江苏为43.5%，列第三。与发达国家相比，2008年美国商品零售额达到44 129亿美元，2007年美国商业及住宿和餐饮业增加值占第三产业的比重达到15%，美国批发零售业和住宿餐饮业就业人员占全国就业总人数的比重为23.19%①，而江苏这一比重为9.6%。与早已融入国际产业分工体系的制造业相比，江苏商贸流通业供需仍主要局限于本地经济，对于全球价值链中研发设计、品牌营销等高端环节缺乏嵌入。

① 参见郭艳华：《发达国家批发零售业的发展趋势与启示》，载《广东行政学院学报》，2008（2），12～14页。

二、城乡市场发展潜力大，但农村市场效率有待提高

（一）城乡市场发展潜力大

2012 年，江苏社会消费品零售额占全国的 8.7%，位列第三，位于广东省和山东省之后。江苏城乡流通市场发展差距较大，2005 年，城镇社会消费品零售额与农村社会消费品零售额分别为 4 491.35 亿元、1 244.15 亿元，占江苏社会消费品零售总额分别为 78.3%、21.7%，其差距拉大到 56 个百分点。2012 年，城乡收入比依次是广东 2.87、山东 2.73、江苏 2.43、浙江 2.37、上海 2.26、北京 2.21，全国的平均水平为 3.1，相比较而言，江苏城乡收入差距有缩小的趋势。江苏城镇化进程的加快，也加剧了城乡社会消费品零售额的差距。消费市场的需求潜力与居民收入成正向关系。2012 年，江苏城镇人均可支配收入为 29 676.97 元，位于北京、上海、浙江、广东之后；江苏农民人均纯收入为 12 201.95 元，位于北京、上海、浙江之后，表明江苏居民收入规模仍需进一步提高（见表 9—2）。

表 9—2　　2012 年江苏与发达省市城乡收入、消费水平情况

地区	城镇人均可支配收入（元）	城镇恩格尔系数（%）	农民人均纯收入（元）	农村恩格尔系数（%）	城乡居民收入比
北京	36 468.75	31.3	16 475.74	33.2	2.21
上海	40 188.34	36.8	17 803.68	40.0	2.26
江苏	29 676.97	35.4	12 201.95	37.4	2.43
浙江	34 550.3	35.1	14 551.92	37.7	2.37
山东	25 755.19	33.0	9 446.54	34.3	2.73
广东	30 226.71	36.9	10 542.84	49.1	2.87
全国	24 564.72	36.2	7 916.58	39.3	3.1

资料来源：根据《中国统计年鉴》（2013）数据整理而得。

（二）大型商品交易市场集中度不高

2012 年，江苏亿元以上商品交易市场数为 575 个，占全国的比重为 11.1%，在浙江的 14.7%之后，位列第二；其商品市场成交额为 15 659.2 亿元，占全国的比重为 16.8%，位列第一；但江苏亿元以上商品交易每单位市场销售额为 27.9 亿元，位列第二，但仅是上海每单位市场销售额 57.3 亿元的 48.7%，江苏商品交易市场虽然容量较大，但单位市场销售情况与发达地区相比还有一定差距（见表 9—3）。

表 9—3　　2012 年江苏与发达省市亿元以上商品交易市场比较

地区	亿元以上商品交易市场		亿元以上商品交易市场		单位市场销售额（亿元/个）
	数量（个）	构成（%）	销售额（亿元）	构成（%）	
北京	143	2.8	3 045.7	3.3	21.3
上海	188	3.6	10 778.6	11.6	57.3
江苏	575	11.1	15 659.2	16.8	27.9
浙江	764	14.7	13 769.3	14.8	18.0

续前表

地区	亿元以上商品交易市场		亿元以上商品交易市场		单位市场销售额（亿元/个）
	数量（个）	构成（%）	销售额（亿元）	构成（%）	
山东	569	11.0	8 021.0	8.6	14.1
广东	384	7.4	5 506.5	5.9	14.3
全国	5 194	100.0	93 023.8	100.0	17.9

资料来源：根据《中国统计年鉴》(2013) 数据整理而得。

(三) 农产品流通环节偏多，流通效率低

农村人多，但流动性小，集镇市场散乱，市场交易集中程度较低。目前农民组织化程度较低，合作经济组织规模较小，经济实力不强，缺乏足够的抵御市场风险的能力和开拓系列化服务的功能。由于条块分割、部门利益影响，许多扶持政策难以落实到位，缺少操作性。农村商贸流通业发展的网点布局、规划滞后。一方面，农村市场流通业态结构不太合理，长期形成的邻近乡镇商贸组织经营缺乏特色；另一方面，农村流通市场产业组织化程度不高，新型业态得不到有效利用。主要流通方式仍以传统的专业店、夫妻店、集市、庙会为主，商品种类以日用品为主，市场定位趋同。物流配送相应滞后，网络体系不够健全。专业市场发展水平较低，规模小，辐射能力弱，带动农村产业乏力。总体上，农村流通市场缺少必要的政策扶持和法律保护，造成网点规划散乱、流通渠道不畅。

三、流通现代化优势明显，但流通效率需加强

连锁经营的优势在于规模，2012 年，江苏进入全国零售百强的 9 家企业的销售额为 2 892 亿元，占全国零售百强销售总额的 17.4%。

(一) 连锁经营规模优势明显

表 9—4 中，与上海、浙江、山东、广东等地区连锁企业相比，江苏连锁企业销售额为 4 851.5 亿元，占社会消费品零售额的比重为 26.5%，其流通企业连锁化率位列全国第三，比位列第一的上海低 22 个百分点。采用连锁企业人均销售额指标，对地区连锁化率进行进一步分析，山东省连锁企业人均销售额为 145.1 万元，在全国排第一位。连锁经营统一配送率，依次为浙江 89.6%、广东 88.8%、江苏 84.2%、上海 80.7%、山东 70.5%、北京 48.0%，江苏连锁经营统一配送水平相对较高。

表 9—4　　2012 年江苏与其他地区连锁企业比较

地区	连锁门店数	连锁企业销售额（亿元）	社会消费品零售额（亿元）	连锁企业销售额占社会消费品零售额比重（%）	连锁经营统一配送率（%）
北京	6 810	2 421.0	7 702.8	31.4	48.0
上海	19 310	3 605.6	7 412.3	48.6	80.7
江苏	18 300	4 851.5	18 331.3	26.5	84.2
浙江	29 496	2 302.4	13 588.3	16.9	89.6
山东	10 327	2 459.7	19 651.9	12.5	70.5

续前表

地区	连锁门店数	连锁企业销售额（亿元）	社会消费品零售额（亿元）	连锁企业销售额占社会消费品零售额比重（%）	连锁经营统一配送率（%）
广东	22 216	4 908.6	22 677.1	21.6	88.8
全国	192 870	35 462.1	210 307	16.9	77.8

资料来源：根据《中国统计年鉴》（2013）数据整理而得。

2008 年，美国零售业百强销售额为 17 963 亿美元，占全美商品零售总额的比重为 40.7%，中国零售业百强销售额合计为 12 069 亿元，占社会消费品零售总额的比重为 11.1%。2010 年，沃尔玛销售额为 4 218.5 亿美元，相当于同年我国全社会消费品零售总额 156 998.4 亿元的五分之一。而江苏大部分连锁企业的规模普遍偏小，远未达到国际公认的连锁企业的盈利点。沃尔玛已拥有门店 4 000 家，而江苏最大的两家连锁企业江苏苏农农资连锁集团和苏宁电器所拥有的门店数都没有超过 2 000 家。江苏大部分连锁企业还是表现为数量少、规模小、组织化程度低，造成了市场的辐射面较狭窄，影响力和带动力不强，缺乏核心竞争力。因此，提高江苏流通企业的规模是流通产业现代化发展的趋势。

（二）流通费用较高，流通效率需加强

2012 年，全国社会物流总额 177 万亿元，同比增长 9.8%；物流业增加值为 3.5 万亿元左右，同比增长 9.1%，增幅虽比上年同期有所回落，但仍比第三产业增加值高出 1 个百分点。物流业增加值占 GDP 的比重为 6.8%，占服务业增加值的比重为 15.3%。全国社会物流总费用约为 9.4 万亿元，同比增长 11.4%，增幅比上年同期回落 7 个百分点。但与美国等国占 GDP 9%左右的水平相比，仍有较大差距。江苏物流业总体水平较落后，严重制约了经济的发展。一方面，商贸流通企业自建配送中心偏多，自营配送模式占主导，统一配送率低，缺乏高效的物流配送，导致物流成本高。有资料表明，配送中心有 75%可以对果蔬进行分拣，37%能够在分拣后分装，仅有 25%的配送中心可以完成果蔬的再加工和再包装，这导致我国生鲜食品配送的商品损耗率平均为 20%，而毛利率仅为 7%左右。另一方面，物流公司鱼龙混杂，行业标准不明确，税费政策支持力度不够，引进和利用物流技术水平低。

第10章 江苏典型商圈发展

江苏全面整合贸易经济发展的各项要素如地产要素、信息要素、人才要素和资金要素等，江苏流通业“十二五”发展纲要将南京商圈、苏锡常商圈和徐州商圈三个地区定位为江苏流通业重点发展地区，符合地区的发展现状，从江苏总体目标出发，同时积极发展沿江、沿海、沿东陇海、沿河四个次级商圈。

加快商业网点规划的制定和实施，建立完善总体布局合理、区域协调发展的流通格局。引领全省流通业提升整体素质和发展水平。促进各城市优势流通资源向中心商务区集聚，强化其城市功能核心地位。引导各类商业街向特色化、专业化、精细化和复合化发展。适度发展多业态、多品牌、多门类相结合的城市综合体。

一、南京商圈、苏锡常商圈及徐州商圈

江苏流通业“十二五”发展纲要将南京商圈、苏锡常商圈和徐州商圈三个地区定位为江苏流通业重点发展地区，符合地区的发展现状。

（一）南京商圈

南京商圈以辐射带动为主，重点扩大苏南西部、安徽中部与南部的有影响力商品，以高端化、品牌化消费品为主，带动这一区域整体发展。2012 年，南京地区生产总值 7 201.57 亿元，位列江苏第三，占全省的 13.32%，人均地区生产总值为 88 300 元；社会消费品零售额为 3 103.82 亿元，位列江苏第二，占全省的 16.93%（见表 10—1）。南京新街口商圈有着“中华第一商圈”的美誉，在不到 1 平方千米的范围内集中了近 700 家商店，占地面积 1 万平方米以上的商店有 30 家。南京都市圈内的马鞍山、滁州、芜湖、镇江、淮安等地的消费者成为节假日期间新街口商圈的主力军。

（二）苏锡常商圈

苏锡常地区靠近上海，依托快速发展的工农业经济、商贸流通业，经济水平一直雄居全省之首。2012 年，该地区生产总值为 23 549.67 亿元，占全省的 43.56%，人均地区生产总值为 108 500 元；社会消费品零售额 7 097.54 亿元，占全省的 38.72%（见表 10—1）。苏锡常商圈以提升为主，商品以现代化、特色化为主，逐渐减弱上海流通业对本地区流通

业的辐射，提升苏南板块流通业的区域竞争优势。

（三）徐州商圈

徐州是黄淮海地区的中心城市。2012 年，徐州地区生产总值 4 016.58 亿元，位列江苏第五，占全省的 7.42%，人均地区生产总值为 46 900 元；社会消费品零售额 1 312.5 亿元，位列江苏第五，占全省的 7.16%（见表 10—1）。公路货运量 18 697 万吨，直接辐射苏北、皖北、鲁南及豫南等地区。徐州商圈以辐射带动为主，商品以中低档为主，适当突出高档业态，以批发市场为主，积极发展物流业，强化农产品流通，巩固和发展徐州作为淮海经济区中心城市的地位。

表 10—1　　　　2012 年江苏三大商圈经济情况

商圈名称	GDP		第三产值		社会消费品零售额		人均 GDP（万元）
	区域总量（亿元）	占全省比重（%）	区域总量（亿元）	占全省比重（%）	区域总量（亿元）	占全省比重（%）	
南京	7 201.57	13.32	3 845.73	16.35	3 103.82	16.93	8.83
苏锡常	23 549.67	43.56	10 475.96	44.54	7 097.54	38.72	10.85
徐州	4 016.58	7.43	1 665.60	7.08	1 312.50	7.16	4.69
全省	54 058.22	100.00	23 517.98	100.00	18 331.30	100.00	6.83

资料来源：根据《江苏统计年鉴》（2013）数据整理而得。

二、沿江地区次级商圈

江苏沿江八市是长江三角洲城市群的重要组成部分，是江苏经济发展的先发区域和主要支撑。江苏沿江八市包括苏南地区的南京、苏州、无锡、常州、镇江五市和苏中地区的南通、扬州、泰州三市，土地面积 4.85 万平方千米，占江苏的 48.1%、长三角的 48.4%。2012 年末该地区总人口为 4 122.49 万人，占江苏的 54.6%。自 2003 年作出推进沿江开发战略部署以来，该区域经济总量迅速扩张，占全省的份额明显提升，增长极的辐射带动作用不断增强。2012 年，沿江开发区域 GDP 为 27 386.39 亿元，占全省的 7.42%，人均地区生产总值为 91 500 元；社会消费品零售额为 8 875.98 亿元，占全省的 48.42%（见表 10—2）。

表 10—2　　　　2012 年江苏次级商圈经济情况

地区	GDP		第三产值		社会消费品零售额		人均地区生产总值（万元）
	区域总量（亿元）	占全省比重（%）	区域总量（亿元）	占全省比重（%）	区域总量（亿元）	占全省比重（%）	
全省	54 058.22	100.00	23 517.98	100.00	18 331.30	100.00	6.83
沿江地区	27 386.39	50.66	12 320.40	52.39	8 875.98	48.42	9.15
沿海地区	8 096.43	14.98	3 096.56	13.17	2 897.70	15.81	5.04
沿东陇海地区	4 107.88	7.60	1 736.28	7.38	1 368.79	7.47	5.48
沿河地区	6 376.14	11.79	2 535.66	10.78	1 995.44	10.89	4.53

资料来源：根据《江苏统计年鉴》（2013）数据整理而得。

三、沿海地区次级商圈

江苏沿海地区包括连云港、南通和盐城三市，陆域面积 3.25 万平方千米，海岸线长 954 千米。地处我国沿海、沿长江和沿陇海兰新线三大生产力布局主轴线交会区域，是长江三角洲的重要组成部分，区位优势独特，土地后备资源丰富，战略地位重要。2012 年，沿海开发区域地区生产总值为 8 096.43 亿元，占全省的 14.98%，人均地区生产总值为 50 400 元；社会消费品零售额 2 897.7 亿元，占全省的 15.81%（见表 10—2）。连云港、南通港吞吐量突破 2 亿吨，盐城大丰港超 3 000 万吨，增幅 61.2%，港口龙头带动和港产联动效应逐步凸显。基本公共服务供给能力大为增强，城乡就业更加充分，社会保障体系基本覆盖城乡；重要生态功能区占国土面积的比重达到 15%；单位 GDP 能耗下降和主要污染物排放量削减达到国家控制要求；整体上实现全面建设小康社会目标。

四、沿东陇海地区次级商圈

沿东陇海地区包括徐州、连云港两个市区和铜山、邳州、新沂、东海四个县（市）。面积 0.99 万平方千米，占全省的 9.3%。2012 年，地区生产总值为 4 107.88 亿元，占全省的 7.6%，人均地区生产总值为 54 800 元；社会消费品零售额为 1 368.79 亿元，占全省的 7.47%（见表 10—2）。依托本地区独特的综合交通条件，加快产业带建设，促进交通优势转化为产业发展的优势，推进本地区工业化进程，提高经济发展水平，进而带动苏北地区加快发展，辐射周边地区，提升淮海经济区在全国生产力布局中的地位，促进西部大开发和陇兰经济带的建设。

五、沿河地区次级商圈

江苏沿河地区包括扬州、淮安、宿迁三市，即在沿运河线发展产业带。其中，淮安、宿迁二市是江苏重点扶持地区，通过提升沿河经济发展水平从而达到发展全省整体经济水平的目标。2012 年，沿河地区土地面积为 2.52 万平方千米，占全省的 23.67%，总人口为1 406.82 万人，占全省的 17.76%，沿河地区的地区生产总值为 6 376.14 亿元，占全省的 11.79%，人均 GDP 为 45 300 元，社会消费品零售额为 1 995.44 亿元，占全省的 10.89%（见表 10—2）。

参考文献

［1］商务部．完善基础设施 创新流通方式 努力打造稳定高效的农产品流通体系．http://scjss.mofcom.gov.cn/article/ncplt/ncpltzh/201302/20130200036977.shtml

［2］郭凤莲．全国商品市场体系建设研究报告．http://www.chinaleasing.org/doc2/doc1490.htm

［3］中商情报网．2012年社会物流总额177万亿元增长9.8%．http://www.askci.com/news/201302/09/092332760113.shtml

［4］郭艳华．发达国家批发零售业的发展趋势与启示．广东行政学院学报，2008(2)：12～14

［5］宗颖．江苏商贸流通业发展评价分析．商业研究，2009(11)：190～192

［6］宗颖．江苏现代商贸流通业发展的现状、问题与对策．江苏现代服务业研究报告，2011(20)

［7］江苏商业协会等课题组．江苏现代流通业竞争力研究报告．江苏商论，2012(10)：3～11

［8］江苏政府．省政府关于加快推进流通业现代化的意见．江苏人民政府公报，2011

［9］商务部．国内贸易发展“十二五”规划．http://www.gov.cn/zwgk/2012-09/10/content_2220743.htm

［10］江苏政府．江苏十二五规划．http://govinfo.nlc.gov.cn/jssfz/jszb/790502a/201209/t20120926_2786417.shtml? classid=451

［11］中国连锁经营协会．2012中国连锁百强．http://www.ccfa.org.cn/pages/upload/up_fj/O0Jelm5WdL0g1366178830324.pdf

［12］中国连锁经营协会．2012年部分B2C购物网站销售规模排名．http://www.ccfa.org.cn/pages/upload/up_fj/zGGRoWoGVYT41366167759209.pdf

对外贸易篇

Foreign Trade Articles

第 11 章 江苏外贸发展概况

“十一五”以来，面对复杂多变的国内外形势，江苏坚持继承、创新、提高、发展，以转变增长方式为主要目标，坚持扩大内需与稳定外需相结合，充分利用两个市场、两种资源，推动外贸进出口规模持续扩大和产品结构不断优化，加快实现从贸易大省向贸易强省的跨越。

一、江苏外贸发展规模

改革开放以来，江苏发挥地理、产业基础、市场规模和人才资源等比较优势，积极拓展对外贸易，外贸发展取得了持续、稳定、快速的增长。对外贸易的数量规模迅速扩张，外贸大省的地位已经确立。

20 世纪 90 年代，江苏面对乡镇企业为主导的传统产业出口增速递减的困境时，通过制度模仿和创新，抓住世界产业转移的有利时机，借助政府力量和公共财力，从交通、环境、政策等多方面优化投资环境，集群式引进外资，使加工贸易迅猛增长，成功地实现了外贸发展模式的转变。1985 年全省对外贸易额为 19.87 亿美元，1994 年突破 100 亿美元（117.59 亿美元），1996 年突破 200 亿美元（206.88 亿美元），1999 年突破 300 亿美元（312.61 亿美元）。尤其是“十五”时期，全省对外贸易额年均增长高达 38%，每年都创历史新高：2001 年突破 500 亿美元，2002 年突破 700 亿美元，2003 年突破 1 000 亿美元（1 136.70 亿美元），2005 年达 2 279.5 亿美元。①

“十一五”时期江苏进出口贸易达 18 302 亿美元，比“十五”时期增长 1.9 倍，占同期全国进出口总值的 15.7%，比“十五”时期提高 1.8 个百分点，紧随广东省之后，列全国第二位。其中，出口 10 718 亿美元，增长 2.2 倍，占同期全国出口总值的 16.8%，比“十五”时期提高 2.7 个百分点；进口 7 584 亿美元，增长 1.6 倍，占同期全国进口总值的 14.4%，比“十五”时期提高 0.7 个百分点。

当前及今后一段时期，由于国际金融危机冲击、国际竞争加剧、传统竞争优势减弱、产业转移加速等因素的叠加影响，江苏外贸已从规模快速扩张阶段进入到结构加快调整时

① 参见包锦球、刘惟蓝：《江苏外贸发展阶段结构与发展模式选择——摘自第 64 次中国改革国际论坛论文集》，见《中国改革论坛》，http://www.chinareform.org.cn/cirdbbs/dispbbs.asp?boardID=2&ID=188903。

期，转变外贸发展方式迫在眉睫。为深入实施经济国际化战略，发挥商务工作在“稳增长、调结构、促转型”大局中的作用，“十二五”期间，江苏重点实施商务发展“六大推进计划”，“外贸调结构推进计划”即为其中之一。2012年，江苏外贸发展规模稳中有升，增速低位趋稳。全省累计进出口5 480.9亿美元，同比增长1.6%，其中出口3 285.4亿美元，增长5.1%，进口2 195.6亿美元，下降3.3%，进出口规模连续十年保持全国第二位。

二、江苏外贸发展结构

（一）商品结构层次较高并不断优化

江苏对外贸易经过多年的发展，进出口商品种类不断增多，商品结构日趋复杂。改革开放以来，江苏积极调整出口商品结构，实施品牌战略和以质取胜战略，鼓励高科技和高附加值产品出口，出口结构不断得到优化，形成了以机电轻纺产品出口为主、具有一定科技含量和较高附加值的出口商品体系。初级产品占出口总额的比重逐年下降，由2005年的3.26%下降到2012年的1.69%；工业制成品出口占出口总额的比重逐年上升，由2000年的96.74%上升到2012年的98.31%。国民经济发展和结构调整所需的技术设备、资源类商品进口大幅度增加，机电产品、国内短缺的资源类商品如原油、原木、天然橡胶等的进口增幅均较高，为促进江苏经济结构和产业结构的调整和升级，保持国民经济持续、快速、健康发展作出了贡献。近年来，机电产品出口大幅增长，高新技术产品出口成为外贸发展的新增长点。2012年全省机电产品、高新技术产品出口额分别为2 175亿美元和1 315.6亿美元，分别占出口总额的66.2%和40.0%。其中，计算机与通信技术产品出口737.7亿美元，占高新技术产品出口额的56.1%，直接带动了出口商品层次的提升，提高了江苏外贸的整体实力。①

另外，技术贸易和服务贸易取得了长足发展，技术进出口涉及多个领域。其中，在生物技术、生命科学技术、计算机与通信技术领域已经具备了较强的国际竞争力，大幅度扭转了贸易逆差。服务贸易规模不断扩大，第三产业吸引外资势头强劲，涉及国际物流、仓储服务、城市基础设施建设、商贸等领域。贸易结构持续优化，新兴市场、一般贸易、民营企业出口均保持较快增长。

1. 出口商品构成

江苏地处沿海经济发达地区，近年来随着科技水平及制造业水平的提高，轻工产品和农副产品的出口比重下降，工业制成品的出口比重上升较快（见表11—1）。重工业产品，特别是机械及运输设备出口比重的提高符合世界市场商品结构的变化趋势，有利于外贸地位的提高。近年来工业制成品的地位越来越突出，2012年工业制成品占98.3%，而初级产品的出口占比逐年下降，2012年仅占1.7%，其中仍以食品及活动物居多。

2. 进口商品构成

目前，江苏主要初级产品和工业制成品进口稳步增长（见表11—2）。进口的初级产品

① 参见《2012年江苏省国民经济和社会发展统计公报》。

主要是一些非食用原料，包括：油籽及含油果实，纸浆及废纸，纺织纤维及废料，金属矿砂及金属废料等。进口的工业制成品主要有：有机化学品，电力机械、器具及其电气零件，专业、科学及控制用仪器和装置等。在整体进口商品结构中，工业制成品的进口占主要地位，2012 年占到 82.8%。这种进口结构有利于江苏引进先进的成套设备，提高经济发展起点，缩小与发达国家的差距。总体而言，进口贸易的商品分类基本符合江苏当前经济发展的需要。

表 11—1 **江苏出口商品分类** 单位：万美元

项目	2005	2007	2008	2009	2010	2011	2012
出口总额	12 298 215	20 373 279	23 803 627	19 924 278	27 055 014	31 262 305	32 444 163
初级产品	157 683	252 819	323 717	296 382	437 429	613 281	548 632
食品及活动物	72 218	116 740	138 288	147 728	192 966	208 191	207 354
饮料及烟类	814	685	645	630	253	417	528
非食用原料	52 379	99 299	129 786	103 407	174 192	250 927	209 821
矿物燃料、润滑油及有关原料	29 711	31 964	49 857	40 931	66 033	148 631	122 658
动植物油、脂及蜡	2 561	4 131	5 141	3 687	3 986	5 115	8 272
工业制成品	12 140 532	20 120 460	23 479 910	19 627 896	26 617 586	30 649 025	31 895 531
化学成品及有关产品	657 343	1 099 562	1 500 565	1 175 260	1 667 929	2 273 585	2 160 801
按原料分类的制成品	1 805 190	3 235 587	3 967 489	2 623 471	3 781 028	4 847 150	5 105 959
机械及运输设备	7 014 182	11 932 832	13 647 960	11 944 616	16 448 028	17 880 782	18 079 423
杂项制品	2 661 011	3 842 907	4 353 787	3 871 165	4 704 451	5 625 714	6 547 831

资料来源：根据《江苏统计年鉴》数据整理而得。

表 11—2 **江苏进口商品分类** 单位：万美元

项目	2005	2007	2008	2009	2010	2011	2012
进口总额	10 495 916	14 593 773	15 423 221	13 958 895	19 524 242	22 713 585	21 955 510
初级产品	970 816	1 493 142	1 993 119	1 937 040	2 795 967	3 776 321	3 298 097
食品及活动物	28 847	48 453	49 737	52 912	90 348	139 635	151 494
饮料及烟类	44	454	876	1 557	2 360	4 462	5 286
非食用原料	808 066	1 228 874	1 667 081	1 500 036	2 156 528	2 964 063	2 505 048
矿物燃料、润滑油及有关原料	107 273	134 069	154 693	239 178	357 542	454 514	462 749
动植物油、脂及蜡	26 586	81 292	120 732	143 357	189 189	213 646	173 522
工业制成品	9 525 099	1 310 0631	13 430 102	12 021 855	16 728 275	18 937 265	18 168 778
化学成品及有关产品	1 326 580	1 956 188	2 200 862	2 078 178	3 065 531	3 934 639	3 708 609
按原料分类的制成品	971 346	1 377 498	1 390 178	1 279 222	1 586 613	1 834 901	1 725 394
机械及运输设备	5 290 062	7 314 232	7 228 022	6 518 946	9 279 548	10 117 268	9 814 610
杂项制品	1 933 346	2 445 768	2 603 823	2 140 468	2 790 729	3 043 768	2 911 090

资料来源：根据《江苏统计年鉴》数据整理而得。

（二）外贸市场多样化，向主要国家和地区高度集中

目前，与江苏有外贸进出口关系的国家和地区已达 210 个，贸易额最大的前 10 个国

家和地区的进出口额占全省进出口总额的比重约为80%，呈现出与全国基本相似的外贸发展特点。但在具体市场分布结构上，江苏又有自己独特的特点。2012年江苏对欧盟、美国、日本、中国香港的出口额分别为630.5亿美元、637.6亿美元、308.2亿美元和337.2亿美元，比上年分别增长－12.2%、2.9%、0.7%和43.2%；对东盟、韩国、中国台湾的出口额分别为307.0亿美元、163.9亿美元和105.7亿美元，分别增长17.6%、－1.6%和28%；对拉丁美洲、非洲、俄罗斯的出口额分别为219.3亿美元、98.9亿美元和54.7亿美元，分别增长13.3%、22.6%和13.6%。江苏对欧洲、北美洲两大市场累计出口1 396.61亿美元，占全部出口市场的42.5%，累计实现贸易顺差965.15亿美元。欧洲、北美洲、日本延续上年末的位置，继续为江苏前三大贸易伙伴，进出口额分别为968.9亿美元、859.17亿美元、631.66亿美元。从韩国市场的进口额达到384.99亿美元，下跌3.7%，但进口规模仍然超过日本，成为江苏第一大进口市场。江苏自日本、中国台湾、韩国的进口占全部进口的46.1%。受中国东盟自贸区协定的影响，从东盟进口达到271.85亿美元，东盟是江苏第四大进口市场。

外贸市场多元化格局的转型是江苏外贸持续发展的另一重要保证。近年来，江苏在巩固、深耕欧盟、美国、日本等传统市场的同时，大力开拓新兴市场，巩固提升了“江苏制造”的国际市场份额。统计表明，2013年1—10月江苏对日本、欧盟、美国以及我国香港地区四大市场的出口仍占总出口的近六成。而对新兴市场出口增长3.2%，高于全省平均水平2.1个百分点，占比比上年同期提升0.8个百分点。其中对东盟、印度、南非等新兴市场出口分别增长13.1%、3.3%和11.4%。

江苏主要进出口市场贸易占比见表11—3。

根据表11—3中的数据，可以很容易地看出日本、韩国、中国台湾、欧洲和北美洲是江苏对外贸易的主要地区，近年进出口区域集中度较高，欧美出口市场仍占主导，日韩进口市场保持平稳增长。

表11—3　　江苏主要进出口市场贸易占比（%）

项目	2003	2004	2005	2006	2007	2008	2009	2010	2011	2012
日本	20.04	17.61	15.56	14.51	13.2	12.24	12.43	12.22	12.39	11.52
韩国	8.4	10.24	11.87	10.51	10.55	10.74	11.26	11.56	10.49	10.02
中国台湾	11.51	12.38	11.41	10.77	9.83	8.65	7.39	7.62	7.29	7.47
欧洲	18.27	18.04	17.41	18.26	20.39	21.27	20.35	20.67	19.92	17.68
北美洲	15.76	15.64	15.87	16.95	16.74	16.39	17.49	16.70	15.69	15.68
合计	73.98	73.91	72.12	71	70.71	69.29	69.9	68.77	65.79	62.36

资料来源：根据《江苏统计年鉴》数据整理而得。

（三）外商投资企业占出口比重较高

江苏从自身优势资源出发，充分发挥江苏重化工业基础比较好、区位条件优越、与外商合作较早、劳动力资源丰富而且相对素质较高等一系列优势，积极引进外资，以外商投资企业作为对外贸易的主体，以加工贸易为主要的贸易方式，大力发展技术含量较高的劳动密集型出口加工业，逐步改变了20世纪80年代至90年代初、中期以乡镇企业为外贸出口主体的局面。1991年江苏“三资”企业出口额仅占全省出口额的13.12%，2012年已经达到62.3%，为2 046.8亿美元。外资企业成为外贸主体的同时，民营企业也成为出口的生力军。2012年，民营企业占出口总额的比重由2005年的9%上升到27.1%。2009年，江苏全省实际利用外资超过240亿美元，居全国首位，占全国的30%，其中外商独资企业已占绝对的主导地位。外商在江苏的投资多属于出口导向型投资，即以利用江苏低成本的生产要素、开发自然资源等为目的的外商直接投资，其产品主要面向国际市场。这类投资具有贸易创造效应，有利于江苏外贸进出口的增长。与浙江等其他东部沿海省市相比，江苏国有企业和私营企业进出口比重都偏低，存在一定的差距。但是，一些国有经济发展较活跃的城市，如南京、扬州等市国有出口已分别占到该市出口总额的较高比例，初步形成了主体多元化的外贸发展新格局。

表11—4中的数据显示，外商投资企业所占的份额逐年增长，从2001年的58.18%增加到2012年的85.57%。和进口一样，其中外商独资类型占主要地位，2012年达到77.27%，而中外合作和中外合资的比例越来越低。在进口结构上，外商投资企业依然占据主导地位，外商投资企业的进口份额所占比例越来越大，从2001年的78.71%增加到2012年的86.72%，其中中外合作企业和中外合资企业进口的份额同样呈现逐渐下降的趋势。

然而从数量规模看，受国际市场需求疲软影响，外资企业在外贸方面表现欠佳。2012年外商投资企业出口额2 046.8亿美元，下降4.9%。私营企业虽然在成本、融资等方面存在一定困难，但其灵活的经营特点相比于外企而言，在进出口中释放出更大的潜力。私营企业出口额890.8亿美元，增长38%，占出口总额的27.1%，增速分别快于国有企业和外商投资企业34.9个和44.8个百分点。

表11—4　　江苏不同企业类型出口占比（%）

按经济类型分	2001	2002	2003	2004	2005	2006	2007	2008	2009	2010	2011	2012
国有企业	35.35	28.64	21.48	15.69	12.74	10.98	9.96	10.25	10.35	10.96	10.70	11.53
集体企业	6.46	6.62	6.02	4.64	3.76	3.10	2.74	3.50	2.32	2.42	2.47	2.90
外商投资企业	58.18	64.74	72.51	79.67	83.50	85.92	87.30	86.25	87.33	86.63	86.84	85.57
中外合作企业	1.30	0.99	0.72	0.57	0.54	0.77	0.98	0.81	0.50	0.45	0.54	0.51
中外合资企业	37.87	30.35	25.84	23.67	21.28	19.40	18.29	19.46	17.57	19.72	21.81	22.22
外商独资企业	60.83	68.66	73.44	75.76	78.19	79.83	80.73	79.73	81.94	79.83	77.65	77.27

资料来源：根据《江苏统计年鉴》数据整理而得。

江苏不同企业类型进口占比见表11—5。

表11—5　　江苏不同企业类型进口占比（%）

按经济类型分	2001	2002	2003	2004	2005	2006	2007	2008	2009	2010	2011	2012
国有企业	17.20	14.01	11.68	9.35	7.19	5.73	5.37	5.89	6.56	7.11	8.62	9.63
集体企业	4.09	3.78	3.24	2.72	2.94	2.29	2.31	3.04	3.51	3.63	4.50	3.65
外商投资企业	78.71	82.12	85.08	87.93	89.87	91.99	92.31	91.07	89.93	89.26	86.88	86.72
中外合作企业	1.05	0.76	0.49	0.47	0.51	0.91	1.15	1.11	0.54	0.54	0.89	1.01
中外合资企业	38.99	29.30	26.46	23.59	21.97	22.27	22.32	24.21	23.94	24.16	26.14	26.89
外商独资企业	59.97	69.93	73.06	75.94	77.52	76.82	76.53	74.69	75.52	75.30	72.97	72.10

资料来源：根据《江苏统计年鉴》数据整理而得。

（四）加工贸易比重较高，一般贸易增速较快

加工贸易和一般贸易是当前我国主要的贸易方式，对经济发展的带动作用有不同的特点。加工贸易只是在本地进行装配或加工，可以较快推动经济增长，但涉及产业链较短，对产业结构优化的带动效应有限；一般贸易采用本地的资源，关联效应大，有利于产业结构优化，经济稳定发展，但资本、技术积累周期较长，难以推动高新技术产业的发展。随着经济全球化的发展，加工贸易日益成为未来国际贸易的主流，也是发展中国家参与全球高新技术国际分工的有效捷径。

近年来，江苏大力发展加工贸易，加工贸易得到了空前的发展，已经成为江苏主要的贸易方式。2012年，江苏加工贸易进出口增长势头强劲，全年加工贸易进出口总值突破2 500亿美元，达到2 504亿美元，自金融危机以来呈现出良好的恢复势头，占全省进出口总值的45.7%。其中出口1 602.36亿美元，进口861.83亿美元，实现加工贸易顺差74.05亿美元。江苏加工贸易的高速发展是推动外贸持续增长的主要因素。同时，一般贸易出口额1 395.5亿美元，比上年增长10.5%；加工贸易出口额1 602.0亿美元，下降6.9%，一般贸易增速比加工贸易快17.4个百分点。[①] 2012年，全省民营企业以一般贸易方式进出口937.1亿美元，增长16.5%。

2012年江苏进出口贸易主要分类情况见表11—6。

① 参见《2012年江苏省国民经济和社会发展统计公报》。

表 11—6 **2012 年江苏进出口贸易主要分类情况**

指标	绝对数（亿美元）	同比增长（%）
出口总额	3 285.4	5.1
一般贸易	1 395.5	10.5
加工贸易	1 602.0	−6.9
工业制成品	3 189.6	4.1
初级产品	54.9	−10.5
机电产品	2 175.0	4.7
高新技术产品	1 315.6	1.6
外商投资企业	2 046.8	−4.9
国有企业	275.9	4.1
进口总额	2 195.6	−3.3
一般贸易	797.3	−9.5
加工贸易	861.4	−8.6
工业制成品	1 816.9	−4.1
初级产品	329.8	−12.7
机电产品	1 288.8	−2.4
高新技术产品	921.7	1.2
外商投资企业	1 532.1	−10.0

资料来源：根据《江苏统计年鉴》（2013）数据整理而得。

江苏不同贸易方式的出口金额及占比见表 11—7。

表 11—7 **江苏不同贸易方式的出口金额及占比**

贸易方式	2008		2009		2010		2011		2012	
	金额（万美元）	同比增长（%）	金额（万美元）	同比增长（%）	金额（万美元）	同比增长（%）	金额（万美元）	同比增长（%）	金额（万美元）	同比增长（%）
总值	23 811 407	16.9	19 932 330	−16.3	27 055 014	35.8	31 179 652	15.2	32 725 446	5.0
一般贸易	9 205 792	30.6	7 093 399	−23.0	9 893 423	39.5	12 623 974	27.6	13 954 791	10.5
加工贸易	14 199 620	8.8	12 264 630	−13.6	15 980 692	30.3	17 219 121	7.7	16 023 628	−6.9
其他贸易	405 995	53.6	574 301	41.5	1 180 899	105.6	1 336 557	13.2	2 747 027	105.5

资料来源：根据江苏商务厅和《江苏统计年鉴》数据整理而得。

江苏不同贸易方式的进口金额及占比见表 11—8。

表 11—8 **江苏不同贸易方式的进口金额及占比**

贸易方式	2008		2009		2010		2011		2012	
	金额（万美元）	同比增长（%）	金额（万美元）	同比增长（%）	金额（万美元）	同比增长（%）	金额（万美元）	同比增长（%）	金额（万美元）	同比增长（%）
总值	15 427 077	5.8	13 962 808	−9.5	19 524 279	39.9	22 456 388	15.0	21 710 467	−3.3
一般贸易	4 305 191	19.5	4 516 461	4.9	6 661 871	47.5	8 808 975	32.2	7 973 301	−9.5
加工贸易	8 407 252	−0.6	7 074 469	−15.9	9 289 263	31.3	9 443 157	1.7	8 621 614	−8.7
其他贸易	2 714 634	7.6	2 371 878	−12.6	3 573 145	50.7	4 204 255	17.7	5 115 552	21.7

资料来源：根据江苏商务厅和《江苏统计年鉴》数据整理而得。

三、江苏外贸发展区域差异

在经济地理上，江苏可以划分为苏南、苏中和苏北三个区域。其中，苏南包括南京、镇江、常州、无锡和苏州五个地级市；苏中包括扬州、泰州和南通三个地级市；苏北包括徐州、连云港、宿迁、淮安和盐城五个地级市。苏南地区区位条件、基础设施和经济技术基础较好，并得改革开放之先利，抓住开发浦东和国际资本向长江三角洲加速转移的机遇，大力发展开放型经济，招商引资取得惊人业绩。苏中、苏北地区引进外资规模小，与苏南的落差较大，一般贸易还没有实现以劳动密集型商品出口为主向以资本技术密集型商品出口为主的转变。江苏三大区域的对外贸易发展呈现出较大差异。

（一）经济总量与人均水平差距比较

江苏三大区域的GDP基本呈现由北至南逐步上升的态势，苏南地区领跑，苏中和苏北地区在后且两区域差距不大。2012年苏南地区的GDP总值已接近苏中、苏北地区GDP总值的三倍，南北差距明显。如表11—9所示，苏南地区GDP由2009年的21 154.19亿元增长至2012年的33 381.66亿元，占全省GDP总值的59.87%。人均GDP差距是反映区域经济差距更为准确的一个指标。改革开放以来，江苏地区间的人均GDP差距越来越大，几乎每4年翻一番。从2009年至2012年，苏南、苏北地区的人均GDP的绝对差距由45 443元扩大至60 456元，扩大了33.04%。但从人均GDP的相对差距看，江苏区域间的差异正在逐步减小，其中苏南、苏北地区的差距由2009年的2.91倍缩小至2012年的2.48倍。

表11—9　　江苏三大区域GDP、人均GDP

年份		2012	2011	2010	2009
GDP（亿元）	苏南	33 381.66	29 635.09	25 185.39	21 154.19
	苏中	10 193.54	9 133.14	7 743.88	6 390.12
	苏北	12 182.94	10 744.32	8 920.37	7 196.89
人均GDP（元）	苏南	101 370	90 622	79 501	69 278
	苏中	62 208	55 788	47 422	39 263
	苏北	40 914	36 094	29 774	23 835

资料来源：根据《江苏统计年鉴》（2010—2013）数据整理而得。

表11—10给出了江苏三大区域和13市GDP增长率及比重。

表11—10　　江苏三大区域和13市GDP增长率及比重（%）

年份	2012		2011		2010		2009	
	GDP增长率	比重	GDP增长率	比重	GDP增长率	比重	GDP增长率	比重
苏南	12.64	59.87	17.67	59.85	19.06	60.18	10.69	60.89
苏中	11.61	18.28	17.94	18.45	21.19	18.50	12.40	18.39
苏北	13.39	21.85	20.45	21.70	23.95	21.32	13.40	20.72
南京	17.18	12.92	19.78	12.41	21.28	12.26	10.90	12.18

续前表

年份	2012		2011		2010		2009	
	GDP增长率	比重	GDP增长率	比重	GDP增长率	比重	GDP增长率	比重
无锡	10.00	13.57	18.76	13.90	16.06	13.84	11.91	14.37
常州	10.86	7.12	17.61	7.23	20.83	7.28	11.19	7.25
苏州	12.08	21.54	16.12	21.64	19.23	22.05	9.35	22.28
镇江	13.80	4.72	16.29	4.67	18.87	4.75	12.08	4.81
南通	11.73	8.18	17.73	8.24	20.64	8.28	10.79	8.27
扬州	11.52	5.26	17.98	5.31	20.10	5.33	12.79	5.34
泰州	11.52	4.85	18.25	4.89	23.35	4.90	14.84	4.78
徐州	13.09	7.20	20.72	7.17	23.09	7.03	12.81	6.88
连云港	13.68	2.88	18.20	2.85	26.80	2.85	13.96	2.71
淮安	13.66	3.45	21.75	3.41	23.74	3.32	13.05	3.23
盐城	12.58	5.60	18.80	5.60	21.69	5.57	13.55	5.52
宿迁	15.23	2.73	24.13	2.67	28.69	2.54	14.67	2.38

资料来源：根据《江苏统计年鉴》(2010—2013) 数据整理而得。

从GDP增长率及GDP占全省比重来看，近几年江苏三大区域经历了金融危机后的衰退、4万亿元投资的刺激和平稳恢复几个阶段。其中，苏南地区的增速放缓，从2010年的19.06%减至2012年的12.64%，占全省的比重也下降了1.02%；苏北地区发展势头强劲，2010年的GDP增速达到23.95%，为全省最高，且2009年至2012年共四年增速均超过苏南地区；苏中地区发展缓慢，四年间GDP占全省的比重下降了0.11%。

(二) 外贸发展规模与速度比较

苏南处于对外开放的前沿地带，凭借优越的地缘、人文、政策因素，对外开放时间早、区域广、程度高，与国际经济、技术、信息的交流速度和质量远远快于和高于苏中、苏北地区，迅速地拉大了与苏中、苏北的差距。苏北地区由于自身经济基础薄弱，扩展国际市场的能力和经验有限，因而对外贸易规模小、质量低。苏中地区相对来说基础也比较薄弱。

从表11—11可以看出，苏南地区的外贸规模几乎占据全省进出口总量的十分之九，具有绝对优势，苏中和苏北地区的外贸规模相形之下只相当于苏南地区的零头，发展十分不均衡。2012年，苏南地区的进出口总量是苏中地区的十倍还多，更是苏北地区的16.22倍，其中仅苏州一市就占到全省进出口总额的55.77%，远超其他12市。但从增长率来看，近三年苏北地区异军突起，一直保持着超过24%的高增长率，2010年更是达到40.49%，增长势头迅猛。苏南地区虽然总量占优，但近年来增速不及苏中和苏北地区，2012年增速仅0.59%，以往增长率均不错的南京和无锡两市受金融危机后的贸易保护主义影响，出现了逆增长现象。苏中地区2010年和2011年增长迅速，增速分别为37.71%和24.02%，但2012年出现了逆增长，增速为−0.35%。

表 11—11　　　　江苏三大区域和 13 市进出口情况

年份	2012			2011			2010		
	进出口额（亿美元）	增长率（%）	比重（%）	进出口额（亿美元）	增长率（%）	比重（%）	进出口额（亿美元）	增长率（%）	比重（%）
苏南	4 721.40	0.59	86.14	4 693.77	14.11	86.96	4 113.32	37.01	88.31
苏中	468.41	−0.35	8.55	470.04	24.02	8.71	379.01	37.71	8.14
苏北	291.12	24.53	5.31	233.78	41.17	4.33	165.60	40.49	3.56
南京	552.35	−3.68	10.08	573.44	25.75	10.62	456.01	35.13	9.79
无锡	707.72	−2.33	12.91	724.63	18.36	13.43	612.23	39.40	13.14
常州	290.28	1.38	5.30	286.33	28.53	5.30	222.78	47.78	4.78
苏州	3 056.92	1.61	55.77	3 008.63	9.77	55.74	2 740.76	36.05	58.84
镇江	114.13	13.29	2.08	100.75	23.55	1.87	81.54	35.07	1.75
南通	263.01	2.04	4.80	257.75	22.30	4.78	210.75	29.55	4.52
扬州	101.73	0.32	1.86	101.40	23.06	1.88	82.40	51.64	1.77
泰州	103.67	−6.51	1.89	110.88	29.15	2.05	85.86	47.53	1.84
徐州	83.27	31.97	1.52	63.10	51.65	1.17	41.61	80.76	0.89
连云港	80.02	15.99	1.46	68.98	36.01	1.28	50.72	31.39	1.09
淮安	42.38	48.49	0.77	28.54	31.46	0.53	21.71	1.43	0.47
盐城	57.54	9.69	1.05	52.45	33.22	0.97	39.37	37.56	0.85
宿迁	27.93	34.93	0.51	20.70	69.67	0.38	12.20	95.76	0.26

资料来源：根据《江苏统计年鉴》（2011—2013）数据整理而得。

（三）外贸依存度比较

外贸依存度是指用一个国家进出口贸易总额在其国内生产总值中所占的比重来表示一国国民经济对外贸的依赖程度。它反映一国对外贸易在国民经济中的地位，同其他国家经济联系的密切程度，以及该国进入国际分工、国际市场的广度和深度。从横向看，一国外贸依存度越高，则说明该国对外贸易在国民经济中的作用越大，与外部的联系越多，经济开放度越高。从纵向看，如果一国的外贸依存度提高，则说明其外贸增长率高于国内生产总值增长率，对外贸易对经济增长的作用在增大，经济开放度增大。

从表 11—12 可以看出，江苏三大区域之间的外贸依存度差异巨大。2011 年、2010 年苏南地区外贸依存度超过了 100%，分别达到了 102.30%和 110.56%，说明苏南地区的开放程度高，地区发展过分依赖对外贸易，特别是大量依赖加工贸易方式，在国际环境不稳定时非常容易受到严重影响，从长期看不利于本地经济的发展和形成良好的产业结构。尤其是苏州的外贸依存度连续四年超过 160%，严重依赖对外贸易。苏中和苏北地区近年来抓住机遇，对外开放程度得到了一定的提升，其中苏中 2011 年外贸依存度为 33.24%，2012 年小幅回落，为 29.01%；苏北受自身条件限制，在江苏三大区域中开放程度最低，但近四年苏北地区加快了对外贸易进程，外贸依存度由 2009 年的 11.19%上升到 2012 年的 15.08%，增加了 3.89 个百分点。

表 11—12　　江苏三大区域外贸依存度（%）

年份		2012	2011	2010	2009
外贸依存度	苏南	89.28	102.30	110.56	96.95
	苏中	29.01	33.24	33.13	29.42
	苏北	15.08	14.05	12.57	11.19
进口依存度	苏南	52.12	57.84	63.05	55.84
	苏中	21.00	23.20	22.74	20.74
	苏北	9.86	8.67	7.56	7.03
出口依存度	苏南	37.17	44.46	47.51	41.10
	苏中	8.01	10.04	10.39	8.68
	苏北	5.22	5.38	5.01	4.16

资料来源：根据《江苏统计年鉴》（2010—2013）数据整理而得。

第 12 章 江苏外贸发展环境

一、江苏外贸发展的国际环境

（一）世界经济复苏不够强劲

2013 年以来，世界经济继续缓慢复苏，发达经济体总体趋于好转，美国经济复苏势头较为稳固，GDP 连续 9 个季度增长；欧元区经济走出衰退，金融市场趋于稳定；日本刺激政策收到一定成效，增长信心得到提振。但世界经济仍处于政策刺激下的脆弱复苏阶段，一波未平，一波又起。新兴经济体结构性调整滞后，资金流入减少，金融市场大幅震荡，经济增长明显放缓；发达经济体仍面临高失业、高赤字困扰，增长后劲不足，经济增速仍低于潜在水平。总体来看，世界经济形势趋于改善，但面临的困难和风险不容忽视。

2011—2014 年世界经济增长趋势见表 12—1。

表 12—1　　2011—2014 年世界经济增长趋势（%）

年份	2011	2012	2013	2014
世界经济	3.9	3.2	2.9	3.6
发达国家	1.7	1.5	1.2	2.0
美国	1.8	2.8	1.6	2.6
欧元区	1.5	−0.6	−0.4	1.0
日本	−0.6	2.0	2.0	1.2
新兴市场和发展中国家	6.2	4.9	4.5	5.1

注：2013 年和 2014 年为预测值。
资料来源：IMF，《世界经济展望》，2013 年 10 月。

发达国家加快推进“经济再平衡”，其经济复苏中伴随着削减贸易赤字，进口增速疲弱，对全球进口的拉动作用趋于减弱，中国巩固发达市场难度加大。2013 年前 8 个月，美国、欧盟、日本进口分别下降 1%、3.7%和 7.4%。新兴经济体经济增长放缓，市场需求存在较大不确定性。过去 5 年，中国出口增量的 43%来自新兴经济体和发展中国家，其市场需求降温势必影响中国企业出口，目前已出现对部分新兴经济体出口增速下降以及订单减少、风险上升苗头，企业开拓新兴市场遇到新的困难。商务部对国内 1 900 余家外贸重点联系企业的调查结果显示，企业出口订单在前期短暂回暖后，近期再度出现反复，其中对部分新兴经济体出口订单波动较大。世贸组织最近预计，2014 年全球贸易量增长 4.5%，增速仍然低于过去 20 年 5.4%的年均增速。①

（二）国际贸易保护主义回潮

近年来，主要经济体之间掀起商签自贸协定潮流，推动全球贸易投资自由化深入发展，贸易自由化和便利化措施有所增多。但主要发达国家失业率仍然处于历史较高水平，一些新兴经济体制造业发展陷入困境，各国倾向于通过保护本土企业、促进就业的做法重振经济发展内生动力，贸易保护主义形势依然严峻。据世贸组织发布的第九次贸易限制措施监督报告，2012 年 10 月至 2013 年 5 月，各成员共采取 109 项贸易限制措施，覆盖全球进口商品的 0.5%，其中新贸易限制措施数量达到金融危机以来的最高值，以反倾销调查为主的贸易救济调查仍是贸易限制措施的主要手段。自 2008 年 10 月以来，二十国集团成员实施的贸易限制措施影响全球货物贸易的 3.6%。制造业依然是受影响最大的行业，其中电气机械及零件、机械设备、化学产品、光学及精密仪器四大类产品在全部限制措施中的比重达 58%，旨在刺激本国产业复兴的贸易保护主义仍在上升。据英国智库“全球贸易预警”（Global Trade Alert）近期统计，自金融危机 5 年来，二十国集团成员出台的贸易限制措施中，近 90%仍在实施；截至 2013 年 8 月 19 日，世界各国新出台了近 300 项以邻为壑的贸易措施。② 在全球经济脆弱复苏、国际贸易总体低迷的背景下，一些国家为了本国短期利益大力推行贸易保护主义，在一定程度上阻碍了世界经济复苏进程，从长期看必定带来“双输”的结果。

2013 年，世界各个国家（地区）对中国出口产品发起救济调查 63 起，同比增长 10.5%；美国对中国的电子、通信、机械等出口产品发起 337 知识产权调查 15 起，占其同期立案数量的 1/4 以上，涉及中国不少战略性新兴产业的大型龙头企业。③ 一些发达国家不断强化贸易执法，放宽立案标准，加严反倾销和反补贴调查规则，裁决趋于严格，中国应诉企业在一些案件中被裁定较高反倾销税率，某些贸易救济措施和贸易救济调查明显针对中国产品。新兴经济体经济发展放缓，一些产业发展面临困难，对中国的贸易摩擦呈增多之势。2013 年前三季度发展中国家对中国产品发起的贸易救济案件数量和金额均超过发达国家，应对难度明显增大。

（三）国际市场竞争加剧

一方面，近年来国际市场持续低迷，中国对发展中国家和新兴经济体的出口快速增长，贸易摩擦伴随而生；另一方面，从产品竞争力来看，目前我国出口产品的国际竞争力

---

① 参见《中国对外贸易形势报告》（2013 年秋季）。

② 参见《2014 年中国对外贸易发展环境预测分析》。

③ 参见《2013 年欧美经济体持续复苏状况分析》，http://www.chinairn.com/news/20131230/154144432.html。

还基本停留在低附加值的劳动密集型产品上，以纺织服装等传统优势出口产品等为典型代表，依靠的是较为低廉的劳动力成本优势，占据着产业链低端的低附加值部分，在较为高端的，以研发、营销、品牌为核心竞争力的高附加值产业链部分的竞争力有待进一步培育形成。纯制造产生的利润较低，全球制造也已供过于求。同时严重依赖廉价劳动力的制造业也蕴藏着巨大的隐忧——严重依赖廉价劳动力、资源消耗量大、环境污染严重、产品附加值低。随着我国生产生活成本的提高，与新兴经济体比较，成本优势几乎不复存在，而以技术、品牌、质量、服务为核心的出口竞争新优势又尚未形成，我国出口产品的国际竞争力有所减弱。

同时，东盟及其他发展中国家劳动密集型产品出口竞争优势逐步增强，正在挤占中国产品的市场份额。2013 年以来，东盟劳动密集型产品占美、日、欧的市场份额分别提高 0.8、1.6 和 0.2 个百分点。虽然中国新能源、新兴信息技术等战略性新兴产业出口增长较快，但一些产业核心竞争力不强、关键技术受制于人、可持续发展能力不强。在营销、品牌、服务等方面，中国出口企业与发达国家竞争对手相比，还有较大差距。

（四）贸易伙伴更趋多元化

2013 年，中国先后与冰岛、瑞士签署自由贸易协定，中韩自贸区谈判将进入出价及要价阶段，《区域全面经济伙伴关系协定》、中日韩自贸区均举行了两轮谈判，中澳自贸区举行了一轮谈判。截至 2013 年 9 月，中国已签署了 12 个自贸协定：中国与东盟、巴基斯坦、智利、新西兰、新加坡、秘鲁、哥斯达黎加、冰岛、瑞士的自贸协定，以及内地与香港、澳门分别签署的《关于建立更紧密经贸关系的安排》、大陆与台湾签署的《海峡两岸经济合作框架协议》。自贸区建设的稳步推进，促进了改革开放和对外经济贸易发展，深化了中国与自贸伙伴双边关系。对外贸企业来讲，自贸区对大部分产品实行零关税，减少了非关税措施，规范了贸易争端解决方式，降低了贸易成本，提高了贸易便利化水平，增进了贸易利益。同时，也推动企业“走出去”参与对外投资合作。

如表 12—2 所示，2013 年前三季度，中国与美国、欧盟和日本三大发达经济体的贸易额合计 10 167.5 亿美元，增长 0.2%，占外贸总值的比重由上年同期的 35.7%回落至 33.2%。随着美国经济复苏势头趋于稳固，零售市场回暖，中美贸易额为 3 791 亿美元，增长 6.7%。欧元区经济初步走出持续一年多的衰退，但市场需求仍较疲弱，中欧贸易额为 4 085.7 亿美元，下降 0.8%。中日贸易额为 2 290.8 亿美元，下降 7.9%，近期中日贸易出现好转迹象，2013 年 9 月份中国对日出口增长 1.5%。中国政府加大力度支持企业开拓新兴市场，对新兴经济体出口总体增长较快，其中对东盟、金砖国家出口分别增长 21.9%和 7.4%。随着自由贸易区建设步伐的加快，中国与自贸协定伙伴的进出口增势明显，前三季度与东盟、智利、新西兰等 9 个自贸伙伴（不含港澳台）进出口额为 4 811 亿美元，占外贸总额的 15.7%，高出上年同期 1.2 个百分点；增速为 17%，高出同期外贸增速 9.3 个百分点。①

① 参见《中国对外贸易形势报告》（2013 年秋季）。

表 12—2　　2013 年 1—9 月中国与主要贸易伙伴贸易情况

国家（地区）	金额（亿美元）			同比增长（%）		
	进出口	出口	进口	进出口	出口	进口
全球	30 603.7	16 148.6	14 455	7.7	8	7.3
欧盟	4 085.7	2 461.1	1 624.6	−0.8	−2.1	1.3
美国	3 791	2 659.5	1 131.5	6.7	3	16.3
东盟	3 223.6	1 762.2	1 461.4	11.6	21.9	1.3
日本	2 290.8	1 093.1	1 197.7	−7.9	−2.8	−12.1
中国香港	2 973.9	2 847.9	126	25.6	27.1	−0.6
韩国	2 031.1	683.2	1 347.9	8.1	3	10.8
中国台湾	1 492.2	305.2	1 186.9	23.1	18.6	24.3
澳大利亚	986	270.7	715.3	8.6	−0.1	12.3
巴西	676.4	263.8	412.6	3.2	6.2	1.3
俄罗斯	661.1	356.5	304.7	−0.1	9.4	−9.4

资料来源：商务部。

二、江苏外贸发展的国内环境

（一）要素成本上升较快，竞争力被削弱

过去三十年，我国外贸发展的资源、能源和环境成本一直处在一个比较低的水平上。但是，随着经济高速增长，近年来国内资源、能源生产已经远远不能满足需求。而全球能源、原材料市场也出现供不应求的紧张局面，国际原油价格上涨，各种原材料价格也不断攀升。我国目前已经成为世界第三大石油进口国、第一大铁矿石进口国。与此同时，经济发展与环境保护之间的矛盾已经引起全球关注，我国的碳排放总量已经处于世界前列，国际社会要求中国节能减排的呼声和制约也将越来越强。

中国要素成本上升较快，在一定程度上削弱了制造业的成本竞争力。2008—2011 年，制造业城镇单位就业人员平均工资年均增长 14.5%，制造业农民工月收入年均增长 15%。随着周边国家工业化发展步伐加快，部分对成本较为敏感的产业和产品订单出现向周边国家转移迹象。2013 年以来又有 24 个地区上调了最低工资标准，平均涨幅达到 18%；外出务工劳动力月均收入同比增长 13%。劳动密集型产品出口竞争力进一步下降，部分出口订单流失，部分产能向周边国家转移。纺织品、服装等劳动密集型产品对欧美日出口低速增长，市场份额持续下降。2013 年前 8 个月，中国七大类劳动密集型产品对美国和欧盟出口分别增长 4%和 5.1%、对日本出口下降 0.6%，均低于整体出口增速。中国劳动密集型产品占美国市场份额 46.8%，比 2012 年同期下滑 0.7 个百分点，已连续 3 年下滑；占日本市场份额 66.4%，下滑 1.7 个百分点；占欧盟市场份额（1—6 月）42.4%，下滑 1.9 个百分点。①

① 参见《新兴经济体波动　2014 年纺织服装出口面临挑战》，http://www.chinairn.com/news/20140103/114104208.html。

（二）积极扩大内需，贸易平衡状况改善

近年来，中国积极扩大内需，促进经济增长向依靠消费、投资、出口协调拉动转变，推进贸易投资自由化和便利化，不断加大进口促进政策力度，搭建更多平台来拓宽进口渠道，促进贸易平衡发展，切实发挥进口对宏观经济平衡和结构调整的积极作用。随着促进进口各项政策措施的稳步落实及国内需求的稳定增长，原油、铁矿砂、纸浆、天然橡胶等产品进口数量都不同程度增长，缓解了国内能源资源的紧缺状况。此外，汽车、先进技术设备、关键零部件及部分消费品进口也不断增加。2011 年全年贸易顺差 1 551 亿美元，下降 14.5%。外贸顺差规模连续三年下降，占中国国内生产总值的比重从 2009 年的 3.9%、2010 年的 3.1%降至 2011 年的 2.1%。

（三）政策推动力度加大，外贸转型升级

自改革开放以来，东部沿海地区抓住世界产业转移的机遇，大力发展出口贸易，外贸成为拉动经济增长的主要力量。但是我国外贸发展方式是粗放的，注重仿造、轻视创造，注重价格、轻视品质，注重出口、轻视进口，靠数量和价格取胜。在过去世界经济繁荣时期，我国劳动力成本存在明显优势，这种粗放的发展模式取得了巨大的成功。自国际金融危机以来国际国内环境发生了深刻的变化，东部沿海地区这种以出口型、加工型和中小型为主要特征的经济发展方式不再具有优势，反而显示出越来越多的劣势，遇到了很大的困难和挑战：成本上升，产品价格不再存在较大的优势；产品创新度低，竞争力弱，出口大量减少。

2012 年 3 月，商务部、国家发改委、财政部、央行等十部委联合发布了一份《关于加快转变外贸发展方式的指导意见》，明确将通过培育新兴市场、加快国内中西部地区外贸发展、培育一批重点行业外贸转型基地、提升出口商品品牌与质量等方式，推动我国贸易转型。来自华东相关省市商务主管部门的信息显示，为了落实《国务院办公厅关于促进外贸稳定增长的若干意见》，上海将重点发挥出口退税、信贷担保、保费补贴等政策的拉动效应，帮助外贸企业克服国际市场困难；江苏将加大对出口品牌企业的扶持和保护，鼓励企业自创品牌或收购国际品牌；浙江将全面建成 100 个对外贸易预警示范点，实现相关涉案企业应诉率达到 90%以上。

在政策推动力度加大、出口企业不断提升产品技术含量、国内产业优化升级等因素的带动下，2013 年第一季度高新技术产品出口 1 633.3 亿美元，增长 28.4%，高出总体出口增速 10 个百分点；进口 1 364.8 亿美元，增长 27.0%，高出总体进口增速 18.6 个百分点。机电产品出口 2 985.4 亿美元，增长 18.1%，占同期出口总额的 58.7%；进口 1 989.5 亿美元，增长 14.5%，高出总体进口增速 6.1 个百分点。劳动密集型产品出口增速有所提高，服装、纺织品、鞋类、家具、塑料制品、箱包和玩具等七大类劳动密集型产品出口增长 21.8%。①

（四）服务贸易发展迅速，竞争力不断增强

进入 20 世纪 70 年代以来，国际服务贸易有了突飞猛进的发展。服务贸易对世界各国经济的发展起着越来越重要的作用。服务贸易竞争力是一国贸易竞争力的重要组成部分。

① 参见《中国对外贸易形势报告》（2013 年春季）。

近年来，国际贸易的重心逐渐由传统的货物贸易向服务贸易转移，我国国际服务贸易起步晚但是发展很快，2010 年为 3 624 亿美元，其中出口服务贸易 1 702 亿美元，世界排名第四位，进口 1 922 亿美元，世界排名第三位，规模居发展中国家之首。2012 年，我国服务进出口延续增长态势，规模再创历史新高，服务进出口总额（按国际收支口径统计，不含政府服务，下同）达 4 705.8 亿美元，跃居世界第三，比上年增长 12.3%；超过世界服务进出口平均增幅 10.3 个百分点，占世界服务进出口总额的 5.6%；占我国对外贸易总额的比重为 10.8%，同比提升 0.5 个百分点。①

2012 年，我国服务进出口总额居世界第三位（见表 12—3），位于美国和德国之后；出口居世界第五位（前四位依次为美国、英国、德国、法国）；进口居世界第三位（前两位为美国和德国）。其中，高附加值服务进出口快速增长。高附加值服务中的咨询、计算机和信息服务、广告宣传、金融服务、专有权利使用费和特许费出口快速增长，分别比上年增长 17.8%、18.6%、18.2%、122.5%、40.1%；专有权利使用费和特许费、金融服务、通信服务进口增势显著，增幅分别为 20.7%、158.4%、38.6%。传统服务运输和旅游在服务进出口总额中的占比达 58.8%，比上年增加 2.2 个百分点。旅游进出口总额首破 1 500 亿美元，居各类服务之首，同比增长 25.6%；出口和进口分别为 500.3 亿美元和 1 019.8亿美元，同比分别增长 3.2%和 40.5%。运输服务进出口总额达 1 247.7 亿美元，位居第二，同比增长 7.5%；出口和进口分别为 389.1 亿美元和 858.6 亿美元，同比分别增长 9.4%和 6.7%。运输服务和旅游分别实现贸易逆差 469.5 亿美元和 519.5 亿美元，为我国前两大服务贸易逆差来源领域。

表 12—3　　1997—2012 年中国服务进出口世界排名

年份	进出口	出口	进口
1997	13	15	11
1998	12	14	12
1999	13	14	10
2000	12	12	10
2001	13	12	10
2002	9	11	9
2003	9	9	8
2004	9	9	8
2005	9	9	7
2006	8	8	7
2007	6	7	5
2008	5	5	5
2009	4	5	4
2010	4	4	3
2011	4	4	3
2012	3	5	3

资料来源：中国服务贸易网。

① 参见《2012 年我国服务进出口总额跻身世界前三》，http://www.catis.org.cn/E_ReadNews.asp?NewsID=5091。

（五）国家积极扶持，民营企业出口势头良好

国家支持民营外贸企业发展的政策力度加大，尤其是外贸综合服务企业快速发展，为中小民营企业提供通关、融资、退税等服务，帮助广大民营企业深度开拓国际市场，进出口保持快速增长势头，外贸经营主体格局继续发生积极变化。2013 年前三季度，民营企业进出口 11 001.1 亿美元，增长 25.4%，高出整体增速 17.7 个百分点，占进出口总值的 36%，比上年同期提升 5.1 个百分点。外商投资企业进出口 14 031.5 亿美元，增长 0.3%。国有企业进出口 5 571 亿美元，下降 1.4%。①

① 参见《2013 年前三季度对外贸易运行情况》，http://zhs.mofcom.gov.cn/article/Nocategory/201310/20131000371565.shtml。

第13章 江苏外贸体制变迁

一、改革开放前的江苏外贸体制

1949年中华人民共和国成立以后，我国借鉴苏联社会主义建设经验，实行以产品经济、单一公有制为基础的高度集中的计划经济体制。在对外贸易领域，我国实行对外统制贸易的基本政策，并建立了与该政策配套的计划经济对外贸易制度。在1949年3月召开的中国共产党七届二中全会上确立了新中国以“对内节制资本和对外统制贸易”作为对外贸易的基本国策。1950年12月，政务院颁布了《对外贸易管理暂行条例》，贸易部颁布了《对外贸易管理暂行条例实施细则》，奠定了社会主义中国对外贸易法律基础。1957年在对私营进出口企业的社会主义改造基本完成以后，我国的进出口业务全部由国营外贸专业公司垄断经营，结束了不同所有制企业并存经营的对外贸易格局，建立起高度集中统一、政企合一的外贸制度。进出口严格按照国家计划进行，出口实行收购制，进口实行拨交制，盈亏由国家统负。1949—1978年，江苏外贸体制为计划型的国家专营外贸体制。在这30年中，江苏的外贸发展又可大致分为两个阶段：

（一）收购调拨阶段（1949—1973年）

这一时期江苏的外贸业务，主要是根据国家计划，安排和组织出口商品的生产、收购及调拨任务。其间也办理对苏联、其他东欧国家的政府协定贸易的出口结汇业务，承担对港澳地区的一定数量的粮食、油料和日用品的供应。江苏于1952年始有出口存量记载，当年出口商品收购总值4 710万元。之后，经过“一五”时期，外贸收购得到较快发展，以年均32%的速度递增。到1959年达到5.3亿元，7年间年均增长41.3%。20世纪60年代到70年代初，江苏面临着中苏关系破裂，与苏联、其他东欧国家的贸易急剧缩减，与欧美和亚洲、非洲、拉丁美洲等第三世界国家的贸易渠道尚未开通的外部环境；同时，国内经历了三年困难时期、三年调整时期和“文化大革命”动荡时期，江苏对外贸易在震荡中前行。到1973年出口商品收购总值只有16.4亿元，14年间年均递增仅8.4%。这期间，江苏的主要出口商品为初级产品，其中粮油食品、纺织服装、土畜产品占收购总值的八成以上。

（二）自营进出口阶段（1974—1978年）

江苏于1974年始建立对外贸易口岸，直接经营对外出口业务，从而结束了长期作为货源调拨省份的历史，当年实现出口额 7 689 万美元。自 1978 年起，江苏开展地方自营进口业务，当年进口额 903.3 万美元。同期，自营出口商品增加到 113 种，出口额达到 41 846 万美元，比 1974 年增长了 4.4 倍，占全国外贸出口总额的 4.3%，居全国各省市第六位。这期间，江苏纺织品服装出口主要是棉布、绸缎、丝类等初级加工品，占到出口总额的六成多；进口商品主要是钢材，占到进口总额的七成。

二、改革开放后的江苏外贸体制

自 1979 年改革开放以来，中国的经济体制逐步从高度集中的计划经济体制向市场经济体制转轨，与此相适应，中国的对外贸易制度也从国家统制型转向开放型。

1978—1987 年，对外贸易经营权由中央政府向地方政府、由外贸部门向其他部门、由政府向企业下放。1985 年，江苏出口额在全国的位次升至第五位。在此期间，江苏积极承接上海浦东开发开放带来的辐射效应，认真贯彻省委、省政府制定的“经济国际化”战略，坚持“三外齐抓”、“三外齐上”，对外贸易迅速发展。“八五”期间实现进出口总额年均 31.5%的高速增长，其中出口增长 27.2%，进口增长 40.3%。进入 20 世纪 90 年代后，随着整个经济体制进一步的市场化改革，中国经济也逐渐向世界经济靠拢。为了进一步健全和完善外贸体制，国务院作出了进一步深化外贸体制改革的决定，争取早日与国际经济通行规则接轨。2001 年江苏在全国率先设立面向进出口企业的办证机构——省进出口许可证事务中心，顺利实现了政府部门政策管理和具体操作相分离，同时为进出口企业提供更加优质高效的服务。

2001 年 12 月 11 日，我国正式加入世界贸易组织。在 WTO 这一新的制度环境的规制框架下，我国经济进一步融入世界经济全球化的浪潮之中，对外开放亦呈现出新的特点，主要表现为：由政府导向型的开放转变为与国际经济制度接轨型的开放；从有限范围和领域的开放转变为全方位、宽领域的开放；从单边、自主的开放转变为双向、多边、有法律约束力的相互开放。

2002 年，江苏率全国之先在苏南五市创立“私营外贸企业创业园”，集中为私营外贸企业提供政策扶持与服务，为小型私营外贸企业发展争得先机。[①] 2003 年，组建中华人民共和国商务部，统一管理我国的内、外贸易事务；江苏改革外贸中介机构，在原有的外经贸中介机构的基础上，组建江苏进出口商会。2004 年我国以调整出口产业结构为基调、以构建新型退税机制为目标对我国出口退税政策进行了重大调整。2006 年，“江苏对美国、欧盟出口主要产品监控预警平台”开始启用，成为全国省级商务系统第一个出口预警系统。事实证明，有管理的自由化贸易制度符合时代节拍与我国国情，有力地推动了我国对外贸易的跨越式发展。2004 年我国进出口总额首超日本，位居世界第三，2008 年我国

① 参见《中国对外开放 30 年回顾　江苏省发展大事记》，http://travel.chinadaily.com.cn/jiangsu/2012-09/03/content_15729192.htm。

进出口总额相当于1978年的124倍。

1979年至今，江苏的外贸发展又大致可以分为四个阶段①：

（一）起步阶段（1979—1990年）

到1980年，江苏各市县都相继建立了外贸机构。全省除大米等少数品种继续调拨上海口岸出口以外，其余各类出口商品均由江苏直接经营，贸易伙伴发展到127个国家和地区。自1982年起，随着国家采取了一系列对外开放措施，推进外贸体制改革，赋予地方外贸企业进出口经营权，江苏对外贸易取得了蓬勃发展，出口商品在国际市场上的适应性和竞争力逐步提高，全省出口商品已发展到上千个品种，出口规模逐年扩大。1985年，江苏出口额在全国的位次升至第五位。到1990年，全省进出口总额41.4亿美元，其中出口29.4亿美元。出口品种也发生了很大变化，原料型、初级产品出口减少，工业制成品出口比重上升。纺织品服装（纺织、针织、服装、丝绸）出口比重降到34.6%；工业制成品出口比重由1985年的63.9%上升到79.2%。江苏在"七五"期间，进出口总额实现了15.8%的年均增长，其中出口增长13.2%，进口增长24.4%。

（二）快速发展阶段（1991—2000年）

江苏积极承接上海浦东开发开放带来的辐射效应，认真贯彻省委、省政府制定的"经济国际化"战略，坚持"三外齐抓"、"三外齐上"，对外贸易迅速发展。"八五"期间实现进出口总额年均31.5%的高速增长，其中出口增长27.2%，进口增长40.3%。"九五"期间受到东南亚金融危机影响，增速有所放慢，进出口总额年均增长降到22.8%。10年间全省进出口总额年均递增27.1%，其中出口递增24.2%，进口递增32.5%，大大高于同期全国平均水平。1996年全省出口额首次突破100亿美元，出口规模仅次于广东、上海，居全国第三位。2000年全省进出口总额达456.4亿美元，出口规模跃居全国第二位。并且，出口结构明显优化，机电产品、高新技术产品迅速发展，成为拉动外贸增长的主要力量，1998年机电产品取代纺织品服装成为第一大出口商品。其间，随着国家外贸体制改革的进一步深化，江苏外贸经营主体逐年增多，形成了由省级外贸专业公司、市和县级外贸公司、生产企业和外商投资企业组成的对外贸易经营队伍。2000年，江苏对外贸易国有企业占28.93%、外商投资企业占66.13%、集体企业占4.63%、其他占0.31%。

（三）高速发展阶段（2001—2008年）

这是我国对外贸易发展环境发生巨大变化的重要时期，也是江苏对外贸易发展最快的时期。江苏对外贸易围绕全省经济发展的大局，抓住中国加入WTO、世界经济复苏增长和国际产业转移带来的历史机遇，克服资源要素瓶颈制约，有效化解风险与困难，优化贸易结构，多元拓展国际市场，发展壮大经营主体，国际竞争力不断增强。8年间进出口总额跨越了三个新台阶：2003年进出口总额突破1 000亿美元，规模跃居全国第二；2005年

① 参见《外贸发展突飞猛进 引擎作用日益显现》，http://www.jssb.gov.cn/jstj/fxxx/tjfx/200911/t20091118_110238.htm。

突破2 000亿美元；2007年突破3 000亿美元，2008年达到3 922.7亿美元，比2000年增长了7.6倍，年均增长30.9%，其中出口增长了8.2倍，年均增长32.0%。全省进出口总额占全国的比重由2000年的9.6%提高到2008年的15.3%。迄今，江苏进出口总额已连续6年名列全国第二位，贸易伙伴发展到228个国家和地区，对外贸易大省的地位逐步巩固。并且，对外贸易结构逐步优化，活力不断增强。全省形成了以机电产品为主要商品，以加工贸易为主要方式，以外资企业为主力军，以开发区为主要载体，以欧盟、美国、日本、韩国和东盟为主要市场的基本格局。

（四）结构调整阶段（2009年至今）

自2008年金融危机以来，由于全球金融动荡使发达市场经济体趋于衰退，新兴市场国家和地区也不同程度地受到影响，江苏出口需求明显减弱，国际贸易保护不断升级。人民币升值、贷款利率较高、出口退税政策较紧、劳动力价格上涨和生产资料价格较高等因素使企业面临较大的成本压力。另外，国外进口企业效益下滑甚至破产，对省内出口企业的欠账难以归还也对省内企业扩大出口产生影响。

统计显示，2008年9月当月江苏进出口额为370.7亿美元，同比增长12.6%；其中出口228.5亿美元，增长19.9%，进口142.2亿美元，增长2.6%，9月江苏的进出口增幅继续下滑，外贸增速明显放缓。在此背景下，江苏进一步推进加工贸易转型升级，积极发展一般贸易，加大对出口企业的扶持力度，确保了对外贸易继续保持平稳较快增长。从江苏一般贸易出口情况来看，大多数一般贸易出口企业仍以价格竞争为主要手段，走的是低成本、低价格的老路，主要以订单贸易、贴牌生产为主，缺乏自有品牌和自主知识产权，处在国际分工和价值链的低端。面对严峻的国际金融形势，中国出口企业面临的更大风险是逐渐减弱的产品价格优势，国际经济贸易环境不利于江苏外向型经济的发展，一般贸易仍然需要继续重视与发展。另一方面，逐渐探索加工贸易从以加工制造为主向采购、加工制造、分销服务、售后服务以及研发、信息资讯等方向转型升级，沿着价值链逐步由低向高、由简单向复杂、由生产向综合服务和全球运营方向发展。加工贸易的主体要由以外商投资企业为主逐步向以内资企业尤其是民营企业为主转变。根据江苏目前所处的经济成长阶段，不断促进江苏加工贸易转型升级，积极打造现代化国际制造业基地。“十一五”以来，江苏依托一批具有较强比较优势的传统特色产业集群和较大出口潜力的新兴产业集群，积极探索出口基地建设。截至2012年年底，全省共有国家级、省级各类基地57个。

未来几年江苏外贸发展将主要围绕全省对外开放工作会议上明确的总体要求，即“三个国际化”（企业、城市和人才）、“三个位居全国前列”（外贸及外资的结构和质量、“走出去”的规模和效益、优化对外开放布局）、“提升三个力”（经济国际竞争力、全球要素配置力、对外影响力）来考虑，以调结构、促转型为重点，加快转变外贸发展方式，深入实施科技兴贸、以质取胜、市场多元化和“走出去”等重大战略，着力提升传统优势，加快培育竞争新优势，促进外贸可持续发展，进一步巩固江苏外贸大省地位，加快外贸强省步伐。

第14章 江苏服务贸易发展概况

近年来，中国服务贸易稳步发展，贸易规模迅速扩大，服务贸易在国民经济中的地位和作用日益凸显。世贸组织日前公布的各国服务贸易排名显示，2012年中国服务进出口延续增长态势，总额达到4 705.8亿美元，全球排名提升到第三位。中国服务贸易处在较快增长区间。2012年，中国服务进出口总额同比增长12.3%，超过世界服务进出口平均增幅10.3个百分点；占世界服务贸易进出口总额的5.6%，同比提升0.5个百分点。2011年，我国服务贸易进出口总额4 191亿美元，比2002年增长3.9倍，年均增长19.3%。在全球产业升级和制造业向服务业升级的国际背景下，中国政府积极调整经济结构和外贸结构。而作为中国的外贸大省，江苏的服务贸易依然保持着规模的扩大与结构的升级。尤其是近年来，江苏围绕着“稳增长、调结构、促转型”，大力发展国际服务贸易。当前江苏服务贸易已经进入高速发展阶段，呈现出“规模迅速扩大，结构明显优化”的特征。

一、江苏服务贸易规模

近年来，随着我国经济的持续发展、市场经济体制的不断完善以及服务业部门开放程度的逐步提高，江苏国际服务贸易持续增长。国际收支（balance of payment，BOP）统计数据显示，2001—2004年，江苏服务贸易进出口总额分别为14.84亿美元、20.27亿美元、22.47亿美元和31.33亿美元。其中，服务贸易出口额分别为2.7亿美元，3.37亿美元，4.73亿美元和7.03亿美元。江苏服务贸易的进出口总额从2000年到2009年有了大幅度增长，特别是从2005年之后，发展速度较快。近年来，江苏服务贸易发展规模迅速壮大。外管局国际收支平衡表的统计数据显示，2009—2012年，江苏服务贸易年均增长53.6%，是同期全国增速的2.2倍，也是同期全省货物贸易增速的6.2倍。2013年前10个月全省服务贸易的增速超过40%。2012年全省服务贸易进出口额达516.3亿美元，同比增长55.9%。其中出口额为230.5亿美元，同比增长53.9%。进口额为285.8亿美元，同比增长57.5%。服务贸易占全省对外贸易总额的比重从4.2%迅速上升到9.4%，提高了1倍多。其中，旅游行业、专有权利使用费和特许费行业比上年有了较大的增长，增幅分别为22.81%和33.7%。近年来，随着先进制造业和现代服务业的加快发展，计算机、保险、金融、商业服务（包括咨询服务在内）等高附加值的现代服务贸易快速起步，竞争优势不断显现。2009—2012 年，这些行业的进出口总额从 84 亿美元上升到 409 亿美元，增长了近 4 倍。以商业服务为例，2009—2012 年，商业服务年均增长 61%，是同期旅游和运输等传统服务贸易年均增长率的 2.3 倍。服务外包发展不断加速，江苏服务外包产业自 2007 年开始起步，实现了从无到有、从小到大的跨越发展。2007—2012 年全省离岸服务外包执行金额从 2.6 亿美元增长到 97.8 亿美元，年均保持 30%以上的增长，位居全国前列。江苏服务外包业务主要集中在软件外包及信息服务、动漫创意、生物医药、工业设计、金融服务等重点领域，以信息技术外包（ITO）为主，服务外包形成以南京、无锡、苏州三市为主要支撑、各地蓬勃发展的良好局面。截至目前，全省服务外包企业登记数量为 6 700 多家，有服务外包从业人数 87 万人，成为推进江苏产业结构调整和带动高素质人口就业的新生力量。①

虽然江苏服务贸易的进出口总额从 2008 年到 2012 年有了大幅度的增长，但是服务贸易逆差仍然存在。2011 年，江苏服务贸易出口额的增速为 50.21%，进口额的增速为 40.23%，虽然出口额的增速快于进口额的增速，但是由于进口额的基数大，导致贸易逆差仍然存在，逆差为 31.75 亿美元。而 2012 年出口额增速却低于进口额增速，贸易逆差为 55.4 亿美元，导致贸易逆差进一步扩大。其中主要逆差行业为旅游行业、专利使用费和特许费行业。逆差额分别为 36.9 亿美元和 29.3 亿美元。由于江苏服务贸易发展仍处于初级阶段，是以附加价值较低的劳动密集型的工程承包、运输、旅游等服务出口去换取高附加价值的金融、保险、电信、信息处理等技术与知识密集型服务的进口，因此在今后较长时间内，江苏服务出口额的扩大会大大低于服务进口额的扩大，服务贸易逆差将会进一步超过目前的水平。

二、江苏服务贸易结构

在现代服务贸易快速崛起的近几年，随着先进制造业和现代服务业的加快发展，计算机、保险、金融、商业服务等高附加值的现代服务贸易快速起步，竞争优势不断显现。

2012 年，在服务贸易的行业构成中，其他商业服务，主要包括法律、会计、管理咨询和公共关系，占到 77.4%的份额，并且增长幅度也最大，达到 74.5%。旅游行业占到 7.73%的份额，并且出现了较快的增长趋势，与 2011 年相比，增长幅度达 22.81%。并且，旅游业为江苏进口集中行业，进口增速明显高于出口增速。2012 年，旅游出口额为 14.9 亿美元，比上一年下降 10.32%，进口额为 38.4 亿美元，增幅为 24.6%。与运输相关的服务出口总额为 19.5 亿美元，增幅为 14.61%，进口总额为 11.2 亿美元，增幅为 3.92%，且贸易顺差为 8.3 亿美元，是江苏最大的贸易顺差行业。总体而言，江苏的整个服务贸易结构有朝资本密集型、技术密集型、知识密集型演进的趋势。

外资企业是服务贸易进口的主力军，且进出口领域相对集中。由于国际制造业向长三角的转移，外资公司蓬勃发展，它们集商品贸易、服务贸易、对外直接投资于一身，通过承包和技术转让，在促进了劳动力的国际流动，带动了金融服务、法律咨询、保险服务、

① 参见国际商报网，http://www.shangbao.net.cn/activities/ciftis/special/206295.html。

运输服务、计算机服务、技术服务、工程咨询等国际服务贸易的同时，也加强了对当地国际服务贸易的垄断，并对所在地的服务业形成了巨大压力。近年来，江苏省服务业利用外资有了迅速的发展并初具规模。外商投资在现代物流运输、医疗机构、研发中心及合作办学等领域也都有了初步的尝试与发展。另外，从外资企业的国际服务贸易结构看，江苏外资企业服务贸易进口和出口都主要集中在计算机和信息服务、专利使用费和特许费以及咨询等领域。

三、世界服务贸易发展趋势

随着全球化的深度蔓延，服务业的地位上升，世界经济的竞争已经从有形商品向无形商品转化。服务贸易在全球化与服务业的双重推动下，呈现出蓬勃发展的势头。

（一）服务贸易发展的加速化

从 20 世纪 60 年代以来，世界各国政府逐步放宽了对服务贸易的管制，服务贸易得到较为广阔的发展空间。1970 年，服务贸易的出口额为 170 亿美元，而 2007 年则高达 33 000 亿美元，38 年间服务贸易的出口额增长了 193.1 倍，年均增长率为 10.7%，不仅高于同期世界 GDP 的平均增长率，而且高于同期世界商品贸易出口额的年均增长率。

（二）服务贸易发展的高科技化

科学技术日新月异，服务贸易也呈现出知识化与高科技化的特征。在当今世界的服务贸易中，包含了计算机和信息服务、专利使用费和特许费等一大批科技含量高、更新换代快的新兴行业。而金融、运输、管理咨询等服务行业，也凭借高科技的包装得到了更快的发展，新兴服务贸易在服务贸易中的份额快速增长，体现了结构优化的趋势。

（三）服务贸易发展的非平衡性

世界服务贸易在迅速发展的同时，它的不平衡性也在加剧。在地域空间上，服务贸易基本以美国、英国等发达国家为中心，服务贸易出口前 10 位国家中仅有中国、印度两个发展中国家。发展中国家一直处于服务贸易逆差，而发达国家在过去 20 年里一直是顺差。

（四）服务贸易壁垒的隐蔽化

由于服务概念和种类的界定比较困难，国际服务贸易比货物贸易具有更强、更隐蔽的贸易壁垒和限制。在《服务贸易总协定》签署之后，直接针对服务业的贸易壁垒已经被逐步取消，明显歧视外国要素的壁垒的作用也受到限制。但是不太明显的贸易壁垒方式却不断出现。例如，制定一些有利于本国企业的行业标准；政府的服务支出，优先考虑本国服务企业；对本国服务出口实行隐蔽性补贴、减免关税等。这些做法都体现了服务贸易壁垒的隐蔽化趋势。

四、江苏服务贸易发展面临的问题

服务贸易可以分为三个阶段。第一阶段是要素驱动阶段，竞争的是传统的廉价劳动力、港口资源、区位资源、旅游资源等，资源缺乏深度开发，以价格低廉取胜。第二阶段是投资驱动阶段，竞争的是资本实力，服务贸易日益柔性化、个性化，资源得到深度开发，服务组合能力提高，运作方式更加复杂。第三阶段是创新驱动阶段，主要依靠创新与差异化形成竞争的优势，并在产业体系内进行深化与水平形态扩散。总体而言，江苏服务贸易还处于第一阶段向第二阶段的过渡时期，发展过程中有许多不足，需要弥补和调整。

（一）服务贸易总体竞争力较低，贸易逆差逐年增大

江苏服务贸易进出口主要集中在计算机和信息服务、专利使用费和特许费、咨询等领域，并在现代服务业如电信金融等方面有了初步尝试和发展，但传统服务贸易仍然占据主要地位，且竞争力较强，以信息技术为基础的金融保险、信息咨询、科技文化、教育卫生等新型服务业比较薄弱，竞争力较弱。

（二）服务贸易结构不合理，新兴服务贸易行业比重偏低

具有劳动密集型和资源密集型特征的旅游和运输行业在我国服务贸易中占有绝对优势，而保险、计算机信息、专利使用费和特许费以及咨询服务增长较明显，比重逐年增加。

江苏制造业的发展在全国经济发展中一直处于领先地位，但服务业的发展却存在发展速度不快、发展效率不高、发展水平偏低的问题。因此，服务业在江苏国民经济中的比重偏低。江苏服务业发展比重较大的几个行业是批发零售业、餐饮业、交通运输业、房地产业、金融保险业等。表 14—1 的数据说明江苏服务业中占主导地位的仍然为传统劳动密集型服务业，而社会服务业和邮电通信业等新兴服务业的发展与其他三省市相比仍然有差距。

表 14—1　　东南四省市 2012 年服务业内部结构比较（%）

指标	江苏	上海	浙江	广东	全国
农、林、牧、副、渔服务业	1.211 4	0.101 27	0.203 1	0.502 1	0.801 2
地质勘查、水利管理业	0.704 2	0.415 0	0.420 1	0.669 2	1.012 0
交通运输、仓储和邮政业	18.021 2	13.925 4	18.871 2	23.103 6	17.826 1
批发零售贸易及餐饮业	24.436 8	21.403 6	31.135 8	23.933 2	23.542 8
金融保险业	11.816 0	20.637 8	11.220 5	8.026 9	16.549 0
房地产业	12.036 7	15.328 6	6.426 0	14.047 2	5.848 1
社会服务业	9.347 0	11.436 2	10.627 9	14.728 0	12.126 9
卫生、体育和社会福利业	3.426 8	3.427 9	4.518 0	3.037 4	3.027 0
教育、文艺、光电、饮食业	7.837 9	7.136 6	8.347 2	5.138 0	8.637 7
科研与综合技术服务业	1.320 5	2.837 0	0.927 9	0.939 0	2.212 8
国家机关和社团	6.911 6	3.037 8	6.627 4	5.602 7	7.938 9
其他行业	1.227 7	0.539 8	0.910 9	1.228 4	0.820 5

资料来源：根据《中国经济年鉴》数据整理而得。

（三）服务贸易地区发展不平衡，苏南地区具有绝对优势

由于江苏各地服务业发展的基础不同，服务贸易具有显著的不平衡性。第一、第二产业是第三产业的基础，苏南地区服务业得以很好发展，前提是离不开农业和制造业的基础性作用。苏南地区现在的产业结构已经成功转变为二三一的结构形式，明显优于苏北地区，而苏北地区农业比重偏大，制约了苏北服务贸易的发展。南京和苏州的服务贸易进出口总额和进口总额处在遥遥领先的位置，发展较好，无锡相对于其他地区而言，仍然有着较大的优势。

五、江苏服务贸易发展对策

坚持改革推动，构筑服务业、服务贸易发展新平台。江苏服务业、服务贸易的发展，必须坚持市场配置资源的作用，在市场化的过程中创新求变，着力建立现代市场组织形式，引进现代交易方式，转变政府职能，放松产业进入管制，形成有效竞争的市场体系。

坚持提升改造，促进产业结构优化。以市场需求为导向，以增强企业和产业竞争力为目标，以体制创新、技术创新和观念创新为推动力，加快改造传统服务业，全力扶持现代服务业发展，积极培育新的经济增长点，推进第三产业层次结构、行业结构、技术结构、地区分布结构、组织结构的调整和升级。

坚持对外开放，进一步开拓国际服务贸易市场。必须强化经济全球化和区域经济一体化意识，在战略上高度认识发展、开拓国际服务贸易市场的重要性，顺应经济全球化的历史潮流，加快江苏经济与国际接轨，拓展服务业、服务贸易市场空间，提高其国际竞争力。

坚持发展互动，以城市化带动服务业发展，促进地区发展平衡。服务业发展与区域经济状况和城市化水平密切相关，提升城市化水平是发展服务业、服务贸易的重要途径。根据江苏区域经济发展的特点，在省内服务业发展空间布局中，要因地制宜，统筹协调，认真规划，合理布局，发挥各地特色，扬长避短，为服务业整体推进创造条件。

坚持外力推动，大力发展现代服务业。通过大力引进外来资金、技术和先进管理手段，快速发展江苏现代服务业，在技术密集、资金密集、人才密集的现代服务行业抢占制高点，在区域竞争和全球化竞争中构筑比较优势，形成竞争优势。

坚持为生产服务，大力发展生产者服务业。江苏应该抓住国际制造业向长三角转移的契机，在制造业发展的过程中，寻求服务业发展的空间，对大量使用高技术人才、知识和技术的知识型生产者服务业予以高度重视，推动生产者服务业快速发展和水平的提升。

外商直接投资篇

Foreign Direct Investment Articles

- 第 15 章　江苏外商直接投资发展概况
- 第 16 章　江苏外商直接投资发展环境
- 第 17 章　江苏与浙江、广东、山东外商直接投资的比较分析
- 第 18 章　江苏外商直接投资的省内区域比较
- 第 19 章　江苏典型地级市外商直接投资的比较分析
- 第 20 章　江苏服务业外商直接投资发展概况

第15章 江苏外商直接投资发展概况

一、江苏外商直接投资发展历程

在经济全球化的浪潮中，国际资本的流动速度加快，规模不断扩大，但存在地区分布不均的特征。自1993年以来，我国一直是吸引外商直接投资最多的发展中国家，在我国吸引外商直接投资的进程中，江苏是最早引进外资的省市之一。经过三十多年的努力，江苏在吸引与利用外资方面取得了不平凡的成绩。

江苏位于我国东部沿海地区，具有资源丰富、交通便利、基础设施完善、人力资本相对廉价、政策环境宽松等特点，这些都是吸引跨国公司在江苏投资的重要因素。根据我国政策的转变、江苏宏观投资环境的改善以及江苏吸引外资总额的变化，江苏利用外资的发展可以分为以下五个阶段：

（一）初步探索阶段（1978—1985年）

1978年江苏开始引进外资，当年与外商签订补偿贸易外资项目2个，合同外资245万美元。1981年4月正式批准了江苏第一家中外合资企业——中国江海木业有限公司。8年间，江苏全省共签订利用外资合同项目606个，合同外资总额4.2亿美元，平均每年签订项目76个，年平均签订合同外资5 285万美元。其中累计新批外商投资企业71家，合同外资金额1.1亿美元；1985年实际利用外商直接投资为1 191万美元。由于开放时间短，吸收外资还处在起步阶段，经验和立法都不够完善，外商来华投资有所顾虑，因而引进外资数量不大，但毕竟迈出了极其重要的一步，具有里程碑式的意义。

（二）奠定基础阶段（1986—1990年）

1986年10月，国务院颁布了《关于鼓励外商投资的规定》及若干实施办法，1987年12月，国家有关部门制定了指定外商投资方向的有关规定。接着，1988年党中央、国务院决定将沿海经济开放区扩展到北方沿海的辽东半岛及沿海地区的一些市县，批准海南建省和设立海南经济特区。这些举措都极大地改善了国内外商投资的环境，进一步加快了外商投资企业来江苏投资的步伐。统计数据显示，1986—1990年，全省共签订利用外资合同项目1 900个，合同外资总额23.3亿美元，平均每年签订项目380个，年平均签订合同外资 4.7 亿美元。其中五年累计新批外商投资企业 1 052 家，合同外资金额 11.5 亿美元，平均每家企业的合同外资 109.4 万美元；这五年期间实际利用外资总额累计达到 14.8 亿美元。从以上数据可以看出，外资引进的幅度迅速增长，投资的区域和行业进一步扩大，这一阶段的显著特点是生产性项目及出口型企业大量增加，宾馆和旅游服务项目的比重降低，投资结构进一步优化。

由于这五年国内经济发展水平较低，软硬件环境差，同时外商对国内缺乏充足的了解，因而这一时期外商直接投资往往是试探性的。这导致江苏吸引外商直接投资工作发展较为缓慢。在这一时期，江苏加大了对交通、通信、能源等基础设施的建设，改善了外商投资的软环境，为江苏进一步吸引外商直接投资奠定了基础。

（三）快速发展阶段（1991—1998 年）

邓小平同志视察南方的重要讲话发表以后，中央决定开发和开放上海浦东新区，为江苏引进外资注入了新的活力。苏州工业园区及各类经济开发区的建立，使江苏招商引资呈现了蓬勃生机。江苏这八年实际利用外商直接投资总额 311.12 亿美元。其中 1991 年实际利用外商直接投资为 2.33 亿美元；1992 年实际利用外商直接投资为 14.03 亿美元，同比上涨 502.15%；1993 年实际利用外商直接投资为 30.19 亿美元；1995 年当年新批合同外资高达 129.7 亿美元，实际利用外商直接投资达 47.81 亿美元；1996 年实际利用外商直接投资为 50.72 亿美元；1997 年实际利用外商直接投资为 57.93 亿美元；1998 年实际利用外商直接投资为 66.52 亿美元。这八年江苏实际利用外商直接投资年均增长率高达 61.39%。这一时期，外商投资的大项目增多，平均规模进一步扩大，实际利用外商直接投资金额不断增加。由于这一阶段外资大量涌入，全省外商投资结构也发生了很大的变化，越来越多的世界著名跨国公司来江苏投资，资金和技术密集型大项目增加较多，房地产和通信设施等领域的外商投资比重上升。

（四）波动增长阶段（1999—2005 年）

随着我国社会主义市场经济体制改革目标进一步确定，外商投资环境和投资信心得到了很大的改善。这一时期，江苏认真贯彻积极、合理、有效的利用外资方针，进一步改善投资环境，努力克服金融危机的影响，从被动全部吸收转向有选择、有重点地吸收，千方百计提高项目质量，拓展投资领域。国内为吸引外商直接投资创造了有利的环境，但受到东南亚金融危机的影响，这一时期江苏吸收外商直接投资呈现出波动增长态势。统计数据显示，1999 年实际利用外商直接投资总额有所下降，仅为 63.99 亿美元，同比下降 3.80%；2000 年实际利用外资金额呈现缓慢上涨态势，实际利用外资金额为 64.24 亿美元；2001 年继续上涨，实际利用外商直接投资金额为 71.22 亿美元；2002 年引进外商直接投资达 103.66 亿美元，突破 100 亿美元大关，比 2001 年增长 45.55%；2003 年引进外商直接投资达 158.02 亿美元，突破 150 亿美元大关，比 2002 年增长 52.44%；但是到 2004 年出现了转折，吸引外商直接投资 121.38 亿美元，同比下降 23.19%；2005 年出现小幅上涨，实际利用外商直接投资为 131.83 亿美元。这七年实际利用外商直接投资的年均增长率仅为 10.88%。这一时期外商直接投资反复波动，这主要是受到国际经济环境的影响。

（五）稳健发展阶段（2006—2012 年）

这一时期，江苏利用外商直接投资呈稳定增长态势，全省利用外商直接投资工作取得了显著的进展，外商直接投资的合同与实际金额均大幅度地增长，投资领域由一般加工项目向高新技术、高附加值项目扩展，投资来源地日益多元化，呈现出更优化的投资格局。这七年期间，全省共利用外商直接投资达 1 861.55 亿美元，2011 年和 2012 年利用外商直接投资金额分别为 321.32 亿美元和 357.6 亿美元。这一时期江苏引进外商直接投资占全国的比重呈现稳中有升的特征。这七年江苏占全国的比重分别为 28%、29%、27%、28%、27%、28%和 32%。

二、江苏外商直接投资规模

（一）江苏外商直接投资的总体规模

截至 2012 年年底，江苏外商投资企业注册户数为 50 461 个，占全国外商投资企业总数的 11.45%；投资总额为 6 250 亿美元，占全国外商投资企业投资总额的 19.17%；注册资本为 3 301 亿美元，占全国外商投资企业注册资本总额的 17.55%。从总体情况看，江苏外商投资企业注册户数仅次于广东和上海，在全国排名第三，但外商投资金额和注册资本均排名第一。具体情况如表 15—1 所示。[①]

表 15—1　　2012 年年底中国外商投资企业情况表

地区	企业数	企业数占比（%）	投资总额（亿美元）	投资总额占比（%）	注册资本（亿美元）	注册资本占比（%）
全国	440 609	100.00	32 610	100.00	18 814	100.00
地区合计	440 383	99.95	31 406	96.31	17 952	95.42
北京	26 535	6.02	1 494	4.58	907	4.82
天津	11 491	2.61	1 189	3.65	649	3.45
河北	7 426	1.69	490	1.50	257	1.37
山西	3 623	0.82	320	0.98	187	0.99
内蒙古	3 114	0.71	258	0.79	135	0.72
辽宁	17 960	4.08	1 856	5.69	1 171	6.23
吉林	4 298	0.98	239	0.73	130	0.69
黑龙江	5 039	1.14	222	0.68	128	0.68
上海	61 461	13.95	4 138	12.69	2 511	13.35
江苏	50 461	11.45	6 250	19.17	3 301	17.55
浙江	29 595	6.72	2 178	6.68	1 275	6.78
安徽	4 466	1.01	400	1.23	207	1.10
福建	23 381	5.31	1 457	4.47	804	4.28
江西	7 334	1.66	539	1.65	349	1.86
山东	25 885	5.87	1 581	4.85	897	4.77
河南	10 168	2.31	463	1.42	237	1.26
湖北	8 023	1.82	583	1.79	321	1.71

① 在本章中，如无特别标注，江苏省相关数据均来自历年《江苏统计年鉴》。

续前表

地区	企业数	企业数占比（%）	投资总额（亿美元）	投资总额占比（%）	注册资本（亿美元）	注册资本占比（%）
湖南	4 882	1.11	384	1.18	196	1.04
广东	98 564	22.37	4 786	14.68	2 833	15.06
广西	3 773	0.86	311	0.95	167	0.89
海南	3 105	0.70	271	0.83	143	0.76
重庆	4 461	1.01	537	1.65	312	1.66
四川	9 107	2.07	640	1.96	374	1.99
贵州	1 688	0.38	77	0.24	42	0.22
云南	3 956	0.90	226	0.69	134	0.71
西藏	208	0.05	11	0.03	7	0.04
陕西	5 983	1.36	311	0.95	177	0.94
甘肃	2 262	0.51	70	0.21	31	0.17
青海	347	0.08	28	0.09	14	0.07
宁夏	476	0.11	31	0.10	17	0.09
新疆	1 311	0.30	67	0.20	37	0.19
部门合计	226	0.05	1 204	3.69	862	4.58

（二）江苏外商直接投资的规模变动

2000—2012 年，合同外商直接投资项目数年均增长率为 3.84%，合同外商直接投资金额年均增长率为 15.06%，实际外商直接投资金额年均增长率为 15.38%。其中 2012 年江苏新批设立外商投资企业 4 156 家，与 2011 年相比，同比降低 7.56%；签订外商投资合同金额 571.41 亿美元，同比下降 4.05%；实际利用外资金额为 357.60 亿美元，同比增长 11.29%。见表 15—2。

表 15—2　　2000—2012 年江苏外商直接投资变化表

外商直接投资项目和金额	2000	2005	2010	2011	2012
合同外商直接投资项目数（个）	2 645.00	7 126.00	4 661.00	4 496.00	4 156.00
合同外商直接投资金额（亿美元）	106.11	464.39	568.33	595.54	571.41
实际外商直接投资金额（亿美元）	64.24	131.83	284.98	321.32	357.60

三、江苏外商直接投资结构

（一）江苏外商直接投资的产业结构

截至 2012 年年底，江苏外商直接投资进入第一产业的企业数为 833 个，投资金额为 76 亿美元，仅占投资总额的 1.22%，注册资本为 52.68 亿美元，仅占注册资本总额的 1.6%；江苏外商直接投资主要投入第二产业，设立企业数为 32 015 个，投资金额为 4 657.86亿美元，占投资总额的 74.53%，注册资本为 2 323.01 亿美元，占注册资本总额的 70.36%；江苏外商直接投资投入第三产业的投资金额为 1 516.15 亿美元，占投资总额的 24.26%，注册资本为 925.69 亿美元，占注册资本总额的 28.04%（见表 15—3）。

表 15—3　　2012 年年底江苏外商直接投资产业结构表

产业	企业数	企业数占比（%）	投资总额（亿美元）	投资总额占比（%）	注册资本（亿美元）	注册资本占比（%）
总计	50 461	100	6 250.01	100	3 301.38	100
第一产业	833	1.65	76.00	1.22	52.68	1.60
第二产业	32 015	63.45	4 657.86	74.53	2 323.01	70.36
第三产业	17 613	34.90	1 516.15	24.26	925.69	28.04

（二）江苏外商直接投资的行业分布

截至 2012 年年底，江苏外商投资企业注册数为 50 461 个，注册资本 3 301.38 亿美元，投资总额为 6 250.01 亿美元。外商投资企业中，以制造业为主，注册企业达 301 932 个，占注册外商投资企业总数的 61.30%；注册资本为 2 203.90 亿美元，占外商投资企业注册总资本的 66.76%；投资金额为 4 413.87 亿美元，占外商投资企业投资总额的 70.62%。其次是房地产业，注册企业 1 718 个，占注册外商投资企业总数的 3.40%；注册资本为 372.79 亿美元，占外商投资企业注册总资本的 11.29%；投资金额为 545.85 亿美元，占外商投资企业投资总额的 8.73%。两者投资总额合计占比达 79.36%。具体外商投资行业分布情况见表 15—4。

表 15—4　　2012 年年底江苏外商投资行业分布情况表

行业	企业数	企业数占比（%）	投资总额（亿美元）	投资总额占比（%）	注册资本（亿美元）	注册资本占比（%）
总计	50 461	100.00	6 250.01	100.00	3 301.38	100.00
农、林、牧、渔业	833	1.65	76	1.22	52.68	1.60
采矿业	23	0.05	14.22	0.23	6.69	0.20
制造业	30 932	61.30	4 413.87	70.62	2 203.9	66.76
电力、燃气及水的生产和供应业	475	0.94	140.57	2.25	55.41	1.68
建筑业	585	1.16	89.2	1.43	57.01	1.73
交通运输、仓储和邮政业	1 931	3.83	120.62	1.93	62.85	1.90
信息传输、计算机服务和软件业	2 496	4.95	72.02	1.15	38.89	1.18
批发和零售业	4 287	8.50	127.03	2.03	72.76	2.20
住宿和餐饮业	1 814	3.59	53.62	0.86	31.45	0.95
金融业	617	1.22	18.71	0.30	15.77	0.48
房地产业	1 718	3.40	545.85	8.73	372.79	11.29
租赁和商务服务业	1 936	3.84	143.86	2.30	107.28	3.25
科学研究、技术服务和地质勘查业	2 078	4.12	353.17	5.65	180.14	5.46
水利、环境和公共设施管理业	111	0.22	39.76	0.64	19.11	0.58
居民服务和其他服务业	422	0.84	20.54	0.33	11.9	0.36
教育	21	0.04	0.59	0.01	0.45	0.01
卫生、社会保障和社会福利业	19	0.04	9.11	0.15	4.68	0.14
文化、体育和娱乐业	152	0.30	11.26	0.18	7.61	0.23
其他	11	0.02	0.01	0.00	0.01	0.00

四、江苏外商直接投资来源地分布

（一）江苏外商直接投资的来源地分布情况

2012 年外商投资主要来源于亚洲、拉丁美洲、欧洲和北美洲等国家和地区，其中亚洲地区为最大的外商投资来源地。统计数据显示，2012 年，亚洲地区（中国香港、中国台湾、中国澳门、印度尼西亚、日本、马来西亚、菲律宾、新加坡、韩国、泰国）对华投资新设立企业 3 090 家，占当年新设立外商投资企业总数的 74.35%；签订投资合同金额 436.40 亿美元，占外商签订投资合同金额的 76.37%；实际投资 259.28 亿美元，占外商实际投资总额的 72.51%。

2012 年拉丁美洲对华投资新设立企业 99 家，占当年新设立外商投资企业总数的 2.38%；签订投资合同金额 26.07 亿美元，占外商签订投资合同金额的 4.56%；实际投资 24.19 亿美元，占外商实际投资总额的 6.77%；欧洲对华投资新设立企业 310 家，占当年新设立外商投资企业总数的 7.46%；签订投资合同金额 33.95 亿美元，占外商签订投资合同金额的 5.94%；实际投资 20.51 亿美元，占外商实际投资总额的 5.73%。具体情况见表 15—5。

表 15—5　2012 年江苏外商投资主要来源地

国家（地区）	项目数	项目数占比（%）	合同外资（亿美元）	合同外资占比（%）	实际投资（亿美元）	实际投资占比（%）
合计	4 156	100.00	571.41	100.00	357.6	100.00
亚洲	3 090	74.35	436.4	76.37	259.28	72.51
中国香港	1 664	40.04	282.92	49.51	179.64	50.24
中国澳门	14	0.34	2.11	0.37	1.37	0.38
中国台湾	650	15.64	59.56	10.42	16.17	4.52
印度尼西亚	10	0.24	0.85	0.15	0.26	0.07
日本	303	7.29	39.81	6.97	26.37	7.37
马来西亚	20	0.48	3.12	0.55	1.32	0.37
菲律宾	11	0.26	1.2	0.21	0.84	0.23
新加坡	136	3.27	20.8	3.64	20.71	5.79
韩国	195	4.69	18.88	3.30	9.95	2.78
泰国	7	0.17	0.13	0.02	0.38	0.11
非洲	66	1.59	3.42	0.60	4.81	1.35
欧洲	310	7.46	33.95	5.94	20.51	5.73
比利时	10	0.24	0.12	0.02	0.03	0.01
丹麦	14	0.34	0.46	0.08	0.23	0.06
英国	44	1.06	5.94	1.04	1.15	0.32
德国	79	1.90	10.56	1.85	7.11	1.99
法国	23	0.55	2.1	0.37	2.24	0.63
爱尔兰	1	0.02	0.27	0.05	0.14	0.04
意大利	35	0.84	2.6	0.46	0.86	0.24
卢森堡	6	0.14	1.1	0.19	0.81	0.23
荷兰	17	0.41	3.94	0.69	3.33	0.93

续前表

国家（地区）	项目数	项目数占比（%）	合同外资（亿美元）	合同外资占比（%）	实际投资（亿美元）	实际投资占比（%）
希腊	0	0.00	0	0.00	0	0.00
葡萄牙	1	0.02	0.02	0.00	0	0.00
西班牙	16	0.38	0.9	0.16	1.22	0.34
芬兰	9	0.22	1.21	0.21	0.71	0.20
瑞士	15	0.36	2.05	0.36	0.95	0.27
拉丁美洲	99	2.38	26.07	4.56	24.19	6.77
北美洲	436	10.49	29.42	5.15	14.95	4.18
加拿大	96	2.31	7.09	1.24	3.45	0.97
美国	335	8.06	20.82	3.64	8.58	2.40
大洋洲	176	4.23	17.5	3.06	9.16	2.56
澳大利亚	58	1.40	4.38	0.77	1.6	0.45

注：本表中所涉及的几大洲加起来的数据都大于总额。之所以出现合计数小于几大洲加总之和，原因在于统计中有些项目是由两个或以上的国家合作投资，而这些国家又不处于同一个地区。

资料来源：历年《江苏统计年鉴》。

（二）江苏外商直接投资的来源地变化情况

2005—2012年对江苏实际投资增幅较大的国家或地区分别为：中国香港、加拿大、中国澳门、新加坡、中国台湾、荷兰、菲律宾、澳大利亚，其年均增长率分别为：29.42%、22.05%、20.35%、16.64%、15.00%、13.60%、10.44%、10.41%。

2005—2012年对江苏实际投资呈现负增长的国家和地区分别为：马来西亚、英国和拉丁美洲，其年均增长率分别为：－2.35%、－2.35%和－0.93%。具体情况见表15—6。

表15—6　　2005—2012年江苏外商投资主要来源地比较

国家（地区）	2005年实际投资（亿美元）	2010年实际投资（亿美元）	2011年实际投资（亿美元）	2012年实际投资（亿美元）	年均增长率（%）
合计	131.83	284.98	321.32	357.60	15.32
亚洲	71.56	194.53	235.59	259.28	20.19
中国香港	29.54	140.06	167.03	179.64	29.42
中国澳门	0.37	0.47	1.34	1.37	20.35
中国台湾	6.08	15.21	11.16	16.17	15.00
印度尼西亚	0.23	0.50	0.18	0.26	1.73
日本	17.01	10.29	24.36	26.37	6.46
马来西亚	1.56	1.12	0.86	1.32	－2.35
菲律宾	0.42	0.50	0.21	0.84	10.44
新加坡	7.05	12.87	20.32	20.71	16.64
韩国	8.05	10.34	8.18	9.95	3.08
泰国	0.22	0.20	0.39	0.38	8.04
非洲	3.01	4.72	4.48	4.81	6.93
欧洲	11.98	17.25	15.78	20.51	7.98
丹麦	0.16	0.28	0.16	0.23	5.50
英国	1.36	3.08	1.76	1.15	－2.35
德国	3.65	2.68	3.39	7.11	10.00

续前表

国家（地区）	2005 年实际投资（亿美元）	2010 年实际投资（亿美元）	2011 年实际投资（亿美元）	2012 年实际投资（亿美元）	年均增长率（%）
法国	1.70	2.54	2.28	2.24	4.06
意大利	0.59	1.62	0.93	0.86	5.64
卢森堡	0.45	0.15	0.24	0.81	8.80
荷兰	1.36	2.55	2.83	3.33	13.60
西班牙	0.71	0.93	0.71	1.22	7.96
瑞士	0.67	0.85	0.97	0.95	5.06
拉丁美洲	25.83	30.40	30.06	24.19	−0.93
北美洲	8.37	14.25	11.54	14.95	8.64
加拿大	0.86	3.63	1.94	3.45	22.05
美国	7.09	9.23	8.67	8.58	2.76
大洋洲	6.69	7.74	9.00	9.16	4.58
澳大利亚	0.80	1.32	1.30	1.60	10.41

第 16 章 江苏外商直接投资发展环境

资本形成对发展中国家的经济发展起着非常重要的作用。引进外国资本是资本形成的方法之一，而吸收外商直接投资则是中国引进外国资本的一种主要形式。随着改革开放的发展，中国吸收外商直接投资的规模不断扩大。1983 年，中国实际使用外商直接投资额仅 6.36 亿美元，1990 年为 34.87 亿美元，2002 年达 527.43 亿美元，比 1983 年增长约 82 倍，实际使用外资金额首次跃居全球第一位。2010 年达 1 057.35 亿美元，突破了千亿美元大关，2012 年达 1 117.16 亿美元。外商直接投资在较短时间内大量涌入，不仅带来了较强的生产能力，而且带来了较多的国际市场份额。这些市场份额，一部分原来就存在，转移过来的只是生产能力。另一部分是随着外商投资企业的发展，国际资本依托其强大的市场开拓能力，进一步在世界市场上获取的。所有这些市场份额如果单纯依靠国内因素，很难在短时期内取得。外商直接投资的迅速增长，极大地促进了中国经济的发展。全国已设立的外商投资企业总体运行良好，其工业增加值、出口额、税收等主要经济指标的增长速度均高于全国平均水平，在国民经济总量，特别是在国民经济增量中所占比重继续提高，对国民经济持续、快速、健康发展的促进作用明显增强。

本章从有利因素和不利因素两个层面来概述江苏外商直接投资的国内环境和国际环境。

一、江苏外商直接投资发展的国内环境

（一）江苏外商直接投资发展的有利环境

从国内看，外商直接投资环境总体上是有利的，具体体现在以下几个方面：

1. 国内市场的巨大潜力不断释放

我国仍将处于工业化和城镇化的快速推进时期和居民消费结构的快速升级时期，无论在推动传统产业转型升级方面，还是在加快发展新兴产业方面，无论在提升服务业现代化水平方面，还是在构建战略性支柱产业方面，都有巨大的投资机遇。我国中西部地区将会形成若干新的中心城市，中等收入者的比重将大幅度提升，而且在国家扩大内需的政策支持下，一些新的市场领域有待开发，巨大的需求潜力将为外商直接投资提供持续的动力。未来 10 年，我国将努力在科技、信息、服务和管理等领域提升自己的产业结构，成为吸引外资扩张业务的重要因素。

2. 外商直接投资环境的综合优势仍然比较明显

在后金融危机时代，我国投资环境的综合优势仍然比较明显。这主要体现在以下五个方面：一是我国拥有完整的现代化工业体系和稳定增长的宏观经济。二是我国制造业与其他发展中国家相比在生产成本、配套体系、市场规模、技术投入等方面仍具有较大优势。三是我国市场广阔，虽然整体经济发展水平不高，人均消费水平低，但市场层次多、消费人口基数大并且原来的市场开发水平远远不够，所以国内市场的开拓余地将极大地吸引当地市场取向的外商直接投资。四是改革开放 30 多年奠定了我国开放型经济的良好基础，形成了产业集聚优势。五是我国经济增长比较稳定，政策法律环境较完善。当前支撑我国经济增长的制度机制已发生深刻变化，即正在走向完善的市场经济，市场准入门槛进一步降低，政府管制进一步放松，投融资环境进一步改善，法律环境进一步健全。

（二）江苏外商直接投资发展的挑战

当然，当前我国经济面临增长潜力下降和物价上涨压力大的双重挑战，增长的幅度会放缓，吸引外商直接投资也面临着很多不利因素：

1. 国内经济发展的支撑条件发生变化

低廉且供给充足的劳动力、土地、自然资源等生产要素与广阔的市场等多重比较优势是我国制造业保持国际竞争优势的主要因素。我国经济经过 30 多年的高速发展，这一重要的比较优势正逐步发生变化。

2. 出口导向型发展模式面临调整

出口导向型发展战略是在我国改革开放初期的经济社会条件下形成的。我国在工业化初期推行出口导向型贸易战略是非常必要的，也取得了成效。当前，我国制造业面临的国际竞争日趋激烈，从出口导向模式中分享的全球化红利在减少。以欧美市场为代表的外部需求萎缩将成为中长期趋势，即使外部市场恢复，作为 13 亿人口的大国，也不能把经济增长长期建立在外需拉动的基础之上。

二、江苏外商直接投资发展的国际环境

（一）江苏外商直接投资发展的有利环境

1. 全球经济继续低速增长，发达国家对外投资能力有望增强

当前世界经济已由危机前的快速增长期进入调整转型期，全球经济将在未来一段时期内维持低速增长态势。受此影响，全球外商直接投资也将处于一种温和增长态势。当前，全球经济增长的内生动力依然不足，但欧债危机总体趋缓，美国财政问题取得初步进展，房地产和汽车两大支柱产业继续复苏，日本也出台了大规模刺激经济复苏计划，对外投资能力也将有所增强。经过几年的调整转型，包括全球经济失衡等影响世界经济稳定增长的深层次矛盾已得到缓解，世界经济增速虽然低于危机前，但正在趋于温和复苏；与此相应，我国利用外资也不会再出现 2009—2011 年的剧烈波动，整体规模维持稳定的可能性比较大。

2. 我国对外资吸引力依然较强

我国市场潜力巨大、产业配套齐全、基础设施完善、人力资源整体素质较高，这些吸

引外资的整体优势近期不会改变。同时伴随着世界经济的进一步复苏，我国经济企稳回升势头将进一步稳固，经济增长有望加快，这将增加外商来华投资的信心。特别是我国将进一步深化各项制度改革，包括收入分配、财政金融、行政管理等重要领域的改革都有望取得新进展，这无疑有助于优化投资环境，增强对外资的吸引力。2013 年 2 月实现了连续 8 个月负增长之后首次恢复正增长，在一定程度上说明了我国作为外资首选地的地位依然稳固。

（二）江苏外商直接投资发展的不利因素

1. 2013 年世界经济形势总体上进入“后危机时期”的复苏阶段，国际经济形势不容乐观

根据国际货币基金组织的划分，美国等国家处于“中速”复苏期，金融市场的效率得到逐步恢复，在新能源和新技术革命的推动下，经济逐步进入上升周期，但经济形势不够稳定，经济增速也尚未进入潜在增长率的区间；欧盟、日本等国家仍处于危机风险的消化期，债务危机继续蔓延的风险得到控制，但危机的消化仍有赖政策和经济的双重支撑逐步完成，经济增长的新支撑力量尚未形成，巨额的银行风险资产和政府债务仍未有效化解，内生动力不足，经济处于“低速”复苏期。

2. 发达国家继续推进再工业化，国际上吸引外资的竞争加剧

国际金融危机爆发后，为提振经济增长、增加就业和增强国家竞争力，发达经济国家纷纷实施再工业化战略，采取多种措施吸引海外资本回流。受比较优势等因素影响，这种再工业化进程仍需持续较长时间，且面临很大不确定性，虽然还不至于导致我国利用外资规模急剧减少，但目前确已出现发达国家企业从我国撤回或部分撤回现象，比如福特、阿迪达斯等。发达国家在重振制造业过程中十分重视在本土发展绿色新兴产业，以抢占未来科技进步的制高点，我国在高端制造、高端服务、新兴产业上引资的压力将加大。与此同时，越南、印度等发展中国家也在加快推进工业化进程和产业结构升级，利用自身成本更低的优势大力吸引来自发达经济体的投资，国际市场上对外资的争夺日趋激烈。因此，2013 年乃至更长时期，我国利用外资将面临与发达国家、发展中国家同时竞争的“两线”作战态势，利用外资规模也会不可避免地受到影响。

3. 我国对外资吸引力的成本优势逐渐趋于弱化

我国只用了 30 年时间就走完了西方发达国家上百年的工业化进程，当前生产要素尤其是劳动、土地和资源的价格呈刚性上涨趋势，低成本优势正逐渐消失，一些劳动密集型外资企业已开始由东部地区向中西部地区和海外转移。

4. 地缘政治风险增加，东亚生产网络运转可能受到不利影响

国际金融危机爆发后，国家冲突呈多发、高发态势，近年这一趋势也难以根本逆转。美国重返亚太并高调推动建立“跨太平洋伙伴关系协议（TPP)”，在南海问题、东海问题等一系列国际关系中挑起事端，参与东北亚自贸区，加强与中国周边国家的经济往来，中美在贸易领域的摩擦呈现出日益深化之势。中日钓鱼岛争端等问题的持续发酵，也使得东亚地区稳定的不确定性依然较强，因而东亚生产网络的正常运转可能受到不利影响，区域内各经济体间的跨国投资也可能趋缓。

第 17 章 江苏与浙江、广东、山东外商直接投资的比较分析

中国四大经济强省分别为江苏、浙江、广东和山东，本章对江苏、浙江、广东和山东四省外商直接投资规模、来源地、行业分布和绩效指数进行比较研究。

一、外商直接投资规模比较

广东利用外商直接投资的基础较好，基数较大。2001 年广东利用外商直接投资为 129.72 亿美元，浙江和山东基础较差，利用外商直接投资仅分别为 22.12 亿美元和 36.21 亿美元。广东是浙江和山东的 5.86 倍和 3.58 倍。2001 年江苏利用外商直接投资为 71.22 亿美元，基数不大。但是浙江和江苏两省的发展速度很快，2001—2012 年年均增长率分别为 17.53%和 15.80%，远远高于全国利用外商直接投资的年均增长率 8.21%。2003 年，江苏利用外商直接投资为 158.02 亿美元，首次超过广东成为我国利用外商直接投资的第一大省。2012 年，江苏、广东、浙江、山东利用外商直接投资金额分别为 357.6 亿美元、235.49 亿美元、130.69 亿美元和 123.53 亿美元，占全国外商直接投资流入总量的比例分别为 32.01%、21.08%、11.70%和 11.06%。由图 17—1 和图 17—2 可以看出，2001—2012 年，广东的年均增长率远远低于江苏，但由于广东发展初期外商直接投资绝对量大，所以到 2002 年每年引进的外商直接投资数量仍居于首位，直到 2003 年被江苏赶超。江苏 2001—2012 年年均增长率为 15.80%，略低于浙江的年均增长率 17.53%，但远高于其他省份。具体情况见表 17—1。①

① 本章数据如未特别标注，均来自历年《江苏统计年鉴》、《浙江统计年鉴》、《广东统计年鉴》、《山东统计年鉴》。

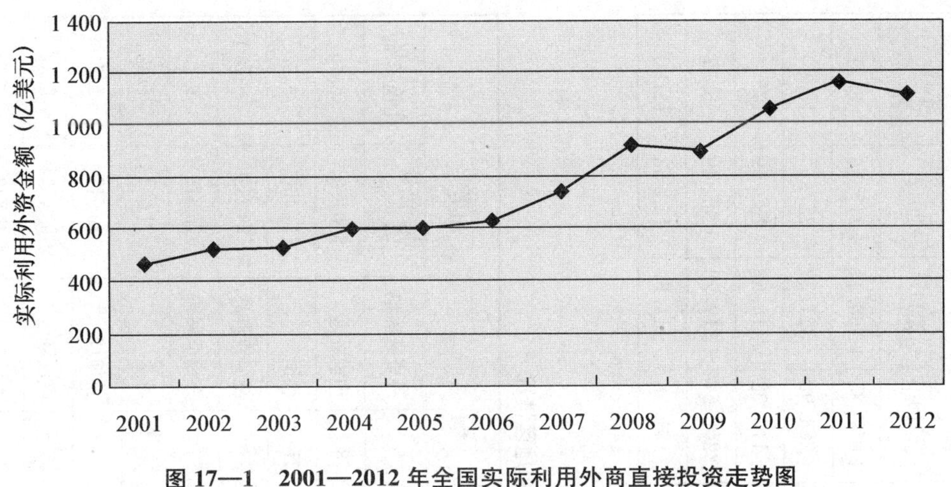

图 17—1　2001—2012 年全国实际利用外商直接投资走势图

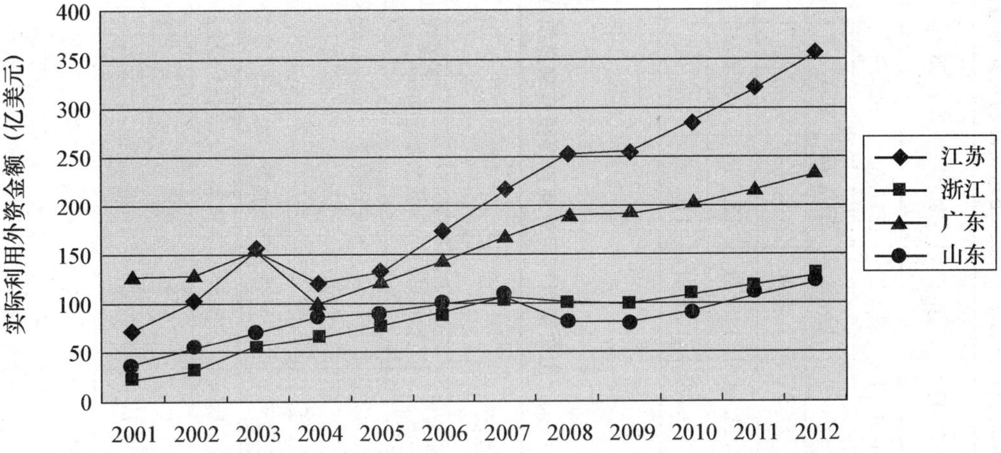

图 17—2　2001—2012 年江苏、浙江、广东、山东实际利用外商直接投资走势图

二、外商直接投资来源地比较

从表 17—2 可以看出：对江苏、浙江、广东和山东投资前八名的国家或地区的投资总额占它们全部利用外商直接投资的 76.06%、81.10%、88.12%和 91.86%。这四个省外资来源地都非常集中，而且这四个省的来源地具有很大的相似性，排在首位的都是中国香港，占它们全部利用外商直接投资的 50.24%、61.34%、62.78%和 49.45%，中国香港在浙江和广东的投资比重更大，而在江苏和山东的比重略低些。相对于广东省和山东省，江苏利用外资的来源地较为均衡和合理，但也存在着过于依赖亚洲外商直接投资的问题。具体情况详见表 17—2、图 17—3、图 17—4、图 17—5、图 17—6。

表 17—1　　**2001—2012 年江苏、浙江、广东、山东实际利用外商直接投资情况**　　单位：亿美元

地区	2001	2002	2003	2004	2005	2006	2007	2008	2009	2010	2011	2012	年均增长率（%）
全国	468.78	527.43	535.05	606.3	603.21	630.21	747.68	923.95	900.33	1 057.35	1 160.11	1 117.16	8.21
江苏	71.22	103.66	158.02	121.38	131.83	174.3	218.92	251.2	253.23	284.98	321.32	357.6	15.80
浙江	22.12	31.6	54.5	66.81	77.23	88.89	103.66	100.73	99.4	110.02	116.66	130.69	17.53
广东	129.72	131.11	155.78	100.12	123.64	145.11	171.26	191.67	195.35	202.61	217.98	235.49	5.57
山东	36.21	55.86	70.94	87.01	89.71	100.01	110.12	82.02	80.1	91.68	111.6	123.53	11.80

表 17—2　　**2012 年江苏、浙江、广东、山东实际利用外商直接投资来源前八位国家和地区情况**

江苏			浙江			广东			山东		
外资来源地	外资流量（亿美元）	比重（%）	外资来源地	外资流量（亿美元）	比重（%）	外资来源地	外资流量（亿美元）	比重（%）	外资来源地	外资流量（亿美元）	比重（%）
中国香港	1 796 399	50.24	中国香港	801 667	61.34	中国香港	1 478 493	62.78	中国香港	610 864	49.45
日本	263 670	7.37	维尔京群岛	88 532	6.77	维尔京群岛	216 916	9.21	韩国	111 452	9.02
新加坡	207 120	5.79	新加坡	55 656	4.26	新加坡	117 213	4.98	维尔京群岛	83 232	6.74
中国台湾	161 733	4.52	日本	45 971	3.52	日本	111 224	4.72	东南亚联盟	75 346	6.10
韩国	99 482	2.78	美国	40 429	3.09	美国	46 850	1.99	日本	71 954	5.82
美国	85 784	2.40	中国台湾	11 181	0.86	萨摩亚	36 652	1.56	新加坡	70 947	5.74
德国	71 079	1.99	韩国	8 913	0.68	韩国	36 032	1.53	欧洲联盟	65 480	5.30
加拿大	34 510	0.97	意大利	7 557	0.58	荷兰	31 696	1.35	美国	45 622	3.69

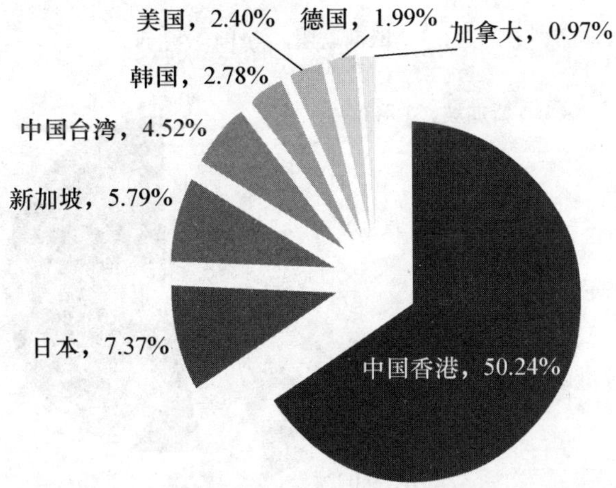

图 17—3　2012 年江苏实际利用外商直接投资来源前八位国家和地区图

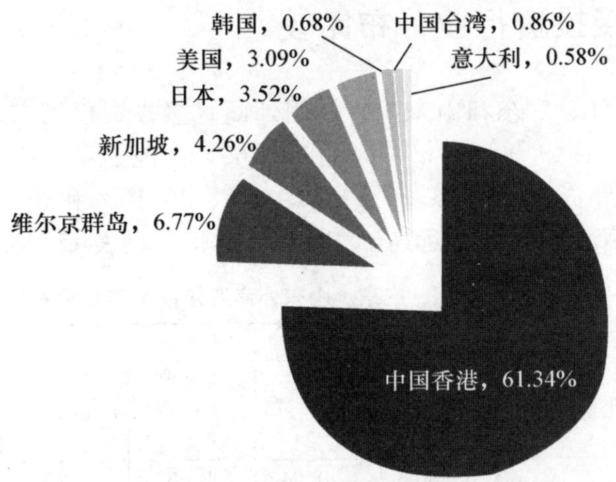

图 17—4　2012 年浙江实际利用外商直接投资来源前八位国家和地区图

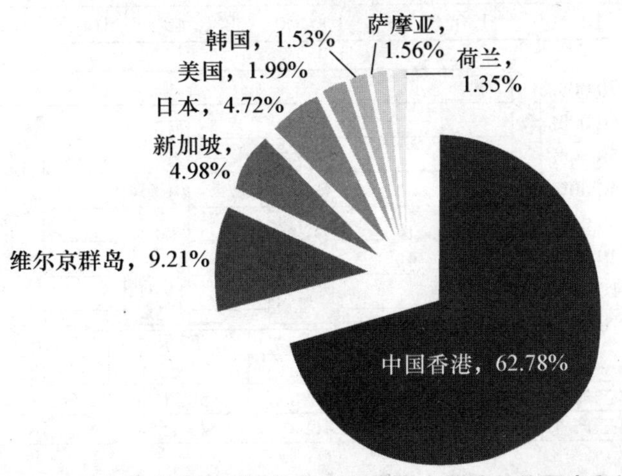

图 17—5　2012 年广东实际利用外商直接投资来源前八位国家和地区图

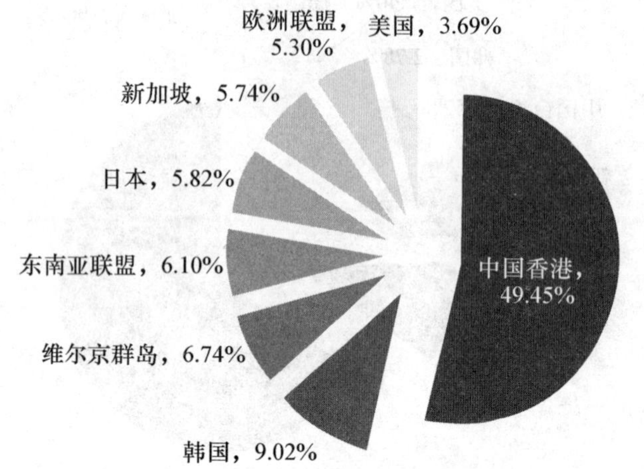

图 17—6 2012 年山东实际利用外商直接投资来源前八位国家和地区图

三、外商直接投资行业分布比较

2012 年江苏、浙江、广东和山东四省利用外商直接投资以第二产业为主，占实际利用外资总额的 64.60％、49.90％、59.20％和 60.69％。但是第三产业利用外资也占有一席之地，占实际利用外资总额的 31.25％、49.46％、40.15％和 36.18％，浙江接近一半的外商直接投资用于第三产业，远远高于江苏。具体情况见表 17—3 和图 17—7。

表 17—3　　2012 年江苏、浙江、广东、山东外商直接投资产业分布比较

产业	江苏		浙江		广东		山东	
	实际利用外资（亿美元）	比重（%）	实际利用外资（亿美元）	比重（%）	实际利用外资（亿美元）	比重（%）	实际利用外资（亿美元）	比重（%）
第一产业	14.84	4.15	0.830 3	0.64	1.53	0.65	3.87	3.13
第二产业	230.99	64.60	65.221 2	49.90	139.41	59.20	74.97	60.69
第三产业	111.77	31.25	64.641 1	49.46	94.56	40.15	44.69	36.18
总计	357.60	100.00	130.692 6	100.00	235.49	100.00	123.53	100.00

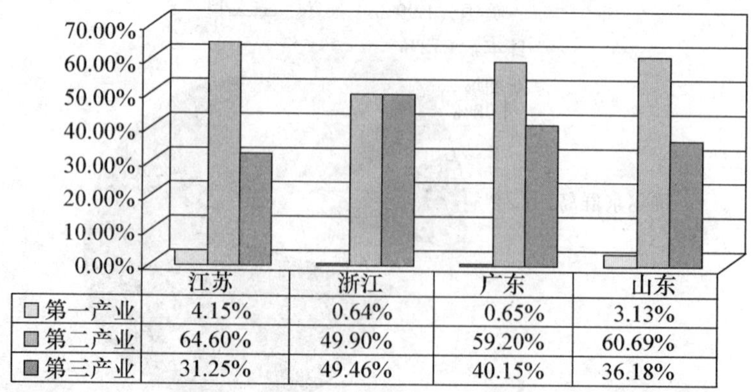

图 17—7 2012 年江苏、浙江、广东、山东实际利用外资产业结构比较

四、外商直接投资绩效指数比较

在一国范围内，地区利用外商直接投资的绩效指数是指一定时期内该地区外商直接投资流入量占全国外商直接投资流入量的比例除以该地区国内生产总值占全国国内生产总值的比例。表 17—4 为四省实际利用外资情况，表 17—5 为四省国内生产总值情况，外资金额和国内生产总值采用的单位不同，前者使用的金额单位为亿美元，后者使用的金额单位为亿元，运算外商直接投资绩效指数时，我们把外商直接投资金额按照 2012 年 100 美元兑换 631.25 元人民币进行换算，计算结果见表 17—6。如果绩效指数等于 1，表明该地区占全国外商直接投资流入的份额与占全国国内生产总值的份额相等。如果指数大于 1，表明该地区引进的外商直接投资相对于该地区的国内生产总值规模要大。如果指数小于 1，则表明该地区引进外商直接投资的竞争力较弱。由表 17—6 和图 17—8 可以看出，江苏的绩效指数最大，近五年均超过 2.5，并且有上升趋势；浙江和广东的绩效指数在 1.5 至 2.0 之间，呈现出波动上升趋势；山东的绩效指数最低，但呈现出上升趋势，说明山东的引进外商直接投资规模有进一步提升的潜力。

表 17—4　　2008—2012 年江苏、浙江、广东、山东实际利用外商直接投资情况　　单位：亿美元

地区	2008	2009	2010	2011	2012
全国	923.95	900.33	1 057.35	1 160.11	1 117.16
江苏	251.20	253.23	284.98	321.32	357.60
浙江	100.73	99.40	110.02	116.66	130.69
广东	191.67	195.35	202.61	217.98	235.49
山东	82.02	80.10	91.68	111.60	123.53

表 17—5　　2008—2012 年江苏、浙江、广东、山东国内生产总值　　单位：亿元

地区	2008	2009	2010	2011	2012
全国	314 045.40	340 902.80	401 512.80	473 104.00	518 942.10
江苏	30 981.98	34 457.30	41 425.48	49 110.27	54 058.22
浙江	21 462.69	22 990.35	27 722.31	32 318.85	34 665.33
广东	36 796.71	39 482.56	46 013.06	53 210.28	57 067.92
山东	30 933.28	33 896.65	39 169.92	45 361.85	50 013.24

表 17—6　　2008—2012 年江苏、浙江、广东、山东利用外商直接投资绩效指数比较

地区	2008	2009	2010	2011	2012
江苏	2.76	2.78	2.61	2.67	3.07
浙江	1.60	1.64	1.51	1.47	1.75
广东	1.77	1.87	1.67	1.67	1.92
山东	0.90	0.89	0.89	1.00	1.15

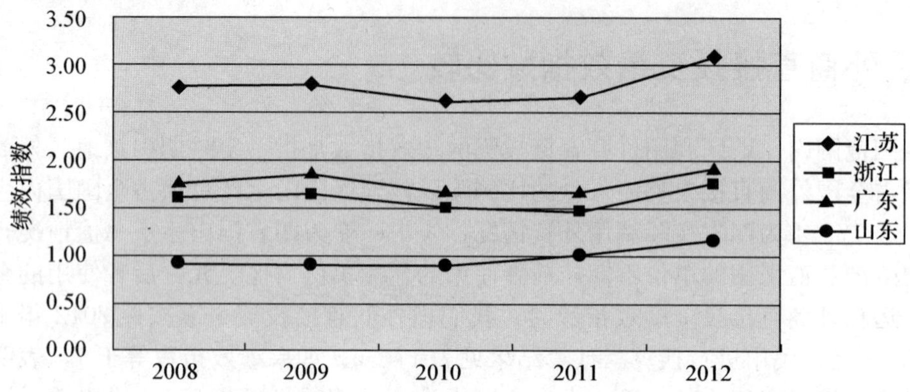

图 17—8 2008—2012 年江苏、浙江、广东、山东利用外商直接投资绩效指数走势

第18章 江苏外商直接投资的省内区域比较

一、苏南、苏中、苏北区域的划分

（一）地理意义上的苏南、苏北、苏中划分

长江以南是苏南，淮河以北是苏北，长江和淮河之间属于苏中。从语言上苏南属于吴语区，苏北、徐州、宿迁地区是北方话区，苏中和连云港地区属于江淮话区。从文化上讲，苏南属于吴越文化区，苏北、徐州、宿迁地区属于北方文化和楚文化的交融区，苏中和连云港地区属于楚文化和吴越文化的交融区。

苏南、苏北这两个区域名称来源于新中国成立之后建立的苏南行政公署和苏北行政公署。但具体包括的城市与现在的苏南、苏北包含的城市有一定的差别，比如，徐州、连云港。苏南、苏北两个行政公署是我国历史上唯一以"苏南"、"苏北"命名的权威行政区划单位，也是现代人"苏南"和"苏北"概念的源头和基本认知点。从这个角度放到现在来看，苏南的范围应该为苏州、无锡、常州和镇江四市以及它们所辖的县和代管的县级市，苏北的范围应该为扬州、泰州、南通、盐城、淮安、宿迁、徐州、连云港八市以及它们所辖的县和代管的县级市，南京是个例外，不属于任何一家。

（二）经济意义上以及现今江苏政府的苏南、苏北、苏中划分

江苏人民政府把江苏从理论上划分成三块：苏南为江南五市（南京、苏州、无锡、常州、镇江）；苏中为江北沿江三市（扬州、泰州、南通）；苏北为江北其余五市（徐州、连云港、盐城、淮安、宿迁），依据基本上是经济发展水平。其中南京和镇江在"九五"期间还属于苏中，由于经济发展情况较好，"十五"期间被划归苏南。关于苏南、苏中、苏北区域的划分有不同的观点，每种划分方法都有其依据。本书是基于经济层面分析经济发展差异动力因素的，所以选取此划分方法。

二、苏南、苏中、苏北区域经济关系及经济差异

（一）苏南、苏中、苏北区域经济关系

苏南、苏中、苏北是江苏梯度差异明显的三个经济区域，苏南是江苏经济的重要支

柱，也是辐射和拉动苏中、苏北的重要源头。苏南地区位于“长三角经济区”中心区域。与核心城市上海接壤；苏中地区位于次中心区域，沿长江下游北岸排列，与苏南和上海隔江相望；苏北地区位于其边缘和辐射区域，距上海相对较远，受经济中心的吸引和辐射作用较弱。在实施区域协调发展战略过程中，江苏大力推进产业、财政、科技、劳动力“四项转移”和南北共建开发园区等多项举措，逐步形成了苏南提升、苏中崛起、苏北振兴的区域共同发展新格局。近年来，苏北加快了承接苏南产业转移的速度，这既为苏南产业升级腾出了空间，也促进苏北提高工业化水平。稳住苏南，为苏中、苏北承接先进技术、产业辐射，拉动经济增长创造了优良条件，此举更对稳定全国经济发展大局和促进东中西部协调发展具有积极的启示作用。

（二）苏南、苏中、苏北区域经济差异

苏南经济的内生动力和外部推力较强，投资、消费和净出口三大需求对经济增长的支撑强度均高于苏中和苏北。苏南经济发展历史上高于苏中、苏北，经济实力很强，城市经济基础相对较好，尤其是工业基础优于苏中、苏北，而苏北一直以农、渔业为主导产业，工业基础相对较弱。从江苏资源开发和利用来看，苏南制造业较发达，接近工业化高级阶段的初期，属于加工型地区；苏北资源较丰富，属资源型地区，处于从初级产品生产向工业化初期的过渡阶段；苏中介乎两者之间，处在工业化初期向工业化中期的迈进阶段，尚未实现从轻工业向重化工业的转换。

三、苏南、苏中、苏北引进外商直接投资的比较

表 18—1 和表 18—2 的统计数据显示：近五年来江苏外商实际投资总额持续上升，由 2008 年的 251.2 亿美元增加到 2012 年的 357.6 亿美元，年均增长率为 9.23%。① 但苏南、苏中和苏北这三个区域在利用外商直接投资方面发展并不均衡。这主要体现在以下几个方面：

表 18—1　　2008—2012 年苏南、苏中和苏北利用外商直接投资情况比较　　单位：亿美元

	2008	2009	2010	2011	2012	总计	年均增长率（%）
总计	251.20	253.23	284.98	321.32	357.60	1 468.33	9.23
苏南	168.02	174.14	185.69	209.47	228.80	966.12	8.02
苏中	54.01	44.69	52.79	56.12	57.62	265.23	1.63
苏北	29.17	34.40	46.50	55.73	71.18	236.98	24.98

① 本章数据如未特别标注，均来源于历年《南京统计年鉴》、《苏州统计年鉴》、《无锡统计年鉴》、《常州统计年鉴》、《镇江统计年鉴》、《扬州统计年鉴》、《泰州统计年鉴》、《南通统计年鉴》、《徐州统计年鉴》、《连云港统计年鉴》、《盐城统计年鉴》、《淮安统计年鉴》、《宿迁统计年鉴》。

表 18—2　　2008—2012 年苏南、苏中和苏北利用外商直接投资占总额比重比较（%）

	2008	2009	2010	2011	2012	2008—2012
总计	100	100	100	100	100	100.00
苏南	66.89	68.77	65.16	65.19	63.98	65.80
苏中	21.50	17.65	18.52	17.47	16.11	18.06
苏北	11.61	13.58	16.32	17.34	19.90	16.14

（1）苏南地区为江苏外商投资重点区域，2008—2012 年外商实际投资金额为 966.12 亿美元，占全省外商实际投资总额的比重平均为 65.80%。从图 18—1 可以看出，苏南这五年一直是江苏引进外商直接投资的主要区域。苏南地区 2008 年利用外商直接投资为 168.02 亿美元，到 2012 年上升到 228.8 亿美元，年均增长率为 8.02%。

（2）苏中地区 2008—2012 年外商实际投资金额为 265.23 亿美元，占全省外商投资总额的比重平均为 18.06%。苏中地区利用外商投资额增幅很小。2008—2009 年出现了大幅度下降，由 2008 年的 54.01 亿美元降为 2009 年的 44.69 亿美元，降幅为 17.26%。2010—2012 年虽然出现上涨趋势，但涨幅很小，由 2010 年的 52.79 亿美元上涨到 57.62 亿美元。2008—2012 年五年间年均增长率仅为 1.63%，远远低于全省年均增长率，因而苏中在全省所占的比例连年下降，由 2008 年的 21.50%下降到 2012 年的 16.11%。

（3）苏北地区 2008—2012 年外商实际投资金额为 236.98 亿美元，占全省外商投资总额的比重平均为 16.14%。2008 年以来，苏北地区外商实际投资金额和在全省的比重上升较大，其中 2012 年，外商实际投资金额为 71.18 亿美元，比苏中地区高 13.56 亿美元，首次超越苏中地区。从图 18—2 可以看出，苏北这五年一直保持稳定增长态势，由 2008 年的 29.17 亿美元上升到 2012 年的 71.18 亿美元，年均增长率为 24.98%，位居第一。

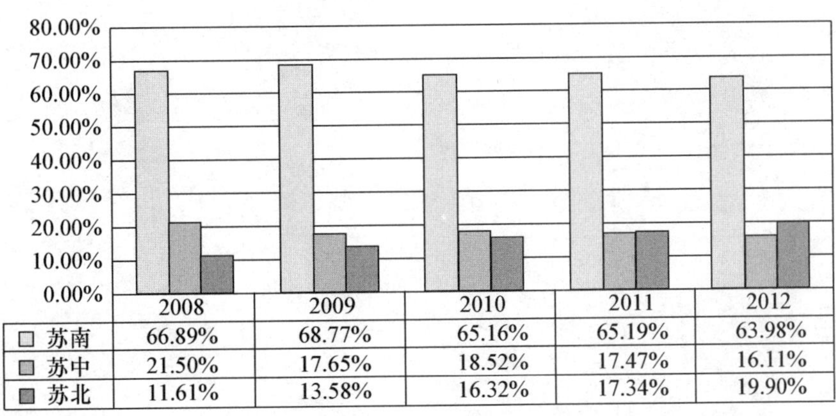

图 18—1　2008—2012 年苏南、苏中和苏北利用外商直接投资占总额比重情况

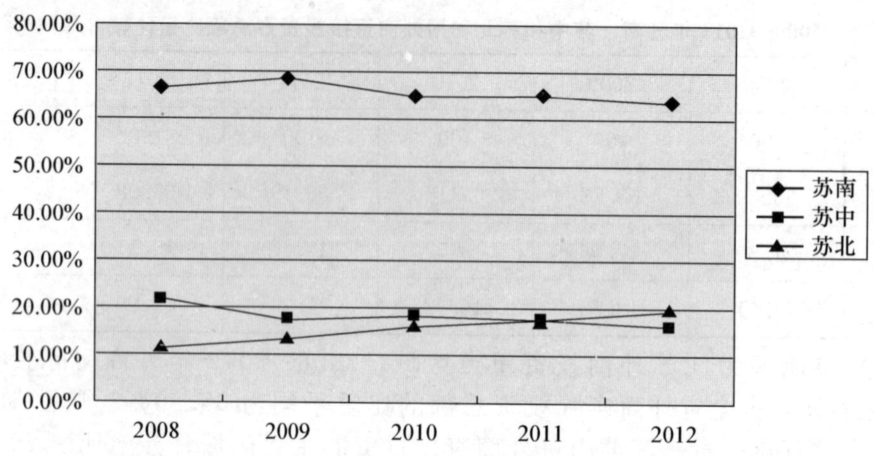

图 18—2　2008—2012 年苏南、苏中和苏北利用外商直接投资占总额比重走势图

第19章 江苏典型地级市外商直接投资的比较分析

苏南地区为江苏外商直接投资重点区域，2008—2012 年外商实际投资金额为 966.12 亿美元，占全省外商实际投资总额的比重平均为 65.80%，年均增长率为 8.02%。在苏南地区中，苏州、无锡、南京引进外商直接投资最多。南京是江苏省省会。苏州是中国服务外包示范城市，2009 年实际利用外资 82.2 亿美元，仅次于上海，其中服务业利用外资 16.9 亿美元，占实际利用外资的比重达到 21%。无锡是东部经济重镇和制造业基地，无锡接包合同总额、接包执行总额、离岸接包合同总额以及离岸执行总额等四项指标，在全国 20 个示范城市中处于领先地位。

本章对苏州、南京、无锡三市外商直接投资的规模、来源地、行业分布以及绩效指数进行比较研究。

一、外商直接投资规模比较

表 19—1 和表 19—2 的统计数据显示，2006—2012 年这七年间，苏州、南京、无锡引进外商直接投资不断增加，但苏州、南京和无锡三个城市在利用外商直接投资方面发展并不均衡。[①] 这主要体现在以下几个方面：

(1) 苏州为苏南外商投资重点区域，2006—2012 年外商实际投资金额 562.39 亿美元，占全省外商实际投资总额的比重平均为 30.21%。从图 19—1 可以看出，苏州这七年一直是江苏引进外商直接投资的主要区域。苏州 2008 年利用外商直接投资为 61.05 亿美元，到 2012 年上升到 91.65 亿美元，年均增长率为 7.01%，增长幅度较慢。

(2) 南京 2006—2012 年外商实际投资金额 190.37 亿美元，占全省外商投资总额的比重平均为 10.23%。南京利用外商直接投资基础较差，2006 年利用外商直接投资金额仅为 17.02 亿美元，但南京的发展速度很快，年均增长率达到 15.92%，远远高于苏州和无锡。到 2011 年，南京引进外商直接投资 35.64 亿美元，超过无锡。但由于南京起步较晚，这七年间引进外商实际投资金额占全省外商投资总额的平均比重仍低于无锡。

(3) 无锡 2006—2012 年外商实际投资金额 227.09 亿美元，占全省外商投资总额的比重平均为 12.20%。2006 年，无锡外商实际投资金额在全省的比重较大，为 15.79%。

---

① 本章数据如无特别标注，均来源于历年《南京统计年鉴》、《苏州统计年鉴》、《无锡统计年鉴》。

由于无锡这七年期间年均增长率仅为 6.48%，发展速度较慢，远低于南京和江苏的平均水平，到 2012 年实际投资金额占全省实际投资总额的比重下降到 11.21%（见表 19—1 和表 19—2）。

表 19—1　　2006—2012 年苏州、南京、无锡实际利用外商直接投资情况　　单位：亿美元

	2006	2007	2008	2009	2010	2011	2012	年均增长率（%）
江苏	174.30	218.92	251.20	253.23	284.98	321.32	357.60	12.72
苏州	61.05	71.65	81.30	82.27	85.35	89.12	91.65	7.01
南京	17.02	20.61	23.72	23.92	28.16	35.64	41.30	15.92
无锡	27.52	27.72	31.67	32.03	33.00	35.05	40.10	6.48

表 19—2　　2006—2012 年苏州、南京、无锡实际利用外商直接投资占江苏外资总额的比重（%）

	2006	2007	2008	2009	2010	2011	2012	2006—2012
苏州	35.03	32.73	32.36	32.49	29.95	27.74	25.63	30.21
南京	9.76	9.41	9.44	9.45	9.88	11.09	11.55	10.23
无锡	15.79	12.66	12.61	12.65	11.58	10.91	11.21	12.20

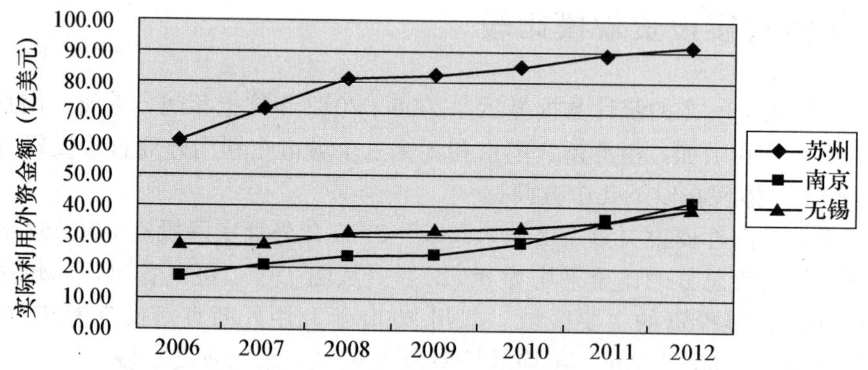

图 19—1　2006—2012 年苏州、南京、无锡实际利用外商直接投资规模比较

二、外商直接投资行业分布比较

表 19—3 的统计数据显示，2012 年苏州和无锡利用外商直接投资以第二产业为主，占实际利用外资总额的 66.88%和 62.56%。但是 2012 年南京利用外商直接投资投入第三产业的比重超过一半，占实际利用外资总额的 51.64%，远高于苏州和无锡的第三产业比重。从图 19—2 可以看出，南京的外资利用结构更为合理。

表 19—3　　　　2012 年苏州、南京、无锡实际利用外资行业分布比较

类别	苏州		南京		无锡	
	实际利用外资（亿美元）	比重（%）	实际利用外资（亿美元）	比重（%）	实际利用外资（亿美元）	比重（%）
第一产业	0.11	0.12	0.07	0.18	0.06	0.15
第二产业	61.30	66.88	19.90	48.19	25.08	62.56
第三产业	30.24	33.00	21.33	51.64	14.95	37.28
总计	91.65	100.00	41.30	100.00	40.10	100.00

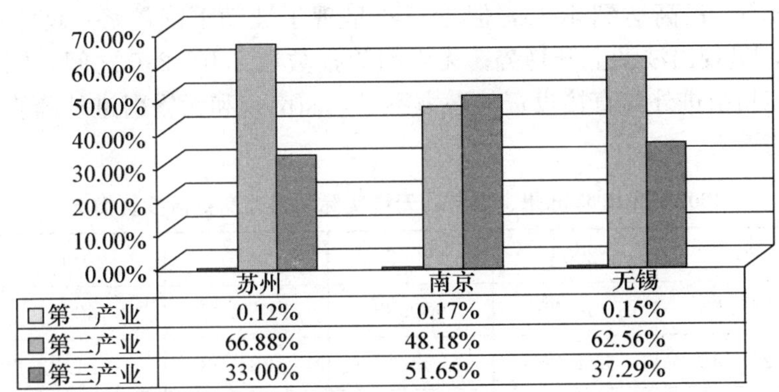

图 19—2　2012 年苏州、南京、无锡实际利用外商直接投资行业分布

三、外商直接投资经营方式比较

2012 年苏州、南京和无锡利用外商直接投资的经营方式以独资经营为主。苏州实际利用外资 91.65 亿美元，用于独资经营的金额为 75.54 亿美元，占总额的 82.42%；南京批准合同外资为 61.16 亿美元，用于独资经营的金额为 48.65 亿美元，占总额的 79.55%；无锡实际利用外资为 40.10 亿美元，用于独资经营的金额为 29.60 亿美元，占总额的 73.82%，具体情况详见表 19—4。

表 19—4　　　　2012 年苏州、南京、无锡实际利用外资经营方式比较　　　　单位：亿美元

类别	苏州		南京	无锡
	批准合同外资	实际利用外资	批准合同外资	实际利用外资
独资经营	133.02	75.54	48.65	29.60
合资经营	17.45	13.83	11.73	6.29
合作经营	0.19	0.24	0.27	0.03
股份有限公司	1.01	2.04	0.51	4.18
总计	151.68	91.65	61.15	40.10

注：由于苏州、南京和无锡统计年鉴的统计口径不统一，表中经营方式的比较中三个城市的数据并不完全对称。

四、外商直接投资绩效指数比较

第 3 章已对地区利用外商直接投资的绩效指数进行了说明。表 19—5 为实际利用外资情况，表 19—6 为国内生产总值情况，外资金额和国内生产总值采用的单位不同，前者使用的金额单位为亿美元，后者使用的金额单位为亿元。运算外商直接投资绩效指数时，我们把外商直接投资金额按照 2012 年 100 美元兑换 631.25 元人民币进行换算，计算结果见表 19—7。由表 19—7 和图 19—3 可以看出，苏州的绩效指数最大，远高于江苏平均水平，近六年均超过 3.5，最高达到 4.35，但近三年呈现了波动下降趋势；南京的绩效指数在 2.1～2.7 之间，呈现出波动上升趋势；无锡绩效指数在 2.0～2.6 之间，同样呈现出上升趋势。这说明苏州引进外商直接投资的潜力不足，而南京和无锡引进外商直接投资的规模有进一步提升的潜力。

表 19—5　　2007—2012 年苏州、南京、无锡实际利用外商直接投资情况　　单位：亿美元

	2007	2008	2009	2010	2011	2012
全国	747.68	923.95	900.33	1 057.35	1 160.11	1 117.16
江苏	218.92	251.20	253.23	284.98	321.32	357.60
苏州	71.65	81.30	82.27	85.35	89.12	91.65
南京	20.61	23.72	23.92	28.16	35.64	41.30
无锡	27.72	31.67	32.03	33.00	35.05	40.10

表 19—6　　2007—2012 年苏州、南京、无锡 GDP　　单位：亿元

	2007	2008	2009	2010	2011	2012
全国	265 810.30	314 045.43	340 902.81	401 512.80	473 104.05	518 942.11
江苏	2 6018.48	30 981.98	34 457.30	41 425.48	49 110.27	54 058.22
苏州	5 850.11	7 078.09	7 740.20	9 228.91	10 716.99	12 011.65
南京	3 340.05	3 814.62	4 230.26	5 012.64	6 145.52	7 201.57
无锡	3 879.70	4 460.62	4 991.72	5 793.30	6 880.15	7 568.15

表 19—7　　2007—2012 年苏州、南京、无锡利用外资绩效指数比较

	2007	2008	2009	2010	2011	2012
苏州	4.35	3.90	4.02	3.51	3.39	3.54
南京	2.19	2.11	2.14	2.13	2.37	2.66
无锡	2.54	2.41	2.43	2.16	2.08	2.46
江苏	2.99	2.76	2.78	2.61	2.67	3.07

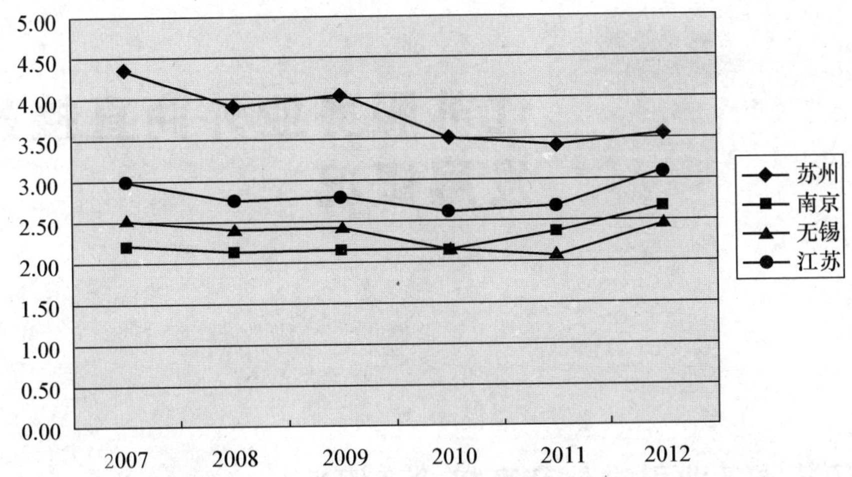

图 19—3　2007—2012 年苏州、南京、无锡与江苏利用外商直接投资绩效指数比较

第20章 江苏服务业外商直接投资发展概况

一、江苏服务业引进外商直接投资概况

1978—2012年，江苏服务业增加值年均增长14.3%，高于同期GDP年均增长12.5%的速度。从总体上看，传统服务业不断深入扩展，新兴现代服务业不断涌现并取得长足的进步，服务业的影响力和对经济发展的推动作用越来越重要，已经成为经济发展的主要助推器。

（一）江苏服务业利用外商直接投资规模情况

表20—1的统计数据显示，一是江苏服务业实际利用外商直接投资占全国服务业实际利用外商直接投资的比重呈现逐年上升趋势，由2005年的11.4%上升到2012年的19.5%，说明江苏服务业利用外资在我国越来越占有重要的地位（见图20—1）。二是2005—2012年江苏服务业利用外商直接投资总体规模不断扩大，年均增长率为30.8%，远高于全国年均增长率21.2%（见表20—1）。①

表20—1　　2005—2012年江苏服务业实际利用外商直接投资规模情况

	江苏服务业实际利用外资（亿美元）	全国服务业实际利用外资（亿美元）	比重（%）
2005	17.04	149.14	11.4
2006	29.20	199.15	14.7
2007	52.17	309.83	16.8
2008	61.81	379.48	16.3
2009	66.35	385.28	17.2
2010	81.45	499.63	16.3
2011	117.34	582.53	20.1
2012	111.77	571.96	19.5
年均增长率	30.8%	21.2%	

① 本章数据如未特别标注，均来源于历年《江苏统计年鉴》。

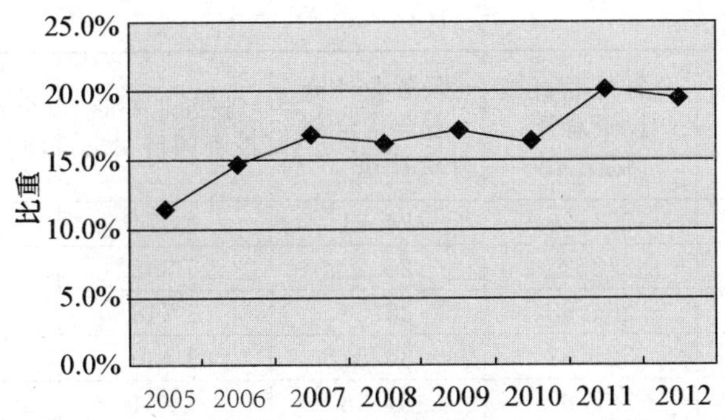

图 20—1　2005—2012 年江苏服务业实际利用外资占全国服务业实际利用外资比重走势图

（二）江苏服务业利用外商直接投资规模变动情况

自从我国加入 WTO 以来，江苏服务业领域利用外资呈现高速增长势头。2006 年服务业全面开放之后，江苏服务业外商实际投资发展较快，近 8 年来的变化如图 20—2 所示。

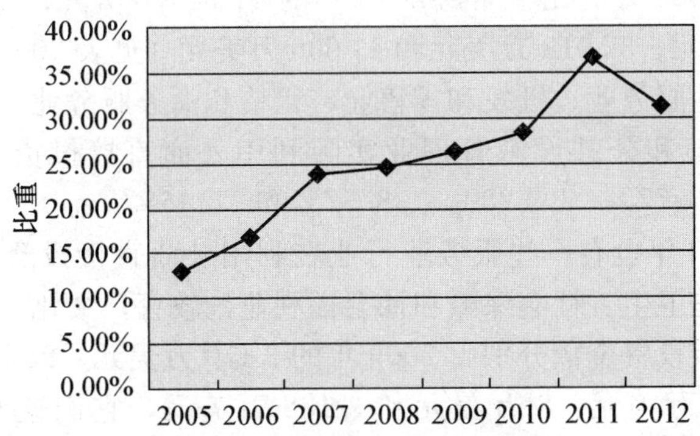

图 20—2　2005—2012 年江苏服务业利用外资占全省全部利用外资比重走势图

2005—2012 年江苏服务业签订外商投资项目绝对数量呈现上升趋势，由 1 128 个上升到 1 554 个。同时，江苏服务业外商投资项目占江苏总外商投资项目的比重呈现了大幅度的增加，由 15.83%上升到 37.39%（见表 20—2）。2005—2012 年江苏服务业外商直接投资占全省外商直接投资总额的比重也呈现了大幅度的增加，由 12.93%上升到 31.26%（见表 20—2）。

表 20—2　　2005—2012 年江苏服务业利用外商直接投资情况

	服务业外商直接投资（亿美元）	全省外商直接投资总额（亿美元）	服务业外资占全省全部外资比重（%）	服务业外商投资项目（个）	全省外商投资项目总数（个）	占全省总外商投资项目比重（%）
2005	17.04	131.83	12.93	1 128	7 126	15.83
2006	29.20	174.31	16.75	1 304	7 016	18.59
2007	52.17	218.92	23.83	1 297	5 842	22.20

续前表

	服务业外商直接投资（亿美元）	全省外商直接投资总额（亿美元）	服务业外资占全省全部外资比重（%）	服务业外商投资项目（个）	全省外商投资项目总数（个）	占全省总外商投资项目比重（%）
2008	61.81	251.20	24.61	1 174	4 236	27.71
2009	66.35	253.23	26.20	1 352	4 219	32.05
2010	81.45	284.98	28.58	1 748	4 661	37.50
2011	117.34	321.32	36.52	1 439	4 496	32.01
2012	111.77	357.60	31.26	1 554	4 156	37.39

（三）行业结构分布情况

从服务业实际利用外商直接投资的增幅来看，2005 年至 2012 年江苏服务业实际利用外商直接投资增幅最快的有：金融业、居民服务和其他服务业、批发和零售业、租赁和商务服务业、科研技术服务和地质勘查业以及水利、环境和公共设施管理业，它们实际利用外商直接投资金额分别由 2005 年的 711 万美元、555 万美元、12 490 万美元、11 010 万美元、3 772 万美元和 4 486 万美元增加到 2012 年的 41 749 万美元、9 459 万美元、174 639 万美元、111 921 万美元、37 013 万美元和 41 606 万美元（见表 20—3）。2005—2012 年金融业、居民服务和其他服务业、批发和零售业、租赁和商务服务业、科研技术服务和地质勘查业以及水利、环境和公共设施管理业实际利用外商直接投资的年均增长率分别为 78.93%、49.95%、45.77%、39.28%、38.57%和 37.46%。

当然，2005—2012 年也有一些服务业行业在利用外商直接投资方面出现了不同程度的负增长。它们分别是卫生、社会保障和社会福利业，教育，文化、体育和娱乐业三个行业。实际利用外商直接投资金额分别由 2005 年的 2 470 万美元、91 万美元和 3 925 万美元下降到 2012 年的 113 万美元、8 万美元和 3 138 万美元，它们这八年年均增长率分别为−35.64%、−29.34%、−3.15%。

表 20—3　　2005—2012 年江苏服务业实际利用外资行业分布情况　　单位：万美元

行业 \ 年份	2005	2006	2007	2008	2009	2010	2011	2012
交通运输、仓储和邮政业	18 835	28 868	25 713	38 092	61 215	54 152	63 208	67 549
信息传输、计算机服务和软件业	5 993	3 982	7 686	22 531	19 651	15 563	22 128	27 212
批发和零售业	12 490	39 659	27 097	96 770	80 685	131 287	129 989	174 639
住宿和餐饮业	10 034	11 814	25 667	25 827	16 687	20 981	16 190	16 215
金融业	711	1 000	0	11 947	5 250	5 837	37 058	41 749
房地产业	95 978	163 304	336 432	334 671	378 416	437 418	710 111	587 029
租赁和商务服务业	11 010	16 848	57 398	42 436	51 949	97 799	107 790	111 921
科研技术服务和地质勘查业	3 772	3 114	7 483	13 389	19 244	33 011	58 763	37 013
水利、环境和公共设施管理业	4 486	11 296	12 549	8 654	16 219	8 148	16 296	41 606

续前表

行业 \ 年份	2005	2006	2007	2008	2009	2010	2011	2012
居民服务和其他服务业	555	6 174	4 163	13 157	4 528	7 797	4 925	9 459
教育	91	105	130	0	16	162	101	8
卫生、社会保障和社会福利业	2 470	1 026	666	2 740	3 150	1 047	4 712	113
文化、体育和娱乐业	3 925	4 808	16 700	7 899	6 514	1 332	2 168	3 138
总计	170 350	291 998	521 684	618 113	663 524	814 534	1 173 439	1 117 651

注：服务业各行业实际利用外商直接投资的金额较小，此处金额单位采用亿美元不合适，因而改为金额单位万美元，更能准确地说明服务业各行业实际利用外商直接投资情况。

从服务业投资结构来看，2012 年服务业利用外商直接投资仍主要集中在房地产业，其次是批发和零售业、租赁和商务服务业、交通运输及仓储和邮政业、金融业。房地产业 2012 年外商实际投资 587 029 万美元，占服务业外商实际投资的 52.5%；批发和零售业 2012 年外商实际投资 174 639 万美元，占服务业外商实际投资的 15.6%；租赁和商务服务业 2012 年外商实际投资 111 921 万美元，占服务业外商实际投资的 10.0%；交通运输、仓储和邮政业 2012 年外商实际投资 67 549 万美元，占服务业外商实际投资的 6.0%；金融业 2012 年外商实际投资 41 749 万美元，占服务业外商实际投资的 3.7%。这几个行业合计占服务业外商实际投资的 87.9%（见表 20—3 和表 20—4）。

表 20—4　　2005—2012 年江苏服务业实际利用外资行业分布情况（%）

行业 \ 年份	2005	2006	2007	2008	2009	2010	2011	2012	年均增长率
交通运输、仓储和邮政业	11.1	9.9	4.9	6.2	9.2	6.6	5.4	6.0	20.02
信息传输、计算机服务和软件业	3.5	1.4	1.5	3.6	3.0	1.9	1.9	2.4	24.13
批发和零售业	7.3	13.6	5.2	15.7	12.2	16.1	11.1	15.6	45.77
住宿和餐饮业	5.9	4.0	4.9	4.2	2.5	2.6	1.4	1.5	7.10
金融业	0.4	0.3	0.0	1.9	0.8	0.7	3.2	3.7	78.93
房地产业	56.3	55.9	64.5	54.1	57.0	53.7	60.5	52.5	29.53
租赁和商务服务业	6.5	5.8	11.0	6.9	7.8	12.0	9.2	10.0	39.28
科研技术服务和地质勘查业	2.2	1.1	1.4	2.2	2.9	4.1	5.0	3.3	38.57
水利、环境和公共设施管理业	2.6	3.9	2.4	1.4	2.4	1.0	1.4	3.7	37.46
居民服务和其他服务业	0.3	2.1	0.8	2.1	0.7	1.0	0.4	0.8	49.95
教育	0.1	0	0	0	0	0	0	0	—29.34
卫生、社会保障和社会福利业	1.4	0.4	0.1	0.4	0.5	0.1	0.4	0	—35.64
文化、体育和娱乐业	2.3	1.6	3.2	1.3	1.0	0.2	0.2	0.3	—3.15
总计	100.0	100.0	100.0	100.0	100.0	100.0	100.0	100.0	30.83

二、江苏、广东、浙江、山东服务业引进外商直接投资比较

从四省服务业实际利用外商直接投资的增幅来看，2006—2012 年江苏服务业实际利用外商直接投资增幅最快，年均增长率为 25.07%，山东位居第二，年均增长率为 22.40%，浙江年均增长率为 21.99%，排列第三。这三个省在 2006—2012 年这七年间服务业实际利用外商直接投资增幅均高于全国年均增长率 19.22%。广东年均增长率最低，仅为 17.79%，低于全国年均增长率，这说明广东利用外商直接投资有放缓趋势。

从四省服务业实际利用外商直接投资的规模来看，2006—2009 年这四年期间江苏服务业利用外商直接投资金额均低于广东，2006—2009 年江苏服务业利用外商直接投资分别为 29.2 亿美元、52.17 亿美元、61.81 亿美元和 66.35 亿美元，而广东这四年服务业利用外商直接投资分别为 35.41 亿美元、62.32 亿美元、71.29 亿美元和 75.79 亿美元（见表 20—5）。但是 2010 年江苏服务业实际利用外商直接投资 81.45 亿美元，而广东为 79.71 亿美元，江苏首次超过广东，成为服务业利用外商直接投资最多的省份。相比 2011 年，虽然 2012 年江苏服务业利用外商直接投资出现下滑态势，由 2011 年的 117.34 亿美元下降到 2012 年的 111.77 亿美元，但仍然高于广东，位居全国第一。浙江和山东两省由于基数较低，服务业利用外商直接投资数据一直低于广东和江苏。

从四省服务业利用外商直接投资占全部外资的比重来看，2012 年浙江服务业外资占全部外资的比重最高，达到 49.46%，但仍然低于全国平均水平 51.20%。2012 年江苏服务业外资占全部外资的比重仅为 31.26%，远远低于浙江和全国平均水平。

三、江苏服务业引进外商直接投资存在的问题

从以上分析可以看出，江苏服务业利用外资存在以下几点问题：

（一）服务业吸收外资低于全国平均水平

虽然江苏现代服务业利用外资总量近年来呈现小幅上升态势，但现代服务业占整个产业结构的比例相对于制造业仍是比较低的，致使产业结构高度也比较低。相对于制造业来说，现代服务业利用外资无论在总量上还是在占外资总额比重上都相对比较低。2012 年江苏服务业实际利用外资仅占总额的 31.26%。而 2012 年末全国服务业实际利用外资占总额的比重为 51.20%，而浙江 2012 年服务业实际利用外资占总额的 49.46%，广东省 2012 年服务业实际利用外资占总额的 40.15%。可见，江苏服务业利用外资水平与其总体吸引外资的地位是不相称的，不仅远低于全国平均水平，而且低于其他主要外资流入地。

（二）服务业利用外资的结构不尽合理

发达国家的服务业基本上都经历了从以商贸餐饮、交通运输等传统流通类服务行业

表 20—5　**2006—2012 年江苏、浙江、广东、山东服务业实际利用外商直接投资比较**　单位：亿美元

地区	2006		2007		2008		2009		2010		2011		2012	
	服务业利用外资	外资总额	服务业利用外资	外资总额	服务业利用外资	外资总额	服务业利用外资	外资总额	服务业利用外资	外资总额	服务业利用外资	外资总额	服务业利用外资	外资总额
全国	199.15	630.21	309.80	747.68	379.48	923.95	385.28	900.33	499.63	1 057.35	582.53	1 160.10	571.96	1 117.16
江苏	29.20	174.30	52.17	218.92	61.81	251.20	66.35	253.23	81.45	284.98	117.34	321.32	111.77	357.60
浙江	19.61	88.89	29.84	103.66	30.55	100.73	34.03	99.40	41.46	110.02	54.00	116.66	64.64	130.69
广东	35.41	145.11	62.32	171.26	71.29	191.67	75.79	195.35	79.71	202.61	84.83	217.98	94.56	235.49
山东	13.29	100.01	19.27	110.12	24.32	82.02	22.37	80.10	28.16	91.68	38.28	111.60	44.69	123.53

为主，向以金融保险、信息咨询等新兴现代服务业为主的结构升级过程。但从当前江苏服务业吸引外资的结构看，江苏现代服务业利用外资明显偏向于房地产业。表20—4的数据显示，2012年江苏信息传输、计算机服务和软件业、科研技术服务业、金融业等现代服务业实际利用外资额占服务业实际利用外资总额的比重分别为2.4%、3.3%和3.7%，明显低于传统服务业。

（三）区域投资严重失衡，区域统筹有待加强

外商对江苏服务业的投资主要集中在苏南，苏中、苏北服务业发展比较滞后，且南北差距越来越大。从总量看，2012年苏南、苏中、苏北实际利用外资额占全省实际利用外资额的比重分别为63.98%、16.11%、19.90%。区域经济发展的不平衡不利于提升江苏服务业的整体水平。

四、江苏服务业引进外商直接投资的对策建议

服务业引进外商直接投资能产生经济增长效应、产业结构调整效应、就业扩大效应和技术溢出效应，因而应提高江苏服务业利用外商直接投资的规模，优化行业结构，提升外商直接投资的经济效益，更好地为江苏的经济发展作出贡献。提升服务业引进外商直接投资应从以下几个方面加以完善。

（一）通过制度创新，为服务业营造良好的发展环境

加强江苏服务业与世界先进服务业的交流合作，尤其应加强与欧美国家先进服务业的交流合作。制定并进一步完善有关服务业外商直接投资的法律法规，为外商建立一个良好的法律环境，增强外商对江苏服务业进行投资的信心。

（二）建立服务产业园区，充分发挥服务业产业集群的竞争优势

目前，江苏利用地理位置优势划定了专门的服务产业园区，这极大地激发了江苏服务企业的创新能力。同时政府应加快服务集群产业链的提升，充分发挥服务业产业集群的竞争优势。

（三）正确引导外资流向，优化产业结构

目前，江苏省服务业的外商直接投资主要集中在房地产业、批发零售业、租赁和商务服务业、交通运输及仓储和邮政业等行业，而当前江苏省经济发展急需的高新技术产业和资金短缺行业，如科技服务等行业，外商直接投资所占比重仍然很低。从长远看，这种结构不合理的状况会影响江苏省的经济发展，因而应加大对新兴服务业的优惠力度，鼓励和引导外商直接投资流向这类行业。

（四）坚持可持续发展道路，引进有利于环境保护的新兴服务业

政府应坚持可持续发展观，积极完善环境治理体系。应大力发展环保产业、采用保护

环境和节省资源的技术，严厉禁止一切污染环境的行为，将江苏转变为真正的资源节约型、环境友好型社会。新建工业企业和现有工业企业技术改造应当采用能源物耗小、污染物排放量少的清洁生产工艺，并对废弃物进行综合利用或者无害化处理。在吸引外资的同时应做到可持续发展，促进资源、环境和社会的协调发展。

Outward Foreign Direct Investment Articles

第 21 章 江苏对外直接投资概况

江苏作为我国经济最发达、最具活力的省份之一，省内企业开展对外直接投资开始于20世纪80年代中期。90年代，江苏的境外投资呈波浪式发展，增长速度缓慢，对外直接投资水平较低。2000年以后，江苏对外直接投资呈现快速增长的态势。2012年，江苏核准对外投资项目572个，中方合同投资额504 547万美元。境外投资的快速增长已经成为江苏外向型经济发展的一个亮点，引起越来越广泛的关注。

2012年，发达经济体主权债务危机的影响虽然仍然存在，中东、北非等地区动荡频发，但世界经济复苏步伐开始启动，江苏企业"走出去"面对的外部环境日益复杂。但是，在国内经济增长的支撑之下，江苏对外直接投资仍然保持了较高速度的增长，保持了连续十年的增长，并且呈现出一些新的特点与趋势。

一、江苏对外直接投资规模

从规模方面看，江苏对外直接投资呈现出增长速度较快但趋缓、项目平均规模不断增长、存量占全国总存量的比例不断攀升等三个方面的特点。

（一）对外直接投资流量继续较快增长，但增长速度趋缓

在国际经济一片低迷中，江苏对外直接投资逆势向上，成为当下开放型经济一大亮点。2012年，江苏对外直接投资流量为292 273万美元，核准对外投资项目572个，中方合同投资额504 547万美元，均创下历史新高（见表21—5）。

2012年，江苏对外直接投资虽保持了较高的增长速度，但相较于前两年，增速开始趋缓。继2011年增长速度低于2010年之后，2012年对外直接投资流量虽然较上年增长46.04%，但仍然比2011年的66.63%低。增速放缓的趋势在新批项目数方面更为明显，其增长率从24%下降至13%，说明国内外严峻的经济形势对江苏企业提出了更高的挑战，依据竞争力水平的高低，江苏企业在"走出去"的道路上正在发生着分化。

表 21—1　　2010—2012 年江苏对外直接投资情况

年度	2010	2011	2012
新批项目数（个）	408	505	572
年绝对增长量	76	97	67
年增长率	23%	24%	13%
中方合同金额（万美元）	217 613	360 154	504 547
年绝对增长量	111 266	142 541	144 393
年增长率	105%	66%	40%
对外直接投资流量（万美元）	120 105	200 129	292 273

资料来源：《江苏统计年鉴》。

（二）对外直接投资项目的平均规模不断增长

从表 21—1 可知，2012 年，江苏合同投资额的增长速度为 40%，高于新批项目 13%的增长速度，说明境外投资的单体规模正在扩大。实际上，2010 年和 2011 年的项目平均规模分别为 533.37 万美元和 713.18 万美元，而在 2012 年，这一指标达到 882.08 万美元，这从规模方面反映出江苏对外直接投资的质量正在不断提高，江苏企业愈加重视境外投资的规模经济效应。

（三）对外直接投资存量占地方总存量的比重不断攀升

2012 年，江苏对外直接投资的存量达到 783 185 万美元，占地方投资总存量的比例达到 6.31%。① 如表 21—2 所示，江苏占地方对外直接投资总存量的比例不断攀升，继 2008 年超过 6%之后，连续五年保持 6 个百分点以上，说明江苏对外直接投资对中国对外直接贸易总额的贡献程度不断增大。

需要说明的是，全国对外直接投资总存量包括地方对外投资总存量和中央对外投资存量，虽然江苏占地方总存量的比例接近 7%，但占全国总存量的比例只有约 2%，这是由中央对外直接投资的庞大规模决定的。

表 21—2　　2007—2012 年江苏对外直接投资存量、年增长率和占地方总存量比例

年份	2007	2008	2009	2010	2011	2012
地方总存量(万美元)	2 174 684	2 753 598	3 961 809	6 016 948	8 492 697	12 406 307
江苏存量（万美元）	116 499	172 677	249 872	388 814	570 194	783 185
年增长率（%）	97.89	48.22	44.70	55.61	46.65	37.35
江苏占比（%）	5.36	6.27	6.31	6.46	6.71	6.31

资料来源：《中国商务年鉴》。

① 本报告涉及江苏对外直接投资的数据均更新至 2012 年，涉及全国对外直接投资的数据，如中国对外直接投资目的地、行业分布、分省市排名等，均更新至 2011 年。这些数据来源于 2012 年度《中国统计年鉴》、2012 年度《中国商务年鉴》、2012 年度《中国财政年鉴》和 2012 年度《中国对外直接投资统计公报》。本报告尽可能采用最新的 2012 年数据进行分析，尽量避免利用不同时点的数据进行对比。不同部分采用不同年份的数据并不会影响我们对中国对外直接投资流量、存量、投资主体、投资方式等方面特点的分析和理解。

二、江苏对外直接投资的境内主体

概括江苏对外直接投资境内主体的特征，包括投资主体多样化、民营企业是主力军、国有企业对外投资增长显著和中小企业为主体等四个方面。

（一）投资主体多样化

从对外直接投资企业在工商行政部门登记注册的情况来看，对外直接投资企业的主体由民营企业、外资企业、国有及国有控股企业、集体企业构成。其中，2012 年，民营企业的投资额占总流量的 63.57%；外资企业其次，占 19.25%；国有及国有控股企业占 16.75%，在金额方面与外资企业相当；最后是集体企业，作为公有制经济的补充成分，占总流量的 0.43%（见表 21—3）。从数量上来说，2012 年江苏对外直接投资的主体继续保持了多元化的格局。

表 21—3　　2010—2012 年以合同金额计的江苏对外直接投资境内主体构成

主体	2011		2012	
	金额（万美元）	比例（%）	金额（万美元）	比例（%）
国有及国有控股企业	27 271	7.57	84 488	16.75
集体企业	1 495	0.42	2 185	0.43
民营企业	251 638	69.87	320 725	63.57
外资企业	79 750	22.14	97 149	19.25
合计	360 154	100	504 547	100

资料来源：《江苏统计年鉴》。

（二）民营企业是江苏对外直接投资的主力军

自 2000 年以来，民营企业就在江苏的对外直接投资中独占鳌头。2012 年，民营企业参与境外投资项目 383 个，较上年增长 3.79%，占全年新批项目数的 66.96%；合同投资额 320 725 万美元，较上年增长 27.45%，占全年合同投资额的 63.57%，是江苏对外直接投资的主力军。

民营企业在投资主体中的主力地位，反映出江苏对外直接投资是极富活力的。同时，相对于新批项目的略有增长，合同投资额的增长幅度更大，说明民营企业开展境外投资的单体规模不断扩大，间接反映出江苏民营企业实力的不断增强。

（三）国有企业对外直接投资增长显著

2012 年，在对外直接投资所有制构成方面，最大的变化在于国有及国有控股企业的突然发力。在其他所有制企业增长速度相对平稳的情况下，国有及国有控股企业境外投资额从 2011 年的 27 271 万美元急升至 2012 年的 84 488 万美元，增幅达到 209.80%，超过民营企业的 27.45%和外资企业的 21.82%的增长率。

伴随着投资额的急剧增长，国有及国有控股企业对江苏境外投资的贡献程度也从 2011 年的 7.57%提高到 16.75%，充分展示了国有经济对国民经济的引领作用。事实上，如果没有国有企业对外直接投资在2012年的高速增长，江苏整体的增长速度将低于30%。国有及国有控股企业的出色表现是2012年江苏境外投资速度能够达到40%的最重要的推动力量。

（四）从项目平均规模来看，江苏对外投资的主体仍以中小企业为主

按项目平均规模对投资主体进行排名，排在首位的是国有及国有控股企业，以10.49%的项目数量比例完成了16.75%的合同投资额（见表21—3和表21—4）；其次是外资企业和民营企业，项目平均规模分别为837.40万美元和777.19万美元；最后是集体企业，项目平均规模为546.25万美元。

表21—4　　2010—2012年以新批项目数计的江苏对外直接投资境内主体构成

主体	2010		2011		2012	
	项目数	比例（%）	项目数	比例（%）	项目数	比例（%）
国有及国有控股企业	39	9.56	34	6.73	60	10.49
集体企业	5	1.23	3	0.59	4	0.70
民营企业	269	65.93	369	73.07	383	66.96
外资企业	95	23.28	99	19.60	125	21.85
合计	408	100	505	100	572	100

资料来源：《江苏统计年鉴》。

外资企业和民营企业的规模不相上下。值得注意的是，二者平均规模的排名在2012年发生了置换。2011年，外资企业的项目平均规模为805.56万美元，超过江苏民营企业681.95万美元的平均规模。但是到了2012年，民营企业完成了逆转，其837.40万美元的项目平均规模排名第二，仅次于国有及国有控股企业。

虽然各种所有制经济对外投资的单体规模都在扩大，但是，江苏对外直接投资的主体仍以中小企业为主。相对于大型国有企业，中小民营企业在海外投资中的阻力要小得多，其项目投资即便在美国、欧洲等监管门槛极高的地区也畅通无阻，对外投资的发展空间可谓巨大。但是，中小民营企业的劣势也同样明显。受制于资金、信息、人才以及对外国环境缺乏了解等各方面的因素，在"走出去"过程中要承担更大的风险，因此更加需要金融支持、外交商务保护等全方位的支持。

三、江苏对外直接投资的进入方式

目前，除了绿地投资之外，跨国并购也逐渐成为江苏对外投资的主要形式。由表21—5可知，2012年，江苏对外直接投资504 547万美元，其中，以参股并购方式进行的境外投资为99 294万美元，同比增长102.11%，占对外直接投资总量的19.68%，这一比例指标在2010年和2011年分别为21.47%和13.64%。

2010年以来，江苏企业海外并购活动主要受到内外两方面因素的刺激：国际上，金融危机使得发达国家的经济复苏缓慢，消费和投资活动萎靡，就业率低下；国内方面，中国政府鼓励有实力的企业"走出去"并给予政策支持，一批早有收购意图并等待时机的江苏企业趁此机会大显身手。

然而，以跨国并购方式进行的对外直接投资的全球平均比例约为80%，发达国家的比例约为100%。虽然江苏开始越来越多地利用跨国并购的方式，但与国际水平相比，江苏的并购比例还处于较低水平。江苏仍然需要从以绿地投资为主的初级阶段，加快向以跨国并购为主的高级阶段迈进。

表 21—5　　2010—2012 年江苏对外直接投资进入方式情况

类别 \ 年份	2010	2011	2012
新批项目数	408	505	572
参股并购类项目	47	64	83
风险投资类项目	2	9	13
中方合同金额（万美元）	217 613	360 154	504 547
参股并购类项目	46 726	49 129	99 294
风险投资类项目	137	8 899	13 522

资料来源：《江苏统计年鉴》。

四、江苏对外直接投资的全球分布

与全国平均水平相比，江苏对外直接投资的全球分布呈现出分布广泛、亚洲等发展中国家所占比重高、重视对发达国家的投资、对避税地的偏好趋弱、重视逆向对外投资等特点。

（一）对外直接投资区域分布广泛

2012 年，从地区分布看江苏对外直接投资：对亚洲地区的直接投资较上年增长43.76%，占当年流量的53.20%；对非洲的直接投资较上年减少0.88%，占当年流量的7.27%；对欧洲的投资则同比增长27.16%，占流量的10.29%；对拉丁美洲的直接投资同比增长14.17%，占流量的8.55%；对北美洲的直接投资同比增长63.11%，占流量的11.94%；对大洋洲的直接投资同比增长111.58%，占流量的8.74%（见表21—6）。

表 21—6　　2010—2012 年江苏对外直接投资主要国别（地区）情况（%）

国家（地区） \ 年份	2010	2011	2012	2011 中国投向
亚洲	48.58	51.85	53.20	60.94
中国香港	33.41	37.09	33.66	47.76
印度尼西亚	1.08	2.36	4.99	0.79
日本	0.90	0.59	0.64	0.20
新加坡	3.20	2.69	2.03	4.38
韩国	0.11	0.42	1.66	0.46
泰国	2.23	1.00	1.09	0.31
越南	1.10	0.45	0.76	0.25
非洲	5.16	10.28	7.27	4.25
尼日利亚	0.26	0.00	1.28	0.26
欧洲	18.21	11.34	10.29	11.05

续前表

国家（地区）/年份	2010	2011	2012	2011 中国投向
英国	1.09	0.35	0.38	1.90
德国	3.32	1.97	4.23	0.69
法国	0.50	0.76	0.33	4.66
拉丁美洲	5.27	10.50	8.55	15.99
开曼群岛	3.70	0.75	0.96	6.61
墨西哥	0.05	0.28	0.76	0.06
英属维尔京群岛	0.58	9.04	5.36	8.32
北美洲	16.62	10.25	11.94	3.32
美国	13.54	5.96	8.46	2.43
大洋洲	6.16	5.79	8.74	4.44
澳大利亚	5.93	4.20	8.49	4.24

资料来源：《江苏统计年鉴》和《中国统计年鉴》。

2012 年江苏对外直接投资的整体增长率为 40%，其中，对亚洲、北美洲和大洋洲的投资增速超过平均增速，对欧洲和拉丁美洲的投资增速低于平均水平，而非洲是投资出现负增长的地区。

（二）发展中国家为主要投资对象，亚洲所占比重最高

2012 年，江苏对外直接投资流向中，发展中国家为 345 073 万美元，占当年总流量的 68%。其中，亚洲继续成为江苏最重要的投资目的地，而对非洲的投资则出现了负增长。

2012 年，江苏企业对亚洲国家和地区的直接投资达到 268 443 万美元，同比增长 43.76%，占当年江苏对外直接投资流量的 53.20%。其中，中国香港地区是历年吸收江苏对外直接投资最多的地方，印度尼西亚、新加坡、韩国和泰国也是江苏企业在亚洲直接投资的重要流向区域。

与全国对外投资流向相比，江苏企业对亚洲投资的特点体现在特别重视印度尼西亚等东南亚国家。东南亚国家和地区对走出去的江苏企业而言，具有特别的吸引力。这些国家和地区尤其是“亚洲四小龙”在 20 世纪 70 年代以来的新型工业化国家和地区中处于领先地位，工业化发展较快，人均收入较高，加之拥有大量的人口，存在广阔的劳动力市场和消费市场，本身已经成为中国制造业转移重要的输出地，对于来自中国的制造业大省江苏的企业而言，东南亚无疑是非常理想的投资目的地。另一方面，在大力发展本国经济的过程中，这些国家大多以发展外向型经济为重点，因此对外来投资给予不同程度的优惠政策，投资环境较为宽松。只要江苏企业能够发挥自身的产品和技术优势，加上把握好当地政治经济文化特点，就能够在这些地区的市场竞争中占据主动权。

2012 年，江苏对非洲的投资出现了负增长，这并非孤立的现象，而是与非洲许多国家和地区的政局动荡直接相关的。随着政治风险的显露，流向非洲的投资被流向拉丁美洲的投资超越。

对拉丁美洲的投资维持了平稳的增长，未能有所突破。对拉丁美洲的投资达到 43 162 万美元，同比增长 14.17%，低于平均水平，占当年流量的比例也从 2011 年的 10.50%下

降至2012年的8.55%。值得注意的是，英属维尔京群岛和开曼群岛集聚了江苏企业对拉丁美洲投资总量的73.85%，这是由其避税优势决定的。

（三）重视对发达国家的投资，北美洲和大洋洲的增长速度最快

2012年，江苏对发达国家投资159 474万美元，占总流量的31%。其中，江苏企业对北美洲、大洋洲的投资升温，对欧洲的投资保持稳定。

北美洲是走出去的江苏企业所钟爱的目的地。2011年，中国对北美投资占当年流量的3.32%，而江苏这一比例为10.25%，在对北美的直接投资者中，江苏企业是一支不可忽视的重要力量。2012年，江苏对北美投资额同比增长63.11%，超过40%的平均增长率。

长期以来，大洋洲是接收江苏对外投资最少的地区，如今，这一现象已经不复存在。2012年，江苏对大洋洲投资同比增长111.58%，占当年总流量的8.74%，超过江苏对非洲和拉丁美洲的投资，这也标志着发达国家和地区作为投资目的地的重要性进一步提高。

欧洲吸收江苏对外直接投资占总流量的比例约为11%，这与全国倾向相一致。但如果对流向欧洲的投资再按国别进行细分，则可发现同为传统经济强国的英国、法国和德国，其对江苏投资者的吸引力是不同的。江苏对德国的直接投资连续多年超过对英法投资的总和。以2012年为例，投资德国21 367万美元，投资英国和法国分别只有1 928万美元和1 651万美元。这与中国对英、法、德投资无差别的情况大相径庭。一个可能的解释是行业匹配与“学习型投资”，江苏是中国的制造业大省，德国是享誉全球的制造业强国，江苏企业通过向德国直接投资能够获得有助于本省相关行业发展的协同效应。

（四）避税地的吸引力正在下降

作为国际著名的避税地，英属维尔京群岛和开曼群岛不对企业收取任何所得税、利得税和公司税，同时公司管理体制宽松，注册手续简便，对资本流动的限制少。基于此，一些中国企业采取以自由港为中转站的投资方式，以达到规避税收的目的。从数据上看，2011年中国对外投资总流量的6.61%流向了开曼群岛，8.32%流向了英属维尔京群岛，而同期江苏对外直接投资流向两地的比例只有0.96%和5.36%，均低于全国水平。

这反映出，相对于全国，避税问题对江苏的对外直接投资者的重要性较低，走出去的江苏企业更加专注开拓市场、寻求资源等战略目标。

（五）与全国相比，江苏倾向于逆向对外直接投资

在投资区位选择问题上，中国对外直接投资首先倾向于亚洲、非洲、拉丁美洲的发展中国家，这些国家经济相对落后、市场规模相对狭小，或者经济贸易和外交关系比较密切、地理上比较临近。而对于江苏的对外投资者而言，发达国家和地区具有特别的吸引力。从表21—6可知，2011年，中国对亚洲的投资占当年流量的比例约为61%，而江苏的这一比例为52%；排名第二的中国对外直接投资目的地是拉丁美洲（如果非洲风险降低，则可预期非洲也有很强的竞争力），而对于江苏，流向北美洲、欧洲和大洋洲的投资均超过拉丁美洲和非洲。

江苏对发达国家直接投资的倾向可以用“学习型投资”加以解释。随着全球化进程的加快和跨国公司经营的迅速发展，发展中国家对外直接投资的一个重要趋势即以跨期利益最大化为基本分析框架的学习型对外投资、策略性对外投资的兴起。其主要动因是在全球范围内寻求以知识、技术为主要内容的战略资源，或者是为了使企业保持一个相对有利的竞争地位，相对应的区位选择为经济发展水平高、市场容量大的国家和地区。

随着江苏经济的发展和江苏企业竞争力的增强，江苏已经具备了大规模开展对发达国家投资的条件，在逆向对外直接投资方面走在了全国前列。在可以预见的未来，江苏对发达国家的直接投资将会继续增加。

第22章 江苏对外直接投资动机分析

本章首先介绍了对外直接投资的理论，包括：发达国家对外直接投资理论、发展中国家对外直接投资理论和对外直接投资理论的新发展，接着从微观视角剖析了中国对外直接投资的动机，并在此基础上分析了江苏对外直接投资的原因。

一、对外直接投资理论

关于对外直接投资理论的研究主要集中于一个国家或地区对外直接投资发生和发展的研究。根据理论产生的国家和时间段划分，大致可以分为发达国家对外直接投资理论、发展中国家对外直接投资理论和对外直接投资理论的新发展。

（一）发达国家对外直接投资理论

对外直接投资理论主要研究一个国家或地区的跨国公司的对外直接投资行为。随着西方发达国家对外直接投资的迅速发展，从20世纪60年代开始，西方学者从不同视角不同层次研究了跨国公司的对外投资行为，主要集中在三个方面：投资动机、决定因素和投资方式。

1. 垄断优势理论

垄断优势理论的基本观点是投资国企业进行对外直接投资而不是进行国际贸易，主要是因为其在产品差异化、技术知识、经营管理、商标、销售经营等方面具有其他企业所没有的垄断优势，进行对外投资可以获得因垄断优势产生的全部收益。美国学者海默在其博士论文《国内企业的国际化经营：一项对外直接投资的研究》中提出了“垄断优势理论”，开创了对外直接投资理论的先河。他在研究美国1914—1956年对外直接投资数据的基础上，以微观经济学的垄断竞争理论为分析工具，论述了跨国公司之所以进行国际化生产经营，是因其在技术、资金、经营管理等方面的优势，可以在东道国形成垄断优势，从而获得较高的市场利润。①

2. 内部化理论

随着跨国公司在全球范围内组织国际生产并形成全球生产体系，海默的垄断优势理论

① See Hymer S.，“The Efficiency (Contradictions) of Multinational Corporations，” *The American Economic Review*，1960 (5)：441-453.

已经不能很好地解释这种现象。英国雷丁大学教授巴克莱、卡森和加拿大学者拉格曼共同提出了“内部化理论”，认为如果企业生产所需的生产要素、原材料等由于市场信息的不对称和中间产品的信息模糊等原因，市场交易成本过高，企业为了降低成本、提高利润，就会与上游的生产商进行合作，或者将其内部化，用内部生产替代外部交易较为理性，企业跨国进行内部化生产的行为其实就是企业对外直接投资的过程，从而解释了跨国公司20世纪90年代以来进行全球投资、国际兼并的现象。①

3. 产品生命周期理论

在前两种对外投资理论研究的基础上，跨国公司出现的各种新现象引起了更多学者关注和讨论这个问题。美国经济学家弗农把产品的发展周期分为起始阶段、成熟阶段和标准化阶段三个阶段，认为产品在不同的阶段具有不同的经济特征，企业应该采取不同的投资策略，当产品处于成熟阶段或者标准化阶段时企业应该在生产成本较低的地区进行对外投资，从而把垄断优势和区位选择结合起来，从而提出了“产品生命周期理论”。②

4. 国际生产折中理论

以上几个对外投资理论从不同视角解释了各自国家或地区在特定的经济时期进行对外直接投资的动因，但不具有解释各国投资的普遍意义。20世纪70年代后期随着日本和欧洲的兴起，跨国公司对外直接投资也出现了快速发展和繁荣的景象，为以后学者创新理论打下了基础。英国研究跨国公司行为的著名学者邓宁继承了海默的垄断优势理论、巴克莱和卡森的内部化理论，并结合国际贸易理论中的区位优势理论，提出了“国际生产折中理论”。该理论认为，企业只有在所有权、内部化和区位方面具有优势，才能进行对外投资，否则只能采取对外贸易和技术转让的方式达到国际化，从而解释了进行对外投资的原因、内部化的原因和投资区位和方向问题。③

（二）发展中国家对外直接投资理论

发达国家对外直接投资理论很好地解释了自20世纪以来发达国家对外直接投资问题。随着发展中国家经济的发展，也开始进行对外投资。由于和发达国家在经济发展阶段、企业优势等方面的差异，发展中国家对外投资也呈现出不同的特点，发达国家的理论已经不能全面科学地解释发展中国家的对外投资问题：即使没有所谓的垄断优势，也可以对外进行投资。由此发达国家的投资理论受到了严重的挑战，因此研究发展中国家对外投资的理论应运而生。

1. 小规模技术理论

美国著名学者刘易斯·威尔斯（1983）的“小规模技术理论”，是研究发展中国家对外投资的开创性成果：即使是发展中国家中技术不够先进、生产规模较小的企业，因其适

---

① See Buckley, Peter J., and Mark C. Casson, *The Future of the Multinational Enterprise*. London, Macmillan, 1976: 167-172.

② See Vernon, Raymond, “International Investment and International Trade in the Product Cycle,” *The Quarterly Journal of Economics*, 1966, 80 (2): 190-207.

③ See Dunning, J., “Explaining Changing Patterns of International Production: A Defence of the Eclectic Theory,” *Oxford Bulletin of Economics and Statistics*, 1977 (42): 269-286.

合国际市场上的小产品、多样化的需求也可以进行对外投资，参与国际市场上的竞争，从而获得较高的利润。该理论认为，发展中国家进行对外直接投资的优势主要在于：第一，其技术水平和管理经验更加符合东道国的经济、社会和文化发展水平，在东道国市场上比发达国家更容易实现地方化；第二，投资国企业的小规模生产以及提供的技术可以为东道国市场多样化及低水平的市场需求提供服务；第三，企业在进行规模生产时，可以利用东道国相对廉价的劳动力和生产设备进行生产，从而实现较高的利润水平。①

2. 技术地方化理论

英国经济学家拉尔②在对印度跨国公司的竞争优势和投资动机进行深入研究之后，提出了适用于发展中国家跨国公司的“技术地方化理论”。该理论认为，虽然发展中国家企业的市场规模小，采用的是标准化技术，但其不只是简单的技术模仿，而在于技术的消化、吸收和创新，是利用自身的竞争优势集合技术创新形成一种特有的国际竞争能力，进而形成对外直接投资的国际竞争优势，不仅可以在发展中国家进行投资，而且在不断创新的基础上可以对发达国家进行投资。

3. 投资发展周期理论

邓宁在沿袭“国际生产折中理论”的基础上，结合发展中国家的特点，提出了“投资发展周期理论”。该理论动态地描述了发展中国家对外直接投资行为与本国经济发展水平的关系，认为发展中国家进行对外投资除了所有权优势、内部化优势和区位优势外，还和具体的经济发展阶段紧密相关。他以人均 GNP 数值为指标把经济发展分为四个阶段，把投资周期与企业优势及经济发展阶段结合起来，解释了企业投资地位是如何随着企业的竞争优势而发生变化的。

（三）对外直接投资理论的新发展

20 世纪 80 年代以前关于对外直接投资理论的研究大部分集中于企业微观层面的研究，主要研究跨国企业进行对外投资的原因和选择。随后，人们开始意识到，任何对外投资行为都不应简单地理解为企业的微观行为，而应把这种活动置于投资国和东道国经济发展的大环境中去研究，投资国和东道国的经济发展战略、对外贸易政策以及金融制度等都会对企业对外直接投资行为产生影响。因此，20 世纪 80 年代后，从国家或地区的宏观层面进行的对外直接投资行为研究也逐渐活跃起来，主要集中于以下几个方面：

1. 贸易决定论

关于国际直接投资和国际直接贸易之间的关系，许多学者都从不同的角度作出了分析和论证，较有代表性的观点则是“贸易投资互补论”和“贸易投资替代论”。赞成“贸易投资互补论”的论据有：小岛清利用 20 世纪日本对外直接投资的现象做了深入的分析，结果发现由于日本对外直接投资引起了对外贸易额结构的巨大变化，对外贸易额大幅度增长；帕维斯认为对外直接投资可以扩大、促进和提升对外贸易结构的演变和发展，这也是

---

① See Wells., Louis T., “The Internationalization of Firms from the Developing Countries,” in Tamir Agmon and Charles P. Kindleberger (ed.), *Multinationals From Small Countries*, Cambridge Mass, MIT Press, 1977.

② See Lall, Sanjaya, *The New Multinationals: The Spread of Third World Enterprises*. New York, John Wiley & Sons, 1983: 250-268.

根据20世纪后半叶发达国家和新兴经济体对外直接投资的实践总结和研究的。① 支持“贸易投资替代论”的论据有：通过研究发达国家对外投资建立了国际投资的分析模型，这些模型认为，通过国际贸易出口产品到国际市场需要较高的运输成本、关税成本等，而通过对外直接投资直接在东道国进行生产并销售则会降低这些成本，因此，如果东道国市场容量足够大，则会使得投资国企业由国际贸易转向国际投资。

2. 汇率决定论

在20世纪90年代以前，学者和经济学家关于对外直接投资与外汇汇率关系的研究一致认为两者不存在相关关系，因为若投资国本币升值，说明了投资国企业对外投资的成本降低，但在计算回报利润时也以投资国货币结算，所以认为两者之间不存在任何相关关系，如果投资国货币贬值，也可以得出相同的结论。库什曼（Cushman，1985）利用美国、法国、日本等16个发达国家的对外直接投资数据进行统计分析，发现投资国货币升值可以促进对外投资的发展，但是汇率的高低则与对外投资没有直接的关系；坎帕（Campa，1993）为了说明这个问题，利用美国批发行业对外投资的数据，证明了外汇汇率的波动会增加投资国企业进行投资的机会，但没有得出两者间的相关关系。

3. 投资诱发要素组合论

该理论是20世纪80年代末90年代初提出的，核心观点就是一个国家或经济体的对外直接投资都是由直接诱发要素和间接诱发要素的组合决定的。直接诱发要素主要指投资国或东道国的各类生产要素，包括劳动力、资金、技术、经验等要素，既可以是投资国具有某种直接诱发要素而引发对外直接投资，将这些具有诱发要素的生产要素转移到国外进行生产销售，也可以是东道国具有某些直接诱发要素而吸引投资国进行对外投资。间接诱发要素主要是指除了直接诱发要素以外影响对外投资的要素，包括三个方面：一是投资国具有的诱发对外投资要素，如制定的对外投资政策法规、签订的对外合作协议等等；二是东道国具有的诱发对外投资要素，如投资的基础设施、市场规模、优惠政策和政局稳定等投资的软硬环境；三是世界性诱发对外投资的要素，如经济全球化和一体化、科技革命、自然灾害以及国际范围内的法规协议等。

中国的对外直接投资和其他经济体的对外投资有共性的方面，但是由于中国政府和经济体制的原因，中国的对外直接投资也表现出特殊性和独特性。在上述诸多对外直接投资理论中，哪些可以指导中国对外投资的实践，则需要具体分析。除了发展中国家的小规模技术理论、技术地方化理论、技术创新与产业升级理论和技术发展周期理论可以直接用于指导对外直接投资的实践以外，对发达国家的对外投资理论要做具体透彻的分析。上述几个发达国家的对外投资理论都可以概括为一个经济体需要具有某种比较优势，可以是所有权优势、内部化优势、区位优势或者是几者兼而有之，对外投资才可以获利。那么，我国对外直接投资活动也离不开比较优势原理的指导，在进行对外直接投资时，在对投资主体、产业和区位的选择上都应该考虑是否具有比较优势。只有相对于东道国或其他国家的投资企业具有某种优势，进行对外投资才能获取由比较优势带来的收益。但是，我们也

① See Kojima, K., “A Macroeconomic Approach to Foreign Direct Investment,” *Hitotsubashi Journal of Economics*, 1973 (14): 1-12.

应该看到，如果仅仅从静态角度看待比较优势，就会因某些产业没有比较优势而不能进行对外投资，我国技术创新和改革的步伐就会放慢。因此，我们应从动态角度考察比较优势，在开放经济的条件下，把生产要素、产品、技术、管理经验置于国际竞争的大环境中，既要考虑目前所有的优势，也要从动态角度考察未来可能会拥有的比较优势，才能应对国际经济给我们的挑战，才会更好地指导对外直接投资的实践，促进技术创新和产业升级。

二、中国对外直接投资的动机

一般认为，企业进行对外直接投资不单纯只有一种动机，而是多种动机的组合、补充。从现有研究对外直接投资动因的文献看，跨国公司进行对外直接投资的动机一般可以归纳为以下四种类型：市场寻求型、资源寻求型、技术寻求型和战略资产寻求型。在中国对外直接投资中，上述动机均发挥了作用。

（一）市场寻求型对外投资

寻求和扩大国际市场是近年来我国企业进行对外直接投资的重要动因，这和中国企业面临的国内外环境的改变有关。从国内看，20 世纪 90 年代以来中国纺织、制造等行业出现了国内产能过剩、市场萎缩等情况；从国际看，由于多年来中国对外贸易保持对发达国家的较大顺差，发达国家纷纷采取了保护性贸易政策，通过贸易壁垒、出口配额等措施限制中国的出口，中国出口贸易遭遇了大量的反倾销、反补贴起诉。在国内外双重压力下，国内企业要想继续发展壮大必须寻找和扩大新的市场，对外直接投资、进行国际化经营就成为企业扩大市场的重要路径。这些可以从中国企业对外投资的案例中得到佐证。

纺织、服装行业是为绕开贸易壁垒进行对外投资、开拓海外市场的突出例子。上海华源集团就是市场寻求型的典型案例。成立于 1992 年的华源集团，是一家以纺织为支柱产业的大型国有集团。20 世纪 90 年代后期，中国纺织业在经过起步、成长、发展、成熟的阶段后，国内市场普遍萎缩、生产能力过剩，通过国际贸易寻求海外市场的传统做法又受到出口配额、技术贸易壁垒等因素影响而困难重重，企业产品滞销，在这种情况下华源集团果断作出决策，另辟蹊径积极进行海外投资，到具有生产成本优势的国家投资生产。先后在塔吉克斯坦、尼日尔、墨西哥和泰国等国家建立海外生产基地，其主要目的就是为了获得广阔的国际市场，开辟新的产品销售渠道。华源集团市场寻求型对外直接投资促进了企业市场规模的扩大，有效地绕开了国际贸易壁垒，带动了相关原材料、中间产品、零配件和设备的出口；同时可以利用东道国优惠的贸易政策和措施，迂回地扩大对其他国家的出口。如华源集团通过对外投资在墨西哥和加拿大设立两个纺织企业，利用《北美自由贸易协定》中有关贸易区成员间进行面纱、纤维等纺织品贸易享有免税、免配额的优惠政策，扩大了对北美发达国家尤其是美国的纺织产品出口。

（二）资源寻求型对外投资

资源寻求型对外投资是我国对外直接投资中不可或缺的部分。虽然近年来其他动因的对外投资发展迅速，但资源寻求型对外投资一直保持着15%左右的比例。进行这种类型的对外直接投资的一般为政府主导的国有或国有控股企业，主要通过海外并购、投资建厂等途径实现对海外石油、铁矿石、森林等矿产资源的开发与获取。这方面的案例不胜枚举。资源寻求型对外投资的开展与我国能源储备的状况紧密相连。我国从总体上来说是一个资源较为充裕的大国，但是从人均储备量来说则远远低于世界平均水平，特别是石油等自然资源的储备形势越来越严峻。为了维持国内经济的稳定增长，就必须确保能源密集行业的稳定发展。在这种形势下中国必须通过对外投资参与到国际资源生产分工体系中，为中国关系国计民生的资源产业发展提供原料来源，逐渐建立中国资源密集型产业发展的国际供应基地。

从以石油资源获取为动因的对外直接投资来看，最具代表性的当属我国三大石油巨头即中石化、中石油和中海油。中国政府早在20世纪90年代就提出了“走出去”的发展战略，要求国有企业在海外建立充足稳定的石油产地和供应基地。在相关产业和投资政策的激励下，1993年中石油积极进行海外投资，成功中标了泰国邦亚区块的石油开发项目，首次获得国外油田的开发和收益权，由此拉开了我国石油企业进行海外投资的序幕。1995年9月，中石油又在苏丹穆格莱德盆地6区块油田开采项目中中标，两年后，又进一步获得穆格莱德盆地1/2/4区块的石油开发权。从此以后，中石油对外投资的区位不断扩大，先后在泰国、委内瑞拉、巴布亚新几内亚、苏丹等国家和地区进行了石油开发投资。在开发过程中中石油海外石油产量也逐年提高，1997年仅为52万吨，到2000年就跃升到500万吨，增长了近10倍，而到2002年这一数字又变化为1 018万吨。随着2002年又一波新的对外投资浪潮的掀起，中石油对外投资步伐加速。截至2010年中石油海外油气作业产量达到8 673万吨，为国内能源产业发展提供了稳定可靠的国际供应。

（三）技术寻求型对外投资

市场和资源寻求型对外直接投资是在工业化初期，中国企业为了扩大市场和寻求关键资源而进行的。随着工业发展和科技全球化趋势进一步深化，企业的生产成本已经在较大限度内得到控制，技术水平是产业升级的直接动力，通过技术研发可以提升生产效率，增强企业的竞争力，从而促进产业升级。从20世纪90年代开始，为摆脱长久以来对“中国制造”产品低质低价的传统观念，在国际竞争中获得一席之地，中国企业把技术创新和升级作为提升企业竞争力的关键要素。技术可以通过市场交易获取，但往往成本过高并且很难获得核心技术，通过自主创新则周期长、难度大，而通过对外直接投资可以在较短时间内以较低成本获取企业发展所需的关键技术。因此，20世纪末21世纪初的这段时间内，中国企业积极实行对外投资以实现研发国际化，主要流向是发达国家和地区。

以通信制造业为例。华为技术有限公司1987年成立于深圳，主营业务是提供交换、传输、无线和数据通信类电信产品，同时为电信提供网络和服务解决方案等。短短几年时间，华为之所以能从一个缺乏对外投资经验的运营商，转变为全球第二大通信设备供应商以及全球500强企业中唯一没有上市的企业，皆得益于华为在对外投资的初始阶段就把企业核心技术的获取作为投资的主要战略目标，重视对海外技术资产获取的投入，其每年都会把销售收入的10%用来作为研发投入。2005年8月，华为在印度班加罗尔投入6 000万美元的重资建立了生产基地，同时投资 4 000 万美元建立了技术研发中心，并与爱立信、诺基亚等世界知名通信商建立联合实验室。从事高新技术产业的华为深知，如果没有核心技术、没有专利，就不能很好地在欧美市场立足和发展。在这种动因主导下，截至 2010 年，华为累计申请中国专利 31 869 件，申请国际专利 8 892 件以及其他国家的海外专利 8 279 件，其中已获授权专利总数为 17 765 件，海外授权达 3 060 件。通过对外投资以及对研发的大量投入，华为拥有了在无线数据通信产品以及电信网络服务方面先进的技术和核心专利，大大增强了华为的竞争优势，为进一步拓展海外市场打下了坚实的基础。同时在通信制造业内可以通过溢出效应、示范效应影响其他企业进行技术的学习、消化和创新，从而带动通信业以及相关产业的升级和发展。类似地，家电制造业的四川长虹在对外投资过程中积极与发达国家建立技术合作联盟，从 2002 年开始先后在美国、日本、德国等国家成立了长虹—东芝、长虹—三洋、长虹—飞利浦等九大中外技术合作实验室。通过与发达国家开展技术合作，长虹整合了该行业的全球技术资源，实现了核心技术的有效提升，同时在这个过程中长虹也开辟了广阔的国际市场。

(四) 战略资产寻求型对外投资

战略资产一般是指企业发展所需的专有技术、品牌、营销渠道、市场渠道等无形资产。由于我国的对外直接投资起步较晚，目前多数企业经验不足，并不具备在全球范围内整合生产要素的能力，但这并不意味着我国企业缺乏战略资产寻求型对外投资活动。战略资产寻求型对外直接投资，是有实力的大企业在积累了一定资源禀赋的基础上，为了增强企业竞争力，做大做强企业，积极对外投资利用国外资源获取企业深度发展所需的战略型资产，如企业品牌、营销渠道、管理经验等不易模仿和替代的资产。

中国的战略资产寻求型对外投资最早出现在 20 世纪 90 年代初期，但受到对外投资初期资金与经验比较匮乏的制约，规模较小，投资数也较少。到了 2000 年以后，随着中国经济的腾飞，大量中国企业的对外投资活动都是以获取战略资产为目的，通过收购与兼并获取和学习发达国家的先进技术和管理经验，以实现企业的战略发展。近年来随着国内经济的快速发展，一系列企业逐渐成长壮大起来，在经济发展的过程中业已形成自身的竞争优势和竞争力，其进一步扩张就需要形成自身的品牌竞争力、营销渠道、发明专利等战略资产，而这些资产的获取仅仅靠市场交易是成本非常高昂并且很难获取的，因此，为了在短时间内以较低成本获取这些战略资产，进行海外投资就是跨国公司充分利用海外市场信息、技术、管理经验等逐渐形成企业战略性资产尤其是知识性资产的较为可行的路径。在过去几十年的时间里，企业对外直接投资的最大动机不是为了利用自身的竞争优势，而是为了更大限度地获取企业深度发展所需的战略型资产（Dunning，1998）。

以家电制造行业为例。由于缺乏关键技术和自主品牌，很多家电制造企业只能通过贴牌生产的方式为国际知名家电企业代工生产，处于价值链环节中加工制造等低附加值环节，而研发、营销等高附加值环节往往被国外企业所控制。为了摆脱价值链低端嵌入的尴尬境地，实现价值链环节的有效攀升，企业必须加强对战略资产的获取以树立国际竞争力。如海尔于 1999 年就通过对外投资的形式与美国、日本等发达国家进行合作，建立了中国技术研究院，通过合作的方式获取企业发展的关键技术，整合全球技术资源，同时海尔还通过对外投资在发达国家建立研发中心的形式获得战略资产。目前海尔在全世界范围内已经建立8个研发中心，拥有19个研究合作伙伴。在对外投资过程中海尔十分注重营销网络、品牌意识的构建，海尔集团在海外投资和跨国经营过程中始终以创立世界知名的自主品牌为核心目标。早在20世纪80年代，海尔集团总经理张瑞敏就提出了“创海尔世界知名品牌”的战略，1998年后海尔全力实施国际化战略，使海尔成为国际化的海尔，让海尔由中国名牌成长为世界名牌。海尔通过品牌战略逐渐在欧美市场形成了顾客忠诚度和品牌忠诚度，在欧美家电市场占据了一席之地，并逐渐建立起自己的销售网络和分销渠道，使得海尔迅速成长为具有国际影响力的大型跨国公司。

三、江苏对外直接投资的动机

如上所述，跨国公司进行对外直接投资一般可以归纳为以下四种动机：市场寻求型、资源寻求型、技术寻求型和战略资产寻求型。然而，江苏的对外直接投资在境内主体和行业分布两大方面存在着鲜明的特点，江苏企业“走出去”的动机以市场寻求型和技术寻求型为主。

（一）中小民营企业主导的对外投资决定了其主要动机是获取市场

相比大型企业的海外投资，中小民营企业呈现出不同的模式。它们更加灵活，所处的市场环境竞争更为激烈，对成本更加敏感，而资金实力更为有限。

自2000年以来，民营企业就在江苏的对外直接投资中独占鳌头。2012年，民营企业参与境外投资项目383个，较上年增长3.79%，占全年新批项目数的66.96%；合同投资额320 725万美元，较上年增长27.45%，占全年合同投资额的63.57%，反映出民营企业在境内投资主体中的主力地位。

分析江苏中小企业的海外投资机构类型可以发现，绝大多数中小投资者到海外投资实际上是去建立贸易或与贸易相关的海外分支机构，来帮助自己出口产品以及在海外销售和提供售后服务。国内学者将这类投资称为贸易型对外直接投资。还有一类重要的生产型对外直接投资，涉及实实在在的海外生产活动。除此之外，其他海外投资类型还包括资源开采、建筑和房地产、研发等，但占比都非常小。

现有的研究运用Probit模型进行了计量检验。[①] 贸易型对外直接投资与中国对东道国的出口规模以及东道国的人均GDP水平存在显著正相关性；而生产型对外直接投资与东道国的市场规模存在显著正相关性，与东道国的劳动力成本存在显著负相关性。

因此，不像中国的大型海外投资项目（尤其是制造业项目）以获取自然资源和获取技术为主要投资动机，中小民营企业投资海外主要是为了获取市场，其次是降低成本。其中，贸易型对外直接投资虽然是为了维护现有的海外市场，但与传统上定义的市场寻求型对外直接投资并不一样。贸易型对外直接投资的生产活动仍然在中国，海外市场仍然靠出

① 参见王碧珺、黄益平：《被误读的官方数据——揭示真实的中国对外直接投资模式》，载《国际经济评论》，2013（1），61～74页。

口来满足，对外直接投资在此处的作用只是为了便利出口。

（二）制造业企业主导的对外投资决定了其主要动机是获取技术

与全国平均水平相比，江苏对境外第二产业的投资呈现出两方面的特点：首先，流向第二产业整体的投资比例高于全国水平。2010—2012 年，这一比例分别为 47.91%、41.97%和 29.84%，大大高于 19.35%的全国平均水平；其次，与采矿业比例高于制造业比例的全国情况相比，江苏的采矿业比重较低，但制造业比重更高。以 2011 年为例，江苏采矿业占总流量的比例只有 9.15%，而制造业占总流量的比例高达 17.73%。

现有的研究认为，整体而言，大型海外投资项目的最主要投资目的是获取自然资源，其次是获取市场，最后是获取技术。但制造业项目则有所不同，“降低成本”并不是江苏制造业投资项目的主要动机。虽然近年来国内生产成本上升较快，但那些对成本敏感的企业倾向于将工厂从江苏搬到成本相对较低的广大中西部地区，而不是大量迁移到海外，毕竟海外经营面临更大的不确定性和风险。

对于江苏制造业企业而言，不管是民营企业，还是国有企业，对外直接投资最主要的动机都在于获取技术。通过投资海外，江苏的制造业企业期望获得先进的技术、品牌认可以及市场渠道，从而提高利润率，延伸价值链。对于江苏制造业企业而言，通常有四个获取技术和品牌的策略：第一个策略是在海外建立研发机构，尤其是在发达国家建立研发分支。这一策略不仅有助于直接获取海外技术，而且可以享受东道国的技术聚簇和创新中心的外部溢出效应。第二个策略是与发达国家的东道国在位者建立合资企业。第三个策略是兼并收购海外企业。第四个策略是“集聚式对外投资”，这一策略在中国民营中小企业中应用较多。

第23章 江苏对外直接投资发展环境

对外直接投资是开放经济的重要组成部分，是国际专业化分工与合作、国际技术和资本流通的需要。对外直接投资不仅可以巩固和扩大出口市场、规避贸易壁垒，还能使企业抓住机遇吸收先进的管理经验和优秀人才，进一步提升国际影响力，同时也有利于带动机器、设备、原材料的出口，加速经济的升温，增强国际竞争力。自1980年起，全球的对外直接投资发展十分迅速。1992年，对外直接投资存量的销售收入首次超过同年国际贸易额。世界经济强国无一例外都是对外直接投资大国。目前中国不仅是外国直接投资的接受大国，也是对外直接投资大国，更是对外直接投资额最大的发展中国家。根据联合国贸发会议《2011年世界投资报告》，2010年中国对外直接投资占全球当年流量5.2%，位居全球第五，首次超过日本（562.6亿美元）、英国（110.2亿美元）等传统对外投资大国。

本章首先从宏观经济形势、产业演进趋势和现代服务业发展三个方面概述了2012年对外直接投资的国际环境，然后概述了2012年中国经济形势及对外直接投资的特点。了解国际和中国的经济环境及投资环境，目的在于以全球的视野看待中国以及江苏的对外直接投资，是全面、客观认识江苏对外直接投资的必要条件。

一、江苏对外直接投资的国际环境

2012年，江苏对外直接投资的发展受到全球经济增长缓慢、世界产业结构软化以及现代服务经济地位继续提升等外部经济环境的影响和制约。

（一）全球经济恢复缓慢

进入2010年，世界经济逐步走出衰退的阴影，呈现出复苏的态势。2010年初，受强有力经济政策、货币政策的后续影响，多数发达国家经济均出现了较大幅度的恢复性增长，发展中国家和地区整体上也呈现出较快增长的态势。目前，随着各国经济刺激的效应逐渐减弱，多数国家和地区经济增速逐渐放缓，世界经济复苏呈现出逐渐放缓的趋势。

发达经济体的经济复苏仍在继续，依旧脆弱的金融体系、较高的经济不确定性使经济复苏的势头有所减弱。在新兴市场和发展中经济体内部，为应对产能过剩而采取的政策收紧措施、先进经济体需求的减弱以及各国本身特有的因素导致了经济活动放缓。

总的来说，受金融危机、债务危机等一系列因素的影响，世界经济正处于逐渐恢复的进程中，这一恢复既受经济自身周期性的影响，又受到世界各国的经济刺激政策的影响。从这方面来讲，世界经济的复苏促进了全球国际直接投资的增长，但是同时也应该看到，当前世界经济复苏过程中还存在很多问题，例如世界经济复苏的基础不稳定、经济复苏不平衡等等。这些问题又直接制约了国际直接投资的发展，使得国际直接投资复苏进程缓慢。2012 年，全球国际直接投资流量下降 18%，降至 1.35 万亿美元。此外，从全球来看，主要宏观经济指标都呈现正增长，国际直接投资的急剧下降与 GDP、国际贸易和就业人数等其他关键经济指标的趋势形成鲜明对照，这主要是由于一些主要经济体经济脆弱，政策难以料定，因此投资者持谨慎态度。此外，许多跨国公司都对其海外投资做了调整，包括重组资产、撤回投资和迁移公司等。因此，直接外资回升的道路并不平坦，回升需要的时间可能要比预期的长。

（二）世界产业结构软化趋势加强

从产业结构演进看，世界产业结构依次由农业经济向工业经济、服务经济和知识经济逐渐演变而软化。随着工业化的高度化，产业结构的软化趋势越发明显：服务业在整个经济中的地位大幅度提高，服务业的范围不断扩大，内容不断丰富；随着知识经济的发展，人力资本和知识成为生产中最重要的生产要素，从事知识劳动的白领工人大量增加，知识密集型服务业快速发展。

产业结构软化的趋势首先表现在产业结构服务化上。产业结构服务化不仅表现为第三产业内部服务业的不断扩大，同时还表现为第一、第二产业内部服务量的不断扩大。首先，从第三产业内部服务业来看，第一类是对企业、事业部门提供的服务。随着企业内部事务处理和办公自动化的发展与软件开发相联系的信息处理，程序设计等行业不断扩大，使企业内部的业务逐渐趋向独立化、安全化和合理化。第二类是对个人提供的服务。随着个人收入的提高及闲暇时间的增加，零售业、饮食业、旅游业、短期租赁业以及体育俱乐部和文化中心等休闲产业飞速发展。第三类是对社会提供的服务。社会基础设施的日益完善以及人们对福利方面需求的增加，使得旅客运输、电信电话以及广播、电视、医疗等方面的服务需求不断扩大。其次，从第二产业来看，其内部的服务量也在显著增加。在企业生产活动中，信息管理、综合计划、研究开发、市场调查、广告宣传、产品销售等与服务有关的业务比重急速增大。与此相适应，在第二产业的产品成本中，与服务有关的价值含量也在扩大。制造业内部的软化和服务化促进了第三产业的发展，而第三产业的扩张又使第二产业进一步趋向软化和服务化。各产业就是在这种相互联系中相互促进，使经济日益趋向软化和服务化。

除此之外，产业结构软化还突出表现为产业结构高技术化、产业结构融合化和产业结构国际化等方面。这些趋势对国际贸易和国际投资等各个领域都产生了广泛而深远的影响。以国际商品贸易为例，在国际贸易商品的价值构成中，知识创造的价值逐步增大。传统的工业经济形态主要以冶炼业、加工业、制造业为主要产业，需要消耗大量的能源和原材料，因而在初级产品中占较大比重，许多工业制成品也处于粗加工状态。而产业结构软化主要以高技术产业为支柱，这种产业不需要消耗大量的能源和原材料，而主要靠高精尖的设备和技术劳动力，在其投入的劳动和资金（或资本）两种要素中，凝结了高度的技术，在其产品中体现了大量的开创性研究活动，这就决定了在其产品的价值构成中所消耗的能源和原材料的比重较小，而知识创造的价值所占的比重较大。从世界商品贸易发展的实际情况看，在20世纪70年代，世界商品贸易就已经完成了从以初级产品为主向以制成品为主的转变。初级产品和工业制成品在世界出口贸易中的比重1937年分别为64%和36%，1970年这一比重分别为43%和57%，1991年这一比重分别为25%和75%，2001年这一比重分别为18%和81%，到2011年则进一步调整为13%和87%，国际贸易从以附加值低的粗加工制成品为主向以附加值高的精加工制成品为主的出口类型转变。

（三）现代服务经济正在成为国际核心竞争力

从服务业的地位看，服务业的快速增长使得它的产出和就业在整个经济中的比重持续上升，使服务业在整个经济活动中逐渐取得了主导地位。第二次世界大战以来，特别是近20年来，经济全球化进程逐渐加快，成为世界经济发展的主流。在知识、技术和全球化力量的推动下，全球服务业迅速发展，服务业在一国经济中占据越来越重要的位置，并成为衡量一国国际竞争力的重要标准。服务贸易随着世界经济结构的调整，作为建立在新技术革命和产业升级基础上的新兴产业迅速发展起来。它不仅在各国产业升级和支柱产业的战略替代方面发挥了巨大作用，而且在各国国际收支平衡中也发挥着重要的缓冲作用。服务贸易已日益成为影响各国经济发展的重要力量。据经济合作与发展组织（OECD）的统计，自20世纪60年代以来，服务价格比工业价格增长快三倍，美国服务业对GNP的贡献率从50%上升到80%，其中63%的服务属高技能的服务。

近年来，服务业显现出新经济的特点。以计算机技术为核心的信息技术推动了以信息为基础的各类服务贸易的发展，并且在信息流动的基础上促进了其他服务贸易和货物贸易的发展；以金融、保险、房地产和商务服务为主的现代服务业在增加值中的比重明显提高；现代服务业的就业比重提高增快；知识密集的服务行业发展最为迅速。服务业的新经济特点昭示其是未来产业发展的重要趋势。

服务的投入大量增加，服务业与制造业融合发展已成为全球经济发展的趋势。对服务业的投入加大，主要表现为制造业的中间投入中对服务的投入大量增加，产业融合趋势明显。现阶段产业融合的突出特征是，制造业企业活动外置带动现代新兴服务业的发展，现代服务业加速向现代制造业生产前期研发、设计，中期管理、融资和后期物流、销售、售后服务、信息反馈等全过程渗透，现代制造业内部逐渐由以制造为中心转向以服务为中心。

除此之外，服务业国际转移也成为一种重要的趋势。近年来，在全球经济不景气的大背景下，跨国公司开始了新一轮全球产业布局调整。制造业的国际转移仍是产业布局调整的重心，而服务业向新兴市场国家转移的趋势也渐趋明显，成为新的热点。服务业国际转移表现为三个层面：一是项目外包，即企业把非核心辅助型业务委托给国外其他公司；二是跨国公司业务离岸化，即跨国公司将一部分服务业务转移到低成本国家；三是一些与跨国公司有战略合作关系的服务企业，如物流、咨询、信息服务企业，为了给跨国公司在新兴市场国家开展业务提供配套服务而将服务业进行国际转移，或者是服务企业为了开拓东道国市场和开展国际服务贸易而进行服务业国际转移。对于东道国而言，第二和第三层面的服务业国际转移都表现为服务业外商直接投资。

二、江苏对外直接投资的国内环境

2012年，江苏对外直接投资也面临着国内经济形势和制度环境变化的影响。这些变化包括经济增长放缓、产业结构升级的步伐加快、对外直接投资的行政管理体制改革以及江苏本省的规划与扶持等等。这些变化对江苏对外直接投资影响的方向不一、方式不同，但均是评估对外投资当前态势、规划下一步发展目标所必须加以考虑的重要因素。

(一) 宏观经济进入结构性减速期

延续2012年经济发展态势，2013年中国经济进入结构性减速期。2013年经济增长达到7.5%。与2012年相比，消费增幅下降，投资增长靠地产和基建拉动，制造业投资下滑，总体投资平稳，外需有所改善，对工业带动积极，贸易顺差略有增加。

第一，工业回升，但实体通缩依然。2013年第三季度工业开始回升，中国采购经理人指数PMI连续超过50%，上升趋势明显，工业增加值增长率接近10%这一中国工业长期增速下限水平，经济已经出现了企稳迹象。反映生产者价格水平的生产者价格指数PPI持续两年为负值，意味着实体经济一直处于通缩状态，应大量去库存和产能，但很多企业只存在去库存，而去产能则一直步伐缓慢。在产能不能有效退出的情况下，财政、金融资源的大量持续流入和补贴阻碍了工业部门调整，并将成为今后几年困扰经济有效复苏和工业部门经济效益提高的主要问题。

第二，出口回升，投资靠地产和基建，消费下降。与2012年同期相比，三大需求中出口复苏比较快。出口下半年复苏的原因是：欧美经济走稳带动了中国出口；贸易条件改善，尽管实际有效汇率和名义有效汇率双双走高，但进口原材料价格大幅下跌，贸易条件改善，出口加工企业利润回升；出口退税政策下半年仍有7 000亿元额度可供使用，出口成为2013年稳定经济的重要工具。

投资保持高速增长态势，但仍主要靠地产和基建投资，这种投资模式的可持续性一直是社会关注的问题：政府、企业负债过高，而且利率也处于较高水平，金融风险不断累积；社会投资回报率不断下降，外商投资下降，企业自主投资意愿下降，制造业投资下降很快，服务业投资领域的更大程度开放很重要；房地产作为地方经济的支柱，一直存在非常高的风险。

导致2013年消费增长下滑的长期制约因素主要是：经济发展减速会直接导致收入预期下降，降低消费；收入差距大，福利覆盖水平低，导致居民消费倾向下降；财富效应低，中国居民的财产性收入主要是房地产、储蓄和股票等，房地产价格畸形已经成为拉大收入差距的主要因素，股票市场熊霸全球，投资者资产缩水，而储蓄利率自由化推动居民储蓄收入有所增加，对消费有所支持。

第三，金融风险依稀可见。2013年中国金融市场波动起伏。当前，直接的金融风险在结构上表现为严重的同质化金融机构期限错配、央行人民币创造机制依赖于外汇占款、地方政府债务的不可持续、企业负债高和“影子银行”蕴藏的风险。金融风险直接影响到经济的货币宽松条件，预计2013年全年社会融资总规模超过18万亿元，再创历史新高已成定局，经济靠货币推动的格局依然。

（二）产业结构升级加快，服务业发展空间广阔

从国内产业结构看，我国国内产业结构升级加快，产业结构正处在以第二产业为主导向三次产业协调发展转变的过程中，服务业比重将不断提高，依托发达的制造业基础优先发展现代服务业，将成为未来中国产业结构调整的战略取向。

近年来，中国服务业在保持较快发展速度的同时，其内部结构明显改善，服务业结构转换与升级速度加快。物流、金融、信息服务等生产性服务业的带动作用开始显现，旅游、文化、教育培训、医疗卫生、体育、会展、中介服务、动漫、创意等需求潜力大的新兴服务业发展迅速。现代技术型、知识型服务业迅速发展，各种新型业态层出不穷，提升了服务业对国民经济特别是对制造业的支撑能力。但交通运输及仓储和邮政业、批发和零售业、餐饮业等传统产业的主导地位并未改变，现代物流、信息、金融等现代服务业发展总体水平仍然偏低。从服务业内部各行业增加值来看，批发和零售业、交通运输及仓储和邮政业、住宿和餐饮业等传统服务业所占比重最高，在全部服务业增加值中的比重高达40%，而金融与保险业、信息传输及计算机服务和软件业、科学研究与技术服务业等现代服务业和新兴服务业的科学研究、技术服务的比重还比较低，约为20%。从消费增长的空间看，现代服务业将极大拓展消费空间，随着居民消费能力的提升和消费结构的高级化，传统服务业将在经营手段、经营业态、经营理念上向现代服务业转变。

同时，我国服务业面临承接欧美和亚洲发达国家现代服务业向中国转移的机遇，基于市场空间、资源约束、人力成本、科技原创力、产业基础等核心因素，欧美、日本、中国香港、新加坡、中国台湾等发达国家和地区高等级生产性服务业及部分消费性服务业正加速向中国大陆转移，重点包括与制造业紧密配套的航运、金融、物流、高等商贸、商务服务等，资金流、信息流、人才流、能量流正加速向中国大陆集聚。江苏作为长三角地区的重要区域，存在广阔的市场空间与发展机遇。

（三）对外投资管理体制改革得以进一步深化

为鼓励我国企业参与国际竞争，更好地贯彻“走出去”战略，2009年，政府颁布了《境外投资管理办法》，缩短除少数重要项目之外大部分项目的审批时间，简化审批程序，改革了我国的对外直接投资管理体制。

2012年，十八届三中全会《关于全面深化改革若干重大问题的决定》提出，扩大企业及个人对外投资，确立企业及个人对外投资主体地位，允许发挥自身优势到境外开展投资合作。为了推动中国企业“走出去”及个人对外投资，我国在对外投资方面又将有新措施出台。商务部正在同有关部门抓紧修订《境外投资管理办法》，除对敏感国别和敏感行业的境外投资保留核准外，拟一律实行备案制。这无疑将进一步激发国内企业的投资热情与积极性，有望推进境外投资再攀新高。目前，商务部正会同有关部门研究拟订具体落实措施，近期重点推动的主要有三项工作：

一是研究深化对外投资管理体制改革的具体方案，推动对外投资合作便利化，逐步实

现对境外投资实行以备案制为主的管理方式。

二是正在抓紧修订《境外投资管理办法》，除对敏感国别和敏感行业的境外投资保留核准外，拟一律实行备案制。

三是加强业务统计监测，完善规划引导和信息服务，既引导企业及个人了解国外投资环境和商机，扩大对外投资，也帮助其加强风险防范和应对。

据了解，所谓备案制，就是不需要审查，只需履行登记备案程序即可取得相应的资格。事实上，国家发改委早在2004年的相关办法中就已对特定对象在一定范围内实行了备案制，但是只为国家发改委在境外投资项目核准中采用，适用的范围比较狭窄。

基于这个考虑，2012年由国务院公布的《政府核准的投资项目目录（2013年本）》中规定，无论国企还是民企，只要不涉及敏感领域和地区，10亿美元以下的境外投资将不再需要送发改委各级部门核准，而只需要提交表格备案即可。再加上这次《境外投资管理办法》的修订，无疑推动了境外投资“自由化”向前迈出一大步。

（四）科学规划为江苏经济的强劲增长提供了有力的政策支持

改革开放后，在以建立社会主义市场经济体制为目标的改革进程中，苏南利用其长期形成的发展基础、敏感的触觉、开放的理念和毗邻上海的区位优势，大力推进在全国风靡一时的“苏南模式”，经济社会整体实力取得了较大程度的提升。而与苏南快速成为全国经济发展水平较高的区域恰恰相反的是，仅一江之隔、咫尺之距的苏北直到2004年年底才赶上全国平均水平，摆脱我国东部沿海地区经济和社会发展“凹地”的命运。

鉴于区域发展不平衡存在进一步扩大的趋势，江苏提出了一系列区域统筹发展战略：(1) 促进苏北大发展战略实施战略（2001）。2001年下发《关于进一步加快苏北地区发展的意见》，作出推进苏北大发展的战略决策。(2) 沿江开发战略（2003）。2003年面对国际制造业加速向长三角转移的机遇，提出了沿江开发战略，以培育具有国际竞争优势的区域产业群落。(3)“三沿”发展战略（2004）。江苏省委十届五次全会提出要以“三沿”为轴线推动产业集聚和企业集群，实施沿沪宁线高新技术产业带、沿长江基础产业带和沿东陇海线加工工业带的开发与建设战略。(4) 江苏沿海地区发展战略（2008）。长三角产业结构优化调整内在需求日益紧迫，为沿海地区承接产业转移提供了发展空间。此时，江苏提出沿海地区区域发展战略：把沿海建设成东部沿海地区重要经济区，将沿海地区发展与推进长三角区域经济一体化、带动中西部开发开放、加快苏北振兴更好地结合起来。这一系列规划战略对长三角地区和江苏沿海地区优先发展现代服务业提出了明确要求，为江苏参与长三角地区分工与协作，特别是参与大上海都市圈港口物流、旅游休闲、商贸商务、服务外包等领域分工提供了战略机遇。未来十年，统筹区域发展、建设现代服务业高地将成为江苏参与区域竞争和合作、提升自身发展潜力的着力点。

第 24 章 江苏对外直接投资的区域比较

本章从区域比较的角度对江苏企业对外直接投资活动进行分析。首先，通过江苏与其他对外直接投资发达省市的对比，总结江苏对外直接投资的相对规模和相对增长速度，进而评价江苏对外直接投资的绩效水平；其次，通过对江苏内部苏南、苏中、苏北三个经济地带的对比，归纳江苏各地市对外直接投资的相对发展程度和发展速度，进而评价江苏各地市对外直接投资的绩效水平。

由于对外直接投资规模受到投资流出地经济规模的影响，用绝对份额简单进行比较并不能说明全部问题。为此，本章将引入联合国贸易与发展会议（UNCTAD）开发的对外直接投资绩效指数（OND），以便在控制投资流出地经济规模的条件下，评价对外直接投资的相对份额。

对外直接投资绩效指数以某一国家或地区对外投资流量（$OFDI_k$）占世界对外投资流量（$OFDI_w$）的份额与该国国内生产总值（GDP_k）占世界生产总值（GDP_w）的份额的比率来表示，对外直接投资绩效指数的数学表达式为：

$$OND=\frac{OFDI_k/OFDI_w}{GDP_k/GDP_w}$$

对外直接投资绩效指数剔除了来源国经济规模的影响因素，能够反映一国或地区在世界直接投资市场上的真实地位。如果某国或地区的 OND 为 1，意味着该国或地区对外直接投资的绩效达到世界平均水平；如果某国或地区的 OND 大于或小于 1，则意味着该国或地区的绩效高于或低于世界平均水平。

对外直接投资绩效指数反映一国企业对外直接投资的两种决定性因素：所有权优势和区位因素。所有权优势即为跨国公司用以开拓国外市场或试图通过海外扩张积累的企业特定竞争实力，比如，创新力、品牌、管理与组织能力、信息、融资、资源获取以及规模和网络等方面的优势；区位因素即母国或东道国有利于不同商品生产和服务的各种经济条件，包括相对市场规模、生产运输成本、技术工人、供应链、基础设施和技术支持等。一般而言，OND 越大，一国对所有权优势和区位优势的利用越充分。现有的研究表明，我国的对外直接投资绩效指数处于较低水平。

一、江苏对外直接投资的区域间比较

在缺乏中国对外直接投资总流量分省市排名信息的情况下，本报告采用商务部公布的非金融类对外直接实际投资额的分省市排名。由于统一扣除了金融行业对外投资流量并统一将合同投资额转化为实际投资额，非金融流量排名与总流量排名不会存在明显的差异，能够反映对外直接投资的区域间差异。

(一) 江苏对外直接投资实现了较快的稳定增长

由表24—1可知，2010年，江苏非金融类对外直接实际投资120 105万美元，位列浙江、辽宁、山东和上海之后，排名第五。随着国际经济形势的逐渐复苏，江苏非金融类对外直接投资的增长开始重新加速，2011年对外投资200 129万美元，同比增长66.63%，排名也升至全国第三。2012年，江苏非金融类对外直接实际投资额增至292 273万美元，同比增长46.04%，排名维持不变。

表24—1　　2010—2012年中国非金融类对外直接投资分省市排名　　单位：万美元

名次	2010		2011		2012	
	省市	流量	省市	流量	省市	流量
1	浙江	262 139	浙江	211 397	广东	322 155
2	辽宁	177 429	山东	207 704	山东	305 774
3	山东	158 750	江苏	200 129	江苏	292 273
4	上海	155 811	广东	190 269	辽宁	283 915
5	江苏	120 105	上海	151 316	浙江	240 190
6	广东	119 577	海南	120 144	上海	176 198
7	安徽	80 967	辽宁	114 950	湖南	140 163
8	北京	69 383	湖南	80 483	甘肃	133 923
9	福建	47 681	北京	74 534	北京	118 642
10	云南	47 406	湖北	69 009	四川	73 711

资料来源：商务部公共商务信息服务，http://www.fdi.gov.cn/。

在排名前十的其他省份中，近三年保持正增长的省份还有广东和山东，而辽宁、浙江和上海在2011年均出现了负增长，导致其排名滑落。在后危机时代，持续发力的广东、山东和江苏三省组成了中国对外直接投资的第一梯队。

(二) 江苏对外直接投资绩效逐年上升，但较其他省市仍偏低

由表24—1可知，2011—2012年，我国非金融类对外直接投资排名前十的省份是不断变化的。尽管排名次序存在着升降变化，广东、山东、辽宁、浙江、上海、北京和江苏等七个省市始终位列排行榜的前十位。我们认为这七个省市是对外直接投资最为活跃的地区，能够反映中国对外直接投资的较高标准。以下的跨区域绩效研究将对江苏和其他六个省市作对比分析。

在进行比较的七个省市中，广东、江苏和山东三省的经济总量较大，与之对应的是较

大的对外直接投资流量，浙江、辽宁、上海和北京的经济规模相对较小，与之对应的是较小的对外直接投资流量。仅凭直观判断无法准确说明江苏与其他省市在对外直接投资绩效方面的差异，必须计算 OND 指数。对外直接投资绩效指数计算的结果如表 24—2 所示。

表 24—2　　2010—2012 年中国部分省市对外直接投资绩效指数

地区＼年份	2010	2011	2012
广东	0.64	0.83	1.04
山东	1.00	1.07	1.13
江苏	0.71	0.95	1.00
辽宁	2.36	1.21	2.11
浙江	2.33	1.52	1.28
上海	2.23	1.84	1.61
北京	1.21	1.07	1.22

2010—2012 年间，江苏对外直接投资绩效逐年上升，2010 年 OND 指数为 0.71，2011 年上升至 0.95，2012 年进一步上升至 1.00，创了历史新高。这说明近年来，江苏不断挖掘所有权优势和区位优势，取得了显著的成效。与江苏情况类似的还有广东和山东，其中，广东对外直接投资绩效的提升幅度最大，在对外直接投资流量排名中的进步也最显著。

虽然江苏 OND 指数不断提高，但与其他六省市相比，对外直接投资绩效仍然是最低的，对外直接投资规模仍然不能与江苏经济强省的地位相匹配。2012 年，江苏对外直接投资绩效指数为 1.00，勉强达到全国平均水平，与辽宁的 2.11、上海的 1.61 和浙江的 1.28 相比仍存在着较大的差距，说明江苏在所有权优势和区位因素方面存在着较大的潜力，对外直接投资的绩效有待深入挖掘。

二、江苏对外直接投资的区域内比较

在经济地理上，江苏可以划分为苏北、苏中和苏南三个经济地带。其中，苏北包括徐州、连云港、宿迁、淮安和盐城五个地级市；苏中包括扬州、泰州和南通三个地级市；苏南包括南京、镇江、常州、无锡和苏州五个地级市。从经济总量来看，苏南的 GDP 总量约占江苏全省 GDP 总量的 60%，苏中与苏北相当，各约占全省 GDP 总量的 20%。经济总量在地区间分布的不平衡是否会相应地带来对外直接投资在地区间分布的不平衡？这一问题将在下面的分析中得到解答。

（一）苏北地区对外直接投资增速最快，苏中地区次之，各地市增速差异显著

2012 年，苏北地区对外直接投资 73 906 万美元，较上年增长 61.94%；苏中地区对外直接投资 94 161 万美元，较上年增长 47.80%；苏南地区对外直接投资 336 480 万美元，较上年增长 39.68%，稍稍低于 40%的全省平均水平（见表 24—3）。

而在苏北地区内部，对外直接投资的增长则很不平衡。连云港市和宿迁市出现了负增

长，而淮安市和盐城市则实现了超过200%的增长。最大的亮点当属徐州市，继2011年增长668.91%之后，2012年，徐州对外直接投资维持了403.18%的高速增长，是带动苏北地区对外直接投资增长的主要驱动力量。

在苏南地区内部，对外直接投资的增长程度较为一致，除常州同比减少了43.53%外，苏州、无锡、镇江、南京均实现了50%～95%不等的增长。

表24—3　　2010—2012年江苏各地对外直接投资情况

地区	2010		2011		2012	
	流量（万美元）	占比（%）	流量（万美元）	占比（%）	流量（万美元）	占比（%）
全省	215 014	100	350 231	100	504 547	100
苏南	170 992	79.53	240 886	68.78	336 480	66.69
苏中	38 804	18.05	63 707	18.19	94 161	18.66
苏北	5 217	2.43	45 638	13.03	73 906	14.65
南京市	34 427	16.01	58 827	16.80	91 775	18.19
无锡市	35 106	16.33	64 776	18.50	92 036	18.24
徐州市	1 573	0.73	12 095	3.45	60 860	12.06
常州市	34 186	15.90	44 457	12.69	25 107	4.98
苏州市	47 446	22.07	70 048	20.00	122 163	24.21
南通市	31 825	14.80	45 110	12.88	79 882	15.83
连云港市	1 820	0.85	29 458	8.41	1 520	0.30
淮安市	600	0.28	602	0.17	2 304	0.46
盐城市	671	0.31	2 694	0.77	8 692	1.72
扬州市	3 024	1.41	6 179	1.76	1 771	0.35
镇江市	19 828	9.22	2 778	0.79	5 399	1.07
泰州市	3 955	1.84	12 419	3.55	12 507	2.48
宿迁市	553	0.26	788	0.22	530	0.11

资料来源：《江苏统计年鉴》。

（二）苏南地区仍然是江苏对外直接投资的主力

就区域内部构成来看，苏南地区对外直接投资占主导地位，但略有下降；苏中地区对外直接投资连年维持18%的平均水平不变；苏北地区对外直接投资比例最小，但比例扩大的趋势显著。

2010年，苏南地区对外直接投资170 992万美元，占全省流量的79.53%；2011年对外投资240 886万美元，占全省68.78%；2012年对外投资336 480万美元，占全省66.69%。这反映出苏南地区是江苏对外直接投资不可动摇的主力军。

与此同时，由于近年来苏北地区的增长速度超过苏南地区，苏北对外直接投资占全省的比例正在渐渐扩大。2010年，来自苏北的对外直接投资只占到全省总流量的2.43%，到了2012年，苏北对外直接投资的比例已经上升到了14.65%，非常接近苏中地区的比例。

（三）苏南地区对外直接投资绩效最优，苏北地区对外直接投资绩效改善明显

以下对江苏内部三大经济地带的比较分析将沿用对外直接投资绩效指数OND的分析

框架，值得注意的是，生产总值 GDP_w 与对外直接投资总流量 $OFDI_w$ 的主体均是江苏全省的水平。因此，江苏对外直接投资绩效指数必然等于 1。以此为基准，以下分析不同经济地带和地级市对外直接投资绩效的差异。

通过计算，江苏各地市对外直接投资的绩效指数呈现在表 24—4 中。

首先，横向比较的结果表明苏南地区的投资绩效指数最高，苏中次之，苏北最低。2012 年，苏南地区 OND 指数为 1.11，高于苏中地区的 1.02，而苏北地区对外直接投资绩效指数为 0.67，仍然处于低于 1 的较低水平。指数上的差异表明，苏南地区对所有权优势和区位优势的利用较为充分，而苏北地区对外直接投资规模与其经济总量严重不相符。

从地级市角度看，对外直接投资绩效指数排名靠前的城市有南通、徐州和南京，而排名靠后的城市则是宿迁和扬州。

其次，纵向分析的结果表明，苏北地区和苏中地区对外直接投资的绩效情况正在改善。改善过程中最大的亮点仍然是徐州市。2010 年，徐州的 OND 指数只有 0.10，但到了 2012 年，这一指数达到了 1.67，说明徐州对所有权优势和区位优势的挖掘取得了巨大的成功。

然而令人遗憾的是，对外直接投资绩效指数排名靠后的宿迁和扬州，近年来 OND 指数一路走低，反映出两市境外直接投资陷入低迷。相同的趋势也发生在苏南地区的常州市。

表 24—4　　2010—2012 年江苏各地级市（地区）对外直接投资情况　　单位：万美元

年份 地区	2010	2011	2012
苏南	1.32	1.15	1.11
苏中	0.98	0.99	1.02
苏北	0.11	0.60	0.67
南京市	1.31	1.35	1.41
无锡市	1.18	1.33	1.34
徐州市	0.10	0.48	1.67
常州市	2.19	1.76	0.70
苏州市	1.00	0.92	1.12
南通市	1.79	1.56	1.94
连云港市	0.30	2.95	0.10
淮安市	0.08	0.05	0.13
盐城市	0.06	0.14	0.31
扬州市	0.26	0.33	0.07
镇江市	1.94	0.17	0.23
泰州市	0.38	0.72	0.51
宿迁市	0.10	0.08	0.04

第25章 江苏对外直接投资行业分布

本章从行业的角度对江苏对外直接投资活动进行分析。首先，描述江苏企业对外直接投资行业分布的总体情况，并提炼其行业分布特征；其次，对江苏对外直接投资行业分布进行纵向分析，研究近三年来三大产业分布的变化以及导致行业分布变化的原因；最后，以行业分布的全国平均状况为基准，对江苏对外直接投资行业分布进行横向分析，挖掘江苏相对于全国的区域特点，锁定江苏对外直接投资活动中的优势和薄弱行业。

一、江苏对外直接投资行业分布概述

2012 年，江苏对外直接投资的流向覆盖了三大产业的 16 个行业。本节通过梳理江苏对外投资的行业分布的三个特征，对江苏对外直接投资行业分布的总体情况进行概述。

（一）行业分布日趋多元化

随着经济全球化的发展和我国经济实力的增强，对外直接投资也日趋成为江苏参与国际分工、推动产业结构高级化和提升国际竞争力的重要途径。江苏的对外直接投资从早期的单业为主向多种行业及多种经营方式稳步拓展，对外直接投资在行业分布上呈现出多样化的发展趋势。从第一产业的农、林、牧、渔业，到第二产业的制造业、采矿业、建筑业，再到第三产业的商务服务业、交通运输业、通信业、计算机服务业及其他非物质生产部门，江苏企业对外直接投资的流向已经覆盖了三大产业 19 个行业中的 16 个。

根据 2013 年度《江苏统计年鉴》的相关统计，2012 年江苏企业对外直接投资流量在三大产业中的分布存在着较大的差异，流向第三产业（即服务业）的流量达到 330 701 万美元，占总流量的 65.54%；流向第二产业（包括工业和建筑业）的流量为 150 561 万美元，占总流量的 29.84%；而流向第一产业（即农、林、牧、渔业）的流量仅为 23 286 万美元，占总流量的 4.62%（见表 25—1）。

表 25—1　　2010—2012 年江苏对外直接投资行业分布情况

	2010（万美元）	2011（万美元）	2012（万美元）	2012 年同比增长率（%）
第一产业	3 476	4 772	23 286	387.97
农、林、牧、渔业	3 476	4 772	23 286	387.97
第二产业	104 267	151 149	150 561	−0.39
采矿业	2 300	32 961	33 260	0.91
制造业	63 461	63 865	72 820	14.02
电力、燃气及水的生产和供应业	36 417	35 868	40 314	12.40
建筑业	2 089	18 455	4 167	−77.42
第三产业	109 870	204 234	330 701	61.92
交通运输、仓储和邮政业	3 310	6 010	9 805	63.14
信息传输、计算机服务和软件业	12 018	17 588	7 597	−56.81
批发和零售业	37 351	86 699	89 584	3.33
住宿和餐饮业	4 764	11 500	3 100	−73.04
金融业			2 080	
房地产业	14 804	28 176	41 140	46.01
租赁和商务服务业	28 052	44 576	158 432	255.42
科学研究、技术服务和地质勘查业	4 171	6 202	12 682	104.48
居民服务和其他服务业	258	400	6 201	1 450.25
教育	142	70		
文化、体育和娱乐业	5 000	3 013	80	−97.34
总计	217 613	360 155	504 548	40.09

资料来源：《江苏统计年鉴》及《中国统计年鉴》。

（二）六大行业最为集中

江苏企业对外直接投资在流量方面也存在着较为明显的行业差异性。虽然几乎覆盖了所有行业，但 2012 年对外直接投资流量占比在 5%以上的行业仅有租赁和商务服务业，批发和零售业，制造业，房地产业，电力、燃气及水的生产和供应业，采矿业等六个行业，其比重分别为 31.40%、17.76%、14.43%、8.15%、7.99%和 6.59%，这六个行业集中了总流量的 86.32%。其中，属于第二产业的制造业，电力、燃气及水的生产和供应业以及采矿业的流量占比之和为 29.01%，属于第三产业的租赁和商务服务业、批发和零售业、房地产业的流量占比之和为 57.31%。第三产业占比超过了总流量的一半，凸显出了服务业在江苏对外直接投资中的重要地位。

（三）技术密集型行业在投资中占据一席之地

在传统的以劳动密集型行业为主的对外直接投资规模不断扩大的同时，一些技术密集型行业，如信息传输、计算机服务、软件、科学研究与试验发展、科技交流和推广服务等行业的对外直接投资也开始呈现快速增长的态势。2012 年，流向信息传输、计算机服务和软件业的投资达到 7 597 万美元，占总流量的 1.51%；流向科学研究、技术服务和地质勘查业的投资达到 12 682 万美元，占总流量的 2.51%。随着我国科学技术水平不断进步和江苏产业层次的不断提升，未来技术密集型行业一定会成为江苏对外直接投资的主要行业。

二、江苏对外直接投资行业分布的纵向分析

由表25—1可知，在对不同行业进行对外直接投资的过程中，对外直接投资流量的变化方向及幅度不尽相同。下面，将对近三年来对外投资在三大产业的分布的变化进行分析。2012年，江苏对外直接投资总流量较上年增长40.09%，以此作为评价各行业投资增长情况的基准速度。

（一）对第一产业的投资规模急剧上升

2012年，流向农、林、牧、渔业的投资达到23 286万美元，较2011年增长387.97%，占总流量的比例也从上年的1.32%提升到4.62%。

2012年，在第一产业门类下的四个子行业中，农业投资流量4 440万美元，同比增长72.63%；林业投资流量10 367万美元，同比增长418.35%；畜牧业投资流量8 430万美元，改写了流向畜牧业的投资几乎为空白的历史（见表25—2）。因此，江苏企业对林业和畜牧业投资的增加是提升第一产业投资流量的关键因素。

表25—2　　2011—2012年江苏对外直接投资在第一产业内部行业分布情况

行业	2011		2012		年增长率（%）
	投资流量（万美元）	占总量比例（%）	投资流量（万美元）	占总量比例（%）	
第一产业	4 772	1.32	23 286	4.62	387.97
农业	2 572	0.71	4 440	0.88	72.63
林业	2 000	0.56	10 367	2.05	418.35
畜牧业	200	0.06	8 430	1.67	4 115.00
渔业		0.00	50	0.01	

资料来源：《江苏统计年鉴》。

（二）受建筑业拖累，对第二产业的投资流量出现负增长

2012年，流向第二产业的投资达到150 561万美元，较2011年减少了0.39%，占总流量的比重也从上年的41.97%骤降至29.84%。

2012年，在第二产业门类下的四个二级行业中，采矿业投资流量为33 260万美元，同比增长0.91%；制造业投资流量为72 820万美元，同比增长14.02%；电力、燃气及水的生产和供应业投资流量为40 314万美元，同比增长12.40%；建筑业投资流量为4 167万美元，同比骤减77.42%。第二产业门类下的四大行业增速均低于江苏对外直接投资40.09%的增长速度，但造成第二产业投资流量跌破40%历史均值的最大原因仍然在于对建筑业投资绝对规模的缩小。

对制造业的投资流量占对第二产业直接投资流量的48.37%，制造业仍然是第二产业最重要的组成部分。多年以来，江苏对制造业的直接投资主要集中在纺织业，纺织服装、

鞋、帽制造业，石油加工、炼焦及核燃料加工业，化学原料及化学制品制造业，黑色金属冶炼及压延加工业，通用设备制造业，以及专用设备制造业等七个细分行业。2012 年，以上七个细分行业直接投资的表现却不尽相同。如表 25—3 所示，虽然对江苏传统优势行业——纺织行业、化工行业的直接投资继续以高速增长，但是，对石化行业和冶金行业的直接投资却在减少，受到石化及冶金行业的影响，对制造业整体的直接投资增速被限制在 14.02%，低于 40.09%的整体增长速度，进而影响到了第二产业投资流量的占比。

表 25—3　　2011—2012 年江苏对外直接投资在制造业内部主要行业分布情况

行业	2011		2012		年增长率（%）
	投资流量（万美元）	占总量比例（%）	投资流量（万美元）	占总量比例（%）	
第二产业	63 865	17.73	72 820	14.43	14.02
纺织业	800	0.22	6 464	1.28	708.00
纺织服装、鞋、帽制造业	2 727	0.76	7 141	1.42	161.86
石油加工、炼焦及核燃料加工业	11 000	3.05	30	0.01	−99.73
化学原料及化学制品制造业	5 522	1.53	15 295	3.03	176.98
黑色金属冶炼及压延加工业	9 516	2.64	6 598	1.31	−30.66
通用设备制造业	6 782	1.88	2 166	0.43	−68.06
专用设备制造业	4 362	1.21	8 075	1.60	85.12

资料来源：《江苏统计年鉴》。

（三）商务服务业投资提速，第三产业在江苏对外直接投资中的重要地位得到强化

2012 年，流向第三产业的投资达到 330 701 万美元，较 2011 年增长了 61.92%，占总流量的比重首次突破 50%，达到了 65.54%。

如表 25—4 所示，在第三产业门类下的 14 个二级行业中，常年投资突破 1 亿美元的行业有四个。其中，信息传输、计算机服务和软件业投资流量为 7 597 万美元，同比减少 56.81%；批发和零售业投资流量为 89 584 万美元，同比增长 3.33%；房地产业投资流量为41 140 万美元，同比增长 46.01%；租赁和商务服务业投资流量为 158 432 万美元，同比激增 255.42%。2012 年，对通信业以及批发和零售业直接投资增长不明显，对房地产业的投资保持了平均增长速度，而对租赁和商务服务业直接投资的高速增长是提升第三产业投资比重的主要原因。值得一提的是，这已经是租赁和商务服务业对外投资连续多年保持 200%左右的增长速度，仅仅对这一行业的投资就达到江苏对外直接投资总流量的 31.40%。

表 25—4　　2011—2012 年江苏对外直接投资在第三产业内部行业分布情况

行业	2011		2012		年增长率（%）
	投资流量（万美元）	占总量比例（%）	投资流量（万美元）	占总量比例（%）	
第三产业	204 234	56.71	330 701	65.54	61.92
信息传输、计算机服务和软件业	17 588	4.88	7 597	1.51	−56.81
批发和零售业	86 699	24.07	89 584	17.76	3.33
房地产业	28 176	7.82	41 140	8.15	46.01
租赁和商务服务业	44 576	12.38	158 432	31.40	255.42

资料来源：《江苏统计年鉴》。

除了以上投资规模最大的四大行业，新的亮点还出现在科学研究和技术服务业方面。2012 年，对科学研究和技术服务业的直接投资突破 1 亿美元，达到 12 682 万美元，较 2011 年翻了一番。以科技交流和推广服务业为代表的技术密集型产业日益成为江苏对外直接投资的重要目标。

金融业是第三产业的重要组成部分，但是，2008 年以来，全球金融危机使得许多参与对外投资的金融机构遭受重创，江苏的金融机构也开始投鼠忌器，导致在 2010 年和 2011 年，江苏对境外金融业的投资陷入停滞状态。2012 年，江苏开始重新寻求对金融业的直接投资，当年合同投资额 2 080 万美元，金融业对外投资已有复苏的迹象。

三、江苏对外直接投资行业分布的横向分析

江苏对外直接投资的行业分布不仅随着时代的发展而展现出新的趋势，与全国平均水平相比，也存在着鲜明的区域特征。以下将以江苏产业分布与全国平均的产业分布做对比，以明确江苏在“走出去”道路上的优势和弱势行业之所在。

（一）第一产业投资比重高于全国水平

初级产业是中国企业对外投资较为忽视的行业，2011 年全国对外直接投资中，只有 1.07%流向了第一产业。造成第一产业比重极低的主要原因是境外投资第一产业的投资价值较低。

然而，作为中国最发达的省份之一，江苏对第一产业的直接投资比例要高于全国平均水平。如表 25—5 所示，2011 年，1.32%的新增投资流向了第一产业，这一比例在 2012 年达到了惊人的 4.62%。江苏对第一产业投资比重较高的现象蕴藏着自身的经济理性。虽然在江苏产业结构中，第一产业的比重较低，但实际上江苏是一个重要的农业强省，农业组织化和产业化程度较高，使得江苏企业有能力也有意愿进行第一产业的境外投资。预计江苏将充分发挥这方面的优势，流向第一产业的对外投资比例将稳定或稍高于全国平均水平。

表 25—5　　2010—2012 年江苏对外直接投资行业分布比例（%）

行业	2010	2011	2012	2011 全国
第一产业	1.60	1.32	4.62	1.07
农、林、牧、渔业	1.60	1.32	4.62	1.07
第二产业	47.91	41.97	29.84	33.50
采矿业	1.06	9.15	6.59	19.35
制造业	29.16	17.73	14.43	9.43
电力、燃气及水的生产和供应业	16.73	9.96	7.99	2.51
建筑业	0.96	5.12	0.83	2.21
第三产业	50.49	56.71	65.54	65.43
交通运输、仓储和邮政业	1.52	1.67	1.94	3.43
信息传输、计算机服务和软件业	5.52	4.88	1.51	1.04
批发和零售业	17.16	24.07	17.76	13.83
住宿和餐饮业	2.19	3.19	0.61	0.16

续前表

行业	2010	2011	2012	2011 全国
金融业	0.00	0.00	0.41	8.13
房地产业	6.80	7.82	8.15	2.64
租赁和商务服务业	12.89	12.38	31.40	34.29
科学研究、技术服务和地质勘查业	1.92	1.72	2.51	0.95
水利、环境和公共设施管理业	0.00	0.00	0.00	0.34
居民服务和其他服务业	0.12	0.11	1.23	0.44
教育	0.07	0.02	0.00	0.03
卫生、社会保障和社会福利业	0.00	0.00	0.00	0.01
文化、体育和娱乐业	2.30	0.84	0.02	0.14
公共管理和社会组织	0.00	0.00	0.00	0.00
总计	100	100	100	100

资料来源：《江苏统计年鉴》及《中国统计年鉴》。

（二）采矿业投资比重较低，但制造业投资比重更高

2011 年，中国对境外第二产业投资的比例为 33.50%。其中，采矿业占总流量的比例为 19.35%，高于制造业占总流量的 9.43%的比例。

与全国平均水平相比，江苏对境外第二产业投资呈现出两方面的特点。首先，流向第二产业整体的投资比例高于全国水平。2010—2012 年，这一比例分别为 47.91%、41.97%和 29.84%，其中 2010 年和 2011 年大大高于 19.35%的全国平均水平。其次，与采矿业比例高于制造业比例的全国情况相比，江苏的采矿业比重较低，但制造业比重更高。以 2011 年为例，采矿业占总流量的比例只有 9.15%，而制造业占总流量的比例高达 17.73%。形成以上两个特点的根本原因是江苏坚实的制造业基础，有强大的制造业企业做后盾，江苏对制造业的直接投资不仅弥补了采矿业较低的投资比例，更把对第二产业整体的投资比例带到一个高于全国水平的位置。

（三）批发零售业和房地产业是强项，商务服务业对外投资潜力大

第一产业与第二产业在江苏对外直接投资中的重要地位同时表明，流向第三产业的江苏境外投资必定低于全国水平。2011 年，全国 65.43%的对外投资流向了服务业，同期，该比例在江苏只有 56.71%。在 2012 年，这种状况发生了改观，江苏对第三产业的境外投资增长了 61.92%，达到了当年总流量的 65.54%，对境外第三产业投资的高速增长使江苏迎头赶上了服务业投资比例的全国水平。

从全国角度看，商务服务业是第三产业对外直接投资的绝对主力。2011 年，65.43%的对外直接投资流向了第三产业，而仅商务服务业一项就占总流量的 34.29%。对江苏而言，商务服务业长期以来是对外投资的薄弱行业。2010 年和 2011 年，江苏对境外商务服务业的投资仅占 12.89%和 12.38%，与江苏经济强省的地位非常不符。而在 2012 年，这种状况发生了可喜的改变，江苏对商务服务业的投资激增 255.42%，占当年总流量的 31.40%，约与上年全国平均水平持平。在商务服务业投资增加的强力推动下，第三产业整体投资比例也达到了 65%的全国水平。这说明，江苏发展对商务服务业投资的潜力是非

常巨大的，江苏企业应当重视眼下的海外投资机会，在商务服务业方面有所作为。

江苏自身的优势存在于对批发和零售业以及房地产业的投资。2011 年，全国 13.83%的对外投资流向批发和零售业，同期，江苏有 24.07%的对外投资流向了批发和零售业；2011 年全国流向房地产行业的对外投资比例只有 2.64%，而同期江苏的这一比例达到了 7.82%，并且该比例存在不断提高的趋势。对批发和零售业以及房地产业现有的投资优势值得江苏企业深入挖掘。

第26章 江苏商务服务业对外直接投资分析

商务服务业不仅是江苏对外直接投资的优势领域，而且商务服务业的主导地位仍在继续得到强化。2013年，江苏商务服务业投资流量158 432万美元，同比激增255.42%，成为对外投资行业分布中的最大亮点。值得一提的是，这已经是商务服务业对外投资连续多年保持200%左右的增长速度，仅仅对这一行业的投资就达到江苏对外直接投资总流量的31.40%。鉴于商务服务业对外直接投资的重要地位，本章以商务服务业为研究对象详细分析其发展状况、现存问题以及潜力的挖掘空间。

商务服务业（commercial service industry）又称“商业服务业”，是生产性服务业的主体组成部分。商务服务业作为WTO划分的12类服务贸易的一个大类，主要指在商业活动中涉及的服务交换活动，具体细分为：专业性（包括咨询）服务、计算机及相关服务、研究与开发服务、不动产服务、设备租赁服务、展览管理等其他服务。国家标准GB/T 4754-2002《国民经济行业分类及代码》规定的商务服务业包括企业管理服务（企业管理机构、投资与资产管理、其他企业管理服务）、法律服务（律师及相关的法律服务、公证服务、其他法律服务）、咨询与调查（会计、审计及税务服务、市场调查、社会经济咨询、其他专业咨询）、广告、知识产权服务、职业中介服务、市场管理、旅行社、其他商务服务（会议及展览服务、包装服务、保安服务、办公服务、其他未列明的商务服务）。无论商务服务业如何分类，它仍是一个发展中的行业，是人类社会经济文化发展到一定阶段的产物。商务服务业不仅自身在引导生产、促进消费、扩大内需、增加就业、创造产值与效益等方面的作用越来越显著，而且由于它直接为商业活动中的各种交易活动提供服务，直接促进商品流通与服务交换，存在着很大的“乘数效应”，对促进商务发展发挥着特殊的作用。

江苏商务服务业对外直接投资不仅得益于江苏快速发展的进出口贸易及制造业等其他行业对外投资的快速发展，而且为外商进入中国进行投资、合作提供专业性的服务。后金融危机时代，商务服务业对外直接投资流量总体上呈快速增长的态势。2012年江苏商务服务业对外直接投资流量达到历史最高水平——157 790万美元，较2011年增长270.62%（见表26—1）。

表 26—1　　2010—2012 年流向商贸服务业的江苏对外直接投资情况

项目＼年份	2010	2011	2012
新批项目数	75	98	101
年绝对增长量	25	23	3
年增长率	50.00%	30.67%	3.06%
中方合同金额（万美元）	26 972	42 575	157 790
年绝对增长额（万美元）	13 262	15 603	115 215
年增长率	96.73%	57.85%	270.62%

资料来源：《江苏统计年鉴》。

一、江苏商务服务业对外直接投资的特征

江苏商务服务业对外直接投资的主要特征包括其投资规模特征和境内主体的规模特征。

（一）江苏商务服务业已经成为江苏对外直接投资最大的组成部分

2010—2012 年，江苏商务服务业投资流量从 26 972 万美元增长到 157 790 万美元，占当年总流量的比重从 12.39%增长到 31.27%（见表 26—2），已经成为行业构成中最大的部分。随着服务业的快速发展，江苏商务服务业占总对外直接投资的比重还将上升。

表 26—2　　2010—2012 年江苏商务服务业投资占总流量的比例

项目＼年份	2010	2011	2012
商务服务业投资流量（万美元）	26 972	42 575	157 790
占总流量比例	12.39%	11.82%	31.27%

资料来源：《江苏统计年鉴》。

江苏商务服务业对外直接投资的发展与其现在的地位，是由其行业的性质所决定的。商务服务业的发展很大程度上是由企业业务外包所促进的。很多企业为了进一步降低成本，提高效率，把原先由自己从事的业务外包出去，专门做自己最擅长的活动，从而诱导了现代生产性服务业（很大一部分属于商务服务业）的发展，如策划、广告、人力资源开发、法律、会计、审计、税务服务等等。经济全球化、一体化进一步加速了资本、劳动和技术在全球范围内的优化配置，将许多服务业务分配给不同的境外企业完成。为了跟上经济全球化的步伐，更加有效地利用国际市场，伴随着中国企业“走出去”的将是大量的商务服务业的对外直接投资。

（二）商务服务业的境内投资者和境外企业数量少，但单体投资规模较大

江苏商务服务业对外投资流量和存量都占江苏对外直接投资总流量和总存量的最大比例，并且这一重要的角色将随着江苏对外直接投资的进一步发展而越来越明显。但是，虽然 2010—2012 年商务服务业的中方合同投资额不断膨胀，但是新批项目数却没有得到相

应的增加（见表26—1），反映出商务服务业所分布的境内投资主体和境外企业数量所占总的比例相对较小。

虽然商务服务业境内主体和境外企业的数量较少，但是项目平均规模正在不断扩大。2010年项目平均规模为1 078.88万美元，相对于其他行业的单项目规模已经较大，2011年增长至1 851.09万美元，2012年则进一步膨胀到平均每项目5.26亿美元，反映出单个投资主体的投资规模相对更大。

二、江苏商务服务业对外直接投资存在的主要问题

（一）江苏商务服务业整体发展缓慢，在国际直接投资中没有明显的竞争力

江苏服务业在国民经济中比重偏低，不仅远远落后于发达国家，而且落后于服务业发达的其他沿海省份。总体上看，突出问题还是总体规模小、服务水平不高、结构不合理、体制改革和机制创新滞后，与经济社会持续、协调、健康发展的要求还不相适应。近年来，江苏服务业占GDP的比重未能实现显著提升。而早在2003年，中国香港地区第三产业占GDP的比重就已达到87.5%，印度为51.2%，美国在2001年就达到了75.3%。世界上高收入国家服务业占GDP的平均比重为70%以上，中、低收入国家的服务业占GDP的比重也在50%以上。因此，与国际水平相比，江苏服务业发展滞后的状况并没有得到根本的转变。正因为江苏服务业发展还不够充分，造成江苏服务业在国际市场上无法与其他国家服务业相抗衡，从而影响江苏商务服务业对外直接投资。

（二）江苏商务服务业"走出去"的机构较少，龙头企业较少，核心竞争力不强

江苏商务服务业对外直接投资的境内投资者和境外企业数量较少，这不仅是江苏商务服务业对外直接投资的一个特点，同时也是必须要关注的问题，直接反映出该行业真正进入国外市场的江苏企业的数量远远少于其他行业的企业数量。虽然由商务服务业对外直接投资特点可看出，商务服务业企业规模相对于其他行业规模较大，但是相对于海外市场上来自其他国家的对手而言，江苏商务服务业的行业竞争力也存在着一定的差距。造成该问题的原因，不仅有商务服务企业自身的因素，同时政府政策的支持力度、国际政治经济环境的变化等也对企业业务能否真正走出国门产生着不可忽略的影响。

同时由于江苏服务业的发展还处于较为低级的阶段，因此与发达国家相比还存在着明显的差别。在国际竞争市场中，商务服务业缺少江苏大型企业的身影，居于该行业的龙头企业较少。

这一问题可以由中国国内商务服务业行业的相关数据反映出来。[①] 在江苏从事商务服务业的企业中，中小企业占了相当大的比例。2011年，规模以上本土商务服务企业仅占4.3%，从业人员不足60人的企业占到了89.6%，资源相对分散。由于企业规模较小，服务水平和创新能力较低，在与海外竞争对手的竞争中必然会处于劣势，难以占领高端市

① 之所以利用国内的数据，一方面是由于该行业相关国际统计数据的缺失，另一方面是因为国内行业的发展是对外直接投资的基础，因此，国内数据可以从侧面反映国际状况。

场，也难以形成品牌效应。由此可以看出，江苏商务服务业对外直接投资的大多数企业由于资金、人才、经验等方面与其他国家同行业企业存在一定的差距，核心竞争力还不强。目前主要还是为对外投资的中国企业和进入中国市场的外国企业提供商务服务，很难形成一个相对独立的产业以深入开拓国际市场。

（三）江苏商务服务业行业内部发展不平衡

按照不同的定义分类标准，商务服务业包含了众多的细分行业，其中包括较为传统的业务，如企业管理服务、租赁服务、会展服务等，还包括新型的行业，如法律服务、知识产权服务、计算机信息服务等。在其众多的细分行业之间存在着发展不平衡的问题。随着江苏商务服务业对外投资的不断发展，细分行业发展状况的差距将会越来越大。目前，江苏的会展业、租赁业、法律服务业的发展较为成熟，其他行业如会计服务业、信息咨询业还相对薄弱。

商务服务业下各细分行业不同的发展状况，成为其进行境外直接投资的基础。由于商务服务业内部发展的不平衡，可能会导致对外直接投资行业结构的不平衡，不仅不利于对外直接投资的结构优化，同时也不利于商务服务业的发展与升级。

（四）商务服务业人才紧缺

人力资源是推动商务服务业发展的重要因素之一，而江苏商务服务业现发展阶段却缺少高素质专业人才的培养体系。这种困境一方面与中国的教育现实有关，另一方面也是由于实力雄厚的外资公司不断挖掘优秀人才，使得专业的人力资源更加稀缺。人才的缺乏很可能成为限制江苏商务服务业对外直接投资进一步发展的瓶颈。

以会计服务业为例，具有国际视野的新型高素质会计人才的缺乏严重制约了中国会计国际化进程。例如，目前市场对注册会计师的需求超过 35 万人，而目前现有的注册会计师人数仅为预测需求量的 1/3，会计服务业存在着巨大的人才需求缺口。江苏法律服务行业面临着同样的难题，存在着对拥有丰富经验和高级语言水平的法律人才的需求缺口。

三、江苏发展商务服务业对外直接投资的建议

（一）加强政府部门作为，积极支持江苏商务服务企业“走出去”

任何行业的跨越式发展，不可能仅仅依靠企业逐利动机的驱使，也少不了政府政策的支持，商务服务业也不例外。有助于江苏商务服务业加快发展和“走出去”步伐的具体支持措施包括强化对外直接投资商务服务企业的政策扶持，以及更大意义上的加强软环境的建设。

为了正确引导江苏的对外直接投资，使江苏商务服务企业海外经营走上健康、协调的发展道路，政府尤其应该采取以下措施：为企业提供海外经营环境的信息服务；成立全国性的海外投资保险机构，为海外投资提供保险；鼓励国内服务企业走集聚经营、规模发展的道路；加强对重点行业、重点区域、重点企业的扶持；鼓励信息技术和人力资源等服务

外包企业做大做强，为软件和服务外包等出口开辟出境通关“绿色通道”等等。

（二）充分利用自身优势，合理选择对外直接投资方式

随着中国进一步参与全球经济分工，越来越多的中国企业选择“走出去”的发展战略，开拓国际市场；与此同时，受到潜力巨大的中国市场的吸引，更多的外国企业正在努力开拓中国市场。在这样的背景下，江苏商务服务企业就具有了更加多元化的服务对象、更加国际化的发展空间，有机会利用各种资源，提高本身的国际竞争力。

江苏商务服务企业应当坚持投资区域选择的多元化导向，结合企业自身的比较优势，根据投资目标和不同国家和地区的区位特点作出判断，使得具体的商务服务对外投资企业能够找准优势，在不同的市场中都能占有一席之地。

影响对外直接投资方式的因素包括企业、产业和国家三个层次的因素，企业投资动机、投资企业所拥有的竞争优势类型、企业进入国外市场的时间压力、企业跨国经营经验、投资规模、产业所处的生命周期阶段以及母国与东道国之间的文化差距等因素都对对外直接投资方式产生着影响。由于江苏商务服务业内部发展的不平衡，具体行业的商务服务企业应根据自身市场竞争力和风险承受能力的大小，借鉴国外商务服务业投资经验，并结合东道国的投资环境和投资项目的特点来确定对外投资方式。

（三）加强商务服务人才的培养，增强商务服务企业国际竞争力

中国高端商务服务人才的紧缺是阻碍行业对外直接投资快速发展的瓶颈之一。为此，江苏必须加强商务服务业人才的培养和引进。从人才培养的角度，江苏教育、人事、科技等部门要积极沟通和配合，引导高等院校加强与商务服务业发展相适应的专业的建设；鼓励高等院校、职业院校、科研院所与有条件的商务服务企业合作，建立实践基地。除了培养方式的改革，还应努力创造条件，将海内外的精英吸引至江苏商务服务行业。

（四）优化海外营销策略，促进在外商务服务企业的健康发展

江苏商务服务企业海外营销仍应以本地化经营为主。这种选择是深刻原因下的必然：江苏商务服务业对外投资活动尚未进入发达阶段，投资的国别并不多，整个行业对国际市场的情况不够熟悉，加之如上文所述，企业的资金实力和风险承受能力相对较弱。这些因素在营销领域反映为缺乏丰富的营销经验，对不同区域投资活动的协调还存在困难。

本地化经营策略有利于江苏商务服务企业对外投资目标的实现。一方面，本地化营销使得海外企业营销因素组合更易于适应当地的投资环境，有助于提高营销的成功率；另一方面，本地化营销可以强化东道国政府和社会公众对外来企业的认同感，消弭与当地的文化冲突，与当地消费者建立良好的商业服务关系。

参考文献

[1] 周升起等. 加入WTO十年来的中国对外直接投资：特征、困扰与思考. 世界经济研究，2011 (12)：45～50

[2] 蔡锐，刘泉. 中国的国际直接投资与贸易是互补的吗？——基于小岛清“边际产业理论”的实证分析. 世界经济研究，2004 (8)：64～70

[3] 江小娟. 中国对外开放进入新阶段：更均衡合理地融入全球经济. 经济研究，2006 (3)：4～9

[4] 李辉. 经济增长与对外投资大国地位的形成. 经济研究，2007 (2)：38～47

[5] 李梅. 人力资本、研发投入与对外直接投资的逆向技术溢出. 世界经济研究，2010 (10)：34～39

[6] 刘志彪. 国际贸易和直接投资：基于产业经济学的分析. 南京大学学报（哲学·人文科学·社会科学），2002 (3)：45～54

[7] 付凌晖. 我国产业结构高级化与经济增长关系的实证研究. 统计研究，2010 (8)：79～85

[8] 谢光亚，康若冰. 北京商务服务业成长机制探析. 科技管理研究，2014 (2)：185～188

[9] Adler, M., and G. Stevens, "The Trade Effects of Direct Investment," *Journal of Finance*, 1974, 29 (2): 573-658

[10] Advincula, R., *Foreign Direct Investments, Competitiveness, and Industrial Upgrading: The Case of the Republic of Korea*, KDL, 2000

[11] Grossman, G. M., and E. Helpman, *Innovation and Growth in the Global Economy*, Cambridge (USA): The MIT Press, 1991: 19-28

[12] Gereffi, G., "International Trade and Industrial Upgrading in the Apparel Commodity Chains," *Journal of International Economics*, 1999 (48): 37-70

[13] Lucas, R. E., " On the Mechanisms of Economic Development," *Journal of Monetary Economics*, 1988 (22): 21-47

[14] Wang, C., et al., "Reconceptualizing the Spillover Effects of Foreign Direct Investment: A Process-dependent Approach," *International Business Review*, 2011, 5 (6): 1-13

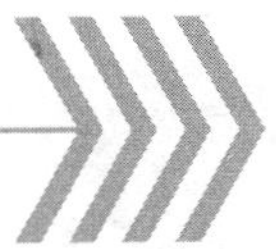

服务外包篇

Service Outsourcing Articles

第27章 江苏服务外包发展概况

“十一五”以来江苏离岸服务外包发展规模迅速扩张，在产业规模、企业规模、从业人员规模等方面均有不同幅度的增长；承接的服务外包业务逐渐由低端业务环节向高端业务环节攀升，业务类型也逐渐由信息技术外包（ITO）一枝独秀发展成ITO、业务流程外包（BPO）、知识流程外包（KPO）全面覆盖并共同发展的格局；在服务外包区域分布上苏南地区承接了全省大部分的服务外包业务，但是苏中、苏北地区服务外包同样发展迅速；美国和日本则是江苏主要的服务外包离岸业务来源国，不过近年来自其他国家和地区的离岸服务外包比重也有不同程度的上升。

一、江苏服务外包发展规模

随着服务经济的快速发展和经济全球化进程的日益加深，江苏服务外包产业迅速扩张，发展规模高速增长，在产业规模、企业规模、从业人员规模以及服务外包载体规模等方面均有了不同程度的扩张。

（一）江苏服务外包产业规模

自2007年以来，江苏服务外包就一直保持着高速增长的发展态势，产业规模持续增长（见图27—1）。2007年全省离岸服务外包合同额达到6.98亿美元，其中离岸服务外包执行额约为2.6亿美元，相比2006年增长117%。此后虽然受到金融危机的不利影响，但2008年江苏服务外包产业规模仍然保持着较快的发展速度，全省新签离岸服务外包合同4 416份，同比增长143%，离岸服务外包合同总额约为13亿美元，较上年增长86%，其中离岸服务外包执行额9.37亿美元，同比增长261%。由于受全球金融危机的影响，2009年1—2月江苏承接离岸服务外包合同数同比下降30%，离岸合同总额同比减少27%；但截至2009年年底这一不利局面便得到了扭转，当年全省离岸服务外包合同额总计为37.22亿美元，同比增长145%，其中离岸服务外包执行额27.96亿美元，同比增长177%。2010年江苏服务外包发展态势平稳，当年全省离岸服务外包合同额为49.81亿美元，同比增长33.83%，离岸服务外包执行额则达到了40.56亿美元的规模，同比增长57.38%。

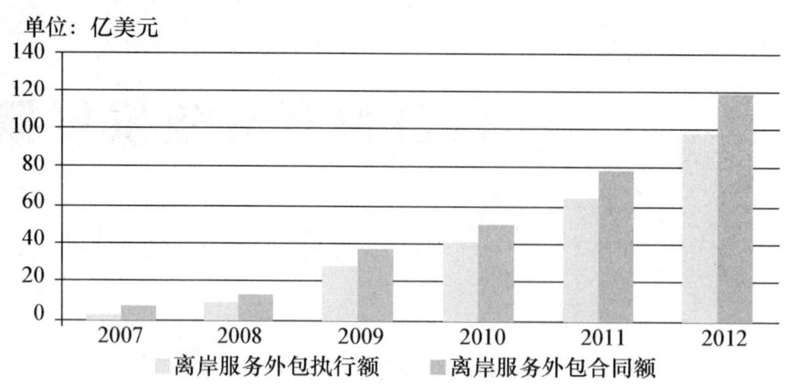

图 27—1 江苏 2007—2012 年服务外包产业规模

资料来源：根据和讯网、中国江苏、江苏统计局、中国江苏网、江苏商务厅等网站信息整理得出。

总的来说，“十一五”期间江苏离岸服务外包额保持着年均 30%以上的增长率，服务外包规模增加十分迅速。进入“十二五”以来，江苏服务外包产业继续保持着显著的增长态势，2011 年全省离岸服务外包合同额增加至 77.1 亿美元，同比增长 54.79%；离岸服务外包执行额则达到了 63.83 亿美元，同比增长 57.83%。2012 年全省离岸服务外包合同额达到了 118.5 亿美元，同比增长 53.6%，其中离岸服务外包执行额约为 97.8 亿美元，同比增长 53.3%；截至 2013 年 5 月，江苏离岸服务外包合同额达到了 67.37 亿美元，同比增长 36.28%，其中离岸服务外包执行额为 56.11 亿美元，同比增长 41.89%。

（二）江苏服务外包企业规模

江苏服务外包企业积极参与经济全球化，在国际分工中不断深化自身承接离岸服务外包业务的能力，并在企业规模、资质以及开拓市场能力等方面均取得了明显进展。根据江苏外经贸厅 2007 年的统计数据，当年全省从事服务外包活动的企业超过了 300 家，次年全省服务外包企业规模迅速扩张，增加至 1 302 家，是往年服务外包企业总数的好几倍。2009 年江苏服务外包企业数目成倍增长，仅江苏外包企业网上登记数目就超过了 2 600 家，同时单个企业规模也有所扩大，截至当年 11 月全省离岸外包业务超过 300 万美元的企业达到了 240 家，其中南京中兴软创等近 20 家企业的离岸外包合同额均超过了 4 000 万美元。2011 年底，江苏在商务部服务外包系统内注册登记的服务外包企业数超过了 5 000 家，无锡药明康德新药开发有限公司再次当选“中国十大服务外包领军企业”，仅南京市就有江苏润和、南京中兴等 13 家企业入选“中国服务外包成长型企业 100 强”，同时“十大在华全球服务供应商”中首次出现了江苏企业——“南京朗讯科技通信有限公司”。

截至 2012 年 4 月底，江苏服务外包企业增加至 5 607 家，其中业务额超过 500 万美元的近 200 家，累计有 230 家企业通过 CMM/CMMI 等国际资质认证；当年年底全省服务外包企业登记单位数已达到 6 524 家，其中无锡药明康德、软通动力、苏州新宇、文思海辉、联迪恒星、江苏润和等龙头型和骨干型企业在全球服务外包市场中已经具备了显著的竞争优势；同年江苏商务厅还确定了 66 家企业为省服务外包重点联系企业，业务遍布软件外包、集成电路、动漫创意等领域，均具有一定的影响力。江苏服务外包企业规模还在不断扩大，截至 2013 年 4 月底，全省登记外包企业增加至 6 812 家（见图 27—2）。

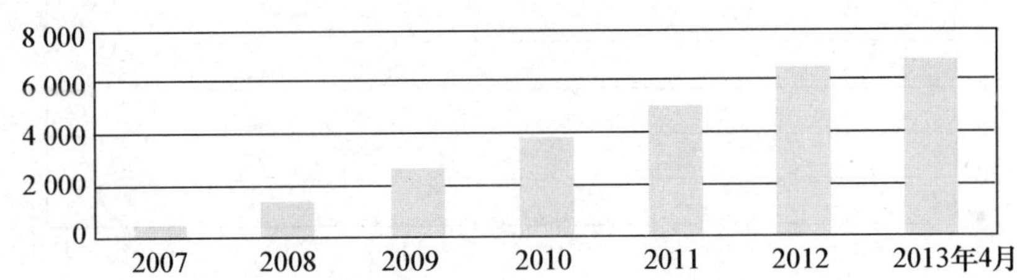

图 27—2　江苏 2007—2013 年 4 月服务外包企业规模

资料来源：根据和讯网、中国江苏、江苏统计局、中国江苏网、中华人民共和国商务部等网站信息整理得出。

江苏服务外包企业资质也有所提高，世界外包 100 强、国内外包 50 强企业不断被江苏的有利政策、经济环境以及文化氛围等吸引，纷纷进入江苏外包市场，不断提升着江苏服务外包企业的资质。仅 2009 年一年就有法国索迪斯、美国 ATS、IBM、耐克（中国）物流中心、Acxiom（安客诚）全球信息服务中心、日本富士通综合质量技术（无锡）实验所、墨西哥 Softtek（萨孚凯）、英国 UBI 集团、戴尔-福中呼叫中心、携程呼叫中心等知名服务外包企业先后落户江苏南京、苏州、无锡以及常州等地，2010 年全省又有 10 多家国内外知名外包企业陆续入驻南京、苏州、无锡、常州等地，2012 年埃森哲、微软和 IBM 等 30 余家世界外包百强企业纷纷在江苏落户，当年年底累计落户江苏的世界 500 强、国内外包 50 强企业已达到 60 多家。

（三）江苏服务外包从业人员规模

江苏服务外包从业人员规模也在不断扩大，特别是近年来高校毕业生在从业人员中所占比重逐渐扩大，不断提升着服务外包从业人员的整体素质。2008 年江苏服务外包从业人员超过 13 万人，截至 2009 年年底这一数字达到了 30.7 万人，2010 年全省服务外包从业人员则增加到了 48.5 万人。根据江苏国际服务外包企业协会的数据，2011 年江苏服务外包从业人员总数已经达到了 64 万人，其中本科以上学历的超过了 70%；2012 年江苏服务外包从业人员规模继续扩大，当年全省服务外包企业吸纳就业人员 84.27 万人；截至 2013 年 4 月底，江苏外包企业从业人员已达到 88.3 万人（见图 27—3）。同时江苏还通过实施减税和资金支持等优惠政策鼓励外包企业积极吸纳优质高校毕业生，努力提升全省服务外包从业人员的素质；江苏服务外包相关专业的高校毕业生就业率由 2009 年的 88%上升至 2011 年的 95%，服务外包已经逐渐成为江苏创造就业机会的重要行业。

（四）江苏服务外包载体规模

江苏服务外包载体规模较大，发展较为完善。2009 年全省就已经拥有 2 000 多万平方米的服务外包载体，软件园、物流园、创意园、生物医药园、商务中心等各类外包产业园的一、二期工程已大多投入建设。2012 年江苏已形成以软件外包、动漫创意、工业设计、医药研发、供应链管理、金融后台服务等为特色的服务外包产业集群，吸引了众多世界外包 100 强企业进驻，全省服务外包载体已达到一定的规模。此外，江苏还拥有国家软件

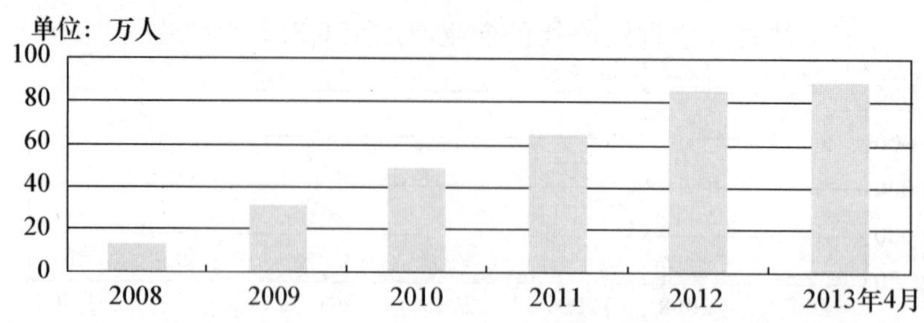

图 27—3　江苏 2008—2013 年 4 月服务外包企业从业人员规模

资料来源：根据和讯网、中国江苏、江苏统计局、中国江苏网、新华网等网站信息整理得出。

产业基地 1 个（江苏软件园），国家火炬计划软件产业基地 4 个（南京、常州、无锡和苏州软件园）、国家级和省级服务外包示范区各 23 个、江苏国际服务外包示范区 43 个，遍布 13 个地级市。其中苏州工业园、昆山花桥国际商务城、南京雨花软件园、太仓灵狮 LOFT 创意产业园及无锡 Park 园区等已成为国内知名的服务外包载体，特别是昆山花桥国际商务城，它是江苏第一个国际服务外包示范区，连续三年进入中国服务外包园区十强。

城市是服务外包产业的发展基础，也是服务外包等经济活动开展的最基本载体。经商务部批准的 21 个国家级服务外包示范城市中，江苏就占据三个位置，包括南京、苏州以及无锡；江苏省级国际服务外包基地城市则包括苏州、无锡、常州、江阴、昆山、太仓六座城市，此外还认定了南通市、镇江市为省级国际服务外包示范城市。这些经认定的城市集聚了大量优质的服务外包企业与高素质的外包人才，成为江苏重要的服务外包承接地区，为江苏服务外包产业的高速增长奠定了坚实的基础。

二、江苏服务外包业务类型

从服务外包业务类型来看，主要可以分为信息技术外包（ITO）、业务流程外包（BPO）和知识流程外包（KPO）三类。目前江苏服务外包业务主要集中在 IT 技术、软件、工程技术、生产设计、研发、动漫设计、人力资源管理以及物流等领域，全面覆盖 ITO、BPO 以及 KPO 三大类型服务外包。

江苏服务外包目前仍以 ITO 为主，ITO 业务额约占全省离岸服务外包执行额的一半以上，从事 ITO 业务的服务外包企业约占总数的 55%，但是这些企业大多从事软件研发、测试等低端业务。从事技术水平和附加值较高的 BPO 业务（物流、设计以及人力资源管理等）的企业大约占到 25%，而其业务额大约占到离岸服务外包额的 30%。虽然近年来 BPO 发展态势良好，但部分企业仍然存在着缺乏接包经验、与客户沟通能力不足、技术水平较低等问题，严重限制了 BPO 业务的发展。在技术含量和产品附加值更高并处于价值链高端的 KPO 业务方面，江苏发展更加滞后。虽然目前全省从事 KPO 业务（医药研发外包、动漫及工业设计外包等）的企业约占服务外包企业总数的 20%，但是由于目前存在外包企业经验不足、技术水平相对较低以及缺乏龙头企业的支撑等问题，KPO 业务额所占比重较低，仅为 15%左右，总体业务量较少。

三、江苏服务外包区域分布

江苏离岸服务外包业务主要集中在南京、苏州、无锡、常州等苏南城市，这些城市经济发达，基础设施建设完善，交通便利，人力资源丰富，为离岸服务外包的发展提供了坚实的发展基础。苏南地区还拥有江苏全部的国家级服务外包示范城市南京、无锡、苏州，2010 年三市服务外包总额占全省的 95%以上，其中南京市离岸服务外包合同额约为 12.55 亿美元，无锡市离岸服务外包合同额为 17.49 亿美元，苏州市离岸服务外包合同额为 16.22 亿美元。

从服务外包企业的区域分布来看，入选 2010 年“中国服务外包成长型企业 100 强”的江苏服务外包企业均位于苏南地区，其中苏州 7 家、南京 9 家、无锡 5 家以及常州 1 家（见表27—1）。

表 27—1　　2010 年中国服务外包成长型企业 100 强（江苏服务外包企业）

城市	企业名称
苏州	新宇软件有限公司
	方正国际软件有限公司
	华道数据处理（苏州）有限公司
	宏智科技（苏州）有限公司
	苏州工业园区凌志软件有限公司
	江苏欧索软件有限公司
	江苏仕德伟网络科技有限公司
南京	南京中兴软创科技股份有限公司
	南京普天通信股份有限公司
	江苏润和软件股份有限公司
	诚迈科技（南京）有限公司
	南京格安信息系统有限责任公司
	江苏蜂星电讯有限公司
	江苏苏北航天信息有限公司
	江苏卓易信息科技有限公司
	南京擎天科技有限公司
无锡	好莱坞（中国）数码艺术研发中心
	无锡企源投资有限公司
	无锡同捷汽车设计有限公司
	贝斯（无锡）信息系统有限公司
	泛亚信息技术江苏有限公司
常州	常州星北软件有限公司

资料来源：江苏国际服务外包网。

此外，2013 年度江苏服务外包重点联系企业也大多集中在苏南地区，当年全省 80 家服务外包重点联系企业中苏南地区就占到 66 家，其中南京 17 家、无锡 18 家、苏州 21 家（其中昆山 4 家）、常州 5 家以及镇江 5 家（见图 27—4）。苏南地区目前已成为中国服务外包产业竞争力较强、集聚程度较高的地区。“十二五”期间，江苏将以南京、苏州、无锡三个国家级服务外包示范城市为中心，重点打造苏南国际服务外包产业带。

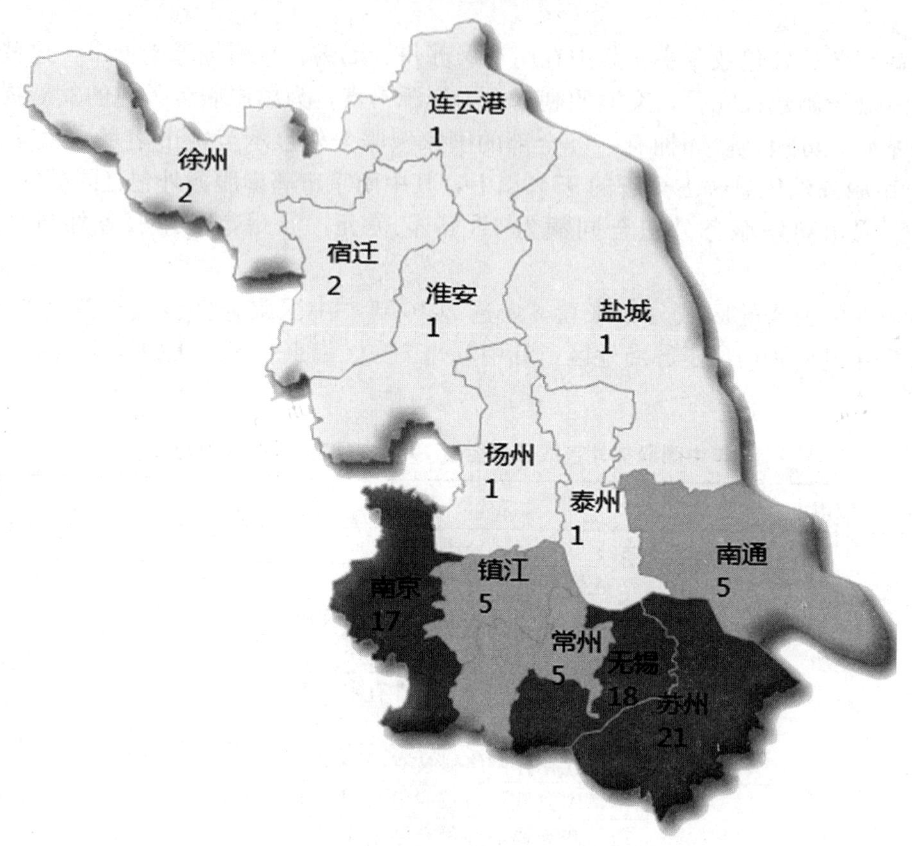

图 27—4　2013 年江苏服务外包重点联系企业分布

资料来源：江苏商务厅。

相对而言，苏中、苏北地区在经济发展、基础设施和人力资源等方面与苏南相比处于劣势，不仅离岸服务外包合同额在全省离岸服务外包合同总额中所占比重较小，在 2013 年度江苏 80 家服务外包重点联系企业中，苏中、苏北地区仅占到 14 家，其中苏中三市 7 家、苏北五市 7 家，苏中、苏北地区服务外包产业发展相对滞后。但是近年苏中、苏北地区立足于自身区域特点及产业基础，积极出台相关政策促进当地服务外包产业发展，同时积极引进高层次的国际外包企业，不断充实当地服务外包企业队伍，有效提高了苏中、苏北地区服务外包企业的接包能力。如苏中地区的南通市依托自身完善的网络基础设施，凭借高素质的服务外包人才，大力推进服务外包特别是呼叫中心产业的发展，取得了不俗的成绩，于 2010 年 9 月被授予“中国呼叫产业建设示范基地”称号；苏北地区的徐州市拥有低廉的劳动力资源以及良好的政策环境，尤其是近年来通过发展服务外包促进产业结构升级，不断推动当地服务外包产业的发展，2011 年徐州市离岸服务外包增幅居江苏首位。

四、江苏服务外包离岸业务来源地分布

2008 年以前，日本是江苏离岸服务外包业务的主要来源地，约占总市场份额的 60%。随后来自欧美国家的服务外包业务不断增加，2009 年美国首次超过日本成为江苏最大的服务外包业务来源地，日本在亚洲市场份额中仍居首位，同时韩国、中国香港、新加坡等国家和地区的发包业务量增长速度也较快；2010 年江苏承接的欧美市场业务量约占总市场份额的 40%，来自美国的离岸服务外包业务执行额为 10.69 亿美元，而来自日本市场的业务额为 6.89 亿美元，欧美市场的外包业务逐渐成为江苏服务外包产业新的增长点；2011 年江苏来自美国的服务外包业务继续增长，英、德等欧洲国家的服务外包业务量也持续增加。这一趋势反映了随着江苏服务外包环境的进一步优化，全球服务外包市场的大门已经逐渐向江苏开放。

从离岸外包业务来源地看（见图 27—5），截至 2012 年，美国业务占江苏离岸服务外包执行额的 26.9%，达到了 26.36 亿美元，同比增长 58.5%，业务量居各国首位；其次是日本、中国台湾和中国香港，离岸服务外包执行额分别为 11.45 亿美元、8.99 亿美元和 7.50 亿美元，约占全省离岸服务外包执行额的 11.7%、9.2% 和 7.7%，同比增长 45.1%、54.3% 和 26.2%；韩国则是江苏承接业务量增长最快的国家，2012 年离岸服务外包执行额达到了 6.95 亿美元，同比增长 61.9%。

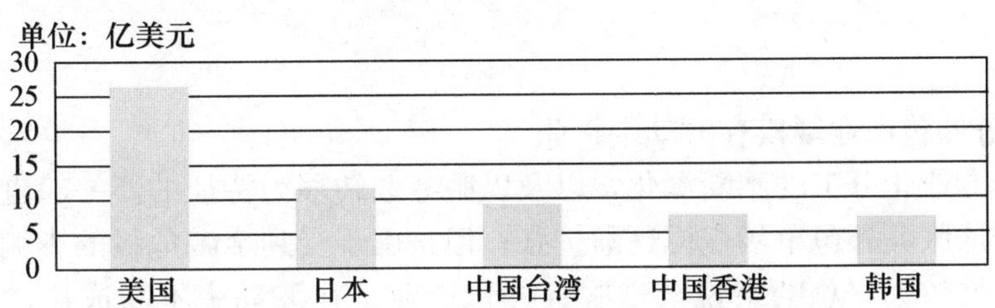

图 27—5　2012 年江苏服务外包离岸业务市场

资料来源：江苏统计局网站。

第28章 江苏服务外包发展环境

一、江苏服务外包发展的国际环境

服务外包作为开放型经济下的一种新型商业模式，不断引领着全球服务经济的发展，必然也会受到全球经济环境的影响。随着经济全球化进程加快，金融危机、主权债务危机等全球性经济危机频发，全球服务外包市场逐渐呈现出一系列新的特点，如服务外包产业规模在波动中扩张，业务类型逐渐多元化、高端化，全球服务外包市场竞争性加剧，全球外包市场发/接包格局表现为多极化特征等，对江苏服务外包产业的发展产生了重要的影响。

（一）服务外包产业规模在波动中扩张

随着全球专业化分工的不断深化，以及以服务业转移为特征的新一轮世界产业结构调整的推进，全球服务外包市场规模逐渐扩张；但是由于受到金融危机的影响，全球服务外包市场的波动性较大，总的来说全球服务外包产业是在波动中不断成长，发展潜力十分巨大。

根据国际数据公司（IDC）的数据，2007年全球服务外包支出市场总体规模为7 383亿美元，同比增长10.8%，其中IT服务支出约为5 360亿美元，而业务流程服务支出则达到了2 023亿美元；2008年全球服务外包支出市场总体规模为8 071亿美元，同比增长9.7%，其中IT服务支出为5 908亿美元，业务流程服务支出为2 163亿美元。此后由于受到欧洲主权债务危机、全球性通货膨胀等因素的影响，全球服务外包市场的发展陷入低迷，2009年全球服务外包支出市场规模仅为7 782亿美元，同比下降3.6%，其中IT服务支出降幅较大，仅为5 665亿美元，业务流程服务支出波动不大，约为2 117亿美元。2010年全球服务外包支出市场规模约为7 993亿美元，同比增加2.7%，其中IT服务支出约为5 827亿美元，业务流程服务支出为2 166亿美元，虽然总体规模略有增加，但增长速度远远小于全球金融危机以前（见图28—1）。

金融危机结束以后全球服务外包市场有了较为稳定的增长，但其增长率仍然具有一定的波动性。从全球离岸服务外包市场规模来看，2010—2012年全球离岸服务外包产业发展一直处于上升态势。2010年当年全球离岸服务外包市场规模约为852.3亿美元，2011年

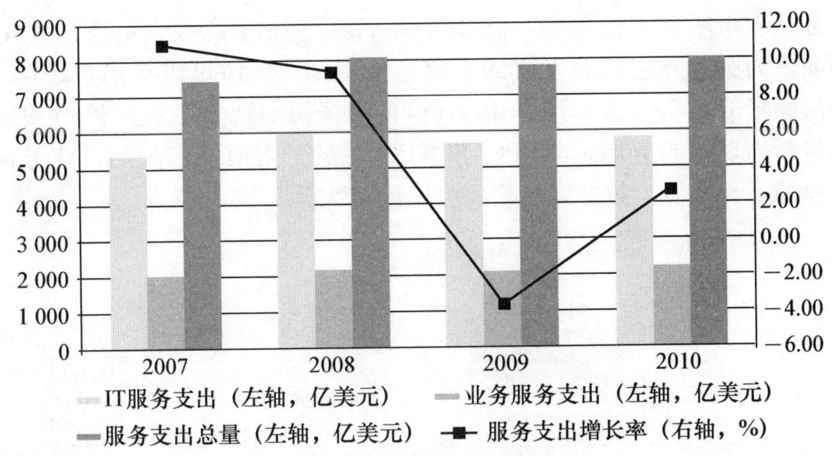

图 28—1 2007—2010 年全球服务外包支出市场规模和增长率

资料来源：国际数据公司（IDC）。

市场规模达到了 1 026 亿美元，同比增长 20.4%；2012 年全球离岸服务外包市场规模增加至 1 217.2 亿美元，比上年同期增长 18.6%（见图 28—2）。服务外包行业已经逐步走出了经济危机带来的负面影响，正处于产业恢复时期。考虑到全球服务外包市场原有的产业规模，其增长潜力是巨大的。

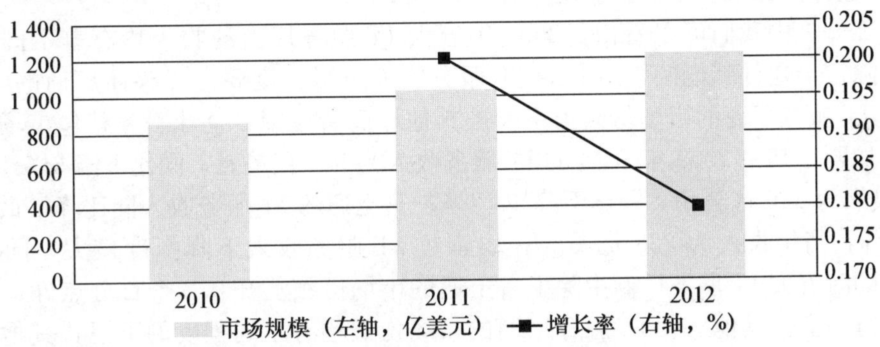

图 28—2、2010—2012 年全球离岸服务外包市场规模

资料来源：中国服务外包研究中心。

（二）服务外包业务类型多元化、高端化

随着全球服务外包产业规模的不断增加，服务外包业务范围也不断扩大，表现为多元化特征。特别是近年来，全球性知识密集型服务外包迅速发展，许多跨国公司不仅将数据输入、文件管理等低端环节转移出去，同时也将风险管理、研究开发等一些技术水平高、附加值大的业务环节外包出去，不断扩大了服务外包原有的业务类型。目前全球服务外包涉及的业务范围已经由传统的 ITO 和 BPO 拓展到金融保险、人力资源、媒体公共管理等多个领域。

同时全球服务外包业务也逐渐由传统的 ITO 向技术、知识要求较高的 BPO 和 KPO 发展，全球服务外包市场高端化发展特征已经十分明显。2010 年 ITO 外包的市场规模占据了全球服务外包市场60%的份额，但BPO和KPO凭借其科技含量高、涉及领域众多等特点，正逐渐成为服务外包产业发展的主流。从图28—3中可以看出，2012年全球ITO外包的市场份额降低至53.3%，BPO和KPO的市场份额则分别上升至21.9%和24.8%。作为服务外包新出现的业务形式，BPO和KPO对员工素质要求较高，业务流程较复杂。随着新兴产业的不断发展，其发展规模将会不断扩大。

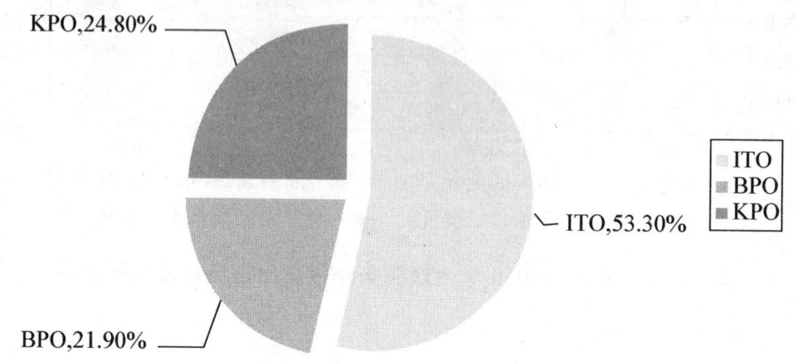

图28—3　2012年全球离岸服务外包市场结构

资料来源：国际数据公司（IDC）。

（三）服务外包市场竞争性加剧

从表28—1中我们可以看出，2009年五大IT服务厂商的收入均有着不同程度的下滑，而且除富士通外其他四大厂商的IT服务收入下滑程度要高于整体厂商的下降幅度，表明五大IT服务厂商的市场份额正不断被其他厂商所侵蚀，全球服务外包市场的竞争性正在不断加剧。其中2009年IBM的IT服务收入为550亿美元，同比下降6.6%；惠普的IT服务收入为346亿美元，同比下降10.4%；富士通的IT服务收入同比降幅最小，只下滑了0.4%，当年收入为233亿美元；埃森哲IT服务收入下降幅度最大，同比下降了11.8%。同时五大IT服务厂商中除了富士通的市场份额上升0.2个百分点外，CSC的市场份额保持不变，其他三大IT服务厂商的市场份额均有不同程度的下滑，其他厂商的市场份额则从2008年的80%上升至80.4%，说明全球IT服务市场规模虽然由于金融危机有所降低，但是竞争性却日益加强。从增长率来看，五大IT服务厂商中除富士通的增长率（−0.4%）要高于平均增长率（−5.3%）外，其他厂商的增长率均低于整体IT服务厂商的平均增长率，同样说明了除受到金融危机影响导致产业规模下降外，五大IT服务企业的市场份额也被其他厂商所挤占，全球IT服务市场的竞争性加强。

表28—1　IT服务厂商收入及市场份额

IT服务公司	2009年IT服务收入（亿美元）	2009年市场份额（%）	2008年IT服务收入（亿美元）	2008年市场份额（%）	同比增长（%）
IBM	550	7.2	589	7.3	−6.6
惠普	346	4.5	386	4.8	−10.4
富士通	233	3.1	234	2.9	−0.4
埃森哲	209	2.7	237	2.9	−11.8

续前表

IT 服务公司	2009 年 IT 服务收入（亿美元）	2009 年市场份额（%）	2008 年 IT 服务收入（亿美元）	2008 年市场份额（%）	同比增长（%）
CSC	160	2.1	171	2.1	−6.4
其他厂商	6 132	80.4	6 437	80	−4.7
整体厂商	7 630	100	8 054	100	−5.3

资料来源：Gartner 公司。

此外，由于承接服务外包可以有效促进产业结构升级，大幅度推动经济发展，所以各国特别是发展中国家对于服务外包业务的竞争也日益激烈，在市场份额、人力资源、科学技术、行业标准等领域的竞争更加白热化。普华永道与杜克大学联合调查了外包行业相关的热点问题，发现拉丁美洲、东欧、亚洲等地区的发展中国家的服务供应商正在快速崛起，打破了原来完全由美国和印度控制整个市场的情况。全球服务外包市场竞争性的不断加剧，对江苏服务外包产业的持续发展提出了新的要求。

（四）服务外包格局多极化

目前全球服务外包市场已经初步形成两大阵营，以美国、日本、欧洲等发达国家为代表的服务发包国阵营和以爱尔兰、印度、中国、菲律宾等为代表的服务接包国阵营。但是随着全球专业化分工的不断深化，以及经济危机的冲击，全球服务外包产业格局正不断发生着变化，发包国、接包国阵营多极化特征日益明显。

就全球服务外包发包市场结构而言，美、日、欧等国是主要的服务外包输出国。2012 年美、日、欧服务外包发包总额占到全球发包市场的 88%，其中美国离岸服务外包市场规模为 754.8 亿美元，发包总额约占全球发包总额的 62.0%；欧洲离岸服务外包市场规模为 209 亿美元，发包总额所占比重为 17.2%；日本离岸服务外包市场规模为 107 亿美元，发包总额占比 8.8%；而其他国家发包总额占比不足 12%（见图 28—4）。全球服务外包呈现出一种“中心—外围”的发展格局，美、日、欧等发达国家仍可以通过需求控制服务外包产业。但是这种“中心—外围”的格局也在日益发生着变化，尤其是欧洲市场，由于受到欧债危机的影响，欧洲地区软件外包企业增长放缓，金融服务外包企业下滑较为明显；而在日本市场，2012 年当地企业的 IT 服务和业务流程支出的预算额有了明显的下降。与此同时，以中国、印度为代表的新兴国家正逐渐成为发包企业的东道国。中国资源丰富，拥有广阔的国内市场，随着服务外包产业规模的扩大，将成为重要的服务外包发包国；印度则凭借迅速发展的 IT 行业，并与中国等周边国家展开合作，目前其国内的离岸自建中心发展迅速，保持着 21%的年复合增长率。因此，随着发达国家发包市场的低迷以及新兴发展中国家的兴起，现有的“中心—外围”服务外包产业格局有可能得到修正，服务发包国阵营呈现多极化的发展趋势。

从服务接包国阵营来看，服务外包产业格局多极化特征同样明显。虽然澳大利亚、爱尔兰、加拿大等发达国家服务外包发展比较成熟，但是由于受到经济危机影响，为有效降低成本，发包企业更倾向于选择劳动力资源廉价、服务外包产业基础良好的发展中国家。与发展中国家相比，发达国家的人力资源优势已不复存在。2010 年度 Gartner IT 外包排行

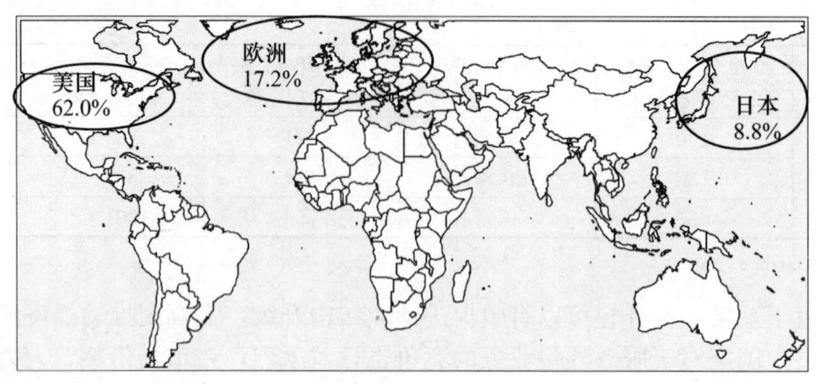

图 28—4　2012 年全球服务外包发包市场结构

资料来源：国际数据公司（IDC）。

榜中，并没有爱尔兰、加拿大等较为成熟的离岸服务接包国，说明了离岸服务接包国阵营正向多极化发展。与此同时，发展中国家在服务接包国阵营中的地位正日益提高，逐渐成为全球服务外包新的接包基地。目前亚太地区已经成为世界上最具有吸引力的服务外包投资地，中国、印度等国承接了全球服务外包 60%以上的业务额；拉美国家在全球服务外包市场中的地位也不断提高，2010 年全球 IT 服务市场拉美地区的规模达到了 2 300 亿美元；同时中小发展中国家的服务外包行业也以较高的速度增长，如斯里兰卡 2010 年 IT 与商务外包产业的产值达到了 3.9 亿美元，同比增长 25%。

二、江苏服务外包发展的国内环境

随着全球服务外包的不断发展，中国服务外包产业也在迅速成长，逐渐表现为以下特征：第一，国内服务外包市场日益扩大，产业规模、企业规模、从业人员规模均有所扩张；第二，服务外包产业的支持政策逐渐完善，国内发展服务外包的制度环境不断优化；第三，服务外包从业人员的学历结构日趋合理、受训人员不断增加，为国内服务外包产业提供了充足的优质劳动力资源；第四，外包示范城市辐射效应明显，带动其他城市协同发展，为江苏服务外包的发展创造了较为良好的环境。

（一）迅速发展的国内服务外包市场

自 2006 年以来在国家政策的推动下，中国服务外包实现了快速增长，虽然一度受到经济危机的冲击，但依然呈现逆势增长的强劲趋势。从图 28—5 中我们可以看出，2009—2011 年全国离岸服务外包合同执行额由 100.9 亿美元增加到 238.3 亿美元，年增长 53.68%，中国已经成为仅次于印度的全球第二大服务接包国，正逐渐向离岸服务外包大国迈进。而截至 2012 年年底全国承接离岸服务外包合同金额达到 336.4 亿美元，同比增长 41.2%。预计未来五年内中国离岸服务外包产业将不断释放巨大潜力，保持约 26%的年复合增长率。

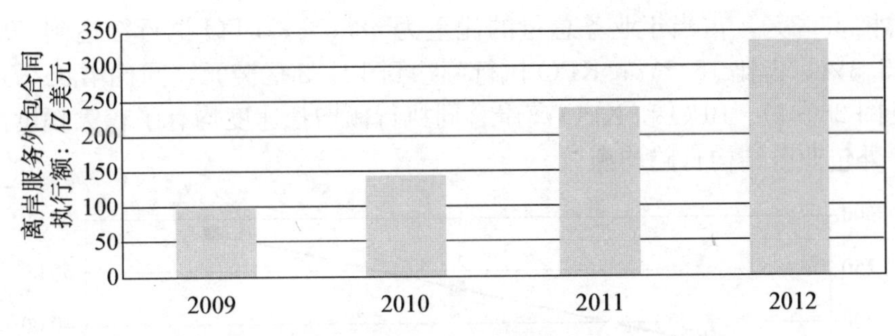

图 28—5　2009—2012 年中国离岸服务外包规模

资料来源：中华人民共和国商务部。

2009—2012 年全国服务外包企业累计数目由 8 960 家增加到 21 159 家，年均增长 4 066 家；累计从业人员从 154.7 万人增加到 428.9 万人，年均增长 91.4 万人（见图 28—6）。中国服务外包企业除了在数量上有所增加外，单个企业的规模也有所扩大。2012 年超过5 000 人的企业共有 7 家，超过 10 000 人的企业有 5 家，其中文思海辉技术有限公司的从业人员规模超过了 2 万人；而合同执行金额在 1 000 万美元以上的企业数量也由 2011 年的 16.1%上升至 18.6%，合同执行金额 1 亿美元以上的企业数量占比则由 0.7%上升至 3.1%。此外，各类服务外包资质认证在很大程度上可以体现服务外包企业的专业服务水平。截至 2011 年中国通过各类资质认证的外包企业达到了 4 854 家，约占企业总数的 28.7%，其中通过国际资质认证①的企业达到 2 594 家。

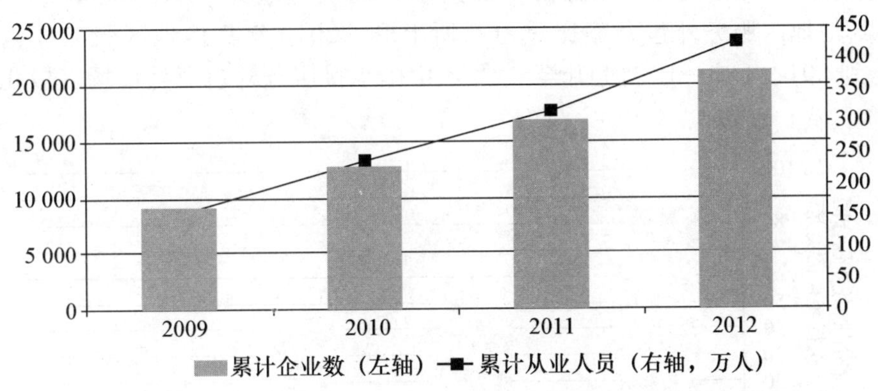

图 28—6　2009—2012 年中国服务外包企业和从业人员规模

资料来源：中华人民共和国商务部。

随着经济社会的发展与国内技术水平的提升，中国的服务外包业务也正逐渐由低端环节向高端环节延伸，工程设计、医药研发、产业咨询、软件与信息系统架构设计、金融后台服务等高技术含量、高附加值的业务环节所占比重不断提升。在保持传统的 ITO 业务快速增长的同时，中国积极拓展 BPO、KPO 业务。2012 年 ITO 执行额达到 273.6 亿美

---

① 六项国际资质认证包括：开发能力成熟度模型集成（CMMI）、开发能力成熟度模型（CMM）、人力资源成熟度模型（PCMM）、信息安全管理（ISO27001/BS7799）、IT 服务管理（ISO20000）、服务提供商环境安全性（SAS70）。

元，同比增长 38.3%，占当年业务总量的比重为 58.8%；BPO 执行额达到 70.8 亿美元，同比增长 45.3%，占比 15.2%；KPO 执行额达到 121.2 亿美元，同比增长 57.0%，约占 26.0%（见图 28—7）。BPO 和 KPO 离岸合同执行额增长速度均有了较大幅度的增加，中国离岸服务外包业务结构日趋均衡。

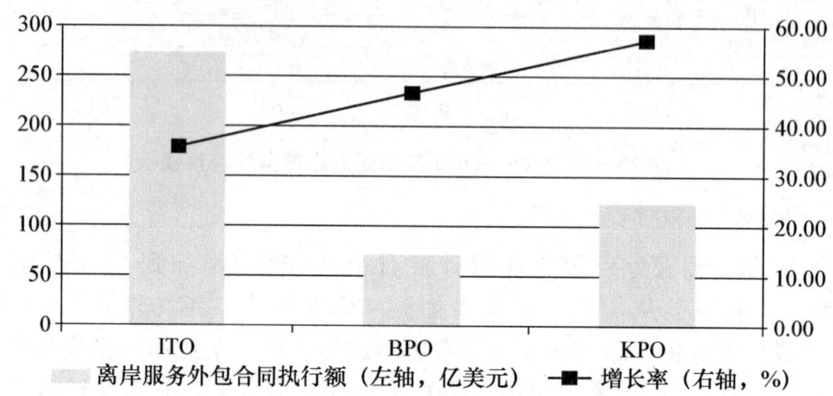

图 28—7　2012 年中国离岸服务外包合同执行额

资料来源：《中国服务外包发展报告 2013》摘要。

美国、欧盟和日本一直处于中国离岸服务外包市场的前三位。2012 年我国承接美国、欧盟、日本和中国香港的离岸服务外包执行额依次为 89.4 亿美元、54.6 亿美元、48.3 亿美元和 33.9 亿美元，累计占全部离岸合同执行额的 66%（见图 28—8）。同时中国承接其他地区服务外包金额比重也有所上升，2010 年其他地区服务外包市场份额为 26%，到 2012 年这一比例上升至 34%，中国承接服务外包海外市场多极化特征日益明显。

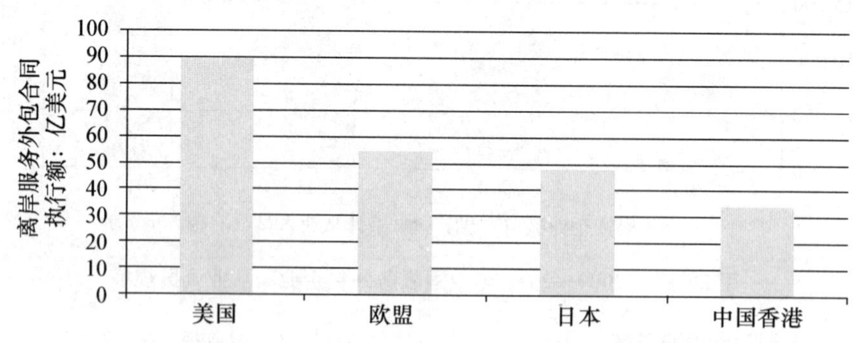

图 28—8　2012 年中国离岸服务外包海外市场结构

资料来源：《中国服务外包发展报告 2013》摘要。

（二）日益健全的政策支持体系

我国政府对服务外包特别是离岸服务外包的发展十分重视，早在 2000 年就由软件业服务外包开始，制定和颁布了一系列政策文件，包括《鼓励软件产业和集成电路产业发展的若干政策》（18 号文件）、《软件产品管理办法》、《软件企业认定标准及管理办法》、《振兴软件产业行动纲要（2002—2005）》（47号文件）、《关于软件出口有关问题的通知》、《“十五”软件产业发展专项规划》以及《关于发展软件及相关信息服务出口的指导意见》等政策文件，对软件及相关信息服务外包产业的发展提出了实质性的建议。

随后国家又陆续出台了一系列支持服务外包产业发展的政策文件，如2006年中央下发的《2006—2007年国家信息化发展战略》、2007年国务院出台的《关于加快服务业发展的若干意见》、2009年和2010年国务院办公厅连续两次分别下发的《国务院办公厅关于促进服务外包产业发展问题的复函》（国办函［2009］9号）和《国务院办公厅关于鼓励服务外包产业加快发展的复函》（国办函［2010］69号），从财政资金、税收优惠、人才培训、平台建设等多个方面对我国服务外包产业发展予以支持，构建了较为全面的政策体系，有力推动了我国服务外包产业全面发展。2012年12月中央政府又发布了《中国国际服务外包产业发展规划纲要（2011—2015）》、《关于做好2012年度承接国际服务外包业务发展资金管理工作的通知》、《关于“十二五”期间金融支持服务贸易发展的意见》等政策文件，充分保障了国内服务外包产业的持续发展。

同时自2006年开始，商务部开展了服务外包的“千百十工程”，要求“在全国建成10个具有一定国际竞争力的服务外包基地城市，推动100家世界著名跨国公司将其一定规模的服务外包业务转移到中国，培育1 000家取得国际资质的大中型服务外包企业，创造有利条件，全方位承接离岸服务外包业务，力争5年内新增20万～30万名大学生就业，培训30万～40万个承接服务外包所需的实用人才，实现2010年服务外包出口额在2005年基础上翻两番”，有效推动了我国服务外包产业的快速成长，同时也为江苏离岸服务外包的发展创造了良好的国内环境，为其发展带来了契机。

（三）丰富优质的劳动力资源

服务外包产业属于人力资本和知识密集型产业，对于高技术、高知识的优质人力资源需求旺盛。中国作为世界上最大的发展中国家，人口数量世界第一，拥有相当数量的劳动力资源，可以为服务外包产业的发展提供充足的劳动力支持。据统计，随着经济增长，未来十年我国平均新增劳动力需求仅在675万～1 031万人之间，而中国每年就有1 950万人需要就业，充足的劳动力资源和广阔的市场需求，不仅吸引了众多跨国公司在中国开展服务外包活动，同时也推动了本土企业服务外包活动的开展。

同时我国服务外包从业人员的学历层次、受训程度也在不断提高，为中国服务外包产业的发展提供了更多优质的劳动力资源。2012年全国服务外包从业人员达到428.9万人，其中本科及以上学历为162.1万人，占从业人员总数的37.8%；专科学历为128.9万人，占总数的30.1%；其他人员约占总数的32.1%，达到了137.9万人，服务外包从业人员的学历结构已日趋优化（见图28—9）。全国各地高校也纷纷开设了服务外包相关专业，通过校企合作等方式开展专业培训，并建设了多样化的服务外包人才培训基地和实训平台，不断提高着中国服务外包从业人员的受训程度。2012年全国服务外包产业受训人员累计达到129.3万人，当年新增受训人员26.3万人，而2010年、2011年新增受训人员分别为16.1万人和22.9万人（见图28—10）。

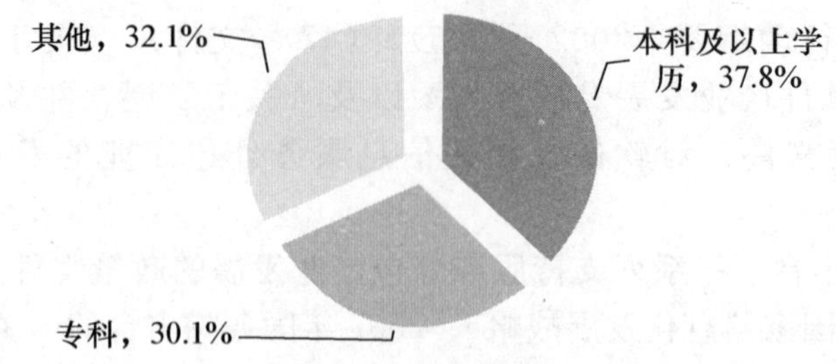

图 28—9　2012 年中国服务外包从业人员结构

资料来源：中华人民共和国商务部。

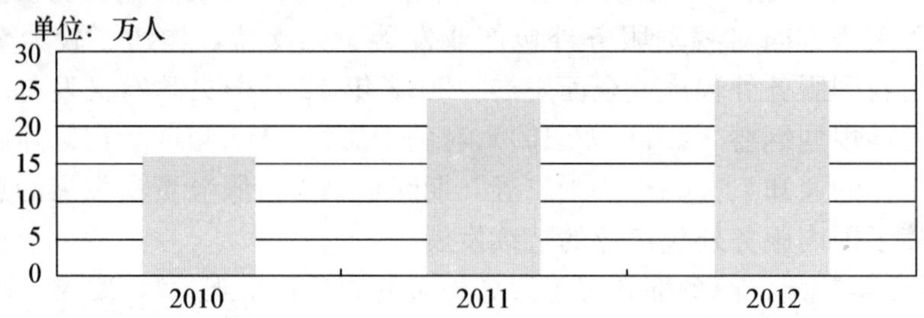

图 28—10　2010—2012 年中国服务外包新增受训人数

资料来源：中华人民共和国商务部。

（四）示范城市引领服务外包发展

“十一五”期间，我国离岸服务外包迅速发展，特别是 21 个服务外包示范城市建设取得明显成效，引领带动作用不断增强。目前环渤海、长三角、珠三角等经济较为发达地区已初步形成了以服务外包示范城市为核心的服务外包产业集聚带，对中西部地区的产业辐射效应逐渐凸显，通过跨区域分工协作带动了整个中国服务外包产业的快速发展。

2009 年国务院办公厅陆续下发文件，先后确定了北京、上海等 21 个中国服务外包示范城市，有力推动了当地服务外包产业的发展。示范城市的离岸服务外包合同额由 2009 年的 309.5 亿美元增加到 2011 年的 796.5 亿美元，年均增长 60.42%，离岸服务外包执行额从 2009 年的 149.1 亿美元增加到 2011 年的 503.5 亿美元，年均增长 83.76%。2012 年 1—9 月示范城市承接离岸服务外包合同额累计达到 258.9 亿美元，比上年同期增长 33.5%，约占全国离岸服务外包合同总额的 90.7%，示范城市已经成为引领中国离岸服务外包发展的关键力量。

各示范城市根据自身的自然资源禀赋、地理优势、产业基础等相继出台了符合地方经济社会发展实际的针对性政策，走与实际相结合的差异化服务外包发展道路。如天津市基于原有的主导产业，通过与制造业联动发展，重点发展科技研发、共享服务中心、信息服务等与生产密切相关的服务外包业务；上海市则以全市 5 个服务外包示范区、12 个服务外包专业园区为抓手，采取“点面结合、错位发展”的措施，重点发展金融服务外包、医药研发服务外包、创意设计服务外包等高端服务外包，努力形成区域内资源合理流动、区域间协调发展的服务外包布局形态；厦门市充分利用和台湾地区的经济联系，基于原有的产业基础，重点培育电子、机械、航运物流、旅游会展、金融与商务等服务外包业务；成都市也以高新区为核心，重点发展软件研发、服务外包、硬件制造等IT行业。

在示范城市的辐射带动下，许多非示范城市也将发展服务外包产业作为推动本地产业升级、转变经济发展方式的重要途径。根据《中国服务外包发展报告2012》，目前已经有宁波、青岛、沈阳、长春、郑州、洛阳、马鞍山、昆明、乌鲁木齐等众多城市积极推动服务外包产业发展。各地方政府通过出台服务外包产业发展规划，积极推动当地服务外包产业发展。东部沿海地区江苏、浙江两省除南京、杭州、无锡、苏州四个示范城市外，宁波、常州、南通、金华、衢州、嘉兴以及中西部的马鞍山、芜湖、郑州、洛阳、昆明、乌鲁木齐等城市，服务外包产业均有加快发展态势。江苏更是以南京、无锡、苏州三个服务外包示范城市为中心，重点打造具有自身特色、集聚程度高、有较大辐射带动作用、能够提供完善的公共服务平台的苏南服务外包产业带，推动全省服务外包共同发展。

第29章 江苏发展服务外包的比较优势

江苏服务外包产业的发展除了受到国际环境与国内环境的影响外，也与其自身的发展条件有关。良好的政策环境、优越的基础条件、浓厚的科教氛围以及坚实的产业基础，都成为江苏发展服务外包的比较优势，有效推动了全省服务外包产业的迅速发展。

一、良好的政策环境

江苏省政府十分重视政策对服务外包的推动作用，一直致力于为全省服务外包产业的发展营造良好的政策环境。同时各地级市也结合自身经济社会发展的实际情况，不断出台适合当地服务外包产业发展的政策文件，有力推动了江苏服务外包政策体系的完善。

（一）省政府服务外包政策

政府在推动服务外包发展中的作用是十分重要的，江苏省委和省政府高度重视服务外包发展，在国家相关政策的基础上，基于江苏发展实际制定并出台了一系列政策文件，为江苏离岸服务外包的发展创造了良好的制度环境。

2006年江苏外经贸厅成立了服务外包工作推进小组，在全国范围内率先开展了省级示范城市、示范区、培训机构以及企业的认定工作，并成立了全国第一家省级服务外包协会；2007年江苏出台了全国第一部关于软件产业的法规——《江苏软件产业促进条例》；2008年江苏财政厅出台了《江苏促进国际服务外包产业加快发展若干政策措施实施办法（2008—2010年）》，把对江苏服务外包产业的支持纳入政策范围，从企业认定、企业扶持、人才激励，到对地方政府的激励和资助，再到补贴培训基地等方面制定了详细的管理准则；2010年江苏发改委等部门制定了《江苏软件和服务外包产业发展规划纲要（2009—2012年）》，明确提出了江苏软件和服务外包产业今后3～5年内的主要目标和重点发展任务；2011年年底江苏又出台了《江苏支持承接国际服务外包业务专项引导资金管理办法》，明确了对江苏服务外包企业、外包载体、重点公共服务平台以及人才培训的资金支持；2013年江苏贯彻国务院办公厅33号文精神，出台了《关于做好2013年江苏支持承接国际服务外包业务专项引导资金申报管理工作的通知》，对2013年江苏省服务外包业务专项资金的申报工作进行了规范。

（二）各地级市服务外包政策

江苏各地级市还根据当地经济社会发展的实际情况，以服务外包示范城市为核心，不断促进江苏省服务外包政策体系的完善。南京市于2006年出台了《南京市人民政府关于促进南京服务外包发展的若干意见》，2008年又颁布了《推进南京市国际服务外包产业发展的若干政策》，并要求从当年起从市财政中每年拿出1亿元用于扶持南京服务外包产业发展。此外，南京市政府还出台了一系列如《南京市政府关于进一步加快软件产业发展的意见》、《南京市鼓励境内外大型企业设立总部或地区总部的暂行规定》、《南京市人民政府关于促进南京服务外包发展的若干意见》、《南京市进一步推进软件产业发展的若干政策意见》、《南京软件园优惠政策》等政策文件，为当地服务外包产业的发展营造了良好的制度环境。

2006年财政部、国家税务总局、商务部、科技部联合下发了《关于在苏州工业园区进行鼓励技术先进型服务企业发展试点工作有关政策问题的通知》，随后苏州市政府又相继出台了《关于促进苏州工业园区服务外包发展的若干意见》、《关于促进服务外包产业跨越发展的实施意见》、《苏州市技术先进型服务企业认定管理办法（试行）》等推动当地服务外包发展的相关政策文件。无锡市于2007年相继出台了《无锡市政府关于加快服务外包产业发展的意见》、《无锡市政府关于集聚国际服务外包和软件出口企业“123”计划的政策意见》等支持当地服务外包产业发展的政策文件，2011年又出台了《无锡市离岸服务外包业务收入免征营业税实施意见》、《无锡市服务外包公共服务平台资金管理办法》。2012年无锡市政府继续大力推动当地服务外包产业发展，先后出台了《无锡市服务业（软件和服务外包）资金管理办法》、《中共无锡市委无锡市人民政府关于深化“530”计划建设“东方硅谷”的意见》等政策文件，从多个方面构建了无锡市服务外包发展的制度体系。常州市政府相继出台了《常州市政府关于进一步加快常州软件园发展的若干政策意见》、《常州市政府关于加快引进领军型海归创业人才的实施意见》、《关于进一步加快发展常州现代服务业的若干政策意见》等政策文件来扶持当地服务业及服务外包产业的发展。此外，常州市还根据自身产业特色，制定和出台了与动漫产业和创意产业外包相关的政策，包括《常州市政府关于鼓励和扶持动漫产业发展的若干规定》以及《关于鼓励和扶持创意产业发展的若干意见》等。各地级市对服务外包产业的日益重视，以及当地服务外包政策体系的不断完善，均为江苏服务外包产业的全面发展营造了良好的外部环境，有力促进了江苏服务外包产业的成长壮大。

二、优越的基础条件

江苏的区位优势为其服务外包产业的发展提供了优越的基础条件，丰厚的自然资源禀赋为江苏经济发展奠定了基础，为江苏服务外包的发展提供了一个较高的起点。此外，江苏还拥有大规模的交通基础设施，为全省服务外包产业的发展提供了便利，世界级的电信基础设施则提供了必要的技术支持。

（一）较丰厚的自然资源禀赋

江苏位于中国大陆东部沿海长江三角洲地区，自然资源禀赋丰富，为经济的发展提供了优越的基础条件，是中国经济发展最快、开放程度最高的省份之一。

江苏陆地面积10.26万平方千米，平原面积7万多平方千米，占江苏陆地面积的70%以上，为本省各项经济活动的开展提供了便利；全省共有耕地7 153.1亩，约占全国的3.8%，而江苏陆地面积仅为全国总面积的1.06%，较高的耕地比重为农业生产及经济活动提供了有力的基础条件；江苏属于东亚季风气候区，处在亚热带和暖温带的气候过渡地带，气候温和、四季分明、雨量适中、光照充足；省内水资源十分充足，江苏地处五大河流上游，长江横穿江苏南部，提供了充沛的淡水资源，2012年全省水资源总量为373.3亿立方米。

适宜的自然环境，使江苏拥有较为丰厚的动植物资源，全省共有850多种植物资源，尚可利用和具有开发价值的野生植物资源600多种；水生动物资源十分丰富，东部沿海渔场面积达15.4万平方千米，其中包括著名的吕泗、海州湾等四大渔场，盛产黄鱼、带鱼、昌鱼、虾类、蟹类及贝藻类等，内陆水面2 600多万亩，养殖面积858万亩，有淡水鱼类140余种；野生动物资源相对稀少，主要有野鸡、野鸭，在沿海地区还有丹顶鹤、白鹤、天鹅等珍稀飞禽。此外，江苏矿产资源分布广泛，品种较多。目前已发现133种，主要有煤炭、石油和天然气等能源矿产，硫、磷、钠盐、水晶、蓝晶石、蓝宝石、金刚石、高岭土、石灰石、石英砂、大理石、陶瓷黏土等非金属矿产，以及铁、铜、铅、锌、银、金、锶、锰等金属矿产。

得益于优越的自然环境和丰厚的资源禀赋，江苏经济发展的基础较好。2012年全省GDP达到5.4万亿元，占到全国GDP的10.4%。丰厚的资源禀赋为江苏经济的迅速发展提供了优越的基础条件，而发达的区域经济也为当地服务外包产业的发展提供了基础。据统计，人均GDP超过1万美元时服务外包才算真正开始。2012年江苏人均GDP超过1万美元，达到10 900美元，居中国大陆各省级地区首位，江苏服务外包产业发展的经济基础十分雄厚。此外，江苏依托临近上海、东南亚等地区的地理区位优势，目前已形成以南京、苏州、无锡、常州等城市为重点的服务外包产业链。在离岸服务外包市场竞争日益激烈的环境下，江苏得益于自身的区位优势，服务外包产业有较迅速的发展，是目前中国承接离岸服务外包最具发展潜力的区域之一。

（二）大规模高质量的交通基础设施

江苏拥有大规模高质量的交通基础设施，交通网络已基本覆盖全省，不仅有助于江苏经济社会的发展，也有力推动了江苏服务外包产业的发展。2012年年底全省公路里程合计154 118千米，比2011年增加1 871千米，其中高速公路4 371.4千米，一级公路10 476千米，二级公路22 144千米。特别是高速公路，江苏高速公路的发展经历了“八五”起步、“九五”展开和“十五”初步形成交通网络三个阶段，基本表现为“起步迟、起点高、发展快、质量好”的发展特征。《江苏高速公路网规划》还要求到2015年全省将形成“五纵九横五联”的高速公路网，总里程为5 200千米，其中四车道1 630千米、六车道2 710千米、八车道860千米。

江苏也十分重视铁路网络的建设。2011年全省交通建设计划投资980亿元，其中铁路的投资最多，为400亿元。2012年年底全省铁路营运总里程达到了2 309.1千米，现有铁路分布如图 29—1 所示，城市轨道交通营运里程达到 110 千米，城际轻轨以及京沪高铁的开通使苏南城市与上海之间、省内各城市之间同城化趋势日益明显。预计到 2014 年，江苏将新建成通车 4 条设计时速 300 千米以上的高速铁路，到 2020 年江苏铁路发展规划的项目主要有：1 沪通铁路、2 宁安城际轨道交通、3 宿淮铁路、4 连盐、淮铁路、5 沿江铁路、6 淮扬镇铁路、7 徐州至定陶铁路、8 常苏嘉城际铁路、9 郑徐客运专线、10 徐宿铁路以及 11 宁淮连铁路（见图 29—2）。

图 29—1　江苏铁路分布

资料来源：江苏交通运输厅门户网站。

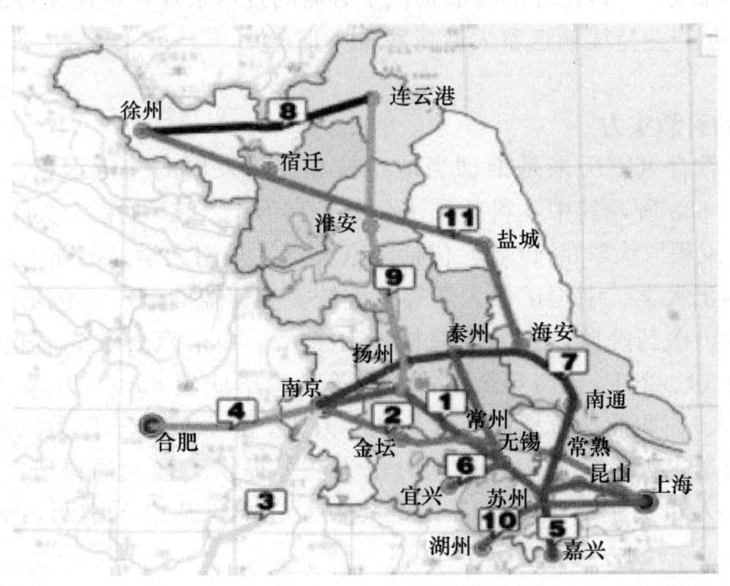

图 29—2　江苏铁路规划图

资料来源：中华铁道网。

全省内河航道总里程 2.43 万千米，约占全国的 1/5，总里程和密度均居全国之首，到 2020 年将以长江干线、京杭运河为核心，以三级及以上航道为主体，以四级航道为补充，形成由“两纵四横”约 3 500 千米高等级航道组成的干线航道网。截至 2012 年，江苏全省共有生产用泊位 7 300 个（万吨级以上生产用泊位 410 个），货物通过能力 14.8 亿吨，集装箱能力 1 220 万标箱，港口货物通过能力、货物吞吐量等多项指标全国第一。此外，江苏还有 12 个民用机场，其中在建民用机场 3 个，基本覆盖江苏 13 个地级市。大规模的交通基础设施，以及覆盖全面的交通网络，有力推动了江苏交通运输服务业的发展，还为江苏离岸服务外包的发展提供了良好的配套条件。

（三）世界级的电信基础设施

江苏拥有世界级的电信基础设施，可实现近 100%的网络连接率，部分服务外包产业园还开通了高容量的国际专线服务，能够为主要服务外包基地提供稳定的、不间断的双电源双回路电力设施，再加上高可靠性的供水供气设施，为江苏服务外包产业的发展提供了相当优越的基础条件。[①] 此外，2012 年江苏互联网接入用户 1 406.4 万户，长途光缆线路长度达到 32 820 千米，移动电话用户 7 471.4 万户，普及率高达 95%，大规模的互联网用户、完善的网络基础设施以及较高的电话普及率都为江苏服务外包特别是通信服务外包的发展提供了优越的基础条件，为江苏服务外包产业的良好发展提供了保障。

三、浓厚的科教氛围

江苏自古文化气息浓郁，科教氛围浓厚，有力推动了当地服务外包产业的发展。强大的科教实力为江苏服务外包产业的发展提供了必需的技术条件，日益完善的服务外包培训体系则为服务外包产业持续输送着大量高素质从业人员。

（一）强大的科教实力

江苏浓郁的教育氛围历来是推动当地科技和经济发展的关键因素。2012 年江苏全省共有普通高校 128 所，其中本科院校（公办）46 所，“211 工程”大学 11 所，约占中国 112 所“211 工程”大学的 1/10，包括南京大学、东南大学、苏州大学、南京航空航天大学、南京理工大学、中国矿业大学等；院校类型覆盖面较广，包括综合院校、工科院校、农业院校、医药院校以及师范院校，南京大学和东南大学同时也是“985 工程”大学（见表 29—1）。2012 年当年全省普通高等教育毕业生 50.86 万人（其中研究生毕业人数 3.84 万人），职业教育毕业人数 50.31 万人。这些院校不仅为江苏经济社会以及服务外包产业输送了大量优质人才，同时也为江苏提供了强大的科研实力。2012 年全省从事科研活动人员达到了 98.23 万人，其中大学本科及以上学历占到了 50%左右，约为 44.96 万人。

① 参见毛菱：《江苏省金融服务外包产业发展现状与竞争力研究》，苏州大学硕士学位论文，2013。

表 29—1　　　　江苏"211 工程"、"985 工程"大学

"211 工程"及"985 工程"	南京大学
	东南大学
"211 工程"	苏州大学
	南京航空航天大学
	南京理工大学
	中国矿业大学
	河海大学
	江南大学
	南京农业大学
	中国药科大学
	南京师范大学

资料来源：中华人民共和国教育部网站。

此外，江苏完善的基础设施、高强度的研发投入也有效地增强了当地的科研实力。目前全省拥有国家级高新技术特色产业基地 49 个，各类科技创业园 93 个，其中省级以上大学科技园 32 个，国家大学科技园 11 个，科技服务机构 457 家；2012 年全省县级以上政府部门所属研究与开发机构共计 136 个，共承担课题 6 283 个，其中研究与开发课题 4 544 个；全省当年研究与开发经费内部支出达到了 1 288.02 亿美元，约占江苏 GDP 的 2.3%。高强度的研发投入提高了江苏的科研实力，也保障了当地的科研水平。2012 年全省专利申请量达到了 472 656 件，专利授权量达到了 269 944 件，其中发明专利 16 242 件，实用新型专利 77 944 件，外观设计专利 175 758 件。强大的科教实力为江苏服务外包产业的良性发展提供了技术支持，并推动其实现跨越式成长。

（二）完善的服务外包培训体系

江苏目前已基本形成以普通高校、软件学校、职业学校等学历教育为第一层次，以专业培训机构、社团、企业等非学历教育为第二层次，以其他软件人才培训机构为第三层次的服务外包人才培养体系。2008 年全省服务外包培训录用人数 2.15 万人，企业培训人数 1.45 万人，培训机构培训人数 0.74 万人，分别占全国总培训录用人数的 21.9%、21.1% 和 23.8%，均居全国首位。

南京大学、东南大学分别与微软、英特尔、IBM 等国际知名跨国公司合作，开设了服务外包培训课程。2009 年 4 月商务部、教育部和江苏政府以及南京、苏州、无锡三市地方政府共同签署了南京、苏州、无锡三地国家级服务外包人才培训中心的共建协议，并认定了全国首批 15 个省级国际服务外包人才培训基地。2010 年江苏又成立了首个专注于服务外包产业人才培养的高校——硅湖服务外包学院，这是全国首家以培养金融服务外包人才为主要任务的应用型服务外包技能人才培养基地。北大青鸟、NIIT、新东方 NIT-Pro 等一批国内外知名的 IT 专业培训机构，逐渐成为江苏服务外包培训的中坚力量。此外，江苏服务外包企业对人才培训也十分重视，大多数外包企业为员工提供了包括入职培训、业务技能培训、外语培训及管理技能培训等在内的各项培训。江苏目前已基本形成以高等院校为主体，政府、企业和社会等多渠道培养服务外包人才的格局。健全的服务外包人才培

训体系为江苏服务外包企业提供了大量学历层次较高、自主创新能力突出的劳动力资源，对于服务外包产业的技术支撑作用明显。

四、坚实的产业基础

服务外包的发展离不开相关产业的支撑，江苏目前已处于工业化后期，传统工业综合实力较强，战略性新兴产业加速成长，现代服务业需求旺盛，如此坚实的产业基础，有效地推动了江苏服务外包产业的发展。

（一）综合实力较强的工业经济

“十一五”期间，全省规模以上工业企业由32 224家扩张至64 136家，实现增加值由8 119.0亿元增加到21 223.8亿元，到2010年年底江苏工业经济总量首次位居全国第一位，产值约占全国工业经济总量的1/8。在此期间，江苏继续加大工业企业的技术改造投入，积极推广信息化、节能环保、循环利用等技术，“十一五”期间全省累计实现技术改造投资共3.8亿元，机械、电子、石化、纺织、冶金等重点行业40%以上的主要设备达到全球领先水平。同时，江苏工业企业也逐渐向大规模企业集团发展。2010年全省主营业务收入超百亿元工业企业达到75家，其中超千亿元企业3家，85%以上骨干企业实现生产装备自动化。

基于江苏工业经济在“十一五”期间的现状，《江苏“十二五”工业经济发展规划》提出到“十二五”时期结束实现以下发展目标：全省规模以上工业增加值达到3.7万亿元，年均增长12%左右，工业企业利税年均增长15%左右，工业增加值率稳步提高；工业投资年均增长16%左右，技术改造投资年均增长18%左右。截至2012年全省工业总产值达12.01万亿元，同比增长12.9%，规模以上工业增加值26 606亿元，同比增长12.6%，占地区生产总值的比重达49.2%，完成情况基本良好。同时，当年江苏机械、纺织、电子、冶金、轻工、石化等6个行业首次产值超过1万亿元，其中机械、纺织产业居全国第一位，电子、冶金、石化等产业居全国第二位，轻工产业产值居全国第四位。综合实力较强的工业不仅为江苏创造了大量的就业和税收，促进了全省经济的迅速发展，同时也带动了生产性服务业的迅速发展，为江苏服务外包产业的发展提供了坚实的产业基础。

（二）加速成长的战略性新兴产业

“十一五”期间江苏新兴产业发展迅速。2010年年底全省新兴产业实现销售收入20 647亿元，同比增长35.8%，占全国新兴产业比重达25%。光伏、风电设备、海工装备、轨道交通等一批新兴产业迅速崛起，其中光伏产业规模约占全国的1/2，船舶产业规模占全国近1/3。截至2010年年底，江苏在全国新兴产业中处于领先水平的企业超过80家，逐渐形成了一批新能源、新材料、电子信息、智能电网、高端装备制造和节能环保等优势企业群，拥有一批市场占有率、技术水平双高的新材料、新医药及新能源上市企业。

为了进一步培育和发展战略性新兴产业，《江苏“十二五”培育和发展战略性新兴产业规划》提出要重点培育壮大新能源产业、新材料产业、生物技术和新医药产业、节能环保产业、物联网和云计算产业、新一代信息技术和软件产业、高端装备制造产业、新能源汽车产业、智能电网产业、海洋工程装备产业等 10 个领域的战略性新兴产业，并要求到 2015 年，江苏战略性新兴产业和新兴产业增加值占 GDP 的比重分别达到 10%和 18%；到 2020 年，这一比重将分别达到 18%和 25%。江苏通过制定《江苏“十二五”培育和发展战略性新兴产业规划》，努力推动十大战略性新兴产业发展，有效提高了新兴产业企业的自主创新能力。截至 2012 年江苏十大战略性新兴产业发展迅速，新能源、新材料、生物技术和新医药、节能环保、软件和服务外包、物联网等新兴产业全年销售收入达40 059.9 亿元，比上年增长 19.6%，新材料、新能源、节能环保等行业规模占全国比重超过 20%，海洋工程、轨道交通、新一代信息技术等产业迅速崛起。江苏加速发展的高技术及战略性新兴产业，为本省离岸服务外包的发展奠定了坚实的产业基础。

（三）需求旺盛的现代服务业

江苏需求旺盛的服务业，为当地服务外包市场的发展提供了强大的内生性动力。目前江苏全省形成了苏锡常、南京、徐州三大服务经济板块，服务业吸纳和输出能力较强，是我国承接离岸服务外包最具发展潜力的区域之一。“十一五”期间，全省服务业增速始终高于地区生产总值增速，服务业增加值从 2005 年的 6 683.5 亿元提高到 2010 年的 16 731.4亿元，年均增长 14.4%，高于同期地区生产总值增速 0.9 个百分点；全省服务业增加值占地区生产总值的比重由 2005 年的 35.9%提高到 2010 年的 41.6%，5 年间提升 5.7 个百分点。“十二五”初期，江苏服务业继续保持良好的发展态势。2012 年江苏全省服务业增加值为 23 517.98 亿元，占全省 GDP 的 39.7%，约占全国服务业增加值的 10.2%，服务业从业人员达到 4 759.3 万人，约占全省从业人员的 36.5%；软件业、研发和科技交流及推广服务业、航空运输业、银行业、商务服务业、物流业等现代服务业发展迅速，成为服务业发展新的增长点，2012 年总收入同比分别增长 34.6%、37.6%、14.5%、15.5%、17.2%、11.3%。截至 2010 年，江苏省内共建成 100 个不同形态的省级现代服务业集聚区，入区企业达 2.2 万家，就业人数 66.3 万人，共实现营业收入 3 196 亿元，集聚区内主导产业的销售收入和利润占比均达到 80%以上；其中科技、软件信息类服务业集聚区创造的营业收入约占全省科技服务和软件业总收入的 40%。发达的服务业不仅形成了旺盛的服务外包需求，同时也是江苏发展离岸服务外包坚实的产业基础。

第30章 江苏典型服务外包行业发展概况

一、江苏软件与信息服务外包发展概况

江苏软件与信息服务业发展良好，为本省软件与信息服务外包的迅速发展提供了基础，推动了全省软件与信息服务外包在市场规模、企业规模、从业人员规模等方面不同程度的扩张。但目前江苏发展迅速的软件与信息服务外包仍然存在一系列问题，制约了江苏软件与信息服务外包的持续发展，在企业成长、区域协调发展、人力资源以及国际市场开拓等方面还存在一定的改进空间。

（一）江苏软件与信息服务外包发展的现状

根据国家产业公共服务平台（CSIP）的统计数据，2007年江苏软件与信息服务外包市场规模达到20.3亿美元，当年江苏软件与信息服务外包离岸市场规模则约为4.8亿美元。江苏软件与信息服务外包的主要业务ITO为15.7亿美元，外包企业主要从事软件服务外包，特别是软件开发和维护环节；当年BPO业务收入为4.6亿美元，企业主要从事客户服务环节。

从离岸业务来源地分布来看，2007年江苏主要承接来自日韩、美国、港澳台及东南亚、西欧等地区的软件与信息服务外包，其中日本是江苏承接软件与信息服务外包的主要来源国，市场份额约占56.6%；美国是江苏软件与信息服务离岸外包的第二大发包国，市场份额约占32.3%，同时美国也是预计发包额增速最快的国家；而东南亚、港澳台地区的市场份额约占5.3%，西欧市场的发包份额约占4.4%（见图30—1）。

从离岸业务的构成来看，以江苏软件出口为例，2009年江苏软件出口收入结构中，软件产品出口24 727万美元，约占整个软件出口额的6.97%；系统集成及支持服务出口17 491万美元，占4.93%；信息技术咨询和管理服务出口1 366万美元，占0.38%；信息技术增值服务出口69 431万美元，占19.56%；嵌入式系统软件出口205 550万美元，占57.90%；设计开发出口36 441万美元，占10.26%（见图30—2）。此外，江苏软件出口主要集中在苏州、无锡、南京等市。2009年江苏省内有8个城市从事软件服务出口业务。其中软件出口最多的地区是苏州市，为212 942万美元；其次是无锡市，为91 282万美元；南通市和泰州市当年软件出口额不足100万美元，分别为52万美元和9万美元（见图30—3）。

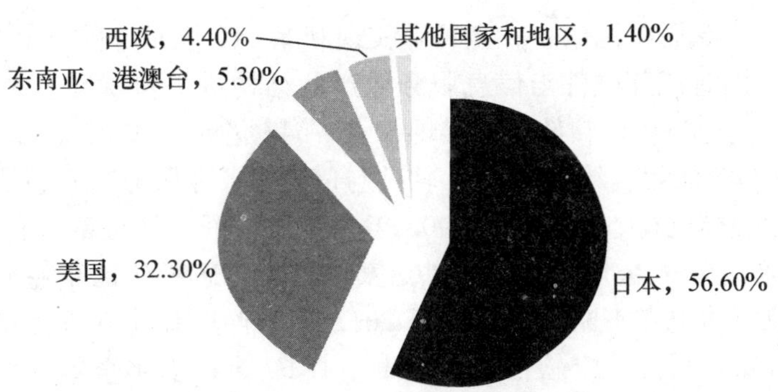

图 30—1　2007 年江苏离岸服务外包业务来源地分布

资料来源：《2008 年江苏软件与信息服务外包产业发展白皮书》。

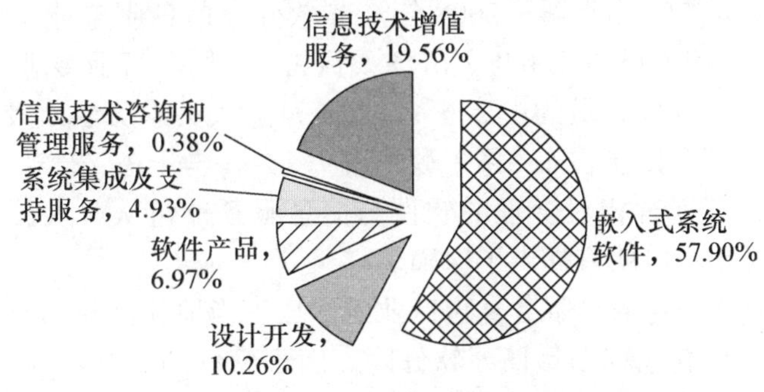

图 30—2　2009 年江苏软件出口行业分布

资料来源：《江苏软件产业发展研究报告 2010》。

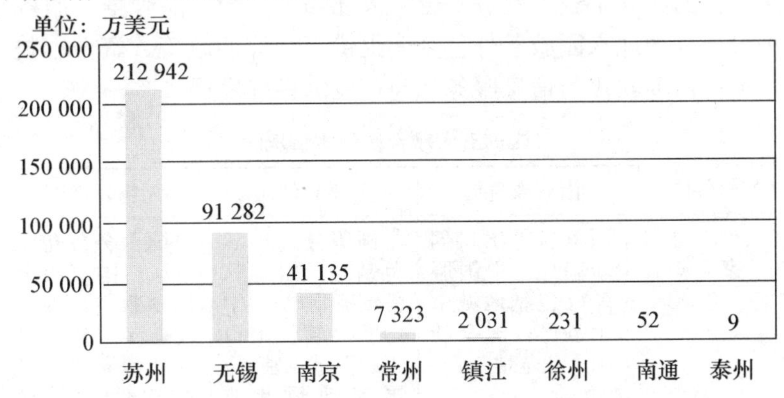

图 30—3　2009 年江苏各市软件出口业务分布

资料来源：《江苏软件产业发展研究报告 2010》。

(二) 江苏软件与信息服务外包发展的产业基础

软件与信息服务外包的发展离不开软件与信息服务业的快速增长，江苏较为发达的软件与信息服务业为其软件与信息服务外包的发展提供了良好的产业基础。2012 年江苏软件与信息服务业累计完成收入 4 305.6 亿元，同比增长 34.6%，约占全国软件与信息服务业总收入的17.2%，跃居全国第一；全行业实现利润411亿元，税金176亿元，分别增长11.5%和12.4%。同时江苏软件与信息服务业产业结构进一步优化。2012年软件产品实现收入1 122亿元，占26%；软件服务实现收入1 547亿元，占35.9%；与工业相关的软件业务实现收入1 636亿元，约占38%，软件与信息服务业服务化日益明显。

江苏软件企业规模也在不断扩大。2008年全省通过资质认证的软件企业达1 457家。2012年全省累计通过认证企业达到了3 770家，当年新通过认证企业699家，同比增长47.8%。同时企业资质也在不断提升，截至2012年全省具有计算机信息系统集成资质的企业累计达到198家，累计认定软件企业技术中心52个；当年全省共有8家企业入选中国软件百强企业名单，累计软件收入超过240亿元，同比增长22.6%，润和软件、东华测试、光一科技等三家软件企业成功上市。

在从业人员方面，2012年江苏软件与信息服务从业人员为76万人，同比增长36.2%；从行业从业人员结构来看，2008年江苏软件与信息服务业从业人员中高级管理人员占4.3%，项目管理人员占7.6%，市场人员占5.3%，行业专业人员占16.3%，技术专业人员占62.9%，其他人员约占3.6%；此外从业人员学历层次较高，大学本科以上学历人员占到80%，其中博士占1.3%，硕士占7.1%，学士占72.3%，而大学专科学历也占到了16.5%。江苏拥有相对合理的软件与信息服务外包从业人员结构，员工素质较高，为高质量承接服务外包项目提供了保障。

江苏较为完善的软件与信息服务外包产业园区也为当地软件与信息服务外包的发展提供了良好的服务外包载体。2007年江苏软件园、南京软件园、苏州软件园、无锡软件园、常州软件园五大软件园已聚集软件企业1 800多家，房屋建筑面积达300万平方米，在建面积400万平方米，江苏五大软件园的基本情况如表30—1所示。在江苏信息产业厅的大力支持下，五大产业园建立了技术服务平台、人才培训平台、品牌推广服务平台以及知识产权公共服务平台，为当地入园服务外包企业提供了相应的政策、资金、技术、信息等配套服务，充分保障了江苏软件与信息服务外包产业的良好发展。

表30—1　　江苏五大软件园基本情况

	江苏软件园	南京软件园	苏州软件园	无锡软件园	常州软件园
载体建设	国家软件产业基地；国家火炬计划软件产业基地	国家软件出口创新基地；中国服务外包基地城市示范区；国家动画产业基地	中国服务外包示范基地；国家软件产业基地；“中国欧美软件出口工程”试点基地；国家动画产业基地	中国服务外包示范区；国家火炬计划软件产业基地；江苏离岸服务外包基地；江苏软件外包产业园	国家火炬计划软件产业基地
规划面积	占地6.26平方千米	占地3.58平方千米	占地62公顷	企业用房72万平方米	企业用房30万平方米
企业数量	433家	315家	350家	485家	200家

续前表

	江苏软件园	南京软件园	苏州软件园	无锡软件园	常州软件园
重点企业	南京欣网视讯科技股份有限公司、南京擎天科技有限公司、南京智达康无线通信科技有限公司	江苏苏微软件技术有限公司、萨蒂扬软件技术（南京）研发中心、南京南瑞集团公司、南京盛大网络发展有限公司、南京鸿鹰动漫娱乐有限公司	新宇软件（苏州工业园区）有限公司、江苏欧索软件有限公司、昆山中创软件工程有限责任公司	无锡华夏计算机技术有限公司、无锡华阳软件公司、无锡华润矽科微电子有限公司、无锡天龙动画有限公司	冲电气软件技术（江苏）有限公司、常州微创博维软件有限公司、江苏南大苏富特软件股份有限公司、常州百度信息科技有限公司
产业定位	通信、电力、金融、安全等应用软件和嵌入式软件	软件外包、BIOS、嵌入式应用软件、游戏动漫	信息基础设施服务、软件外包、业务流程外包、嵌入式软件、研发设计外包	软件及信息服务外包、IC 设计、数字内容产业	软件外包、信息技术服务、嵌入式软件、通信、网络、计算机、自动控制

资料来源：《2008 年江苏软件与信息服务外包产业发展白皮书》。

（三）江苏软件与信息服务外包存在的问题

虽然江苏软件与信息服务外包产业近年来有了迅速发展，但目前仍处于起步阶段，还存在着一系列问题。

第一，单个企业规模偏小，竞争力较弱。2008 年江苏软件与信息服务外包企业中超过 1 000 人的企业仅占 3.2%，100 人以下的企业将近一半（见图 30—4），同时 84.7%的软件企业年收入在 5 000 万元以下，与大连、上海等软件外包发达城市相比存在着一定的差距。江苏软件企业个体规模偏小，市场渠道狭窄，与规模较大的企业竞争时，很难取得较大的外包合同；同时江苏软件与信息服务企业缺乏行业领军企业，企业缺少具有自主知识产权的核心技术和产品，竞争力较弱，在全球软件价值链中仍然处于中下游的位置。

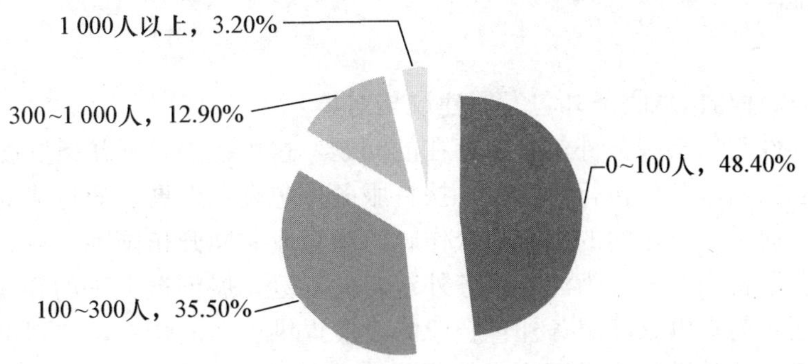

图 30—4　2008 年江苏软件与信息服务外包企业结构（按从业人员分）

资料来源：《2008 年江苏软件与信息服务外包产业发展白皮书》。

第二，产业区域发展不平衡。江苏各地软件与信息服务外包区域发展不平衡现象较为严重，全省90%以上外包业务和企业都集中在苏南地区。就软件业务收入而言，2012年江苏软件与信息服务业累计完成软件业务收入4 305.6亿元，其中南京市全年完成软件业务收入2 076亿元，约占全省业务总量的一半，苏州市完成业务收入1 050亿元，无锡市完成业务收入900亿元，分列全省前三名。产业规模的差距导致了江苏在承接离岸服务外包时的地区差异，苏南地区软件业务收入已经达到全省软件业务收入的90%以上，过于集聚的产业集群与区域间经济发展不平衡也导致了苏北、苏中地区软件与信息服务外包产业发展相对缓慢。

第三，人才缺口矛盾突出。人才是软件与信息服务外包产业的重要资源，软件与信息服务外包的发展离不开大量优质人才的支撑。但是目前江苏软件专业人才严重缺乏，特别是具备一定外语能力、专业技能和项目管理经验的复合型人才不足，中高级技术和管理人才严重短缺，制约了全省软件与信息服务业的发展。据了解，2010年江苏软件人才需求总量将达25万，其中基础人才15万，但全省相关人才只有4.5万，人才缺口达20万。同时，虽然江苏凭借自身的科教优势，培育出了众多的IT服务外包人才，但是在现行教育体制下培养出的毕业生，缺乏实际工作经验，与用人单位的实际需求还存在一定的差距。此外，几乎所有的正规软件院校都在培育系统工程师，对于软件架构师、系统设计师以及软件蓝领的培育重视程度不高，在一定程度上出现了现有人才素质难以契合企业需求的局面，人才缺口矛盾更加突出。

第四，国际市场竞争激烈。日本是江苏软件与信息服务离岸外包的第一大发包国，约占56.6%的市场份额，但是在全球软件外包市场上日本所占的份额相对较少，而且大多属于低利润业务。欧美国家在全球软件外包市场中占据较大的份额，但是相对而言欧美客户更看重内部流程管理和质量管理水平，江苏想要扩大在欧美市场的份额就需要积累更多的经验。同时，江苏还会面临来自软件外包强国印度以及菲律宾等新兴软件外包国家的竞争。印度的软件外包主要面向欧美市场，其中美国占到58%、欧洲为21%，印度还拥有多个如Tata，Wipro，Infosys等著名的国际软件企业，65%的印度企业具备承接大型国际软件开发项目的能力，对江苏软件与信息服务外包企业进军欧美市场是一个极大的挑战。此外，菲律宾等新兴软件外包国家的崛起，也使得江苏软件与信息服务外包产业所面临的国际市场更加严峻。

（四）江苏软件与信息服务外包发展建议与对策

针对江苏软件与信息服务外包目前存在的问题，这里提出以下几条发展建议：

第一，成立软件服务外包行业协会，扶持服务外包企业发展。通过成立江苏软件服务外包行业协会，促进企业之间的交流与合作，组织企业共同开拓国际市场，协调企业间的竞争，同时避免不正当竞争，为江苏服务外包企业规范发展创造良好的环境。此外，江苏服务外包协会还要为省内软件服务外包企业的发展提供更多的帮助，如帮助软件企业建立良好的融资渠道，并鼓励风险投资为企业提供有力的资金支持，努力扩大软件企业规模，为客户提供全方位的、完整的解决方案，提高企业的海外现场交付能力等，有效提升企业国际竞争力；同时，服务外包行业协会还应支持企业开展CMM/CMMI认证、软件人才资格认证等一系列资格认证，并鼓励企业通过收购、兼并、上市等途径成长为软件产业的行业领军企业，带动江苏软件服务外包企业发展。

第二，推动二次外包发展，促进服务外包区域协调发展。目前苏南地区集聚了江苏绝大部分软件外包业务，苏南地区有专业化的软件产业园，外语人才、软件人才等国际化人才相对集中，知识产权保护环境较为成熟，跨国公司都愿意把软件外包业务投放到这些地区，但同时也造成了江苏软件外包发展的区域不平衡。因此，江苏可以努力推动二次外包，通过苏南地区接单，苏中、苏北地区加工的二次外包形式，充分利用苏中、苏北地区的低成本优势，推动软件服务外包持续发展；同时，二次外包的发展模式也可以有效带动苏中、苏北地区软件服务外包的发展，形成良性的梯度发展态势，促进软件与信息服务外包区域协调发展。

第三，培育引进高素质人才，改善人才结构。针对江苏目前软件外包人才缺口严重的情况，省内的教育机构要有针对性地改进课程设置，根据现有软件服务外包市场的人才需求培育相关专业人才；积极推动产学研合作，鼓励院校间开展协作，努力提高学生的专业实践能力。同时江苏还应积极引进海外高级人才，吸收大量熟悉发达国家商务活动规则的高级人才，充分提升江苏软件服务外包人才的国际化水平。

第四，积极开拓国外市场，进一步拉动国内市场需求。江苏软件与信息服务外包企业应在原有发展优势的基础上，进一步挖掘江苏软件服务外包在日本市场的潜力，并积极开拓欧美市场，通过加大软件行业国际交流等措施扩大国际市场特别是欧美市场的需求。同时江苏软件与信息服务外包企业还应充分利用省内综合实力较强的企业与跨国企业资源，通过承接这些企业的软件外包不断提升全省软件企业的接包能力；江苏还应积极鼓励省内企业或其他机构进行发包，不仅可以有效推动省内软件与信息服务外包需求市场的扩大，还有利于江苏软件与信息服务外包企业接包能力的提升。

二、江苏金融服务外包发展概况

江苏拥有全国较为领先的金融服务业，凭借临近上海这一国际金融大都市的地理优势，金融服务业发展迅速，为当地金融服务外包产业的迅速发展提供了基础。但是目前江苏金融服务外包发展时间较短，还存在一系列制约其持续发展的瓶颈，在金融服务外包企业成长、人才培育与引进、区域协调发展以及风险监管等方面还存在进一步的改进空间。

（一）江苏金融服务外包发展的特征

我国金融服务外包目前尚处于起步阶段，产业规模不大，金融服务外包市场发展并不完善，但是江苏依托临近上海国际金融中心的独特优势，并凭借省内数量众多的金融机构，金融服务外包发展十分迅速。目前江苏金融服务外包执行额及从业人数全国领先，金融外包产业发展良好，并率先实现了产业集群式发展。总体来看，江苏金融服务外包主要有以下特征：

第一，江苏金融服务外包以在岸服务外包市场为主，但离岸服务外包市场发展前景广阔。目前江苏在岸金融 BPO 业务规模与离岸金融 BPO 业务规模之比大约为 10∶1，江苏金融行业原本就十分发达，加上临近上海国际金融中心这一区位优势，大量的金融服务需求为江苏在岸金融服务外包市场的持续发展提供了内生性动力。但是目前江苏离岸金融服务外包总体规模较小，其离岸金融 BPO 业务主要集中于国外金融机构在省内设立的专门企业，这些企业大多承接其母公司的金融业务，占整个金融服务外包市场的份额较小；不过，随着全球服务商在华分支机构的不断增加，江苏离岸金融服务外包将会获得大量的需求，发展潜力巨大。同时，面对竞争日益激烈的金融行业，江苏各家银行致力于提升服务质量，重点关注客户满意度，努力控制成本，有效提高了自身竞争优势，推动了江苏离岸金融服务外包的发展。

第二，江苏省内金融服务外包企业加速成长，规模与数量同时扩张。目前江苏省内从事金融服务外包的企业大致可以分为三类：新宇科技、润和软件等本土成长起来的软件外包企业，华道数据、中南融通等国内知名外包企业在江苏设立的分支机构以及法国凯捷、佳能软件等国外著名外包企业在江苏设立的研发机构。2010 年江苏共有 22 家企业名列“2010 年中国服务外包成长型企业 100 强”名单，其中大多数企业从事金融服务外包，企业员工规模超过了1 000 人，企业年外包合同执行额均超过 1 000 万美元，年均增速在100%左右。

第三，苏南地区金融服务外包集群逐渐形成规模，集聚效应显著。南京市建邺区内集聚了超过 100 家金融机构与金融外包企业，有望成为江苏甚至华东地区的金融集聚区；苏州工业园区则积极建立全国金融创新基地，努力打造金融服务外包产业集聚区，以此配合高端金融产业集聚区、股权投资产业集聚区及金融配套产业集聚区的建设；昆山花桥国际商务城作为国内金融服务外包的先行者，不仅聚集了一大批国内乃至国际上知名的金融服务外包企业，并成立了国内首家金融服务外包研究中心，制定了首个国际服务外包运营标准；无锡市则依托 O-PARK 园区，吸引数家国内金融服务外包企业进驻，目前已初步形成可以为金融机构提供高、中、低端业务，满足不同层次客户需求的金融服务外包集群。苏南地区金融服务外包集群的形成促进了区域内生产要素、技术、信息的溢出与共享，有效推动了当地金融服务外包企业的发展；同时江苏临近上海、杭州等外包发达城市，可以凭借这一地理优势，推动省内重点服务外包城市率先发展，而后带动全省金融服务外包发展是江苏金融服务外包迅速成长的有效途径。

（二）江苏金融服务外包发展的基础

经济的迅速发展往往伴随着金融行业的快速发展。2012 年江苏 GDP 达到 5.4 万亿美元，约占全国 GDP 的 10.4%，人均 GDP 超过 1 万美元，居中国大陆各省级地区之首。江苏全省金融行业规模也随之扩大。2012 年江苏金融机构共有 12 029 个，其中国家商业银行营业网点数达到 4 768 个，金融机构从业人员 204 366 人，国有商业银行从业人员 99 346 人，大规模的金融行业是迅速发展金融服务外包的基础；金融总量超过上海，位居全国第三，本外币存贷款余额达到 7.8 万亿元。江苏发达的金融行业必然形成大规模的金融服务外包需求，促进全省金融服务外包产业的迅速发展。

江苏不断加快发展省内金融服务外包载体建设，努力提升全省金融服务外包企业接包能力。2008年昆山花桥国际商务城成立，这是国内首个金融服务外包基地，集聚了一大批从事金融产品研发、金融创新等高端业务的企业，并吸引了一大批国内外知名的金融BPO领军企业和龙头企业进驻，基本形成了比较完整的金融服务外包产业链。目前昆山花桥国际商务城已经吸引了诸如法国凯捷、柯莱特科技、颠峰软件、华道数据、远洋数据等70多家国内外知名的金融服务外包供应商，有效提升了国际商务城企业承接服务外包的能力，并带动了省内其他城市金融服务外包的发展。

江苏低廉且优质的人力资源也是当地金融服务外包迅速发展的一大基础。与发达国家相比，江苏相对较低的工资水平具有显著的比较优势，入门级金融服务外包员工月收入约为300美元，仅为美国的1/10；与我国其他金融服务外包承接地区如北京、上海、广东等相比，江苏也具备显著的人力成本优势。就昆山花桥国际商务城而言，其金融服务外包的成本仅为上海的1/5。此外，江苏发达的经济基础与浓厚的科教氛围也保证了当地人力资源的质量，低廉且优质的人力资源有效降低了金融服务外包成本，为江苏金融服务外包的迅速发展提供了保障。

江苏也十分重视金融服务外包的制度建设，通过政策支持和发展规划保障了江苏金融服务外包的良好发展。如南京市2008年出台了《关于加快南京金融业发展的意见》，2011年出台了《关于河西金融集聚区发展专项扶持政策的实施办法》、《关于打造南京建邺新城现代金融无障碍服务示范区的指导意见》等政策文件，同时南京市致力于打造“金融集聚区（区域金融中心)”、“金融后台中心”、“南京保险创新实验区”等金融发展平台，为本市金融服务外包的发展提供了优秀的发展平台。苏州市正努力打造以金融后台服务为重点发展对象的苏州工业区城铁商务区，并于2009年设立了金融后台服务外包投资基金，首期投入就达到了10亿元。

(三）江苏金融服务外包发展的问题

江苏金融服务外包发展刚刚起步，目前还存在着一系列问题，制约着江苏金融服务外包的持续发展。

第一，金融服务外包尚处于初级阶段，特别是离岸金融服务外包规模不大。江苏金融服务外包目前处于初级阶段，一方面由于我国金融服务外包整体上规模不大，印度独揽了全球离岸金融服务外包80%的业务；另一方面我国金融服务外包监管等配套政策出台时间较短，导致我国金融服务机构在从事外包业务时过于保守，金融服务外包发展速度受到了限制。此外，目前江苏离岸金融服务外包业务主要来自国外金融机构在省内设立的专门企业，这些企业大多承接其母公司的金融业务，导致了离岸金融服务外包占整体金融服务外包市场的份额较小。

第二，高素质金融服务外包人才缺乏。虽然江苏教育氛围浓厚，高素质人力资源相对丰富，但是仍然存在着一定的人才结构问题，高素质金融服务外包人才的缺乏严重阻碍了江苏金融服务外包产业的持续发展。目前江苏金融服务外包人才培养机制尚未建立，省内培育的相关人才不能很好地满足金融服务外包企业的需求，学生普遍缺乏项目经验，实践能力和专业技能不足，尚不能达到企业的用人标准。

第三，省内金融服务外包区域发展不均衡。江苏经济发展不平衡特征显著，区域间产业发展差异较大，苏南地区集聚了江苏绝大部分的服务外包企业，并承接了江苏90%以上的离岸服务外包。金融服务外包业务在江苏刚刚起步，导致了这一差距更加明显，省内金融服务外包企业集聚于南京、苏州、无锡、常州等城市，苏中、苏北地区金融服务外包发展迟缓。

第四，相关法律法规不健全，监管制度不成熟。相对而言，金融机构的业务外包存在着较多的风险，特别是信息安全风险。金融机构的业务流程外包必然要将内部资料和客户资料提交给外包公司，这一过程会产生较大的风险，给发包的金融机构带来不可估量的损失。江苏目前还缺乏相应的法律来规范这些行为，一旦发生纠纷，企业无法获取相应的法律援助，限制了江苏金融服务外包规模的增加速度，同时省内还未构建起有效的监管制度，金融服务外包标准尚未成熟。目前江苏金融服务外包商主要是国外服务商的分支机构以及国内近几年刚刚发展起来的企业，金融服务外包企业资质不一，而金融机构在选择外包企业时缺乏相应的评判标准，过高的搜寻成本使得江苏金融机构在选择外包企业时还是相当谨慎的，限制了江苏金融服务外包的发展。

（四）江苏金融服务外包发展的建议与对策

第一，扩大离岸金融服务外包规模，培育本土金融服务外包企业。江苏既要推动在岸服务外包发展，也要重视离岸金融服务外包。承接离岸金融服务外包既有利于江苏接包企业提升业务熟练度，提高交付能力以及增强综合竞争力，同时也有利于江苏金融服务外包企业充分参与全球市场，最大限度地获得经济全球化带来的经济利益。因此，江苏应通过制定政策、提供良好的发展环境等措施鼓励海外金融机构在省内开设分支机构，直接推动离岸金融服务外包规模的扩大，积极深化全球分工，扩大江苏企业在全球金融服务外包市场的份额。同时，江苏还可以积极培育本土金融服务外包企业，鼓励企业取得诸如开发能力成熟度模型（CMM）认证、IT服务管理（ISO20000）认证等各项相关国际认证，并根据实际认证费用由政府给予资金支持；引导江苏省内金融服务外包企业与国际标准接轨，推动金融服务外包企业规范化、专业化发展，鼓励本土金融服务企业与海外知名金融服务外包企业建立双赢的战略伙伴关系，努力提高江苏金融服务外包企业的综合竞争力。

第二，推动金融服务外包高素质人才的培育与引进。江苏是教育大省，浓厚的科教氛围为金融服务外包行业培育了大量基础性人才，但是目前江苏金融服务外包行业更缺乏有熟练经验的技术人才和行业领军人才，人力资源特别是人才的短缺已经成为制约江苏金融服务外包迅速发展的障碍。江苏可以凭借自身的区位优势，依托苏南地区金融服务外包产业园的建立，积极推动产学研合作，并引进国内外知名教育机构开展培训服务，建构健全的金融服务外包人才培训体系；同时江苏也应积极出台必要的优惠政策，对符合人才引进标准的金融服务外包行业人员在户籍管理、出入境管理、社会保险、子女教育以及医疗保障等方面给予便利，积极抓住欧美国家大批金融服务外包巨头裁员的机会，大批引进高素质金融服务外包人才和行业领军人才，提升本省金融服务外包从业人员的素质。

第三，根据各地特点，促进金融服务外包产业区域协调发展。江苏金融服务外包区域发展不平衡特征明显，苏南地区基本创造了江苏金融服务外包产业的全部收入。为促进金融服务外包产业区域协调发展，可以根据江苏各地资源禀赋以及当地金融行业发展情况，制定差异化发展策略，有针对性地发展金融服务外包，充分优化产业分工布局。苏南地区应基于原有发展态势良好的金融服务外包产业，重点发展中高端的 ITO、BPO 乃至 KPO 业务，有效提高当地外包企业承接离岸金融服务外包的能力：如南京市可以凭借原有金融 IT 信息系统开发的优势，重点发展金融数据处理业务，并积极完善金融服务外包平台的建设；苏州市可以借助临近上海国际金融中心的优势，承接上海金融服务外包的产业转移。苏中、苏北地区虽然金融服务外包发展较为滞后，但是劳动力资源丰富，外包成本较低，以扬州市、连云港市、徐州市为代表的苏中、苏北城市应凭借这些优势，主动承接由苏南地区二次转移出来的劳动密集型金融服务外包业务，推动全省金融服务外包协调发展。

第四，建立金融服务外包行业风险防范和管控机制。相对于其他行业的服务外包而言，金融服务外包所面临的风险较大，因此需要建立有效的风险防范和管控机制。首先，江苏应借鉴发达国家金融服务外包专门性的法律法规，结合省内的经济法律和制度环境，推动江苏金融服务外包立法进程加快，重点明确金融服务外包范围、外包合同规范、外包提供商、外包纠纷的处理程序等内容，建构与世界接轨的金融服务法律框架，有效规范江苏金融服务外包市场；其次，江苏应设计合理的金融服务外包提供商准入机制，有效提升金融服务外包商资质，从源头上降低金融服务外包风险，推动江苏金融服务外包市场有序发展。

第31章 江苏典型地级市服务外包发展概况

南京市、苏州市以及无锡市是江苏服务外包产业较为发达的地级市，同时也都是全国服务外包示范城市中的一员。通过分析江苏典型地级市服务外包的发展概况，可以学习到当地服务外包产业的发展经验，从而更好地发挥服务外包示范城市的带动作用，促进全省服务外包全面发展。

一、南京市服务外包发展概况

作为江苏的省会城市，南京市在全省服务外包产业发展中占据着十分重要的地位。"十一五"以来南京市凭借其独特的区位优势、良好的信息基础设施、浓郁的科教氛围以及健全的政策支持体系，不断推动着当地服务外包产业发展，产业规模迅速扩大，在业务规模、企业规模以及从业人员规模等方面均有不同程度的扩张。同时，南京市服务外包大多分布于国家级服务外包示范区以及省级服务外包示范区内。随着经济全球化的逐步加深，南京市离岸服务外包来源国市场日益扩大，外包承接国分布日益多元化；业务类型逐渐覆盖多个领域，承接外包环节逐渐高端化。

（一）服务外包发展规模

2008年南京市离岸服务外包执行额为3.1亿美元，同比增长111%，约占全国总量的7.8%；"十一五"期间，全市累计实现离岸服务外包执行额26.6亿美元，服务外包规模保持着两位数以上的增长率；"十一五"时期末即2010年年底南京市实现了11.22亿美元的离岸服务外包执行额。"十二五"期间南京市服务外包规模继续扩大。2011年南京市离岸服务外包执行额达到了18.8亿美元，同比增长67.6%；2012年在严峻的国际经济环境下，南京市服务外包产业仍然发展迅速，当年年底全市离岸服务外包执行额达到了27.6亿美元，同比增长46.8%，约占全省总量的28.3%（见图31—1)。

南京市服务外包企业队伍也在不断扩大。2008年南京市服务外包企业为248家，而根据商务部"服务外包及软件出口信息管理系统"的数据，2009年南京市服务外包企业增加至486家，到"十一五"时期结束南京市服务外包企业扩张至762家。"十二五"时期江苏服务外包企业数目继续增加。2011年南京市服务外包企业达到了1 022家，到2012年南京市服务外包企业累计达到了1 339家，当年新增317家（见图31—2)。同时服务

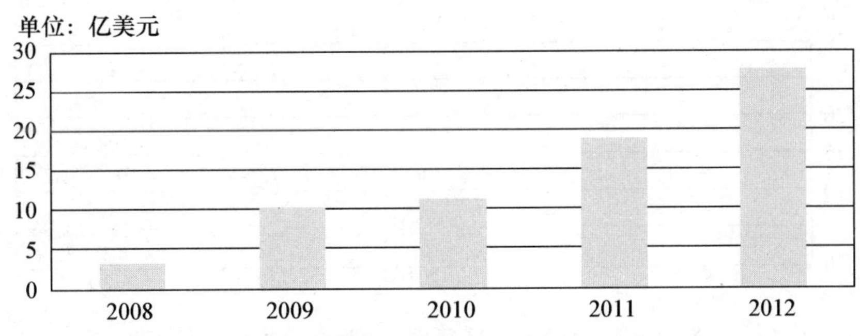

图 31—1　2008—2012 年南京市离岸服务外包执行额

资料来源：根据中国服务外包研究中心、龙虎网、电子产业信息网、新浪网、人民网等网站信息整理得出。

外包企业规模也在不断提升。2008 年全市服务外包执行额在 1 000 万美元以上的企业有 12 家，2011 年这一数字增加至 79 家，2012 年全市则有 12 家企业服务外包执行额超过 1 亿美元。全市服务外包企业资质也在不断提升。截至 2010 年年底南京市通过软件开发能力成熟度模型集成认证（CMMI）2 级以上的企业有 133 家，2011 年通过这一认证的企业增加至 184 家，同时当年南京市共有 13 家企业入选“中国服务外包成长型企业 100 强”。南京市服务外包企业除了在规模和资质上有所扩大外，企业服务的客户层次也有所提高。2012 年共承接了福特汽车、英特尔、微软、富士通等 42 家世界 500 强及中国 100 强企业的发包业务。

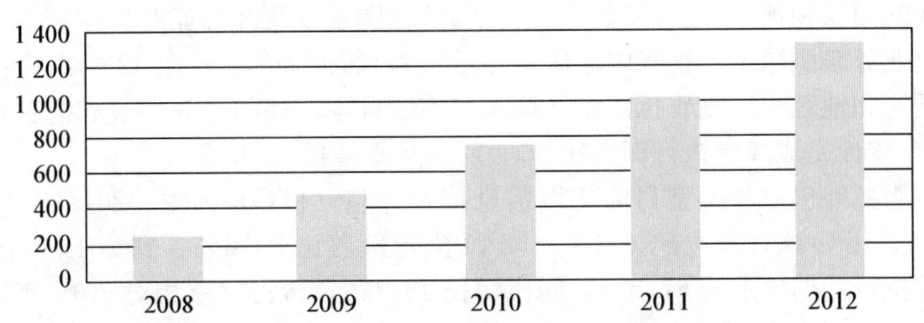

图 31—2　2008—2012 年南京市服务外包企业数目

资料来源：根据新浪网、搜狐网、中国服务外包研究中心、龙虎网等网站信息整理得出。

南京市凭借人才科教优势，积极推动高校服务外包人才培养改革试点的建设，为当地服务外包产业提供了大量高素质人力资源。2009 年南京市政府与商务部、教育部共同签署了共建服务外包人才培训中心的协议，明确了 2009—2013 年间培养 10 万个服务外包专业人才，吸引 8 万个大学毕业生就业的目标。当年南京市服务外包从业人员已经达到了 12 万人，其中大专以上学历人员占比达到了 76%。2010 年年底全市服务外包企业从业人员增加至 14.9 万人，其中大专以上学历毕业生 10.8 万人，占比 72.5%；到 2011 年这一数字达到了 18 万人左右，其中大学及以上学历人员占 76%；2012 年全市服务外包从业人员约为 24.5 万人，同比增长 36.1%，其中大学及以上学历人员 19.6 万人，约占从业人员总数的 80%。不仅服务外包从业人员逐年增加，高学历从业人员所占比重也逐渐提高（见图 31—3）。

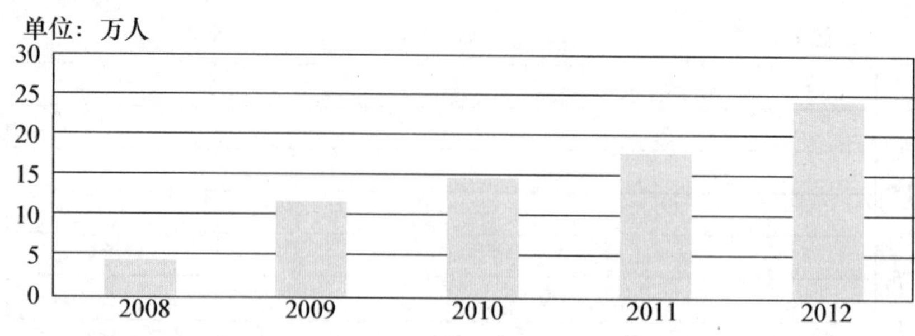

图 31—3　2008—2012 年南京市服务外包从业人员

资料来源：根据中国服务外包研究中心、龙虎网、新浪网等网站信息整理得出。

（二）服务外包分布情况

2010 年南京市离岸服务外包合同额超过千万美元的发包国（地区）达到了 28 个，其中美国和日本分列前两位；2011 年南京市承接离岸服务外包的来源地市场继续扩大，离岸业务超过千万美元的发包国家和地区达到了 32 个，主要来源地区依旧是美国、欧洲、日本以及港台地区；2012 年美国、日本以及港台地区依旧是南京市主要的离岸服务外包来源国家和地区，当年全市离岸服务外包执行额超过千万美元的国家和地区增加至 42 个，其中美国、中国香港、日本、新加坡等 8 个国家和地区的离岸服务外包执行额超过 1 亿美元，累计占离岸执行总额的 59.1%。此外，2012 年南京市还新增 16 个离岸外包执行额超过千万美元的国家和地区，包括瑞典、波兰等欧洲国家以及部分亚非拉国家；在南京市离岸服务外包业务来源国中，新兴国家所占比重日益增加。2012 年在 42 个离岸执行额超千万美元的国家和地区中，亚非拉国家和地区（不含日本、韩国、新加坡和港台地区）已经达到 24 个，累计完成离岸执行额占比 23.9%，同比增长 76.0%。

南京市服务外包业务类型目前仍以信息技术外包（ITO）为主。2010 年 ITO 执行额占比 69.8%，BPO 执行额占比 9.6%，KPO 执行额占比 20.6%。到 2012 年南京市 ITO 执行额占总执行额的比重为 67.8%，同比增长 45.7%，所占比重相对 2010 年下降了 2 个百分点；BPO、KPO 执行额分别增长 64.5%、57.1%，增长速度明显高于 ITO 执行额的增长速度，业务流程及知识流程外包所占比重继续提升。从服务外包行业分布来看，2010 年南京市通信电子行业应用软件开发、技术研发设计类外包执行额占比 59%，电力电气行业应用软件研发、测试、技术支持外包执行额占比 11.2%，工业（工程）设计外包执行额占比 10.6%，动漫、生物医药、金融等领域外包执行额占比约 20%。2012 年通信电子类行业外包占全市执行额的 59.4%，电力电气、工业（工程、创意）设计类行业外包发展迅速，占全市服务外包执行额的 20%左右，金融、医药、动漫等其他类型外包业务执行额约占 16%。

从服务外包区域分布来看，目前南京市拥有玄武区、鼓楼区、雨花台区、高新技术产业开发区、江宁经济开发区 5 个国家级服务外包示范区，以及建邺区、白下区和秦淮区 3 个省级示范区。2010 年全市 70%的服务外包企业集聚于示范区内，服务外包示范区企业累计合同额、执行额分别占全市 86.3%和 88.6%。各示范区依据自身优势，积极发展具有示范区特色的服务外包产业，带动了全市服务外包产业的发展。如鼓楼区重点发展软件、金融、工程设计等外包业务，玄武区则集聚了甲骨文等一批知名软件研发企业，雨花台区则致力于打造服务外包总部经济大道，高新技术产业开发区着重发展动漫服务外包，江宁经济开发区主要发展通信软件研发等软件研发类外包。

（三）服务外包发展优势

作为中国 21 个服务外包示范城市之一，南京市具有发展服务外包的显著比较优势：

第一，交通基础设施完善。完善的交通基础设施为南京市服务外包产业的发展提供了保障，其拥有的铁路、公路、水运、航空等多元化的交通方式构建了一体化的综合交通体系。以航空运输为例，目前南京市已开通 42 个国内主要城市、19 个国际城市和 2 个地区城市的 120 条航线，可以直通法兰克福、首尔、曼谷、东京、大阪、中国香港和澳门等城市，禄口机场同时还是中国主要的干线机场。

第二，信息化程度较高。南京市拥有较为完善的信息基础设施，目前已建立起包括移动通信、光纤数字通信、网络通信在内的通达世界各地的立体化通信网络，可提供完备的信息服务。2012 年南京市全市互联网接入用户 269.63 万户，其中 260.5 万户为宽带用户，而移动电话用户数则达到了 1 153.1 万户，大范围的互联网接入与覆盖面广的移动电话，为南京市通信网络的完善提供了良好的基础。

第三，浓厚的科研氛围。南京市具有 2 470 多年的历史，文化气息浓郁，推动了当地科研氛围的形成。首先，科研基础设施完备。2008 年南京市拥有各类普通高等院校 41 所，独立科学研究与技术开发机构 105 家，国家重点实验室、工程技术研究中心 26 个，国家大学科技园 3 个，跨国公司研发机构 30 多个，各类科技企业孵化器 25 个。其次，科研人员充足。2012 年南京市从事科技人员数 17 万余人，全市拥有两院院士 97 人，居全国第三位，当年全市普通高校在校大学生 81.52 万人，其中研究生近十万人，提供了大量的科研后备人员。

第四，完善的政策支持体系。为了促进南京市离岸服务外包产业的发展，南京市政府认真贯彻执行国家、省政府出台的支持服务外包发展的政策措施，在执行政策的过程中，积极关注服务外包发展的最新态势，结合当地服务外包产业的发展特征，不断调整、更新政策文件，努力推动与国际接轨的政策体系的构建。目前南京市出台的服务外包相关政策包括：《南京市人民政府关于促进南京服务外包发展的若干意见》、《推进南京市国际服务外包产业发展的若干政策》、《南京市政府关于进一步加快软件产业发展的意见》、《南京市鼓励境内外大型企业设立总部或地区总部的暂行规定》、《南京市人民政府关于促进南京服务外包发展的若干意见》、《南京市进一步推进软件产业发展的若干政策意见》、《南京软件园优惠政策》等，为当地服务外包产业的发展构建了比较完善的政策体系。

二、苏州市服务外包发展概况

作为江苏经济最发达、开放程度最高的城市，苏州市发展服务外包具有独到的优势，其外包产业在江苏全省乃至全国都处于举足轻重的地位。“十一五”时期以来，苏州市凭借自身优越的地理区位、便利的交通运输、厚实的产业基础、健全的外包人才培养体系以及当地政府对服务外包产业的大力支持和对知识产权的重视，服务外包产业发展迅速，在业务规模、企业规模、从业人员规模等各个方面增速较快。同时，苏州市承接的服务外包也逐渐由低端环节向高端环节转移，在全球服务价值链中的地位也不断提升，从事服务外包业务的企业行业覆盖面越来越广，服务外包载体也遍布苏州市各个区域，全市服务外包分布结构日趋合理。

（一）服务外包发展规模

“十一五”期间，苏州市服务外包产业迅速发展。2007 年苏州市被国务院认定为“中国服务外包示范基地城市”，当年全市离岸服务外包规模达到了 3.02 亿美元；2008 年苏州市服务外包实现跨越式发展，当年离岸服务外包规模达到了 5.2 亿美元，而离岸服务外包执行额则达到了 4.5 亿美元，约占全省离岸服务外包执行额总量的 30%；2009 年苏州市继续大力推动服务外包产业的发展，全年离岸服务外包合同额为 10.5 亿美元，离岸服务外包执行额为 8.7 亿美元，在全国 20 个示范城市排名第六；到“十一五”时期结束，苏州市离岸服务外包合同额和执行额分别由 2007 年的 3 亿美元和 1 亿美元增加至 22.7 亿美元和 12.7 亿美元，年均增长 96.3%和 133%。进入“十二五”时期以来，苏州市服务外包产业继续迅速发展，在全省乃至全国的重要性日益提升。2011 年苏州市离岸服务外包执行额增加至 20.13 亿美元，同比增长 58.5%，离岸服务业务总量约占全省的 29%，占全国的 8.5%；2012 年苏州市服务外包离岸执行额约为 30.5 亿美元，同比增长 52%，业务总量占全国的 9.1%，较 2011 年提升 0.6 个百分点（见图 31—4）。

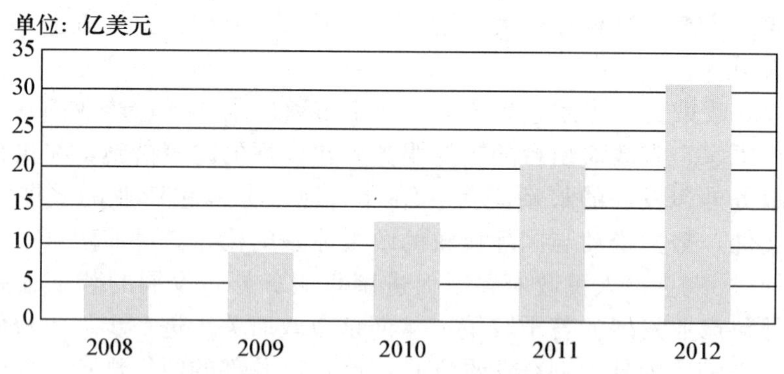

图 31—4　2008—2012 年苏州市离岸服务外包执行额

资料来源：根据中国服务外包研究中心、苏州新闻网、中国新闻网等网站信息整理得出。

2007 年苏州市有 412 家服务外包企业，从业人员约为 5 万人；2008 年全市服务外包企业累计达到 970 家，当年新增服务外包企业 569 家，从业人员达到 7.5 万人，同比增加 50%；到 2009 年苏州市新增服务外包企业 793 家，其中 36 家企业通过了技术先进型服务企业的资格认证，服务外包从业人员增加至 8.9 万人；到“十一五”时期结束，苏州市服务外包从业人员总数超过了 12 万人，2007—2010 年期间年均增长 33.9%。“十二五”开局，苏州市新增服务外包企业488家，其中认证技术先进型服务企业110家，并有四家服务外包企业入选“2011年中国服务外包成长型企业100强”，服务外包从业人员16万余人；2012年苏州市服务外包企业规模继续扩大，当年服务外包企业中离岸服务外包执行额超过1 000万美元以上的企业有24家，千人以上的服务外包企业全市共有7家，通过CMM/CMMI3级以上认证的企业有92家，全市服务外包从业人员达到了18.5万人（见图31—5）。

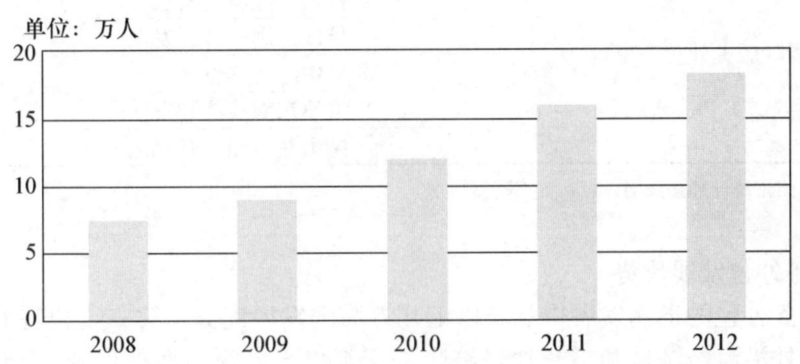

图31—5　2008—2012年苏州市服务外包从业人员

资料来源：根据中国服务外包研究中心、苏州新闻网、中国新闻网等网站信息整理得出。

（二）服务外包分布情况

苏州市离岸服务外包业务主要来源国家和地区为美国、欧洲、日本、中国台湾、中国香港和新加坡等。2010年这些地区的业务额占离岸服务外包执行额的80.8%，2012年这一比重提升至90%以上。苏州市服务外包业务层次进一步提升，由原来的ITO占主要地位转变为ITO和BPO、KPO共同发展的良好格局。2010年全市ITO、BPO、KPO比例约为5∶3∶2，到2012年这一比例变更为3.9∶1.3∶4.8，苏州市服务外包企业逐渐由承接软件代码编写等低附加值业务环节向高附加值的研发设计、咨询服务等环节拓展。

苏州市服务外包企业按从事业务类别主要可以分为信息技术外包公司、人力资源外包公司、动漫游戏外包公司、研发外包公司、供应链外包管理公司、财务会计外包公司以及其他外包公司，集中在苏州高新区、昆山市、太仓市和吴中区等服务外包重点集聚区，基本形成了软件设计、动漫创意、研发设计、生物医药、金融数据处理和物流供应链管理等六大服务外包产业集群。目前苏州市95%以上的服务外包业务集聚于苏州工业园区、高新区、昆山市和太仓市四个外包集聚区，而全市80%以上的服务外包企业和从业人员集中在工业园区。

苏州市服务外包载体建设也日趋成熟，2009年全市服务外包专业功能载体建筑面积已经达到500万平方米，共有1个中国服务外包示范基地——苏州工业园区，2个江苏国际服务外包基地城市——昆山市和太仓市，以及苏州高新科技产业开发区等6个江苏国际服务外包示范区（见表31—1），其中苏州工业园区、昆山花桥国际商务城和常熟东南经济开发区分别入选“2009年度中国服务外包最佳示范园区十强（TOP10）”。

表 31—1　　苏州市服务外包载体分布

分类	服务外包载体
中国服务外包示范基地	苏州工业园区
江苏国际服务外包基地城市	昆山市
	太仓市
江苏国际服务外包示范区	苏州高新技术产业开发区
	张家港经济开发区
	吴江汾湖经济开发区
	吴中经济开发区
	常熟东南经济开发区
	昆山花桥经济开发区

资料来源：苏州市统计局公众网。

（三）服务外包发展优势

苏州市服务外包的迅速发展得益于以下几方面的发展优势：第一，独特的地理区位优势。苏州市地处沿海经济带和沿长江经济带的交汇点上，距上海市仅 80 千米，经济活动十分活跃；交通基础设施完善，京沪铁路、沪宁高速公路横穿城市，市内有班车直达上海浦东、虹桥以及无锡硕放机场。此外，苏州市还有张家港、常熟、太仓 3 个国家一类长江口岸。

第二，厚实的产业基础。苏州市经济基础较好，工业经济发达，是中国重要的现代制造业基地。2012 年全市规模以上工业总产值 28 745.5 亿元，其中高新技术产业完成产值 11 888.8 亿元，占规模以上工业总产值的 41%。截至 2013 年 5 月，苏州市已有 17 000 多家外资企业，注册资本总额超过 1 000 亿美元，投资总额达 2 000 多亿美元。跨国公司制造业在苏州高度集聚，有效提升了苏州市开拓相关制造外包市场的优势，并为推动当地服务外包产业的发展积累了经验。

第三，健全的外包人才培养体系。苏州市目前已初步形成了多元化的服务外包人才培养体系，当地高校纷纷开设数字媒体技术、现代物流、动漫设计与制作等与服务外包联系密切的专业，同时苏州市还建立了“中国服务外包第一校”——苏州工业园区软件与服务外包职业学院，学院积极探索校企融合、产教结合的新模式，为苏州市服务外包产业培养了大量高素质的服务外包人才。此外，苏州市还认定了市级服务外包人才培训基地 49 个，省级服务外包人才培训基地 9 个，苏州索迪培训中心、常熟苏富特培训中心、苏州软件（微软技术）实训基地、索迪—IBM 实训基地、NIIT 实训基地、安博（昆山）实训基地等一批服务外包专业性培训基地相继运作。

第四，有力的政府支持。苏州市政府非常重视服务外包产业的发展，积极成立了服务外包领导小组，并定期召开小组会议，先后出台了《关于促进服务外包发展的若干意见》、《关于加快服务外包人才培养的若干意见》、《关于促进服务外包跨越发展的若干政策》等一系列推动服务外包迅速发展的政策措施，并编制了《苏州市服务外包产业新三年跨越发展计划》、《苏州市服务外包产业“十二五”发展规划》等一系列服务外包发展规划，特别是《苏州市服务外包产业“十二五”发展规划》将服务外包产业“十二五”规划作为苏州市“十二五”规划的专项规划之一，并有针对性地提出了发展苏州市服务外包的八项工程：服务外包企业“小巨人”工程、服务外包“人才倍增”工程、服务外包“城市品牌”打造工程、服务外包“金融硅谷”建设工程、服务外包海峡“两岸云”工程、服务外包“战略招商”工程、服务外包创新“先行先试”工程、政府“公共服务外包”工程，全方位多视角地推动了苏州市服务外包产业的发展。

第五，重视知识产权保护。针对目前知识产权保护力度不足的问题，当地政府专门设立了苏州市知识产权行政执法支队，主要行使专利和版权两大知识产权领域行政执法职能，有效提高了苏州市知识产权的保护力度。2012 年立案查处专利侵权和假冒案件 251 起，立案查处各类盗版侵权案件 69 起，有效保障了苏州市服务外包产业的健康成长。

三、无锡市服务外包发展概况

作为苏南国际服务外包产业带的重要组成部分，无锡市在推动全省服务外包产业迅速发展中起着十分重要的作用。特别是近些年，在无锡市委、市政府的高度重视下，无锡市抓住服务外包发展的新机遇，凭借自身发展服务外包的地理优势、经济基础，不断创新服务外包发展政策，积极引进国际知名外包企业，培育高素质优秀外包人才，为当地服务外包产业发展创造了良好的外部环境。不仅推动了无锡市服务外包产业规模的迅速扩张，也促进了当地承接服务外包业务结构日趋合理化以及服务外包来源地多极化发展，并形成了无锡市独特的“Park”园区经济。

（一）服务外包发展规模

“十一五”期间，无锡市服务外包产业规模持续扩大。2008 年全市实现服务外包合同总额 9.41 亿美元，服务外包执行额 7.39 亿美元。

2010 年，无锡服务外包接包合同额达到 31.8 亿美元，同比增长 43.2%；离岸外包合同额 19.6 亿美元，同比增长 44% 。

2011 年，完成服务外包合同额 44.8 亿美元，同比增长 41.3%，执行额 36.5 亿美元，同比增长 45.2%，离岸服务外包合同额 29.7 亿美元，同比增长 51.6%，离岸服务外包执行额 23.8 亿美元，同比增长 53%，离岸服务外包合同额和执行额均居全省首位。

2012 年，服务外包产业快速发展。全市服务外包产业接包合同总额 64.4 亿美元，比上年增长 43.5%，执行额 51.2 亿美元，比上年增长 40.4%；离岸合同总额 42.3 亿美元，比上年增长 42.7%，离岸执行额 33.5 亿美元，比上年增长 40.3%。离岸外包业务全省第一。

“十二五”期间无锡市服务外包企业数目继续扩张。2011 年无锡市服务外包企业数目就已经超过 800 家，当年新增 17 家“123”计划企业，“123”计划企业累计达到 73 家，并有 29 家世界 500 强和全球服务外包 100 强企业在当地建立了区域性的总部或业务交付中心。海辉软件、软通动力、泛亚信息等 5 家龙头型企业达到“双千企业”要求，中软国际、药明康德等 15 家企业达到“千名以上从业人员”、“千万美元出口”（离岸外包）的规模。2012 年全市服务外包企业增加至 1 100 家，新增“123”计划企业 16 家。

在从业人员方面，2011 年无锡市服务外包从业人员超过了 10 万人，到 2012 年这一数字增加至 13.76 万人，所从事业务覆盖软件研发外包、生物医药研发外包、工业设计外包、检验检测外包等多个领域。同时无锡市政府积极推动服务外包中高级人才的培养，特别是企业复合型中高端人才、高校“双师”型师资骨干、政府和园区卓越型管理人才这三类人才的培养。

（二）服务外包分布情况

2008 年无锡市服务外包业务遍及 63 个国家和地区，美国是其第一大服务外包业务来源国，到 2012 年无锡市服务外包业务已经拓展到美国、日本、欧洲等 91 个国家和地区。对日服务外包是无锡市服务外包的主要特色，全市 70%左右的软件服务外包企业从事对日服务外包业务，而对于更为广阔的欧美市场，由于语言和文化不同，无锡市目前还不具备足够的竞争优势。

目前无锡市服务外包业务主要涉及软件技术开发外包、产品设计外包、生物医药研发外包、影视动漫创意外包等多个领域。无锡市政府根据自身比较优势首先选择了 ITO 业务作为服务外包发展的重点业务类型，全市 ITO 业务出口额占服务外包总出口额的比重最大，从事软件外包的企业规模在无锡市服务外包企业中也是最大的。同时，无锡市的 BPO 业务也在迅速发展，如江苏环宇软件有限公司正在从事电力、燃气等能源供应的自动化控制、计算机研发的业务流程外包，无锡市福源自动化系统工程有限公司主要从事汽车流水线的生产流程设计外包等。生物医药外包也是无锡市近年重点发展的新兴外包产业。2008 年无锡市生物医药研发服务外包园区建立，有效推动了无锡市生物医药服务外包的发展。预计到 2015 年，园区的开发总面积将达 1.8 平方千米，生物医药研发外包载体超过 200 万平方米，销售额突破 500 亿元。

无锡市的服务外包产业主要集聚在太湖保护区周边，“环太湖服务外包产业带”集中了新区创新创意产业园（I-Park）、马山生物医药产业园（Bio-Park）、无锡国际科技园（T-Park）以及太湖新城科教产业园（K-Park）等服务外包产业园，形成了具有无锡特色的“Park”园区经济，有效推动了无锡市服务外包产业的迅速成长，全国首个 SaaS（Software-as-a-service）运营平台“盘古天地”软件创新孵化平台由 I-Park 和 IBM 合作建成。

（三）服务外包发展优势

无锡市发展服务外包也有其独特的比较优势：

首先，无锡市具有良好的区位优势。无锡地处长江三角洲核心地带，临近上海、南京等经济发达城市，周边覆盖着中国东部 15 个城市近 9 000 万人口的巨大消费市场，不仅适宜创业投资，同时也适合生活休闲，吸引了大量高素质的人力资源流入。无锡市交通基础设施完善，作为连接南北、沟通东西的区域性交通枢纽，航空、铁路、公路、水运等多种交通运输方式构建了无锡市现代化的立体交通网络，大大提高了当地交通运输的便利性。

其次，无锡市政府对服务外包产业的大力支持也推动了当地服务外包产业的发展。2006 年末无锡市政府出台了第一个关于服务外包产业的政策文件《无锡市服务外包产业

“十一五”发展规划》；2007 年无锡市出台了《无锡市关于集聚国际服务外包和软件出口企业“123”计划的政策意见》和《无锡市政府关于加快服务外包产业发展的若干意见》等政策，有效地推动了无锡市服务外包产业进入快速发展轨道；2008 年 8 月无锡市率先出台了与财政部、商务部服务外包支持资金 1∶2 的配套政策，并制定了支持服务外包产业发展的金融政策，先后为 115 家外包企业授信 40 多亿元，同年无锡市还制定了“530”计划，致力于吸引服务外包海外领军人才；2009 年无锡市制订了《关于大力实施服务外包六项工程高起点高标准建设中国服务外包示范城市行动方案》，明确提出了“加快推进服务外包知识产权保护工程”；2010 年无锡市颁布实施了《无锡市知识产权战略纲要》，进一步健全了包括服务外包在内的知识产权保护制度体系。

进入“十二五”时期以来，无锡市继续支持服务外包产业的发展。2012 年市政府在到期的原“123”计划政策基础上，与财政局等部门研究出台了《无锡市服务业（软件和服务外包）资金管理办法》，在财税扶持、国际市场开拓、高端人才培养等八个方面有了新的进展，并争取到 6 369.92 万元的资金，进一步保持了无锡市服务外包产业政策的优势和吸引力；同年 4 月，首届中国跨国公司服务外包（无锡）圆桌会议在无锡举办，会议共签约 18 个服务外包项目，包括 6 个基于云计算平台和 4 个超过 1 000 万美元的服务外包订单项目，签约总金额达到 1.37 亿美元，有效地推动了无锡市服务外包产业的发展。

参考文献

[1] 省外经贸厅. 2008 年我省离岸服务外包各项指标居全国首位. http://www.jiangsu.gov.cn/shouye/jjjs/wxxjj/200901/t20090116_299817.html

[2] 新华日报. 江苏坚持科学发展 打造国际服务外包高地. http://news.hexun.com/2011-06-09/130379846.html

[3] 江苏统计局. 经济运行企稳向好 转型升级步伐加快. http://www.jssb.gov.cn/jstj/fxxx/tjfx/201002/t20100204_110785.htm

[4] 商报网—国际商报. 把服务外包发展推向新阶段. http://economy.jschina.com.cn/system/2012/06/20/013599064.shtml

[5] 江苏商务厅. 2012 年度江苏商务运行情况. http://njtb.mofcom.gov.cn/article/u/201304/20130400092782.shtml

[6] 中商情报网. 2013 年 1—5 月江苏服务外包合同总额同比增长 38.85%. http://www.askci.com/news/201307/01/011614886866.shtml

[7] 新华日报. 江苏服务外包不甘做"中游". http://news.hexun.com/2012-06-12/142360447.html

[8] 刘博文. 江苏服务外包产业发展战略研究. 江苏大学硕士学位论文, 2010

[9] 新华网江苏频道. 江苏服务外包产业吸纳 64 万人就业. http://www.js.xinhuanet.com/xin_wen_zhong_xin/2012/03/15/content_24894090.htm

[10] 江苏统计局. 2012 年江苏服务外包业务强劲增长. http://www.jssb.gov.cn/tjxxgk/tjfx/tjxx/201303/t20130304_153836.html

[11] 黄繁华, 洪银兴. 制造业基地发展现代服务业的路径. 南京: 南京大学出版社, 2010

[12] 陈迎春. 江苏承接国际服务外包: 影响因素与发展模式. 南京理工大学硕士学位论文, 2010

[13] 江苏国际服务外包网. 我省 22 家企业跻身服务外包成长型百强. http://www.jssourcing.gov.cn/NewsDetail.asp? NewsID=3057

[14] 中国青年网. 2009 上半年《全球服务外包发展报告》. http://news.youth.cn/gj/200909/t20090909_1018827.htm

[15] 中国服务外包研究中心. 2009 年中国服务外包企业发展情况. http://coi.mofcom.gov.cn/article/bt/v/201208/20120808290242.shtml

[16] 中国服务外包研究中心. 中国服务外包产业发展统计. http://coi.mofcom.gov.

cn/article/bt/w/201206/20120608191838. shtml

［17］中国网．当前全球服务外包市场的特点．http://www. china. com. cn/aboutchina/zhuanti/08wbfw/content_17091686. htm

［18］张巧琴．影响江苏离岸软件外包发展的关键因素研究．河海大学硕士学位论文，2007

［19］中华人民共和国商务部．商务部关于促进我国服务外包发展状况的报告．http://www. investbeijing. gov. cn/gb/page/2009-10-12/article_50783. html

［20］中国网．2011 全球服务外包发展报告．http://www. china. com. cn/economic/txt/2011-05/24/content_22626595. htm

［21］中国服务外包研究中心．2012 年全球服务外包市场动态．http://coi. mofcom. gov. cn/aarticle/bt/v/201208/20120808288812. html

［22］中国外包网．中国国际服务外包发展特点与趋势分析．http://www. chnsourcing. com. cn/outsourcing-news/article/44292. html

［23］人民网—财经频道．郑雄伟发布《2012 全球服务外包发展报告》概要．http://finance. people. com. cn/n/2012/0816/c153577-18760886. html

［24］中国服务外包研究中心．中国服务外包发展报告 2013．http://images. mofcom. gov. cn/by/201401/20140113145637974. pdf

［25］江苏商务厅．2010 江苏服务贸易发展研究报告．南京：东南大学出版社，2010

［26］江苏商务厅．解读《江苏服务贸易“十二五”发展纲要》．http://www. jsdoftec. gov. cn/zxft/zxft20120416. asp

［27］中国天气网江苏站．江苏气候概况．http://www. weather. com. cn/jiangsu/jsqh/jsqhgk/08/910774. shtml

［28］江苏统计局，国家统计局江苏调查总队．江苏统计年鉴（2013）．北京：中国统计出版社，2013

［29］江苏交通运输厅．江苏高速公路网规划．http://www. jscd. gov. cn/art/2007/9/1/art_3949_249465. html

［30］江苏人民政府．走进江苏·基础设施．http://www. jiangsu. gov. cn/zgjszjjs/shsy/jcss/

［31］江苏交通运输厅．江苏干线航道网规划．http://www. jscd. gov. cn/art/2007/9/1/art_3949_249466. html

［32］乔桂明，王颖．江苏现代金融服务外包产业发展研究．苏州：苏州大学出版社，2012

［33］教育部．“211 工程”学校名单．http://www. moe. edu. cn/publicfiles/business/htmlfiles/moe/s238/201002/82762. html

［34］何娣，石琳．江苏金融服务外包业务的发展现状与对策．对外经贸实务，2011，(10)：86～89

［35］江苏人民政府．江苏政府关于印发江苏“十二五”培育和发展战略性新兴产业规划的通知．http://guoqing. china. com. cn/gbbg/2012-07/06/content_25837900. htm

［36］嵇留洋等. 江苏软件外包产业的竞争力分析与对策研究. 科技管理研究，2010（8）

［37］软件与信息服务业处. 江苏软件与信息服务业 2012 年运行情况. http://www.jseic.gov.cn/xwzx/dtxx/gzdt/201302/t20130206_126463.html

［38］江苏人民政府. 江苏软件和服务外包产业发展规划纲要 . http://www.jiangsu.gov.cn/jsgov/tj/bgt/201311/t20131106_406613.html

［39］中国服务外包研究中心. 南京市 2012 年服务外包发展情况. http://coi.mofcom.gov.cn/article/y/qyyq/201305/20130500143465.shtml

［40］熊兴婷. 南京市服务外包发展现状. http://news.wuhansourcing.gov.cn/data/2011/0309/17834.html

［41］中国电子报. 南京：政策保驾护航打造"南京服务". http://cyyw.cena.com.cn/a/2009-08-06/124952660333343.shtml

［42］新浪科技. 南京副市长：打造南京成为一流服务外包示范市. http://tech.sina.com.cn/it/2011-04-18/18115419666.shtml

［43］国际金融报. 南京服务外包执行额全国第一. http://paper.people.com.cn/gjjrb/html/2012-05/09/content_1047490.htm? div=－1

［44］中国经济网. 南京市推进软件服务外包　加快建设"软件名城". http://finance.sina.com.cn/roll/20100624/10268170207.shtml

［45］陆春花. 服务外包大会南京开幕. http://roll.sohu.com/20120620/n346059037.shtml

［46］江苏国际服务外包网. 南京 13 家企业入选中国服务外包成长型企业"100 强". http://www.jssourcing.gov.cn/NewsDetail.asp? NewsID=3367

［47］南京商务信息网. 我市组织企业参加江苏服务外包人才专场招聘会. http://www.njsmj.gov.cn/www/njcom/view_a3913032629694.htm

［48］龙虎网. 南京市服务外包发展特点. http://news.longhoo.net/2011-03/09/content_5167643.htm

［49］新华日报（南京）. 五个园区、十大重点项目，打造南京服务外包品牌. http://news.163.com/10/0610/07/68Q4CUMM000146BD.html

［50］江苏国际服务外包网. 中国服务外包示范城市——南京市. http://www.jssourcing.gov.cn/NewsDetail.asp? NewsID=2903

［51］中国服务外包研究中心. 苏州市 2012 年服务外包发展情况. http://coi.mofcom.gov.cn/article/y/qyyq/201305/20130500143477.shtml

［52］苏州日报. 服务外包产业规模每年翻番. http://www.subaonet.com/html/importnews/2011416/D192DFI1A603G2G.html

［53］中国新闻网. 苏州服务外包驶入快车道　位居全国第一方阵. http://www.chinanews.com/df/2012/04-18/3829594.shtml

［54］江苏国际服务外包网. 服务外包示范城市——苏州市. http://www.jssourcing.gov.cn/NewsDetail.asp? NewsID=2904

［55］中国工商报. 抓住特点特色　服务从宽从简. http://www.cicn.com.cn/content/2013-05/30/content_127229. htm

［56］江苏国际服务外包网．中国服务外包示范城市——无锡市．http://www. jssourcing. gov. cn/NewsDetail. asp? NewsID＝2905

［57］蒋湘辉．全球 IT 服务市场 7 630 亿美元 IBM 惠普份额缩小．http://tech. hexun. com/2010-05-07/123638159. html

［58］周现国．新环境下我国服务外包发展研究——兼论北京市服务外包发展战略．首都经济贸易大学硕士学位论文，2011

［59］新华网安徽频道．全球服务外包摆脱金融危机步入快速发展期．http://www. xinhuanet. com/chinanews/2011-05/24/content_22839641. htm

［60］江苏统计局．江苏国际服务外包调研报告（摘要）．http://www. jssb. gov. cn/jstj/fxxx/tjfx/200710/t20071015_93520. htm

［61］李俊毅．解读《江苏服务贸易"十二五"发展纲要》．http://www. jsdoftec. gov. cn/zxft/zxft20120416. asp

［62］唐宜红，陈非凡．承接离岸服务外包的国别环境分析．国际经济合作，2007，(4)：18～23

［63］新华日报（南京）．无锡服务外包：中国高地＋国际基地．http://news. 163. com/10/0610/07/68Q4CK1V000146BD. html

［64］中国服务外包研究中心．无锡市 2012 年服务外包发展情况．http://coi. mofcom. gov. cn/article/y/qyyq/201305/20130500142933. shtml

企业篇
Enterprises Articles

- 苏宁云商集团
- 苏果超市有限公司
- 中国常熟服装城
- 南京国际博览中心
- 江苏国泰国际集团
- 南京新与力文化传播有限公司
- 江苏飞力达国际物流股份有限公司
- 新宇软件（苏州工业园区）有限公司

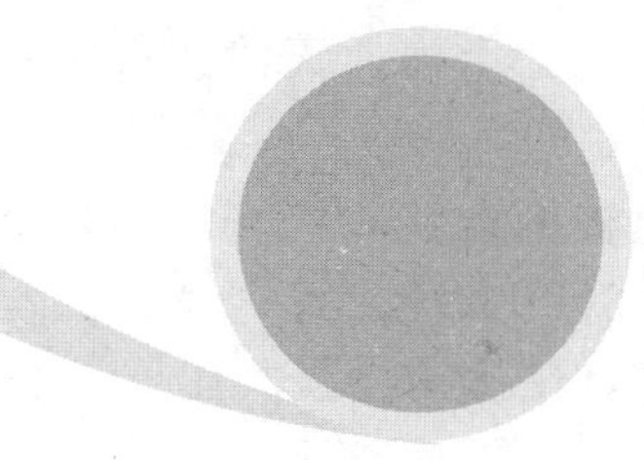

苏宁云商集团[①]

——中国最大商业零售企业

一、集团简介

苏宁作为中国商业的领先者，1990 年创立于中国南京，目前是商务部重点培育的“全国 15 家大型商业企业集团”之一，是中国最大的商业零售企业。2004 年 7 月，苏宁云商在深交所上市，成为国内首家 IPO 上市的家电连锁企业，连锁网络覆盖海内外 600 多个城市，拥有 1 600 多家店面，海内外销售规模 2 300 亿元，员工总数 18 万人，先后入选《福布斯》亚洲企业 50 强、全球 2 000 大企业中国零售业第一、中国民营企业前三强，品牌价值 956.86 亿元。据全球领先研究公司 Kantar Retail 发布的 2013 零售商排行榜，苏宁入榜 TOP 50，全球零售商排名第 28 位。

苏宁云商目前经营商品涵盖空调、冰箱、洗衣机、彩电、音像、小家电、通信、电脑、数码、OA 办公、厨卫、图书、百货、日用品、金融产品、虚拟产品等综合品类，形成了店面零售、对公销售、网上购物、渠道分销等多种销售渠道，实现了对上游供应商、中游分销商和下游消费者的全方位服务。

二、苏宁云商发展历程

1990 年，苏宁诞生于中国南京宁海路 60 号，是一家面积为 200 平方米的空调专营店。

1995 年，成立专营批发部，除零售和工程外，建立了全国批发网络。

1996 年，苏宁电器走出南京，在扬州开设第一家外埠公司，揭开了连锁发展的序幕。

1997 年，苏宁电器投资 3 000 万元在南京自建第一代物流配送中心和 10 个售后服务网点，初步形成了“前后台协同发展，后台优先”的经营管理模式。

1999 年，南京新街口旗舰店成功开业，标志着苏宁电器从空调专营转型到综合电器全国连锁经营。

---

① 此部分内容参考以下资料来源编辑整理完成：(1) 苏宁云商官网；(2)《苏宁获“国际快递”业务经营许可为电商企业独家》，中国经济网［引用日期 2014-02-10］；(3)《中国最大商业企业苏宁登陆美国硅谷布局全球研发》，国际在线［引用日期 2013-11-20］。

2002 年，苏宁电器连锁网络从南京走向浙江、北京、上海、天津、重庆等地，初步建立了全国连锁发展的战略布局。

2003 年，亚洲规模最大、品种最全的单体专业电器综合购物广场——苏宁电器南京山西路 3C 旗舰店开业，苏宁电器连锁经营全面进入“3C”时代。

2004 年，温家宝总理勉励“苏宁要成为中国的沃尔玛”，7 月 21 日苏宁电器（002024）在深交所成功挂牌上市，成为中国家电行业第一品牌。

2005 年，苏宁电器启动“5315 服务工程”，建立全国一体化的物流配送体系、售后服务体系、客户服务体系，全方位提升苏宁电器为消费者提供服务的能力。

2009 年，《福布斯》公布全球 2 000 大企业排名，中国家电连锁领导企业苏宁电器排名第 1 055 位，成为排名最高的中国零售企业，同时是排名第一的中国民营企业。

2009 年，苏宁先后入主日本 LAOX 电器和香港镭射，开启国际化连锁拓展。

2009 年，苏宁以 1 170 亿元、941 家店面的经营规模成为中国最大的商业流通企业，提前实现行业领先。

2010 年，苏宁易购正式上线，打造国内第一的电子商务网购平台。

2013 年年初，苏宁正式公布新模式、新组织、新形象，标志着行业革命性的“云商”模式全面落地，开启了跨越式发展的新征程。

2013 年 10 月，中国领先的视频媒体 PPTV 聚力与苏宁云商、弘毅投资在北京联合宣布，苏宁和弘毅将以 4.2 亿美元的公司基准估值联合战略投资 PPTV 聚力。

2013 年 11 月，“苏宁美国研发中心暨硅谷研究院”隆重揭幕，苏宁董事长张近东正式宣布其全球首家海外研究院开始运行。

三、苏宁云商主要业务

（1）连锁门店零售。围绕市场和消费细分，苏宁云商不断创新店面模式，形成了“超级店、旗舰店、社区店和乡镇店”四大类零售店面业态，遍布城乡海外的连锁网络为亿万家庭提供便捷的家电服务。在零售门店开发方式上，苏宁电器采取“租、建、购、并”四位一体、同步开发的模式，保持稳健、快速的发展态势，每年新开 200 家连锁店，同时不断加大自建旗舰店的开发，以店面标准化为基础，通过自建开发、订单委托开发等方式，在全国数十个一、二级市场推进自建旗舰店开发。预计到 2020 年，网络规模将突破 3 000 家，销售规模将突破 3 500 亿元。

（2）苏宁易购电子商务平台。苏宁云商以“苏宁易购”为品牌，依托规模采购和品牌优势，共享苏宁实体店面、物流配送与售后服务网络，加快建设高水准的网购平台，为网购消费者提供最满意的 3C、消费类电子、OA 办公、应用软件、生活电器、大家电、图书、百货类商品、虚拟产品、金融产品购物体验。自 2010 年初上线以来，苏宁易购始终保持高速发展，目前跻身中国 B2C 行业前三强。2011 年，苏宁易购将强化虚拟网络与实体店面的同步发展，不断提升网络市场份额。未来三年，苏宁易购将依托强大的物流、售后服务及信息化支持，继续保持快速的发展步伐；到 2020 年，苏宁易购计划实现 3 000 亿元的销售规模，成为中国领先的 B2C 平台之一。

（3）物流配送。物流是连锁经营的核心竞争力。苏宁在 2013 年 2 月 19 日将公司更名为“苏宁云商集团股份有限公司”，转型云商模式后，其物流事业部归属电子商务经营总部旗下，由电子商务经营总部负责规划管理。物流事业部的成立，标志着物流体系将在苏宁云商的发展中承担更加重要的职能，物流服务体系在公司的发展中将承担更重要的责任，同时物流体系的性质从成本中心向经营中心转换，更加关注成本、利润以及效率的提升。事实上，打通线上、线下业务通道，实现电商与店商的协同与联动，避免线上、线下“两张皮”已被苏宁视为当务之急。而这种电商与店商的协同与联动，在物流业务上的主要体现可以形象表述为“实体门店成为网购提货点”。苏宁云商在全国建立了区域配送中心、城市配送中心、转配点全国三级物流网络体系，依托 WMS、DPS、TMS、GPS 等先进信息系统，实现了长途配送、短途调拨与零售配送到户一体化运作，平均配送半径 200 千米，日最大配送能力 80 多万台套，并率先推行准时制送货，24 小时送货到户。以“网络集成化、作业机械化、管理信息化”为目标，苏宁云商在全国大力建设以“作业机械化”、“管理信息化”为特征的第三代物流基地。第三代物流基地集物流配送中心、呼叫中心、培训中心、后勤中心等于一体，支撑半径 80 千米～150 千米零售配送服务及每年 50 亿～200 亿元的商品周转量，是苏宁云商的大服务与大后方平台。目前，苏宁云商在杭州、北京、南京、沈阳、无锡、成都、合肥、重庆、徐州、济南、盐城、厦门、青岛、广州等地的物流基地已投入使用，到 2015 年将完成全国 60 个物流基地的布局。在线上线下融合发展策略下，目前全国 90%以上的苏宁门店已经完成了门店自提的功能设置。到 2013 年年底，苏宁将实现 100%门店自提点设置。而随着苏宁易购在三四线城市的持续深入，预计到 2013 年年底门店自提点数量将达到 2 000 个。

（4）一站式电器解决方案。苏宁云商依托专业的设计、采购销售、安装配送与服务管理团队，为政府、事业单位、企业单位、部队系统等集团采购客户提供涵盖全品类的一站式采购解决方案。除门店常规家电产品外，对公销售还为集团采购及部分零售高端客户提供中央空调系统、地暖系统、净水系统、锅炉系统、办公集成系统、影音集成系统等商用电器产品整体解决方案。

（5）安维服务。本着“专业自营”的售后服务，苏宁云商不断拓展服务品类和精细服务，依托遍布城乡的数千家售后服务网络，2 万多名专业服务工程师时刻响应顾客需求，24 小时内快速上门，为顾客提供专业、可信赖的售后保障，是中国最大的电器服务商。围绕顾客需求，苏宁云商还推出了阳光包、IT 帮客、服务管家卡等自主服务产品，自主推广的系列家用电器安检标准也成为行业或国家标准，拥有多项国家发明专利，是业内首家国家职业技能鉴定资质单位，荣膺“中国最佳售后服务奖”。

（6）客户关怀。以提升客户满意度为目标，苏宁云商做到为消费者承诺 365 天的电话、互联网、短信、视频等自助式、专家式的服务，利用业内最大的全国呼叫中心平台，全国统一服务热线全天 24 小时为顾客提供咨询、预约、投诉和回访等服务。与此同时，专家坐席、会员服务、电话支付、理赔服务、松桥热线、以旧换新通道等全方位的快速服务通道全面响应，极大地方便了消费者。以客户关怀为已任，苏宁云商成功实施了业内首个客户关系管理系统（CRM），致力于挖掘顾客的消费与服务需求，有针对性地推出一系列增值服务，电话销售与在线客服等服务为顾客创造了更多人性化的选择。

(7) 打造高效供应链。围绕高效顾客响应，苏宁云商依托SCS平台，与全球数万名知名家电供应商建立了紧密的合作关系，打造高效的供应链，并多次召开行业峰会与论坛，携手国内外知名供应商、专家学者、社会专业机构共话行业发展趋势与合作策略，发挥自身渠道专业优势，推动中国家电行业成熟发展。

四、苏宁云商未来发展方向

在苏宁“2013新模式、新组织、新形象”发布会上，苏宁董事长张近东表示，“云商”模式可概括为“店商＋电商＋零售服务商”，它的核心是以云技术为基础，整合苏宁前台后台、融合苏宁线上线下，服务全产业、服务全客群。但苏宁云商2012年实现营业收入983.78亿元，同比增长4.78％；净利润26.82亿元，同比下降44.37％，这一数据不仅略低于市场预期，而且亦低于其2012年三季报中的预计业绩。同时，苏宁2012年第四季度的收入与净利润同比分别下降1.2％与76.4％。云商作为一种新兴的商业模式，不仅是苏宁跨越式发展的新方向，也必将成为中国零售行业转型发展的新趋势。未来十年，苏宁云商将立足国内，开拓国际市场，继续保持稳健、高速发展，实体网络与虚拟网络同步推进，运用云服务模式，实现科技转型，打造智慧苏宁。

（一）增强线下店商服务体验能力，促进线上线下融合

苏宁的云商模式的核心架构在于“店商＋电商＋零售服务商”的组合，其中线下店商与线上电商相比，最大的优势在于线下店商的直接服务能力，线下店商可以让消费者有更直观、更全面、更多样的服务体验。

2012年，苏宁已先后推出了两大全新实体零售业态——苏宁Expo超级店和地区旗舰店，开始对一、二、三级市场的线下门店进行全面改造升级，升级之后的苏宁超级店和旗舰店的服务职能大大增强。与之前的传统卖场模式不同，苏宁超级店更类似于购物广场，偏向于消费者商品体验和购物环境的营造。在商品体验方面，消费者可随意体验苏宁超级店内的体感游戏、3D电视、按摩椅等等各类商品。而对于带孩子的消费者来讲，超级店内还提供儿童游戏区，消费者可以将孩子送到儿童娱乐专区之后安心选购。苏宁地区旗舰店作为面向二、三级市场的全新店面形态，无论是在产品丰富度还是在店面环境上，均是当地家电连锁业态的标杆，3米宽的购物主通道，多层次的系统标志，整体视觉通透，符合消费者最佳的购物体验。店内设立客户服务中心、3C服务中心等功能区，为消费者提供一站式服务体验。

苏宁超级店和地区旗舰店的综合服务功能在苏宁云商模式下被放大，消费者的用户体验需求被进一步挖掘，苏宁线上线下各自发挥其做大的优势，苏宁云商模式的优越性正在凸显。以电子商务平台及实体店面为载体，重点围绕消费者日常生活展开，范围涵盖购物、资讯及生活服务等方面，打造一站式的服务解决方案。消费者不仅可以在苏宁易购上享受生活服务，还可以在苏宁店面进行现场体验，例如生活设施缴费、充值、票务预订等，这是苏宁线上线下融合的一个重大举措。

（二）计划未来三年投资 180 亿～220 亿元发展物流

苏宁云商集团未来三年将投资 180 亿～220 亿元人民币发展物流项目。目前苏宁已获国际快递业务经营许可，苏宁由此成为国内电商企业中第一家取得国际快递业务经营许可的企业，今后将可以像 FedEx、DHL、UPS、TNT 四大国际快递公司一样从事国际快递业务。另外，苏宁已经获得 1 个全国性快递牌照及国内 150 多个区域性的快递牌照，是行业内拥有快递牌照最多的电商企业。有分析人士称，获得国际快递经营许可后，苏宁或将从事国际快递转运业务。虽然通过物流盈利时机尚未成熟，但从长远来看，苏宁物流系统全面升级之后，其电商平台上的第三方商户的商品可直接入库，并可使用苏宁物流快递服务，后期苏宁快递业务可能将逐步向商户和个人开放。

（三）开启全球科技研发之路

2013 年 11 月 19 日，苏宁云商集团在美国硅谷启动了首个海外研究院，迈出了其加速互联网转型、布局全球研发的重要一步。面对全球互联网浪潮，苏宁决定将再次创业的起跑线设在美国。提出“科技苏宁，智慧服务”的互联网零售转型方向，转型升级从一开始就立足全球，站在世界科技最前沿。苏宁硅谷研究院初期投资 500 万美元，现有 10 人左右，未来 3 年将达到 200 人。苏宁副董事长孙为民接受媒体共同采访时表示，苏宁进入美国 4 年内不会考虑开实体店。设立硅谷研究院筹备了 5 年，主要目的是吸引当地高端人才，并与美国企业建立深入合作，研究智能搜索、大数据、云计算和互联网金融等，今后还将在西雅图和纽约开设不同职能的研发机构。硅谷研究院还将以对美国创新型中小企业战略投资、并购等多种合作方式，提升苏宁互联网布局和研发能力。据介绍，硅谷研究院旨在帮助苏宁落实“一体两翼互联网路线图”的科技研发布局，放大苏宁线上线下融合的优势，为消费者营造随时随地、应需而变的智能购物体验，创造全球零售新模式。

（四）进军金融领域和互联网金融产品

目前，苏宁云商正在向有关部门申请设立“苏宁银行”，并注册了域名。2013 年 8 月 15 日发布的《国家工商总局企业名称核准公告》显示，“苏宁银行股份有限公司”名称已被预核准通过。2013 年 9 月，包括苏宁银行在内的 9 家民营银行名称获得国家工商总局核准。民营企业向民营银行进军的步伐再进一步。尽管工商总局已经批准少数民营银行的名称申请，但作为银行牌照的审批机构，还需银监会发放经营许可证。

另外，苏宁开启了互联网金融理财产品。2013 年，苏宁易付宝获得证监会关于基金销售支付结算的许可，随后又与广发基金、汇添富基金进行产品开发、测试，再到新产品“零钱宝”的上线，投入了大量的资源，这也充分体现了苏宁进军互联网金融的决心。作为 2014 年第一款上市的互联网金融产品，1 月 12 日测试中的苏宁“零钱宝”的七日年化收益率为 6.991 0%，远超同业收益水平。不同于目前市场现有的一些理财产品，用户存入“零钱宝”的资金可以实现“7×24 小时”随时随地“T+0”快速提现到银行卡或者易付宝账户，而且用户还可直接使用“零钱宝”资金在苏宁易购购物支付、缴费、充话费和还信用卡。“零钱宝”实际上为普通客户提供了一个从理财、增值到日常消费花钱的整体解决方案，让用户真正实现理财、购物两不误。

（五）进军网络视频行业

2013 年 10 月 28 日，苏宁宣布，联合弘毅投资斥资 4.2 亿美元战略投资 PPTV，收购后者约 74%的股权，其中苏宁占到 44%的股权，将成为 PPTV 的第一大股东，苏宁也借此进军网络视频行业。

苏宁云商预计到 2020 年，连锁店总数将达 3 500 家，销售规模将达 3 500 亿元，网络销售规模将达 3 000 亿元，并以中国香港与日本市场为桥头堡，探索海外市场发展，跻身世界一流企业行列！

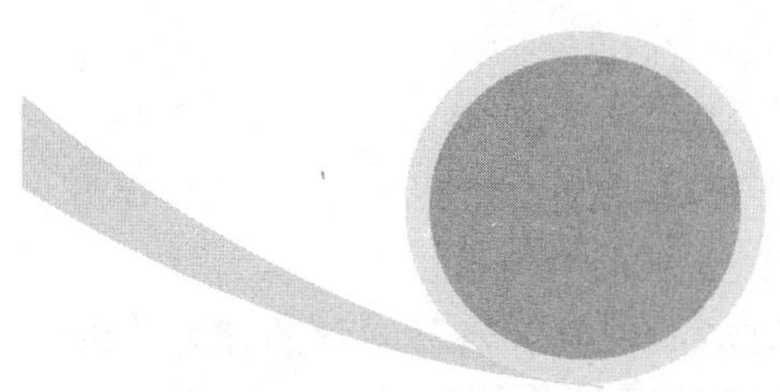

苏果超市有限公司[①]

——江苏最大连锁超市企业

一、公司简介

苏果超市是江苏最大的连锁超市企业，在全国同行业中连续多年位列前十强。苏果超市有限公司创立于 1996 年 7 月 18 日，它的前身是江苏果品食杂总公司下属的果品科，“苏果”二字即取自其中的“苏”和“果”两字。2004 年 6 月，华润控股苏果 85%股权。截至 2012 年，苏果有网点总数 2 098 家，覆盖苏皖鄂鲁豫冀等 6 个省份，员工总数 10 万人，年销售规模 425.6 亿元。“苏果”商标被国家工商总局认定为中国驰名商标。“苏果”品牌价值被世界品牌实验室评估为 130 亿元。

作为本土零售商业的领军企业，苏果的健康发展也赢得了政府和社会的充分认可。自 1999 年起，苏果连年被评为“江苏优秀企业”；2003 年，苏果被授予江苏电子商务示范单位；2003 年，苏果被评为纳税信用等级 A 级单位；2004 年，苏果被授予“中国商业名牌企业”；2005 年，苏果 CEO 马嘉樑继 2003 年之后，蝉联“中国零售业十大风云人物”；2006 年，苏果被授予“中国零售业区域明星企业”，同年，苏果被评为银行资信评级 3A 级单位；2007 年，苏果被授予“中国零售业十大优秀特许加盟品牌”；2008 年，苏果 CEO 马嘉樑被授予“中国商业服务业改革开放 30 周年功勋企业家”；2008 年，苏果被中国连锁经营协会授予“中国零售业最佳雇主”；2008 年，苏果被授予“中国商业服务业改革开放 30 周年功勋企业”；2009 年，苏果董事长马嘉樑荣获“中国合作经济年度人物评委会特别奖”；2010 年，苏果被中国连锁经营协会授予“2010 年度员工最喜爱的公司”；2011 年，苏果董事长马嘉樑被授予“中国商业入世 10 年最具影响力人物”；2012 年，苏果再次获得中国连锁经营协会授予的“员工最喜爱公司”荣誉称号；2012 年，苏果董事长马嘉樑当选为江苏政协新一届委员；2012 年，中国连锁经营协会第十四届会议暨 2012 中国零售领袖峰会授予苏果董事长马嘉樑中国连锁业“突出成就奖”，马嘉樑成为中国连锁行业唯一一位连续三届获此殊荣的商业创业企业家。

---

① 此部分内容参考以下资料来源编辑整理完成：(1) 苏果官网；(2) 马嘉樑、蒋瑞、林新奇：《苏果超市是如何成长起来的》，载《企业管理》，2013 (1)，107～109 页。

二、苏果超市门店业态

（一）华润苏果购物广场

购物广场是苏果着力打造的大卖场，倡导“品种更多，更低价格”的营销理念，以优质超值的丰富商品、宽敞舒适的购物环境、多样化的经营区域为鲜明特色，满足消费者“一站式”的购买需求与日常活动，为消费者带来“新鲜、优质、便宜、贴心、满意”的全方位新体验。

（二）苏果社区店

苏果社区店是结合中国居住特点而创新的一种新型业态，也是苏果进行外埠扩张的主要业态模式。其选址一般贴近社区，面积在 5 000 平方米左右，经营的商品种类达 2 万个。苏果同时还引进了“厨房工程”，突破了生鲜经营。苏果社区店购物环境宽敞、舒适、明亮，商品丰富，配备有小吃休闲区，满足了现代小区居民的一次性购足以及生活与休闲的需求，真实体现了“亲密的苏果、温情的邻居”。

（三）苏果生活超市

苏果生活超市是苏果最早经营的标超店业态，大红的门头，“苏果无假货、件件请放心”的质量承诺，已经深深地印在了每一个了解苏果、关心苏果的消费者心中。标超店面积一般为 500 平方米左右，商品品种有近 1 万种，扎根于主次干道和社区边缘，填补了便利店与社区店的空白。

（四）苏果便利店

苏果便利店自 1999 年创新以来，经过几年的迅猛发展，体现了苏果“为民、便民、利民”的经营理念，强大的网络优势为消费者提供了很大的方便，也是南京市一道亮丽的风景线。便利店经营面积定位在 100 平方米左右，商品相对丰富，品种达 4 000 种，并提供代收水电费、代邮等多功能服务项目，真正实现了苏果“为民、便民、利民”的经营理念。

（五）“好的”便利店

“好的”便利店是苏果 2004 年创立的新型业态。“好的”便利店的选址一般在热闹商圈，如商务区、高档住宅区以及学校附近，目标顾客定位在白领、高收入群体及时尚青年族，店堂设计时尚、高档、宽敞，商品都经过精选，大约在 2 000 种，满足了现代消费者的个性化需求。

（六）苏果高端超市

“SG”是苏果旗下最新创立的高端超市品牌，作为一家满足中高端人群家庭消费需求、致力于提高其生活品质的精品超市，其先进的设计理念、幽雅的购物环境、时尚精致的优质商品，为消费者带来了丰富多彩的满意选择。“SG”关注生活品质，精选天然绿色食品、新鲜果蔬、上等肉类、鲜活水产、优质日用品、红酒名品等，致力于从服务品质、购物环境、消费体验等方面为消费者创新温馨舒适的购物感受。

三、苏果超市物流配送中心

苏果于2004年启用了自建的华东最大的单体物流中心：苏果马群物流配送中心。该配送中心位于南京市栖霞区马群信息科技园，毗邻中山陵风景区，南接沪宁高速、宁杭高速、312国道，西连长江大桥、二桥、三桥。配送中心占地约18万平方米，主体大型常温高架仓库位于园区中心，平面呈“L”形布局，层高20米，东西长312米，南北长172米，建筑面积4.5万平方米，是目前国内单体最大的高架仓库。主体仓库采用了国际通用的钢结构建筑形式，门型钢架为轻钢结构，屋面采用自洁彩钢板，墙体采用复合保温彩钢板，屋顶和墙面采用自然采光设计，仓库和码头的地面也采用了先进的特殊工艺，达到超平标准。另外，仓库还配套了电动滑升门、升降平台，以降低日常运营成本。除立体仓库工程外，苏果还规划了农产品和生鲜加工、流通加工等二期、三期工程。

配送中心的规划设计秉承现代物流理念，采用了具有效率和成本优势的流程化运作模式，并广泛运用了很多先进、成熟的技术及设备：(1) 物流信息系统为具有国际领先水平的专业仓库管理软件（SSA Exceed 4000），具有导向性任务管理、实时库存状态管理、支持多配送中心、多货主管理、开放式的功能扩展等诸多先进功能。(2) 采用无线网络技术和手持RF射频终端等技术设备，支持物流无纸化作业。(3) 运用了国内领先的组合式货架系统，并根据立体仓库多层货位超过10米、库内搬运距离长等实际需要，运用了从德国、瑞典引进的72台套电动垂直、水平搬运设备等一系列先进的物流技术设备，提高了空间利用和物流作业效率。(4) 为适应发展需要，立体仓库规划和预留了自动分拣机、电子标签系统等设备接口，时机成熟即可上线运营，增强物流配送能力。(5) 拥有各式常温、保温厢式自备货车60多台，引进了地理信息系统（GIS）和车辆管理系统，运用了车载GPS技术，不仅大大拓宽了运输管理的有效空间范围，也为进一步深化物流管理、提升物流服务水平创造了良好的技术条件。

目前，马群配送中心为1 000多家苏果门店提供常温商品配送服务，每天通过苏果局域网接收门店订单，根据门店需求实行每天配送，一般订单24小时内履行，物流服务半径超过250千米。此外，还面向社会客户提供批发、三方物流等服务。2005年，配送中心日吞吐量峰值已突破30万箱，全年商品吞吐总额超过70亿元。

四、苏果超市的农村经营

从1998年开始，苏果超市以较强的品牌影响力、规范的管理、良好的服务、较低的商誉费，用特许加盟的方式，在江苏、安徽、山东、河南四省大力发展加盟店。苏果超市从中国的国情出发，城市、农村两个市场一起抓。目前苏果50%的销售实现在广阔的农村市场，60%的连锁网点设立在县城和乡镇。

苏果超市以多种方式发展农村连锁。第一，苏果通过采用特许加盟的新型业态改革农村商业。目前，县乡一级的农村商业多数处于单店经管、个体经管的状态，竞争能力和服务能力都比较弱。而连锁经营作为代表流通业发展方面的新型业态，又有高投入、高科技、高风险、低回报的特点，依靠农村商业自身力量是不可能发展成为具有较大规模的连锁企业的。用加盟店的方式发展农村连锁，实际上是用最低的成本、最快的速度、普及新型的业态，推动了农村商业的改革与创新。第二，苏果通过产权改革重组新型农村流通组织。苏果超市在发展农村连锁加盟店的实践中看到，如果加盟方仍采用国有商业的旧体制，以养人为目的，经营不创新，用工吃大锅饭，即使加盟苏果也很难成功。因此，在发展农村加盟店时，苏果超市首先要看加盟方的产权体制。如果还是采用国有或集体的体制，坚决要求加盟方一定要改制。一是在产权体制上，由纯国有改为股份合作制、有限责任公司，或者由供销社职工买断产权，使经营者真正从产权利益上关心企业的发展。二是在劳动用工上，改革固定工制度，采取招聘制，破除大锅饭，提高员工素质，提高劳动效率，在农村用新的体制经营新的业态，大大提高了加盟店的成功率，同时在客观上也大大推动了农村国有商业的产权改制和体制改革，重新改造了农村流通组织。第三，苏果通过管理输出全面提升农村商业经营水平。苏果超市在输出品牌的同时，一是把苏果一整套的管理制度、操作规范向加盟店输出；二是把苏果科学先进的管理技术和方法向加盟店输出；三是加强对加盟店的培训。

五、苏果超市发展的成功战略

苏果超市是江苏最大的连锁超市企业，在全国连锁企业中连续 12 年位列前十强、全国快速消费品零售企业前四强。苏果之所以能在不到 20 年的时间里取得这样的成绩，在很大程度上应归功于其正确的战略决策。

（一）开拓农村市场战略

开拓农村市场战略，把农村市场作为重要发展区域，率先进入，赢得先机。20 世纪 90 年代，江苏的省会城市南京已经成为国内外商家必争之地，国外企业有德国的麦德龙、法国的家乐福，国内企业有大型超市上海联华超市、北京华联超市、华诚超市，中小型超市有佳惠，还有小型商场、专卖店和食杂店等。苏果超市虽然在市场上占有一席之地，取得了一些成绩，但是面对强大的竞争对手，如果继续坚持在城市发展很难有大的突破，所以苏果超市的经营者希望通过 SWOT 分析重新进行市场定位。通过分析，苏果超市经营者决定定位于农村市场，大举进军农村。苏果超市开拓农村市场的做法主要有品牌的输出、规范管理、优质的服务，用直营、加盟等多种方式，将连锁超市这种业态形式引入农村，促进农村商业的发展。通过多年的努力，苏果超市在农村市场站稳了脚跟，取得了绝对的市场优势，现农村已成为其经营根据地。自 2005 年起到 2009 年苏果超市已经开设 1 800 家连锁店，在县和县以下开设的连锁店已达 1 100 家，占店面总数的 61%，其中乡镇和村店达 800 家。

（二）农副产品为主的生活用品定位

由于苏果超市的前身江苏果品食杂总公司下属的果品科的主营产品就是农副产品及其

加工品，并已取得了竞争优势，所以苏果超市确定了以农副产品为主的生活用品定位。一直到今天苏果超市依然以经营农副产品及其加工品为主，其经营的三大品类中，食品占比45％、生鲜商品占比15％、百货品类占比40％。苏果超市和一大批农副产品加工企业及农户有着密切的联系，如南京的雨润、天环、苏食，苏中、苏北的兴化、射阳等粮食生产基地，有的甚至签订长期合作协议。这保证了它能获得稳定的供货来源，并且能够以低成本收购新鲜的农副产品，其在自身发展的同时也带动了其合作者的发展，成为它所在地人们购买农副产品及其加工品的首选。

（三）区域领先发展战略

区域领先发展战略是指在所进入区域，必须迅速占领市场地位和市场份额，形成较强的区域竞争力，如南京、合肥、马鞍山、连云港、淮南等市场份额较多。苏果超市相对于国际上连锁超市巨头沃尔玛、家乐福、麦德龙等，以及国内大型连锁超市联华超市、华联超市等，实力是有限的，如果像国内外这些大型超市在全国范围内设立超市，将会在每个地区都处于劣势，可能导致资源的严重浪费。所以，苏果在江苏建立强大的根据地，以此为依靠，向外围层层推进扩张（推土机式），而不是搞“全国性”的“天女散花”。苏果超市正确的区域性市场定位，为其将稀缺的资源集中投入到定位区域，在定位区域取得绝对的竞争优势打下了基础。

（四）多业态协同战略

苏果超市通过借鉴其他连锁超市的经验，采取了多种超市业态并进的连锁超市形式。通过多业态运作，实行错位经营，功能互补，实现对消费需求的“无缝隙覆盖”。就南京来说，在城区就有近400家便利店、90家社区店、80家标准超市、30多家购物广场。多业态协同，不仅体现了“为民、便民、利民”的服务理念，也有效地提升了综合竞争力，巩固了市场份额，为苏果迅速占领广大城市和农村市场、扩大市场份额创造了条件。其中，社区店作为苏果超市创新的一种新型零售业态，更是体现了苏果从中国城市居民居住、生活的实际情况出发的战略，更加符合中国消费者的购物特征和习惯。多业态协同发展战略为消费者提供了更贴心、更便利的选择，也为苏果赢得了更多的市场份额。

（五）渗透式扩张模式

苏果超市根据自身条件，选择渗透式扩张模式，主要通过自己开设店面和加盟两种方式，使直营店和特许加盟店共同发展，相辅相成，这对市场快速进入、品牌影响力的快速扩散发挥了重要作用。苏果超市先是以南京为大本营，向江苏其他地级市扩张，然后以地级市为基础向周边县城扩张，再以县城为基础向乡镇扩张。在江苏连锁超市市场取得绝对竞争优势后，苏果超市以同样的方式向周边省市进行扩张。苏果之所以能够成功实施渗透式扩张模式，除其具有良好的商誉、集中采购的价格优势、成熟的经营管理手段外，与其配送中心这个支持系统是分不开的。苏果超市目前有两个配送中心，一个是位于南京雨花区南大门的占地6万平方米的苏果超市城南配送中心，一个是投资2亿元、占地17万平方米的马群物流中心。配送中心的规划设计秉承现代物流理念，采用了具有效率和成本优势的流程化运作模式，并广泛运用了很多先进的、成熟的技术和设备。

多年来，苏果一直坚持区域领先发展战略、多业态协同战略、营地（根据地）战略、开拓农村市场战略、双轮驱动战略这五大发展战略，实现了超常规发展，走出了一条具有自身特点、符合当地实际的民族连锁商业发展之路。

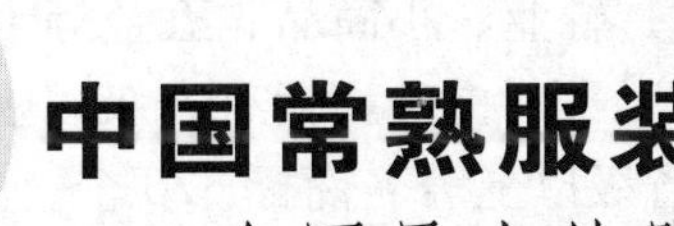

中国常熟服装城[1]
——全国最大的服装服饰专业市场

一、公司简介

素有“中国服装之都”美誉的常熟服装（交易）城始建于1985年5月，经过约30年的努力，已发展成为全国最大的服装服饰专业市场，连续三届名列“中国十大服装专业市场”榜首。从2002年到2012年，公司市场交易额从2002年的138.35亿元增加到2012年的1 002.83亿元，同比增长25.3%。

近年来，常熟服装城紧紧围绕科学发展、集约发展、转型升级发展战略，努力向全国第一、世界著名的服装服饰集散中心和综合商贸区的目标奋勇迈进。常熟服装城2007年成为AAAA国家级购物旅游景区，是江苏首批服务业集聚区，2010年被国家人力资源和社会保障部、中国纺织工业协会评为“全国纺织工业先进集体”，2011年被国家工商总局命名为全国第一家诚信市场，被国家旅游局命名为“中国旅游职业装营销基地”，在新近召开的中国纺织工业联合会换届大会上当选为常务理事单位。

2013年7月，国务院办公厅发布了《关于促进进出口稳增长、调结构的若干意见》，该意见明确提出推进市场采购贸易发展，在总结义乌试点经验基础上，适时扩大试点范围。目前，苏州常熟服装城等专业市场已具备国际化发展的条件和优势。市场采购贸易发展势头强劲，已成为对外贸易发展的新方式和新增长点，对于推动外贸转型升级具有重要深远的意义。

二、常熟服装城的发展现状

常熟服装城内市场营业面积308万平方米，有35个专业批发市场，2012年完成商品成交额1 002.83亿元，2013年上半年成交额470亿元，日资金流量超过20.38亿元，货物吞吐量达120万吨。

常熟服装城经过多年的开发、建设、经营，形成了包括公共交易、试验检测、物流配

① 此部分内容参考以下资料来源编辑整理完成：(1) 常熟服装城官网；(2) 苏州市商务局官网；(3) 王剑峰、孙伟国：《常熟服装城电子商务发展现状分析》，载《现代经济信息》，2012 (6)，270页。

送、金融和会展等多项功能的服务平台，形成了“买全国、卖全国”的格局，产品涵盖服装、布匹、装饰面料、皮革、鞋业、小商品、五金等十多大类。随着服装城整体发展的加快，在业内的影响力和知名度不断提升，拥有省级以上一级代理商 4 000 多家，拥有国内采购商 30 万家，商户拥有省级以上著名商标 570 个、知名品牌 5 000 多个，拥有境外注册商标 10 个。

2012 年度常熟服装城出口额 4 亿美元，主要以加工供货为主，由专业外贸公司代理出口。目前有从事进出口贸易商户 529 家，有国外采购商 266 家，以日本、韩国、美国、欧盟、东南亚等国为主。

三、常熟服装城面临的主要困难

常熟服装城经过多年发展，规模和档次均位居国内前列，但在当前市场转型升级和内外贸融合过程中面临很多困难。

常熟服装城境外采购商在市场看中的小宗商品由于没有增值税进行抵扣，直接在市场成交的不多，主要发展成在市场看货、在本地工厂或异地工厂下单出口，这制约了专业外贸公司在市场集中采购、直接出口，市场采购集中度不够，外贸潜力无法释放。

与义乌小商品市场相比，外贸经营主体都为中小民营企业或个体经商者，产品类似，均为低值易耗的最终消费品，适宜小批量、多批次出口。目前由于缺乏一系列实质性的税收、通关等贸易便利化政策措施，不仅未能形成出口集聚效应，而且受外部市场虹吸效应的影响，“本地产品、外省出口”。有调查显示，有相当部分常熟的衬衣、夹克等服装类商品通过义乌市场通道走出国门。

另外，近几年电子商务虽然在常熟服装城得到了广泛的关注与快速的发展，但是与一些大型网商相比，服装城还存在着电子商务人才素质与技能不足、传统客户不适应网上交易、市场缺乏规范、网络安全管理等问题，亟待公司去解决。

四、常熟服装城的发展战略

（一）争取政府扶持发展机遇

常熟服装城要努力争取列入商务部第二批市场试点。同时要立足自身市场外贸发展的特点，加强对先行先试的义乌政策与苏州专业市场吻合度的研究，避免简单的复制，力争在义乌试点的基础上进一步拓展政策创新的力度，积极争取市场采购贸易政策，做到为我所用、效果最大化。

（二）加快外贸综合服务平台建设

常熟服装城的经营和供货主体普遍规模小、品种多，外贸综合服务需求巨大。要推进外贸综合服务体系建设，为市场商户和企业提供技术创新、市场开拓、金融税务支持、质量检测、物流通关、人才培训等服务。加快引进和培育外贸综合服务企业，完善外贸融资、报关、货运、退税、收汇等全程环节的服务。

（三）积极吸引外商驻场采购、入市经营

要大力吸引国际中间商、专业采购商来市场采购和设立机构入市经营，实现市场经营商品和主体的国际化；鼓励有条件的市场和企业与国外重点市场和新兴市场加紧对接，设立境外办事机构或销售渠道，加快服装城国际化合作步伐。建立海外客户群体，帮助企业适应海外市场，全力探索与引导商户拓展外向型营销渠道，拓展对外贸易。

（四）深入完善电子商务工作

全力打造完整的服装、纺织品垂直电子商务产业体系，建设电子商务产业园，通过实体园区的建设与线上平台的合理切入，构建服务有形市场的云服务体系。进一步完善常熟服装城与阿里巴巴合作打造的“中国常熟服装城”板块，争取更多的客商。加快培育跨境电子商务服务平台，形成跨境贸易电子商务产业集聚区，建设优质高效的支付、物流、报关、金融、保险等配套服务，实现“一站式”贸易。

（五）大力实施品牌战略

加大对品牌培育的指导服务。多措并举促进驰名、知名品牌的占比，定向协助企业品牌进入国际市场，提供政策咨询、法律协助等服务；设立外贸培育品牌数据库，挖掘资源，扶植代表性企业开辟国际市场；出台激励措施鼓励企业自创品牌，开展境外品牌收购。

南京国际博览中心[①]

——中国十佳品牌会展中心

一、公司简介

南京国际博览中心由南京市河西新城区国有资产经营（控股）有限责任公司投资并组织建设，2006年12月正式开工建设。南京国际博览中心由美国TVS设计公司和上海华东建筑设计研究院有限公司中标设计，从而确保了南京国际博览中心在设计理念、建筑风格、使用功能上具备国际领先地位。

博览中心总用地54公顷，由展馆、会议中心和配套服务设施三个部分组成，总建筑规模40多万平方米，总投资30多亿元。展馆由八个单层展馆和一个多功能展厅组成，总展览建筑面积16万平方米，总国际标准展位6 000个，室外展览面积5万平方米。会议中心部分总建筑面积8万平方米，包括一个1 600平方米的宴会厅、一个800人报告厅、二十间面积80～200平方米不等的会议室、二十余间中西餐厅和包间、一幢有500间客房的酒店。其他商业配套设施包括商业、办公服务设施和停车场等，有停车位2 500个。南京国际博览中心工程分两期实施，一期工程用地34公顷，总建筑面积为18万平方米，工程建设投资约16.8亿元。其中展馆为六个单层展馆和一个多功能展厅，建筑面积为12.6万平方米，有国际标准展位4 500个；会议中心建筑面积为4.6万平方米；其他配套设施8 000平方米；有停车位2 000个。南京国际博览中心一期工程2008年8月已竣工，历时20个月。

一个城市建有一个好的展馆，有一个好的载体，是会展成功的一半。而一个有实力的、专业的、与国际接轨的运作实体是这座城市会展成功的另一半。南京国际博览中心专业从事场馆管理，并承接各类展览、会议、演艺、赛事、节庆等活动。博览中心拥有展览和会议两大功能，分为展馆、会议中心和配套服务设施三个部分，融汇世界最新会展理念

① 此部分内容参考以下资料来源编辑整理完成：（1）博览中心官网；（2）《广博天下，沟通世界》，载《新华日报》，2011-02-10；（3）《南京国际博览中心》，载《江苏地方志》，2011（3），72页；（4）《“江苏省第十五届农药（械）信息交流会”在南京国际博览中心成功召开》，载《农药研究与应用》，2012（1），7页；（5）窦佳倩：《南京国际博览中心盛大开幕》，载《建筑》，2008（23），76页；（6）李智玲：《德国会展业发展的新趋势及启示》，载《城市问题》，2009（5），87～90页；（7）夏松涛：《新中国会展业的发展历程及其经验启示》，载《当代中国史研究》，2009（5），103～110页。

和南京地域特色，形成“虎踞龙盘”的独特建筑风格，气势磅礴，规模宏大。南京国际博览中心自2008年9月正式运营至今，一直致力于全方位的自我提升，力求用专业化、标准化、数字化、程序化的科学管理方式，向所有来参展、办展的来宾提供“服务零距离，办展无忧虑”的优质服务。凭借国际化的视野、优越的硬件条件、专业的服务精神、不断完善的管理体制和一支能打硬仗的团队，在日益激烈的市场竞争中开拓出越来越好的业务局面，现已成功举办了百余场高水平、大规模、有影响的展览活动和会议活动，如“联合国第四届世界城市论坛”、“第五届南京国际软件博览会”、“第五届中国会展经济国际合作论坛”、“2009南京台湾名品交易会”、“2009中国国际物流节”、“第十二次中欧领导人会晤”、“2010中国数控机床展览会”等。

在南京市商务局2013年3月25日组织召开的全市商务工作会议上，南京国际博览中心再次获得2012年度全市商务工作优秀企业荣誉称号。另外，在由会展界权威机构——中国会展经济研究会主办的“2013中国会展业年度研讨会暨昆山会展经济论坛”中，鉴于南京国际博览中心2013年度在经营管理和业务突破上的突出表现，经大会评选，南京国际博览中心再次被授予“2013年度中国十佳品牌会展中心”荣誉称号，这已是该博览中心连续第三年获此殊荣。

二、南京国际博览中心的两大功能

南京国际博览中心集展览和会议两大功能于一体，基于大型会展中心成熟而理想的功能布局，拥有完善而先进的设施。

展馆由八个单层无柱式展馆和一个多功能展厅组成，展馆面积达16万平方米，有国际标准展位6 000个。8万平方米会议中心将成为中国一流的会议和宴会场所。在建的一期工程包括六座展馆、一个会议中心和一个多功能展厅。其中六座展馆建筑面积均为2万平方米，每座展馆既可以单独灵活用于小型展览，也可以与其他展馆相连用于大型展览。5万平方米的室外展场是举办室外展览的理想场所。

会议中心位于八座展馆的焦点位置，以最富现代气息的800人报告厅为中心，两侧分布有二十多个会议室和大小宴会厅，可以根据需要灵活使用。南京国际博览中心整体规模及硬件设施在全国处于领先地位，是一个能承办国际一流展会的大型多功能综合性会展中心。

三、南京国际博览中心的竞争优势

南京国际博览中心拥有六大优势，分别是交通优势、区位优势、地域优势、硬件优势、管理优势以及政策优势。下面主要介绍一下该中心的区位优势、硬件优势、管理优势及政策优势。

(1) 区位优势。南京是中国重要的电子工业基地，全市共有各类电子企业近400家，电子类科研院所29家，从业人员12万人，其中工程技术人员超过2万人。良好的投资环境吸引了包括飞利浦、摩托罗拉、朗讯、爱立信、西门子、富士通、夏普、东芝及LG等诸多国际知名厂商来宁投资。2005年，南京电子信息产业实现营业收入542亿元，同比增长64.7%，全市软件业销售收入达71亿元，同比增长69%，软件产业规模居江苏第一。目前，南京已形成包括管理系统软件、电信系统软件、制造业信息化应用、嵌入式软件、教育软件和系统软件在内的六大软件产品群。另外，南京的化学工业和汽车制造业等也有数十年发展史，已具有相当规模和生产能力。南京自20世纪80年代始，先后从美、日、德、英、意、奥等国引进了轧制、挤压、焊接、镀锌等先进生产线，引进了轻金属合金的熔炼压铸、铜金属再生回收等世界一流水平的成套生产线，能够生产生铁、建筑钢材、板材、焊管、稀土合金、铁合金、铜及铜合金材、铝合金、镁合金锭、铝合金轮毂、镁合金压铸和锗等系列产品。再者，南京交通基础设施力量雄厚，已然形成了横跨水、陆、空的现代化立体交通网和枢纽型交通运输体系，有配套完善的现代化远东第一大内河港口群和沪宁高速公路，共开通国内外航线85条。

（2）硬件优势。南京国际博览中心通过国际招标的方式由美国TVS公司和上海华东建筑设计研究院联合设计，是TVS公司继北京新国展之后的又一力作，保证了场馆设计思路和概念的领先和超前。中心由展馆、会议中心和配套设施三部分组成，最大设计特色便是紧紧把握了当今最新会展业“会展一体化”的潮流，中心拥有展馆和会议中心两大功能，形成“以会促展、以展带会”的良好配套。南京国际博览中心运用了最现代化的设备设施，在展馆部分，南京国际博览中心6座展览面积达到1.25万平方米的大型展馆采用单层无柱式结构，挑高14米～22米，地面承重3吨/平方米～5吨/平方米。6座展馆两两为邻，以面积3 000平方米的登陆厅为连接，由此达到6座展馆既可整体使用也可单独使用的灵活功能。馆内水、电、高压气和宽带网络直通每个展位，吊点负荷均能够满足各种展览需求。在8万平方米的会议中心内，拥有国际领先、功能先进的800人报告厅，配备了完善的会议舞台设备，具备6路同声传译功能及有线和无线网络。5 000平方米的多功能厅配备有132平方米的LED屏幕，达到国内一流水平，特别适合大型会议、宴会、展示、演出等多种活动。会议中心还拥有两个分别可容纳30桌和80桌宴席的豪华宴会厅以及一个西餐厅。与之配合的是会议中心内20余间80～200平方米会议室和十余间大小包间。受托管理的金陵饭店为会议中心提供了会议及中西餐饮的五星级服务。

（3）管理优势。南京会展业从20世纪80年代至今积累了丰富的会展经验与人才。南京国际博览中心通过与原江苏展览馆强强联合以及社会招聘的方式，集中了南京会展业专业人才，起点于南京会展业近20余年的经验积累，通过企业内部规范化、制度化、程序化、信息化的管理，发扬以前优点，改正过去缺点。在办展过程中，公司内部加大管理力度，组织召开展前准备会、展中协调会和展后总结会，将管理落到实处，抓管理抓出实效。

（4）政策优势。会展业的发展离不开政策的支持，南京市在全国较早成立了会展经济领导小组和会展业办公室以统筹、协调会展业的各项工作；为营造良好的会展业发展环境，设立了会展业发展奖励基金，每年1 000万元，重点用于大中型展会的招徕引进、规模以上展览摊位的补贴，颁布实施了《南京会展经济发展纲要》、《市政府关于加快南京会展业发展的若干意见》、《南京市展览业管理办法》、《南京市专业性展览会等级划分评定实施意见》、《南京市会展发展专项资金使用管理暂行办法》、《大型展会协调保障机制》6个配套政策，为会展业的良性发展保驾护航。

四、南京国际博览中心的发展战略

（一）积极学习国外成功经验，走国际化运作道路

博览中心最初就是从国际、国内领先的会展城市发展经验看，南京会展业还缺少一个专业化的运作平台，而为了填补这一空白而建，而从这几年的发展来看，还没有真正做到国际化。南京国际博览中心自2008年8月30日建成以来，即投入运转，已经举办过江苏机床模具展、2008中国（南京）国际物流博览会和国际城市交通展览会、2008年中国互联网大会、第四届中国（南京）国际软件博览会、首届中国国际服务外包合作大会、2008年南京金秋经贸洽谈会、2008年中国留学人员南京国际交流与合作大会、第四届世界城市论坛等大型展会。但从博览中心几年来举办的展会来看，与国际上大型会展中心成功举办的会展数量、国外参展商的规模和服务质量都相差甚远。所以，我们要积极学习国际上知名展览公司，如慕尼黑国际博览公司、汉诺威展览公司等的成功经验，发挥好博览中心的优势资源，服务好参展商，博览中心要坚决执行“国际化”的战略，开拓新客户，进入新市场，不断增强南京国际博览中心在业界各层面、各角度的推广，提升博览中心的国际竞争力。

（二）做强做大会展品牌，提升会展影响力

会展业要取得长足发展，不能着眼于短期效应，如何摸索出一条适合自己的品牌化发展道路才是其做大做强会展业的根本。博览中心现在每年举办的各类国际会议和各类技术经济展览数量已经不少，从事展览业的公司数量也相当可观。但从业界品牌的知名度来看，中心还没有形成一个国际知名的会展中心。会展业发展有一个主要原则，即贴入原则。一个展览的影响力与该展览的举办地的物理距离成反比关系：离展览地越近，该展览的影响力越强；相反，离展览地越远，该展览的影响力越弱。因此，要最大限度地发挥展览的功效，展览的举办地应该最大限度地贴近消费市场。南京国际博览中心一方面要不断发挥其在华东地区的市场优势，提升其区域会展品牌影响力，另一方面要为各国参展商商务来往和交易提供便利性，打造优势服务品牌，提升博览中心的国际影响力。目前种种迹象表明，中国会展业的快速发展得到了世界一定程度的认可，国外大型会展公司普遍看好中国会展业的发展前景，认为中国将步入国际会展业大国、强国的俱乐部。因此，博览中心要抓住机遇，创建具有世界知名品牌的国际主题会议和具有较强竞争力的大型会展集团公司。

（三）抓住市场发展机遇，实现跨越式发展

当前政府和业界对会展业的发展都给予了关注和支持。南京国际博览中心要抓住当前发展政策、优势区位等市场发展机遇，实现跨越式发展。2014年在南京举办的青奥会有4项比赛将在南京国际博览中心举办，其中，A、B、C厅用于跆拳道、拳击、击剑、举重比赛，而F厅用作青奥会新闻中心。青奥组委文化教育部透露，2014年3—8月，一系列

项目等待企业“接标”：第四届青奥会文化节、学校同心结活动、世界文化村、与冠军对话、探险与寻宝、古城墙探秘、生态环保农业等，这些赛事和活动对提升会展业水平、知名度、国际化来说都是难得的机会。

（四）加强和完善公司管理，全面提升服务水平

随着会展业竞争越来越激烈，客观上要求主办者提供更优质的服务。为此，中心要不断通过加强自身管理，继续推进和完善公司管理规范化、制度化、程序化、信息化的发展思路，全面提升服务水平，提供优质优价且周到的服务，做到“想客户所想，急客户所急”，贯彻服务业“顾客就是上帝”的服务理念，力争让每位来到南京国际博览中心的宾客都有“宾至如归”的感觉。另外，由于现在会展业的发展存在多头管理、多头审批、重复办展等情况，给发展中的我国会展业带来了诸多负面影响，因此，在此背景下，组建全国会展业界的自律组织已经是业内的共识。从我国目前会展业的实际情况看，全国展协组建后，作为业界的代言人将为会展业健康有序发展提供更多的帮助。

江苏国泰国际集团①

——全国优秀对外经贸企业

一、集团简介

江苏国泰国际集团是江苏重点企业集团之一。集团主要从事纺织服装、轻工工艺、五金机械、化工医药、钢材船舶等商品的进出口业务，并积极向金融投资、房地产、宾馆旅游、软件开发、新能源、环保等行业拓展，已形成一业为主、多元拓展的经营格局。2012年，集团全年累计进出口27.3亿美元，同比增长15.8%。其中，出口21.9亿美元，同比增长6.6%；进口5.4亿美元，同比增长78.1%。全年销售302.8亿元，同比增长16%。在“2013中国企业500强”中，国泰集团列第338位，在“2013中国服务业企业500强”中，集团列第108位。

国泰集团现控股参股有106家法人实体，其中20家一级子公司（下属国贸股份公司于2006年12月8日在深交所正式上市，股票名称“江苏国泰”，股票代码“002091”）。围绕进出口业务，集团创办、控股、参股了40多家生产企业，成为集团各外贸公司的出口货源基地。集团先后投资成立了2家五星级酒店（张家港国贸酒店、苏州国泰南园宾馆）、3家房地产公司（国泰实业房产、国泰东方置地、国泰华通房产）、1家软件公司（智慧软件公司）、2家新能源环保企业（国泰华荣化工、国泰新能源）、1家小额贷款公司（国泰农村小额贷款公司）、3家投资公司（国泰投资公司、盛泰投资公司和国泰华鼎公司）、2家品牌内贸公司（绿尚服饰、波迪曼服饰），投资参股了朗诗集团、张家港农商行、江苏银行、紫金财产保险、苏州银行、东吴人寿、张家港中科长江创投等公司。另外，集团提交的江苏国泰财务有限公司的开业申请于2013年9月3日已经得到中国银监会的批准，并于9月16日在江苏银监局办理了金融许可证，于9月27日顺利领取了工商营业执照。

近年来，集团秉承“团队、创新、超越”的企业精神，坚守“奉献于国泰，报效于社会”的企业价值观，努力将集团打造为多元化、国际化、国内一流、国际知名的商业资本、产业资本、金融资本和品牌高度结合的综合商社。集团先后获得“全国外经贸系统先

① 此部分内容参考以下资料来源编辑整理完成：（1）江苏国泰国际集团官网；（2）江苏国泰国际集团股份有限公司2012年、2013年半年度报告。

进集体”、“全国对外经贸优秀企业”、“全国商务系统先进集体”、“全国外经贸质量效益型先进企业特别奖”、“江苏先进集体”、“江苏文明单位”等荣誉称号。

二、集团发展历程

1973 年 10 月，沙洲对外贸易公司成立。

1988 年 2 月，张家港市地方外贸公司成立。

1992 年 9 月，张家港市对外贸易公司在江苏县（市）级外贸公司中首家获得自营进出口经营权。

1993 年 2 月，张家港市对外贸易公司与张家港市地方外贸公司合并成立张家港市对外贸易（集团）公司。

1997 年 8 月，经江苏省人民政府批准，以张家港市对外贸易（集团）公司为主体组建成立了江苏国泰国际集团暨江苏国泰国际集团有限公司，并被江苏省政府列为省重点企业集团。

2000 年 12 月，江苏国泰国际集团通过 ISO9002 质量体系认证。

2001 年，江苏国泰国际集团完成进出口总额 7.58 亿美元，其中自营出口 6.39 亿美元，跃居江苏外贸企业第一位。

2003 年 3 月，中共江苏国泰国际集团有限公司委员会成立。

2006 年，江苏国泰国际集团完成进出口总额 13.6 亿美元，其中出口超 12 亿美元，连续第六年在江苏外贸企业中名列首位。

2006 年 12 月，集团控股的国贸股份公司在深交所成功上市（股票名称“江苏国泰”，股票代码“002091”）。

三、集团经营模式

（一）贸易业务

公司的贸易业务主要集中于核心子公司国贸股份、国泰亿达、国泰力天、国泰华盛、国泰华泰等，公司贸易主要包括出口业务、进口业务。公司出口业务经营的品种主要包括服装、纱线、各种面料、化工医药原料、机电产品、轻工产品等，其中船舶、机电等产品出口近年来发展迅猛。近年来，经过加快进出口产业结构调整升级，公司提高了进出口的经济效益，努力提高自主创新能力，培育了一批有自主知识产权的品牌产品和一批高新技术产业群，在高起点上打造了集团产品在国际市场中的竞争优势。同时，利用张家港及周边成套设备、钢材、船舶制造等产品厂商集聚、配套能力强等多方面的优势，公司尝试和当地相关企业紧密合作，集中精力加快开发本地区优势商品的出口。公司与世界一百多个国家和地区建立了贸易往来，与数千家国内外客商保持着长期稳定的业务关系，常年有业务往来的国外客户约 1 500 家，国内供应商超过 2 000 家。公司进口贸易经营的产品品种主要是纺织原材料、大宗商品，包括羊毛、棉花、合成纤维、铁矿砂、植物油、铜等多个类别商品。

（二）宾馆旅游

宾馆旅游业务为公司第二大业务板块，营业收入主要包括客房收入和餐饮收入等。公司宾馆旅游业务的主要资产是苏州国泰南园宾馆和张家港国贸酒店这两家五星级酒店。苏州国泰南园宾馆是一座拥有 57 年历史的五星级国宾馆，坐落在苏州城东南，交通便利，是苏州市区唯一的园林别墅式国宾馆，总面积 4.8 万平方米，236 间客房于闹中取静，别具特色。南园宾馆曾是蒋介石的苏公馆“蒋家别墅”所在地，宾客足不出户即可领略到苏州园林的神韵，宾馆各项设施可以满足宾客商务活动或旅游观光的各项需求。张家港国贸酒店是由江苏国泰国际集团建造的一家五星级饭店，总建筑面积达 6.5 万平方米。酒店拥有标准客房、商务套房、总统套房 519 间，有大小会议室、多功能厅数十间。国贸酒店经过多年的管理强化，创建了具有国贸酒店特色的管理体系，取得了良好的经济效益和社会效益，连续数年荣获“全国青年文明号”、“十佳卫生宾馆”、“苏州餐饮著名品牌”、“金叶级绿色旅游饭店”等称号。

（三）化工新材料

国泰集团的化工业务主要集中于国贸股份的子公司华荣化工。华荣化工是一家以锂电池材料、有机硅材料为发展方向的国家火炬计划重点高新技术企业。2003 年，华荣化工被江苏科学技术厅评为江苏高新技术企业。2005 年，华荣化工被中华人民共和国科学技术部评为国家火炬计划重点高新技术企业。华荣化工先后承担四项国家级项目：（1）国家 863 计划项目“XL 纯电动轿车动力蓄电池及管理系统”；（2）重点国家级火炬计划项目“1 000 吨/年锂离子电池电解液”；（3）科技型中小企业技术创新基金项目“锂离子电池凝胶电解质”；（4）国家火炬计划项目“1 000 吨/年烷基烷氧基硅烷”。华荣化工的主要产品是锂离子电池电解液。2002 年 6 月，华荣化工建成 200 吨/年锂离子电池电解液批量生产线，成为国内最早实现工业化生产锂离子二次电池电解液的企业。2004 年 5 月，华荣化工建成重点国家级火炬计划项目“1 000 吨/年锂离子电池电解液项目”，目前华荣化工已形成 5 000 吨/年锂离子电池电解液的生产规模，华荣化工锂离子电池电解液的生产和销售规模仅次于日本宇部公司和韩国三星公司，成为国内第一大、世界第三大锂离子电池电解液生产企业，在国内市场的占有率达到 40%，产品供不应求。

（四）其他业务

其他业务收入包括纺织服装、玩具等制造业收入以及软件开发、商业地产租金等收入，其他业务收入 2011 年年底占公司主营业务收入的 6.22%。

四、集团经营业绩

（一）国泰集团销售收入情况

自 2002 年起，国泰集团销售收入总体呈快速增长趋势，年增长率达到 16.4%，到 2013 年已达到 371.0 亿元，比 2012 年增长 22.5%。在“2013 中国企业 500 强”中，国泰集团列第 338 位，在“2013 中国服务业企业 500 强”中，集团列第 108 位。

2006—2009 年，国泰集团销售收入增速放缓，尤其是 2009 年，受金融危机影响，出现负增长，但自 2010 年起又进入销售收入增长的快车道（见图 1）。

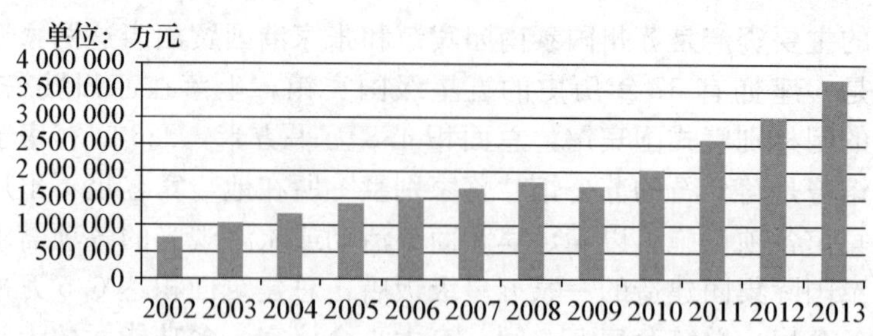

图1　江苏国泰国际集团2002—2013年销售收入

（二）国泰集团进出口总额

1. 进出口额

2000—2013年，国泰集团进出口额总体呈增长趋势，年均增长率达15.2%，到2013年已达到33.8亿美元（见图2），同比增长23.6%。其中，出口27.0亿美元，同比增长22.9%；进口6.8亿美元，同比增长26.7%。

2003—2009年，国泰集团进出口额增速明显趋缓，尤其是2009年达到谷底，为－17.8%，但自2010年起又进入快速增长轨道。

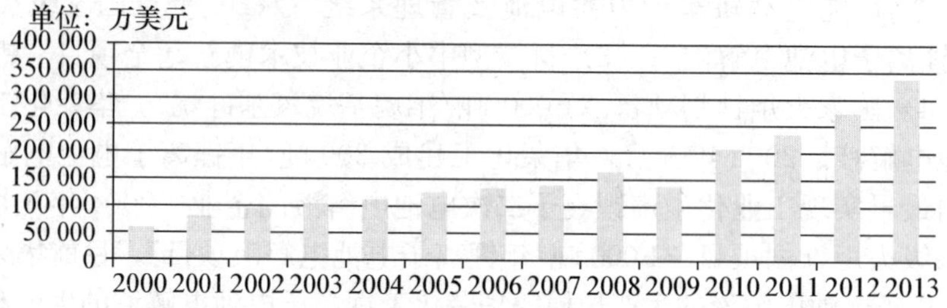

图2　江苏国泰国际集团2000—2013年进出口额

2. 进口额

2000—2013年，国泰集团进口额总体呈增长趋势，年均增长率达22.8%，到2013年已达到6.8亿美元（见图3），同比增长26.7%。但国泰集团进口额增长波动较大，2002年和2012年分别高达142.1%和78.1%，而2001年和2009年又分别低至－67.3%和－16.4%。

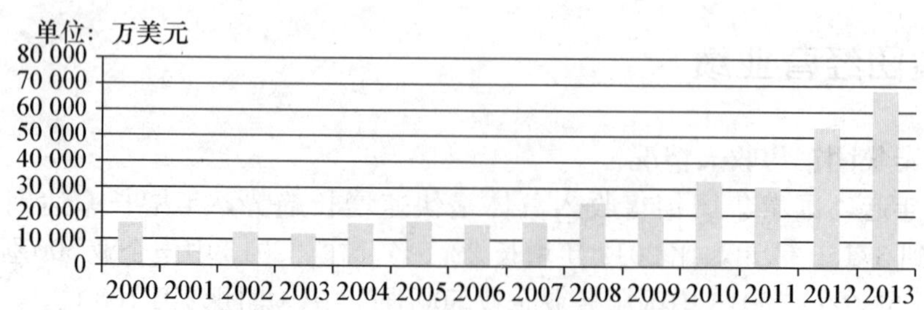

图3　江苏国泰国际集团2000—2013年进口额

3. 出口额

2000—2013 年，国泰集团出口额基本与进出口额呈相似增长趋势，年均增长率达 14.4%，到 2013 年已达到 27.0 亿美元（见图 4），同比增长 22.9%。由图也可以看出国泰集团出口额远高于进口额。

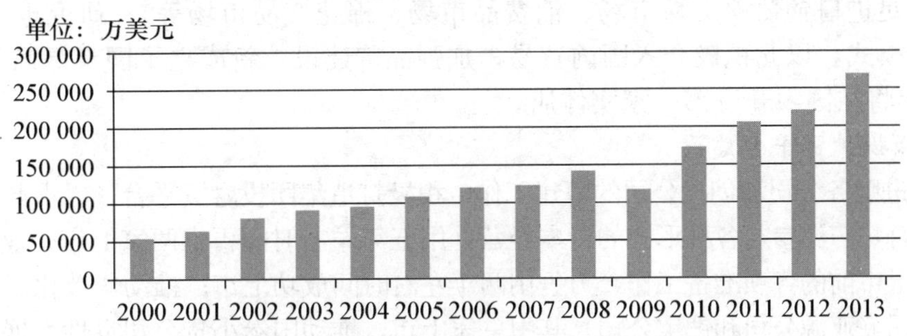

图 4　江苏国泰国际集团 2000—2013 年出口额

（三）国泰集团市场分布

国泰集团的主要市场是亚洲、北美洲和欧洲，分别占其市场销售收入的 52.8%、25.7% 和 15.3%，拉丁美洲、非洲和大洋洲占比很少，总共仅占其销售收入的 6.2%（见图 5）。

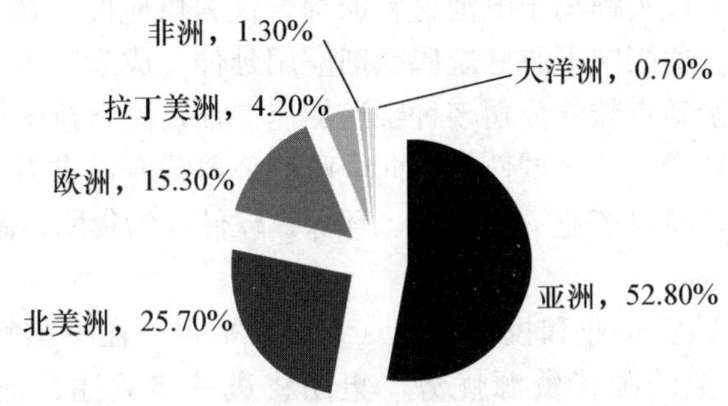

图 5　江苏国泰国际集团的市场分布情况

五、集团业务发展目标

（一）业务发展目标

公司坚持主业发展战略，做强、做大贸易产业，打造公司核心竞争力，完善公司治理结构和内控制度，规范、提升内部决策和经营管理水平。公司“十二五”期间的发展目标是“创新转型促发展，管理防险保增长”，力争实现“净资产翻番、出口翻番”。同时，公司将慎重稳步实施多元化，打造特色的集团化发展战略。公司将促进出口产品结构转型升级，加大研发力度，形成差异化竞争，向个性化、系列化、品牌化方向发展。

（二）主要发展规划

1. 进出口核心业务能快则快

外贸进出口是国泰的主营核心业务，未来五到十年国泰仍然处于量变过程中，集团层面要研究好有关扶持政策，继续推动其快速持续增长，争取用十年左右时间把国泰建设成为国内最大的消费品型外贸企业。

2. 积极扩大国内贸易

以进口带动内贸，千方百计拓展进口贸易，拉长进口贸易短板（目前和保税区合作几个项目，涉足进口葡萄酒交易市场、消费品市场、棉花交易市场等）；研究电子商务作为新载体、新模式，以此积极介入国内贸易；加强品牌建设，新成立了国泰绿尚品牌服饰公司，2013 年将在国内开设第一家实体店。

3. 加强投融资平台建设

积极推进财务公司和创投公司的筹建工作，积极打造集团投融资平台。寻求产业资本和金融资本的结合，广泛参与各种形式的资本经营，用五年左右时间再推两家上市企业。其中，加速新点软件上市前的各项准备工作，力争用两年左右时间成功上市；推动华荣化工产业上游和横向两家公司（亚源公司和锂宝公司）其中一家上市。推动国泰小贷公司良性发展，公司将坚持一不放高利贷，二要控制防范好风险，公司的长期目标是要打造成为江苏省内优秀的村镇银行。

4. 加快新兴产业壮大，成为集团支柱产业之二

加快培育和发展国家重点扶持的战略性新兴产业，积极推动集团下属国泰华荣化工做好产业链延伸。在锂电池材料方面，在做精做强电解液的基础上，向横向和上游延伸，适时投资电极材料、电解质等，成为锂离子电池材料的综合优秀供应商。在有机硅方面，在做精做强硅烷偶联剂的基础上，适当向下游硅烷偶联剂应用延伸，成为国内有特色的有机硅功能材料供应商。推动下属国泰新点软件公司多种渠道加速扩张，探索新的业务方向和模式，通过从软件开发商向渠道商转变，从区域性公司向全国性公司转变，成为细分市场的龙头。公司力争到“十二五”期末，新兴产业（新能源、环保、软件）为集团贡献利税 5 亿元左右。

5. 加强制度建设

集团公司作为国有独资企业和投资控股（参股）平台，在中国特色社会主义市场经济中有着民营企业不可比拟的独特资源优势。集团将进一步关注、把握和挖掘这一资源优势，不断强化体制机制的创新，要做到既能最大限度地调动全体干部职工的积极性、创造性，又能有效推动集团良性可持续发展。其中，集团尤其要通过建立完善“六会”制度和加强审计风控，及时有效地防范及控制重大风险的产生。同时，集团不断完善和改革分配机制、考核激励机制和退出机制（退休、股份、回避制度），处理好分配和积累的关系。

6. 以人才为百年国泰之根本

集团把“以人才为百年国泰之根本”作为转变增长方式的基础。既要关心好、照顾好为国泰事业作出巨大贡献的老同志、老领导，更重要的是要建立和形成一套较为科学、规范的人力资源管理机制，倾力培养和大胆发掘、引进、留住各类优秀人才、年轻人才，尤其是创新型领军人才，人尽其才，着力建设美好国泰。到“十二五”期末，集团将再引进和培养博士和高级职称人员 10 名以上，硕士和中级职称人员 50 名以上，形成一支结构优化、层次分明、梯度合理、人员稳定的人才队伍。

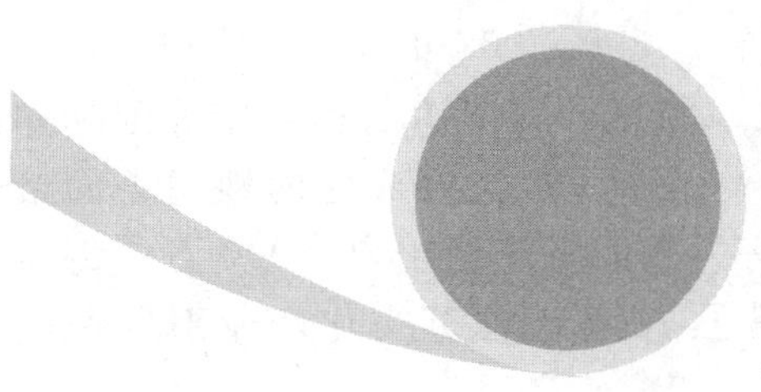

南京新与力文化传播有限公司[①]

——江苏电子商务示范企业

一、公司简介

南京新与力文化传播有限公司，简称新力传媒（集团），是一家极具复合型创意的新媒体企业。公司致力于年轻态媒体的策划、制作与发布，包括网络、平面、电子杂志、电子商务等。公司于2004年年底成立，总部设立于南京建邺区河西CBD，并在北京、上海、广州、日本东京设立了分支机构。公司现有员工400余人，平均年龄23岁，分别从事编辑、平面动画设计、广告、网络技术、运营等工作。公司坚持“兴趣”、“能力”、“发展”的合作理念，成功地从北京、上海、广州、重庆、香港、东京等地引进各类复合型人才。公司希望借鉴国内外先进的管理、沟通方式，成为内地充满活力和创造力的传媒企业代表。

二、公司主营业务

公司主营业务为多媒体平台＋B2C电子商务平台，主营项目都是针对16～28岁的年轻态人群。目前，公司已成功在全国运营了如下项目：

(1)《YOHO！潮流志》。是新力传媒着重打造的媒体，也是目前最成熟的媒体之一。从2005年10月创刊始，已成功发行了130余期。它是国内第一本完全原创版权的、属于年轻人的潮流时尚杂志，读者受众定位为16～28岁年轻人群，通过正规发行渠道（报刊亭、连锁商超等）发行至全国各大中城市，每期发行量超过50万份。并且已经和《瑞丽》、时尚系列杂志一样，在国际广告客户、全国杂志发行商等处并列为一级媒体，深受全国年轻人的喜爱。目前《YOHO！潮流志》已成为江苏广告收入及发行量最高的期刊。

(2) YOHO. CN——年轻人的网络城市（www. yoho. cn）。作为YOHO！跨媒体平台的第二个重要项目，这是一个虚拟的网络交互社区，通过个人空间、兴趣小组、交互游戏等，再融入城市的概念，为年轻人提供新鲜的资讯、沟通交流、互动游戏和明星线下活动

---

① 此部分内容参考以下资料来源编辑整理完成：(1) 有货官网：《全力打造全国领先B2C电子商务》；(2) 亿邦动力网讯：《全解潮流电商YOHO！有货仓库物流战略》；(3) 凤凰网财经：《内容＋电子商务YOHO！有货突破寒冬期》；(4) 天极网：《有货网陈龠：做年轻人“专属”的电子商务》。

的平台，其最终目标是成为国内最大的年轻人社区平台。自从 2007 年 5 月上线以来，已聚集了中国大量的原创文化力量。与诺基亚、卡西欧、耐克、阿迪达斯和卡帕等国际知名品牌的成功合作也推动着国内的潮流文化发展。YOHO. CN 已经成为内地覆盖面最广、黏着性最大、活跃度最高的年轻人网络社区之一。目前有注册用户 9 000 万，每天的独立 IP 约3 600万，PV 达到 3 亿。该项目还获得了 2007 年江苏文化产业引导资金支持。

（3）《YOHO！ e 潮流》移动互联网电子杂志项目。其中，该杂志项目的 iPhone 及 Android 客户端均已上线。

（4）“有货”电子商务项目（http://buy. yoho. cn）。是依托 YOHO. CN 社区所开发的 B2C 网络商城。在“有货”上线的短短一年来，公司利用成熟权威的平面媒体《YOHO！潮流志》和活跃度很高的 YOHO. CN——首席年轻态网络社区进行跨媒体整合推广，从刚开始的零品牌合作发展到目前 200 多个品牌“入驻”销售，其中包括了 LACOSTE、卡西欧、IZZUE 等国际潮流品牌，以及各种港台知名品牌、内地原创品牌，日营业额从当初的 2 000 元/天，到目前已突破 30 万元/天。目前“有货”电子商务网站已是江苏最大的电子商务企业之一，并获得 2009 年度“中国电子商务产业十大新锐企业”称号。2010 年先后荣获中国电子商务协会颁发的“2009 十大新锐明星企业”称号和 APEC（亚太经合组织）及商务部颁发的“最具发展潜力和投资价值金种子奖”。

三、YOHO！有货电子商务

（一）有货网简介

有货网是隶属于 YOHO！旗下的 B2C 网络商城，致力于打造中国最大的网络分销 B2M 商圈，由南京新与力文化传播有限公司在 2009 年投资创立。YOHO！有货全球年轻人流行商品购物平台与平面媒体《YOHO！潮流志》及 YOHO 网络社区互相依托，目前是中国最大的流行品牌网络销售平台，在线销售服饰类、化妆品类、手机数码类、国际代购类商品。YOHO！有货所销售的品牌均与品牌商直接签订销售协议，保持货品与国际国内实体店铺同步，并通过独家定制、限量货品等引领潮流消费。有货网是中国领先的潮流品牌电子商务平台，致力于打造中国年轻人潮流购物第一品牌。

有货网提倡诚信、活跃、快速的网络交易文化，坚持“宝可不淘，信不能弃”。在为有货会员打造更安全高效的网络交易平台的同时，有货网也全力营造和倡导互帮互助、轻松活泼的家庭式氛围。每位在有货网进行交易的人，不但交易更迅速高效，而且能交到更多的朋友。

（二）有货网发展历程

2007 年 11 月，YOHO！有货电子商务项目上线试运行。

2008 年 6 月，YOHO！有货电子商务项目上线正式运行。

2009 年 11 月，YOHO!有货有 250 多个品牌“入驻”销售，其中包括了 LACOSTE、卡西欧、IZZUE 等国际潮流品牌，以及各种港台知名品牌、内地原创品牌。

2009 年 12 月，香港 IT 集团正式入驻有货，且独家授权有货网络销售。

（三）有货网的优势

相比同类电子商务平台，有货网有三个主要优势。首先，有货网的整体业务格局造就了整体优势，这一点体现为有货网拥有 50%以上的 2 次购买率，用户的忠诚度非常高。其次，有货网在品牌方向的把握上比较谨慎，在潮流产业还没形成绝对标准的时候，潮流产品是一个比较模糊的概念，但是品牌影响力却是现实的，通过与全球范围内的知名品牌直接合作，并加上《YOHO！潮流志》的专业指导，以及有货网上的大量潮牌独家售卖权或是限量产品的销售，能够影响到用户。最后，《YOHO！潮流志》的内容编辑团队作为有货网内容产出的强大后盾，在整个潮流产业中都有很强的影响力，不仅可以提供优质的商品交易，还有专业的潮流动态。

（四）有货网的经营模式

与国内大多数电商更加注重打造一个强大的销售平台有所不同，YOHO！有货所采用的是“内容＋电子商务平台”的模式，这使其在国内潮流产业中获得了“非典型”电商的称谓。单纯的销售平台就好比一个市场，但由于平台推广的复杂性，因而出现了盲目投放、价格战等销售手段。而 YOHO！是媒体出身，自身的媒体资源已经很成熟，并且覆盖了相当一部分精准的目标群体。内容与电子商务平台共同缔造了有货网在潮流产业的引领地位，也是博取用户青睐的根本保证。

1.“内容”：吸引消费群体，引领消费趋势

“内容＋电子商务平台”模式的出发点在于以“内容”吸引品牌入驻和引导消费者购买。借助《YOHO！潮流志》和 YOHO.CN 的媒体支持，利用 YOHO！小潮流、YOHO！有货等 APP 软件输送潮流资讯、潮流搭配等内容，使得 YOHO！有货有效地吸引了目标销售群体，积极活跃在国内潮流趋势和受众之间的产业链上，不断往潮流商品、传播平台、销售平台及其他层面渗透，最终赢得了潮流产业的话语权。此外，社会化电商的运营尝试也让 YOHO！有货在拓展销售渠道的过程中获益匪浅。利用社会化媒体、网盟、搜索引擎、品牌合作等渠道，不断扩大在消费者当中的影响。目前，YOHO！有货已开通新浪微博、人人网公共主页、QQ 空间、豆瓣小站、美丽说、蘑菇街和 LC 风格网等社会化媒体渠道，形式活跃，内容有趣，吸引了大量真实且活跃的关注者。

2. 精耕细作“电子商务平台”，完善用户使用体验

有货网强调顾客满意度，提出 1%的不满意都不能接受，力求让它下降到千分之三以下。通过采用强化产品包装、加快网页运行速度，对每位用户咨询采用更加人性化的客服回复等手段，YOHO！有货始终强调以提升用户满意度为目标，从顾客评价中吸取教训，不断改进，持续进步。目前，YOHO！有货新上线的“潮品型录”频道，采用国内首创的图瀑展现形式，将商品用颇为另类的潮搭大图的形式展现出来，带给客户极强的视觉冲击力。同时，为了进一步完善客户体验，YOHO！有货还计划于今明两年内开设国内首屈一指的线下潮流体验店，借助高科技手段，将为用户提供在虚拟环境下更换搭配服饰的真实体验。

（五）有货网的物流管理

YOHO！有货的新仓位于南京雨花区经济技术开发区，现代化的仓库物流系统为YOHO！有货提供了必要的后端保障。每天YOHO！有货仓库会有数千个订单不断地发往全国各地，尽管单量与很多大型电商相比还很小，但YOHO！有货已经在默默地苦练内功，不断优化自己的供应链系统。

（1）YOHO！有货仓库布局。YOHO！有货库房现在租用了两层，每层4 500平方米，便捷合理的库存系统和拣货方式大大提高了YOHO！有货库房的运作效率。首先在于库存组、订单组和发货组的三方对接。当客户订单在楼下的订单组电脑端操作完成后，楼上库存组无线PDA终端便可收到订单的拣货信息，库存组根据信息，各自认领拣货单，开始拣货。与此同时，楼下订单组已经把打印好的发货单和快递面单直接交给了发货组。YOHO！有货平台所接到的订单一般较分散，往往用户对每种产品只订购一件，很少订两件以上，因此，YOHO！有货采用“波次出货、合并拣选、二次摘果”拣货法，即把一批订单所要的货全部进行分拣，然后到楼下配货区根据发货单再分配到每个订单。

（2）与快递公司驻点式高效合作。YOHO！有货与快递公司之间进行亲密而高效的驻点式合作，即快递公司工作人员作息时间基本与YOHO！有货库房工作人员一样，当YOHO！有货这边发货后，快递公司便开始打包。通过驻点式合作，可在不增加YOHO！有货成本的情况下大大提高YOHO！有货的发货效率；还可在监控摄像头下现场与快递公司交接货物，从而不会存在不必要的纠纷或责任推脱。

（3）整合多样化摄影棚区。许多公司的摄影棚往往依公司办公室而打造，不过YOHO！有货的摄影棚却就近设置在了库房。这样带来的最大便利便是可以最快速地将库房产品经拍照、后期的环节后上线到网站前端。此外，库房所在地区成本相较办公室一般偏低，节省的成本可以多打造几个满足不同风格和场景的摄影间。通常，货物入库后，摄影组的人员会将每个款式和每种颜色的货物从库存组外借到摄影棚进行拍摄，拍摄前对应的尺码会由测量组进行测量。正是由于拥有这样一些用心打造的摄影棚，有货网的产品才得以在网站上呈现出十分光鲜、新潮的感觉。

（4）与同城快递合作，暂不设分仓。有货网的仓储物流成本现在占总营收的7%～8%，而单纯的快递费用又在其中占到大头。虽然“北上广”、“江浙沪”这几个区域总共占YOHO！有货客户总数量的50%，但YOHO！有货到目前仅有南京一个仓库。当区域单量达到一定数量级时，YOHO！有货会和目的区域的同城快递合作。YOHO！有货将这一定量的订单集中打包，先进行干线物流，直接将货发往合作的同城快递公司仓库，再由同城快递公司进行分类配送。这样处理后，估计至少节省了30%的物流成本。另外，如果订单量达到1 000单/天的量级，YOHO！有货很可能会以这样的形式与当地同城快递合作，不用租仓，而是直接在南京仓将面单贴好，集中发货到当地同城快递后由同城快递配送。

江苏飞力达国际物流股份有限公司①

——江苏交通物流龙头企业

一、公司简介

作为第一家注册在昆山出口加工区的本土化物流企业，江苏飞力达国际物流股份有限公司（以下简称飞力达）成立于1993年4月，于1995年10月正式营业，注册资本1.675 2亿元人民币，现有员工3 000余人。2011年年底已拥有总资产12.41亿元人民币、净资产8.71亿元人民币。公司于2011年7月6日成功上市，股票代码300240。公司2012年实现营业收入约20.2亿元，较上年同期增长62.48%；实现营业利润约1.3亿元，较上年同期增长30.23%。

经过十多年的发展，飞力达已成为一家专注于IT产业一体化供应链管理的现代物流服务商，形成基于仓储物流的综合物流体系、基于货运代理的基础物流体系和开发延伸的特色物流体系联动发展的业务模式。公司分别在昆山、上海、深圳、南京、重庆、成都、香港、苏州、无锡、常州、天津、淮安、太仓等地设有运营机构，并在遍及亚洲、欧洲、美洲、大洋洲等的36个国家和地区拥有广泛的海外代理体系。公司主要经营综合货运站（场）（仓储）、货物专用运输（集装箱）、普通货运；承办空运、海运进出口货物的国际运输代理业务（包括揽货、订仓、仓储、中转、集装箱拆装、拆箱、结算运杂费、报关、报验及咨询业务）；自营及代理各类商品及技术的进出口业务；代签提单、运输合同，代办接受订舱业务；办理船舶、集装箱以及货物的报送手续；承揽货物、组织货载，办理货物、集装箱的托运和中转；代收运费、代办结算及其他相关业务、货运代理（代办）。

秉承“飞越无限、力求完美”的企业精神，“想得更多、做得更好”的服务理念，“每天进一步”的员工精神，以及“诚信、成长、关爱、创新、共赢”的价值观，飞力达立足华东，发展全国，拓展海外，以客户为中心，以三方物流为主导，以信息技术为支撑，以全球网络为依托，整合各种物流资源，与物流业者结盟，倾力打造飞力达国际化的物流服务体系，致力于成为优秀、专业的现代物流管理公司。公司2001年通过了国际权威认证机构BSI的ISO9001（2000版）国际质量体系认证。2007年通过美国SGS的TAPA-FSR

① 此部分内容参考以下资料来源编辑整理完成：（1）江苏飞力达国际物流股份有限公司官方网站；（2）中国经济网：《飞力达：一体化供应链管理的现代物流优质服务商》；（3）东方财富网：《飞力达：2013年半年度报告》；（4）新浪财经网：《江苏飞力达国际物流股份有限公司2012年年度报告》。

运输资产保障协会 A 级安全认证。2010 年被评为“江苏交通物流龙头企业”和“全国先进物流企业”。2011 年入围“全国制造业与物流业联动发展示范企业”名单。2012 年入选江苏现代服务业“十百千”行动计划重点培育企业。

二、公司主营业务

（一）一体化供应链管理

设计并提供一体化供应链管理解决方案为飞力达的主营业务。飞力达从国际货运代理和进出口通关等基础物流服务起步，逐步开发拓展精品航线、快进快出、关务外包等延伸增值类服务，凭借坚实的基础物流服务平台，积极向综合物流服务领域发展，形成了以 IT 制造业品牌商客户为核心的品牌商 VMI、分销以及备品备件分拨中心管理模式，并逐步横向拓展形成了制造商 VMI 模式、供应商 DC 模式等综合物流服务产品。公司在基础物流和综合物流两大业务体系横向拓展的同时，通过两大业务体系之间的整合与纵向延伸，充分发挥两者之间的协同效应并不断创新，积极开发各种特色服务，形成三圈联动发展的业务结构（见图 1）。

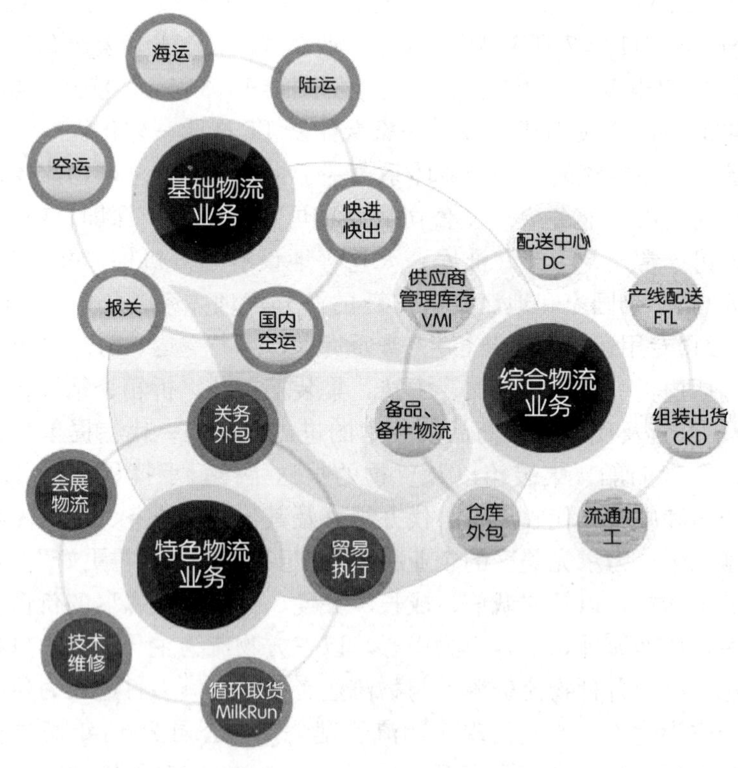

图 1　飞力达公司业务结构图

（二）基础物流业务

基础物流体系已形成海运、陆运、空运、报关、国内空运、快进快出业务模块（见图 2）。

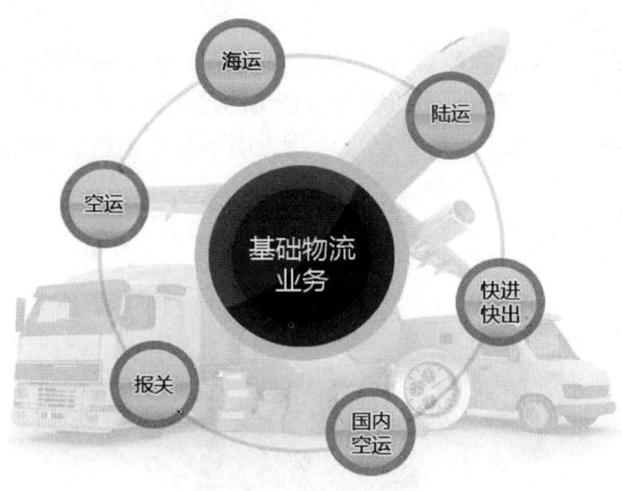

图 2　基础物流体系

（三）综合物流业务

在综合物流业务方面，飞力达定位于 IT 制造业供应链管理的品牌商服务战略，紧随现代物流发展的最新趋势，不断加大对仓储服务设施和物流资讯系统等现代物流服务关键节点的投资力度，积极推行以品牌商 VMI 模式为核心的综合物流服务，并不断进行延伸拓展与适应性创新，推出品牌商备品备件物流管理、供应商管理库存 VMI 模式和配送中心 DC 模式、产线配送 FTL 模式、组装出货 CKD 模式、仓库外包、流通加工等高端综合物流服务（见图 3）。近年来，综合物流服务已迅速成长为公司主要的利润来源，成为公司一体化供应链解决方案的核心环节。

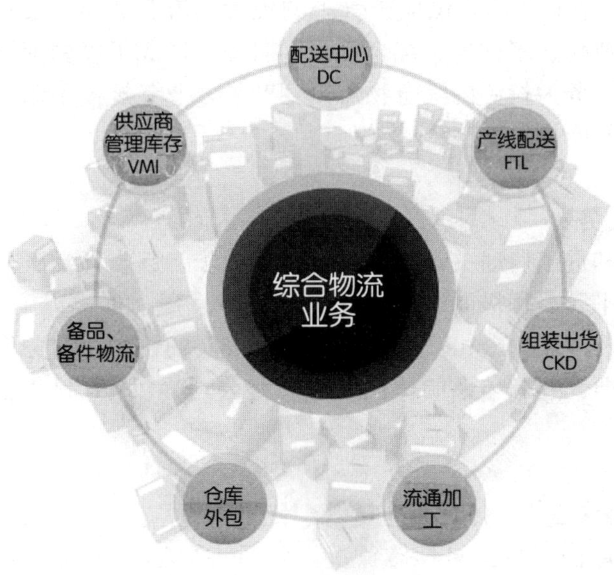

图 3　综合物流体系

（四）特色物流业务

随着基础物流业务和综合物流业务的快速发展，飞力达加快推进两大业务的整合，业务协同效应日益显现，物流业务模式的研发创新实力得到进一步增强。目前飞力达在会展物流、关务外包、贸易执行、技术维修、循环取货方面不断开拓新的物流业务领域（见图 4）。

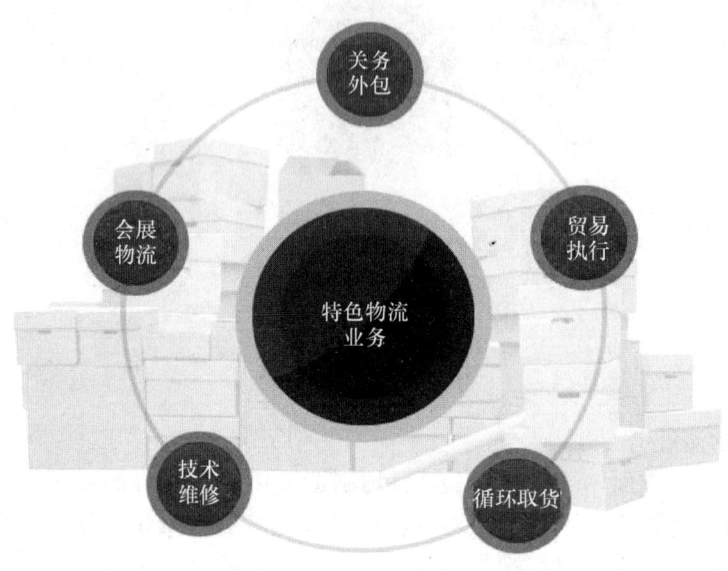

图 4　特色物流体系

三、公司行业优势

作为专注于 IT 制造业一体化供应链管理的现代物流服务商，公司始终坚持以客户为中心，为客户提供专业化、多样化、综合性强的服务，形成了以国际货运代理为核心的基础物流，以及以仓储服务为核心的综合物流系列产品，业务规模不断扩大，竞争优势逐步显现，市场地位得到不断提升。

（一）业务结构优势

公司从货运代理和进出口通关等基础物流服务起步，逐步开发延伸增值类服务，凭借坚实的基础物流服务平台，积极向综合物流服务领域发展，形成以 IT 制造业品牌商客户为核心的综合物流服务产品。公司互相促进、融合发展的创新性业务发展模式充分体现了基础物流和综合物流两大业务体系的协同效应，是公司提供 IT 制造业一体化供应链管理解决方案的坚实基础。

（二）以货物流为核心的一体化供应链管理优势

由于客户货物库存管理由公司具体负责，公司将更容易介入与货物流相关的包括运输、配送、关务外包、分拣、贴标、分销、备品备件管理、贸易执行等整个供应链管理环节。公司在物流行业的实践经验和现有的资源能力决定了公司依托先进的现代物流资讯体系，注重深入挖掘客户价值主张，整合各种产品与各项资源，研究设计满足客户个性化需求的物流服务产品，以货物流为切入点，从被动满足客户要求到主动设计提供符合客户差异性需要的一体化供应链管理解决方案，从而实现真正意义上的一体化供应链管理。

（三）品牌商战略优势

作为专注于 IT 制造业一体化供应链管理的现代物流服务商，公司将开发品牌商客户作为实现跨越式发展的核心战略之一，重点开发 IT 领域具有全球影响力的品牌商客户。公司自 2004 年开始为全球第一大笔记本电脑制造商宏碁提供一体化供应链管理服务，已成为其大中华地区唯一品牌商 VMI 模式物流服务商。目前，公司与全球知名品牌商宏碁、华硕、索尼和爱立信建立了良好的合作关系，成功融入品牌商的一体化产业链管理体系，是品牌商有效降低营运成本、提高产品竞争力、实现价值最大化的重要环节和有力保障。

（四）IT 制造业高端物流定位优势

相对于其他制造业，IT 制造业对服务于本行业的现代物流服务在时效性、安全性、库存实时控制、精细化管理等方面有着更高要求，高效可靠的物流系统已成为 IT 制造企业的生命线。公司定位于为 IT 制造企业提供优质现代物流服务，以高起点参与市场竞争，通过独具特色的 VMI、DC 等模式提供高技术含量的综合物流服务，并为公司未来向其他行业拓展物流服务奠定了良好的技术基础。

（五）现代物流资讯系统优势

公司物流资讯系统的研发一直坚持以信息技术为基础、以客户具体应用需求为导向，将流通资讯建设作为公司重点投资方向。公司组建以信息管理与物流服务模式研发为核心的技术中心，通过运用资讯手段在业务模式、操作支持、客户服务等方面进行创新性研究，构建支持货运代理、VMI、DC、分销、备品备件物流等多种业务协同的资讯体系，借助 RF 和 GPS 等技术的成熟应用，形成了内部的“物联网”体系，实现了对货物流转的智能化识别、定位、跟踪、监控和管理，有效提高了一体化供应链管理的服务效率和服务质量。

四、公司未来发展战略和计划

（一）公司整体发展战略

秉承“让物流服务更加卓越”的使命，恪守“诚信、成长、关爱、创新、共赢”的核心价值观，公司以“成为优秀的、专业的现代物流管理公司”为愿景，专注于为 IT 制造业提供专业的现代物流与供应链管理服务，立志提高产业供应链管理水平，倾力打造专业化、差异化、系统化的现代物流服务体系，完善物流服务网络布局，为企业创造更加优良的物流环境，提升中国在全球物流领域的综合竞争力。

（二）公司既定的发展战略

公司在现阶段制定的发展战略是全面服务好客户，超越客户需求。公司将通过业务模式及管理创新、市场开拓、产品开发、资讯建设等方面的进一步完善，塑造公司品牌形象，整合服务资源，培育忠诚客户，建立客户服务战略合作伙伴关系。公司在未来将以“与客户一起成长，实现客户价值最大化”作为该阶段的发展战略，全面实施差异化战略，快速发展成长，打造成为优秀的、专业的现代物流管理公司。

（三）公司未来几年的发展计划

（1）市场开拓方面：在确保现有业务发展的基础上，加快业务转型步伐，开拓新的盈利增长点；加强服务网络的建设；加强各服务体系、各区域、各分支之间的业务联动和资源共享，推进服务精益化，提升公司盈利水平。

（2）业务方面：积极探索和推广新的业务模式，对于基础物流服务，大力培育和推广精品航线与关务外包等物流服务产品；对于综合物流服务，深入挖掘客户需求，主动设计并提供专业化、系统化、一体化的供应链管理解决方案。同时，立足核心产品，积极探索新的物流领域，实现非 IT 行业及非保税物流领域的扩张，扩大各分支机构的利润贡献率。

（3）管理方面：公司将进一步深化改革，完善管理机制，严格贯彻执行法人治理制度和内部控制制度，并加强组织效能管理，提升管理效率，优化成本结构，提升内部服务满意度。

（4）资讯建设方面：结合募投项目，继续推进供应链协同平台、智能化运输平台和客户服务中心平台的建设，进一步提高客户服务质量和物流运作效率，保障服务系统和管理系统的高效性，并积极构建运营监测与管理决策辅助体系。

（5）募投项目建设方面：公司将持续推进募投项目的实施，尽量保证募投项目如期完成，加大营销及客户开发力度，积极消化募投项目新增产能，增进募集资金使用效果，提升公司经营业绩，确保公司持续稳定发展。

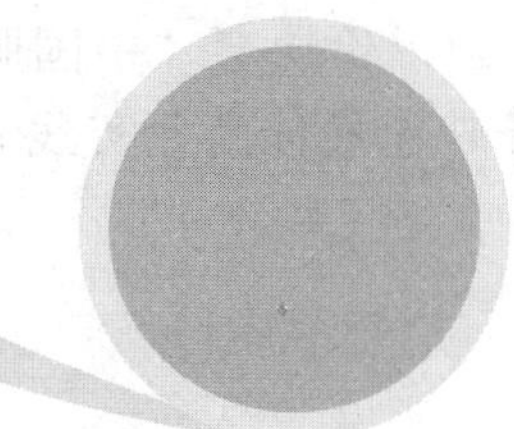

新宇软件（苏州工业园区）有限公司[①]

——全球外包企业百强

一、公司简介

新宇软件（苏州工业园区）有限公司成立于2003年，是全球领先的信息技术服务供应商。新宇软件在金融、电信、高科技制造、房地产、零售及游戏等行业积累了丰富的行业经验，为客户提供企业解决方案、软件产品工程、应用软件开发和维护、质量保证和测试、离岸研发中心及业务流程外包等全方位的IT服务。新宇软件是CMMI 5级认证企业，并通过了ISO9001质量管理体系、ISO27001信息安全体系认证。基于独特的全球交付模式和完善的项目管理流程，新宇软件已经成为众多世界500强企业的重要合作伙伴，为包括宝洁、微软、IBM、通用电气、诺基亚、西门子、花旗银行、AVID、ADP、EA等在内的诸多知名企业提供长期服务。

为了更好地满足客户需求，为客户提供高质量的服务，新宇软件在苏州成立之后，已经相继在中国上海、大连、广州、深圳、昆山、香港及美国波士顿、旧金山等地设立了分支机构，全球员工2 800余人，其中包括来自美国、德国、印度、俄罗斯、英国、法国、日本、西班牙、新加坡等十多个国家的优秀技术和管理人才，为客户提供优质、高效的服务。

新宇软件作为江苏省内最大的软件外包企业，一直走在外包行业的前列。作为江苏省服务外包协会的发起单位，新宇软件在推进外包产业的快速发展、推动中国ITO/BPO的迅速崛起、促进国家服务外包产业提升等方面均作出了不小的贡献。从成立时仅有3人的企业，发展到现在成为中国软件外包行业的领军企业，为众多世界500强企业提供服务，得益于其准确的市场定位以及高效的商业模式。近年来，新宇软件是国际外包专业协会IAOP评选的“2010年全球外包100强”企业，及NeoIT评选的“全球服务100强”企业，并获得Frost & Sullivan评选的“2009中国卓越IT外包奖”、美国《外包黑皮书》“中国ITO/BPO综合实力第一位”。新宇软件同时也是“国家规划布局内重点软件企业”、中国工信部“中国ITO十强企业”、“中国十大IT外包服务供应商第三位”，还曾获得

① 此部分内容参考以下资料来源编辑整理完成：(1) 新宇软件官网；(2) 江苏国际服务外包网；(3) 中国外包网；(4) 邵明：《中国软件行业服务外包的机理研究与策略分析》，东华大学博士学位论文，2010。

“2009 促进国际 IT 与服务外包发展最佳实践奖”及中国评价协会“中国服务外包最佳商业模式”、“中国服务外包品牌之星”、“中国离岸服务外包最佳商业实践五年成就奖”等称号。

二、新宇软件的主要客户

新宇软件坚守信念，为每个客户完美递交高品质、高价值的解决方案。20 多年以来，新宇软件始终作为专业解决方案供应商，着眼于客户的辉煌与成就，持续不断地为客户提供超值服务，同时也赢得了广泛的赞誉。新宇软件的客户遍及世界各个角落，全球 300 余家客户印证了新宇软件的成功，业务覆盖金融、软件、医疗保健、电信和保险等诸多领域。其主要客户包括索尼、西门子、诺基亚、中国电信等（见图 1）。

图 1　新宇软件有限公司的主要客户

参考文献

[1] 苏宁云商官网. http://www. suning. cn/snsite/sn_contentFront. do? method=contentDetail&id=2611

[2] 苏宁获"国际快递"业务经营许可　为电商企业独家. 中国经济网［引用日期2014-02-10］

[3] 中国最大商业企业苏宁登陆美国硅谷布局全球研发. 国际在线［引用日期2013-11-20］

[4] 苏果官网. http://www. suguo. com. cn

[5] 蒋瑞，林新奇. 苏果超市是如何成长起来的. 企业管理，2013（1）：107～109

[6] 常熟服装城官网. http://www. csfz. cn/

[7] 苏州市商务局官网. http://www. commerce. gov. cn/Info_Detail. aspx? id=254998F1-4582-4588-895C-EDEF89568481

[8] 王剑峰，孙伟国. 常熟服装城电子商务发展现状分析. 现代经济信息，2012（6）：270

[9] 博览中心官网. http://www. nanjingexpo. com. cn/exportal/news_Content. asp? id=425

[10] 百度百科. http://baike. baidu. com/link? url = 0LioswQD8J _ Fsk4v-Nt8DlfUprK Z3Bfcp2E_ltTvw16WJ7bZEaTDJw82NyLRFiJaknucXco028MnPTKNIexGvq

[11] 新华日报. 广博天下，沟通世界. http://xh. xhby. net/tk/html/2011-02/10/content_323399. htm

[12] 南京国际博览中心. 江苏地方志，2011（3）：72

[13]"江苏第十五届农药（械）信息交流会"在南京国际博览中心成功召开. 农药研究与应用，2012（1）：7

[14] 窦佳倩. 南京国际博览中心盛大开幕. 建筑，2008（23）：76

[15] 李智玲. 德国会展业发展的新趋势及启示. 城市问题，2009（5）：87～90

[16] 夏松涛. 新中国会展业的发展历程及其经验启示. 当代中国史研究，2009（5）：103～110，251

[17] 江苏飞力达国际物流股份有限公司官网. http://www. feiliks. com/

[18] 中国经济网：飞力达：一体化供应链管理的现代物流优质服务商. http://

www. ce. cn/cysc/newmain/yc/jsxw/201104/21/t20110421_20967476. shtml

［19］东方财富网. 飞力达：2013 年半年度报告. http://data. eastmoney. com/notice/20130807/oOiGF. html

［20］新浪财经网. 江苏飞力达国际物流股份有限公司 2012 年年度报告. http://vip. stock. finance. sina. com. cn/corp/view/vCB_AllBulletinDetail. php? gather=1&id=1086863

［21］有货网. http://www. yohobuy. com/

［22］亿邦动力网讯. 全解潮流电商 YOHO! 有货仓库物流战略. http://www. sootoo. com/content/423863. shtml

［23］凤凰网财经. 内容＋电子商务 YOHO! 有货突破寒冬期. http://finance. ifeng. com/usstock/realtime/20120522/6497799. shtml

［24］天极网. 有货网陈翕：做年轻人“专属”的电子商务. http://mobile. yesky. com/441/11778441. shtml

［25］新宇软件官网. http://www. dextrys. com/cn/who/news. aspx

［26］江苏国际服务外包网. http://www. jssourcing. gov. cn/NewsDetail. asp? NewsID=3374

［27］中国外包网. http://www. chnsourcing. com. cn/outsourcing-com/com/com/79. html

政策篇

Policy Articles

- 省商务厅关于印发《鼓励和引导民间资本进入商贸流通领域的工作方案》的通知
- 关于印发《省商务厅2012年服务贸易和商贸服务业工作要点》的通知
- 省商务厅关于进一步做好外商投资审批管理服务工作的通知
- 省发展改革委关于进一步简化和规范境外投资项目管理的通知
- 关于公布2012年省服务外包重点联系企业的通知

省商务厅关于印发《鼓励和引导民间资本进入商贸流通领域的工作方案》的通知

苏商流通［2012］886号

各市商务局：

根据商务部《关于鼓励和引导民间资本进入商贸流通领域的实施意见》（商流通发［2012］207号）要求，我厅制定了《江苏省商务厅鼓励和引导民间资本进入商贸流通领域的工作方案》，现印发给你们，请认真贯彻执行。

江苏省商务厅

2012年8月3日

江苏省商务厅鼓励和引导民间资本进入商贸流通领域的工作方案

改革开放以来，我省商贸流通领域对民间资本开放取得明显成效，为繁荣市场，促进生产，扩大消费，起到了重要的作用。为进一步鼓励民间投资进入商贸流通领域，特制定本方案。

一、工作目标

加快推进流通业现代化，不断提升商贸流通领域民间资本发展的质量；创造公平透明的市场环境，引导民间资本进入商贸流通领域特种行业；加大政策支持力度，建立健全商贸流通领域民营企业的公共服务平台。

二、工作重点

（一）鼓励民间资本发展连锁经营。积极鼓励和引导民间资本在商贸流通领域发展直营连锁、特许连锁和自愿连锁，扩大连锁经营的覆盖面，提升连锁经营的质量与水平，扩大连锁企业的影响力。支持具有发展潜力和经营特色的民营企业发展特许体系，对经营模式成熟、市场接受度高、扩展能力强的优秀特许经营品牌，支持其开展品牌建设和加盟宣传。

（二）鼓励民间资本发展商贸物流。加快推进南京、苏州、无锡等市的商贸物流试点工作。鼓励民营企业整合现有工业、商业、仓储和运输等物流信息资源，大力发展第三方物流，推进第四方物流。引导民间资本加强冷链物流、商贸物流园区建设，促进民营物流企业发展。支持民营资本在大中城市推进现代物流技术应用和共同配送，发展日用消费品和生产资料共同配送、鲜活农产品低温配送，支持民营企业创新物流配送模式。

（三）鼓励民间资本发展电子商务。认真做好国家电子商务示范试点工作，支持苏宁电器、宏图三胞、同程网等有实力的民营企业发展或转型成为行业特色突出、创新能力及带动性强的电子商务龙头企业。支持民间资本参与行业电子商务平台建设和改造，推进其由信息流服务向信息流、商流、物流综合服务发展。支持民营百货、超市企业依托现有商业资源开展网络零售业务，发展集电子商务、电话订购和城市配送为一体的同城购物。

（四）支持民间资本有序进入国内成品油市场。引导民间资本有序参与原油与成品油分销、储运及零售网络建设，参与我省沿海大开发，在南通、盐城、连云港等港口，规划建设成品油批发仓储油库。鼓励支持具备一定实力的大型民营企业通过兼并、收购、联营等方式，进一步壮大实力，建立以资产为纽带的独立石油公司或技术服务型石油公司，发展成为主业突出、市场竞争力强的大公司大集团；支持民营油企采取多种形式获得稳定的油源、技术和管理服务。

（五）引导民间资本规范发展典当业务。促进民营典当企业规范化、品牌化经营，鼓励有条件的民营典当企业做大做强，加强品牌建设，发展连锁经营。推动典当企业之间、典当企业与银行、担保公司等其他融资机构之间的合作，支持民营典当企业拓宽融资渠道。

（六）支持民间资本发展融资租赁业务。加快培育民营资本发展融资租赁业务，支持民营融资租赁企业加强与各类金融机构合作，拓宽融资渠道。鼓励民营融资租赁企业通过设备融资租赁方式参与铁路、电信、电力、石油天然气、水利工程等基础产业建设。

（七）支持民间资本拓展拍卖业务。以市场化和专业化为目标，支持民营拍卖企业开拓新市场，调整业务结构，大力拓展社会委托资源，采取相关配套和保障措施，积极发展机动车拍卖、无形资产拍卖等业务领域。探索开展农产品拍卖，逐步推动拍卖成为大宗农产品流通的重要交易方式。

（八）引导民间资本有序开展直销经营。加强对直销法规政策的宣传，引导民间资本有序进入直销市场。完善监管制度，引导直销企业规范经营。支持民营企业学习借鉴国外先进经验，积极探索适合我国国情的直销经营理念和管理方式。

（九）改善民营商贸流通企业融资环境。努力缓解小型微型民营商贸流通企业融资困难。支持民营中小商贸流通企业通过融资性担保机构获得融资，支持其投保国内贸易信用险，鼓励保险机构帮助民营企业进行保单融资。

（十）支持民营企业承担由财政资金引导的重点工程。支持民营企业参与再生资源回收体系建设，承担“家政服务体系建设”、“标准化菜市场”等民生服务项目。在“万村千乡市场工程”以及“农超对接”、“双百工程”和农产品现代流通综合试点工作中，将更多的民营企业作为试点承办单位加以扶持。

（十一）建立民营中小商贸流通企业服务体系。认真做好国家中小商贸流通企业服务体系建设试点，建立以公共平台为核心，以专业机构为主体，以信息咨询、科技应用等为主要服务内容的服务体系。以组织中小企业参展和开展特许经营为重点，帮助中小企业开拓市场，健全营销渠道。

三、工作要求

（一）提高思想认识。各地商务主管部门要充分认识鼓励和引导民间资本进入商贸流通领域的重要性和紧迫性，认真贯彻落实国家相关政策，积极协调有关部门切实采取有效措施，支持民间资本投资商贸流通领域。要密切关注本地区商贸流通领域利用民间资本情况，认真分析商贸流通领域民间资本的发展趋势和存在问题，及时总结经验和做法，研究提出促进民营商贸流通企业发展的政策措施，努力构建促进商贸流通领域民间资本发展的长效机制。

（二）加强组织领导。省商务厅成立由分管厅长任组长、相关处室负责人为成员的工作领导小组，将鼓励和引导民间资本进入流通商贸领域作为一项意义深远的专项工作来推进。积极会同有关部门，建立鼓励和引导民间资本进入商贸流通领域的部门协调机制，形成工作合力，推动各项措施的具体落实。

（三）强化监督检查。各地商务主管部门要根据全省工作方案的要求，研究制定本地具体工作方案，我厅将赴各地开展督查工作。

（四）发挥商协会的作用。充分发挥省商务厅和省工商联工作对接交流机制的作用，依托相关行业协会、商会，在企业信用体系建设、企业做大做强等方面，加强沟通协调与行业自律，推动民营经济有序健康发展。

（五）加强宣传引导。充分运用商务系统网站，大力宣传各级政府的方针政策，及时公开相关产业政策、发展规划、投资项目、优惠措施、资金扶持等政策措施。建立产业项目和民间资本的对接机制，每年筛选一部分重点示范工程和示范项目，作为民间资本投资重点招商项目库，定期向社会公开。

关于印发《省商务厅2012年服务贸易和商贸服务业工作要点》的通知

苏商服［2012］114号

各市商务局：

为贯彻落实全省商务工作会议精神，我厅制定了《省商务厅2012年服务贸易和商贸服务业工作要点》。现印发给你们，请结合工作实际，认真遵照执行。

江苏省商务厅

2012年2月22日

省商务厅2012年服务贸易和商贸服务业工作要点

2012年我省服务贸易和商贸服务业工作总体思路是：紧紧围绕全省商务工作会议确定的目标任务，以实施“三六九工程”为主线，以大力发展文化贸易和服务外包为重点，以载体建设和境内外展会为抓手，以服务外包政策的延伸为手段，大力发展服务贸易，为我省由制造大省向服务大省转变作出贡献。主要目标是：服务贸易结构继续优化，进出口额同比增长20%以上，占对外贸易额比重上升1个百分点；服务外包各项指标继续全国领先，离岸外包执行额同比增长30%以上。

2012年主要工作是搞好“二个融合”，架好“五座桥梁”，做好“八项重点工作”：

一、搞好“二个融合”

一是服务贸易与服务外包的融合。首先是思想观念上的融合，充分认识服务贸易与服务外包是一个有机的整体，服务外包是服务贸易的“加工贸易”和“生产方式”。其次是政策融合，把服务外包相对成熟的政策体系向服务贸易其他领域延伸。

二是服务贸易与商贸服务业的融合。首先是思想观念上的融合，充分认识服务贸易与商贸服务业也是一个有机整体，商贸服务业的国际化是服务贸易的重要基础和新增长点。其次是推进境内商贸服务业企业与境外企业的交流与合作。

二、架好“五座桥梁”

一是通过省服务贸易发展联席会议制度架好部门合作的桥梁。积极筹备省服务贸易联席会议第二次会议，总结2011年全省服务贸易工作，规划2012年重点工作，重点推进文化、旅游、运输、信息技术与服务外包、中医药、会展等六大行业的服务贸易出口。争取通过并出台一些重点行业的相关政策。

二是通过商协会等中介机构架好政府部门与企业的桥梁。组织召开相关行业协会会议，规划行业发展，加强政府与企业联系。认真调研服务贸易协会组织方式，积极推动成立全省服务贸易协会，建立有效的重点企业联系制度，实施行业管理。

三是通过贸易促进手段架好境内商协会与境外商协会的桥梁。“走出去”和“引进来”是我省开放型经济发展的两个重要方向，要充分利用我省贸易促进政策，利用各类展会在境内外企业间架起沟通合作的桥梁，增强交流与合作，努力开创内外双赢的局面。

四是通过理顺工作职能，架好省、市、县三级商务部门的桥梁。服务贸易的发展，离不开各级商务主管部门的努力。要努力促进市县健全服务贸易工作机构，配好人手，发挥好工作的主渠道作用。重点推进各地文化创意园、工业设计园、现代物流园、软件产业园等九类载体建设。

五是通过培训政策，架好培训机构与企业的桥梁。要充分利用我厅确定的20所高校培训平台和服务外包建立的35个培训机构形成的培训体系，广泛开展对各类服务贸易的人才培训，特别是服务贸易企业紧缺人才的培训，在政策上给予支持，推动校企合作，建立校企人才培训的互动机制。

三、做好“八项重点工作”

一是大力发展服务外包。巩固提升优势领域，坚持做大规模、做强实力、加强集聚、扩张优势；重点突破关键领域，例如文化创意服务外包、制造业服务外包、商务服务外包、物流服务外包等；积极培育新兴领域，紧紧把握全球服务外包产业发展新动向和新趋势，着力培育医疗服务外包、公共服务外包及其他领域包括教育、批发、零售等外包。积极促进服务贸易和服务外包领域的知识产权工作，帮助重点行业和重点企业建立项目管理与监督机制，加强员工的知识产权教育与培训，强化企业已有核心技术知识产权的保护，完善企业自主知识产权管理体系。

二是大力推动文化贸易。强化重点文化企业联系制度，研究出台促进文化贸易的相关政策，会同有关部门重点建设好文化创意园，逐步形成文化创意出口基地，给予专项资金支持。大力推动影视企业的文化产品特别是动漫产品出口。同时，发挥我厅渠道优势，引导文化企业赴境外开辟市场，推动文化企业走出去。

三是大力发展商贸服务业。积极推进城市家政服务体系建设和放心早餐工程，重点推进南通市家政服务体系建设试点工作。继续实施“家政服务工程”，努力培育家政服务龙头企业，建设家政公共服务平台。支持境内外餐饮类展会活动，鼓励引导各地发展大众化餐饮，规范建设一批主食加工配送中心和固定连锁门店。

四是大力开展各类境内外活动和展会。通过中国（北京）服务贸易交易会、中国国际服务外包合作大会、中国国际进口博览会、亚欧博览会、东盟博览会、大连软交会、深圳文博会及有关境外展会，促进省内外、国内外服务贸易企业多层次、宽领域的交流与合作，不断提高层次、扩大影响，树立品牌。强化展会知识产权保护，制定知识产权管理工作方案，落实贸易促进计划目录管理政策，关注全年贸易促进计划完成情况，分析运行特点，适时编制《2013年省商务厅贸易促进计划》。

五是继续推进南京、苏州、连云港三个区域性国际商务中心建设。通过省、市合作，力求在南京的软件园建设、金融产品创新、展会品牌培育上有所突破；力求在苏州花桥商务城建设和苏州工业园创新型服务贸易示范区功能创新上有所突破；力求在连云港现代物流运营成本降低的措施上有所突破。

六是全力打造一批优质公共服务平台。充分利用平台建设资金和其他相关扶持政策，努力打造一批有影响力的工业设计、质量检测、电子商务、现代物流等公共服务平台，切实做好为中小企业服务、为基层服务的相关工作。稳步推进省电子口岸平台建设，推进成立服务贸易协会，支持各类相关协会开展工作。继续推进技术引进消化吸收再创新工作，落实商务部技术进口贴息政策及省内首次引进扶持配套政策。

七是强化服务贸易的统计、分析与研究工作。完善服务贸易统计方法，使统计与重点企业联系制度相衔接，与政策和资金支持相衔接，与服务外包、技术贸易、文化贸易统计相衔接。加强对统计结果的分析，并将相关情况按月向全省通报。深入开展对服务贸易发展的研究，编印出版《 2012 江苏服务贸易发展研究报告》。

八是继续强化服务贸易人才培训。争取省委组织部和省委宣传部的支持，加强对各级领导干部的服务贸易培训，重点选送四批干部赴香港特区和德国进行文化贸易、服务外包、服务贸易统计和家政服务等专题培训。继续加强服务外包人才培训工作，发挥国家级、省级服务外包人才培训机构的作用，充分利用高等院校、培训机构、跨国公司、外包企业的资源优势，针对不同专业要求、不同岗位要求、不同人才层次，积极开展企业定制培训等多方面的培训。

省商务厅关于进一步做好外商投资审批管理服务工作的通知

苏商资［2013］1147 号

各省辖市商务局（南京市投促委），昆山市、泰兴市、沭阳县商务局，各县（市、国家级经济技术开发区、外资单列国家级高新技术产业开发区、苏州工业园区、张家港保税港区）商务主管部门：

2005 年以来，省商务厅在外资单独列户管理制度基础上，对省级权限内外资项目审批实行“网上审核异地出证”制度，极大方便了企业和基层，取得了很好效果。为贯彻落实省委、省政府进一步深化行政审批制度改革要求，结合党的群众路线教育实践活动的开展，现就进一步做好全省外商投资审批管理服务工作通知如下：

一、进一步下放外商投资审批权限

1. 扩大地方商务部门外资项目审批权限。在外资单独列户管理的基础上，将原省级审批权限内的下述第一产业和第二产业外资项目审批管理权限下放到“部分地方商务部门”（具体名单见附件 1）：（1）新设及单次增加投资总额 3 000 万美元（含本数）～1 亿美元（不含本数）的鼓励类及允许类外资项目；（2）新设及单次增加投资总额 3 000 万美元（含本数）～5 000 万美元（不含本数）的限制类项目。

2. 扩大地方商务部门服务业行业审批范围。原省级审批权限范围内的服务业外资项目，除部分目前仍须先行取得省级以上行业主管部门的前置许可意见，以及当前我省利用外资重点发展和处于试点阶段的部分服务业行业外（具体内容见附件 2），其余服务业行业外资项目均下放到各地商务部门审批。具体审批权限划分按第 1 条规定确定。

3. “部分地方商务部门”受理辖区内（含外资单列地区）符合第 1 、2 条规定条件的外资项目申请后，按照相关规定和要求进行审核，出具批复文件，加盖商务部门印章并制作外商投资企业（台港澳侨）投资企业批准证书。

4. 商务部负责审批的外资项目（以下简称“部批项目”，具体内容见附件 3）及省商务厅负责审批的外资项目（以下简称“省批项目”，具体内容见附件 2）的申报审批流程保持现行办法不变，由项目所在地商务主管部门通过省政府“行政权力网上公开运行系统”直接转报省商务厅，其中转报部批项目时需同时提供书面资料。

5. 原由省商务厅审批的项目，凡符合第 1 、2 条规定要求的后续变更事项由地方商务部门负责审批管理。

二、优化外商投资鼓励类项目确认书及进口证明的出具流程

6. 各省辖市商务部门具体承办辖区内（含外资单列地区及国家级经济技术开发区）投资总额3亿美元以下（不含本数）外商投资企业（含部批项目和省批项目）鼓励类项目确认书和进口证明的审核工作。

7. 各省辖市商务部门在收到相关申请后，应根据法律法规和商务部有关规定，做好外商投资鼓励类项目确认书和进口证明的审核工作，出具《江苏国家鼓励的外资项目确认书审核意见表》（格式见附件4）、《江苏国家鼓励发展的外资项目确认书变更事项审核意见表》（格式见附件5）、《江苏外商投资企业进口更新设备、技术及配备件证明审核意见表》（格式见附件6），加盖省辖市商务局印章后，将其扫描件及WORD电子版发送至省商务厅办公系统“外资项目出证”信箱，省商务厅通过《全口径外资管理信息系统》直接代为出证（一式两份）并加盖“外商投资企业进口审核专用章江苏”后免费寄送各地。

8. 各省辖市商务部门应认真负责做好外商投资鼓励类项目确认书和进口证明的审核工作，明确专人作为审核工作专管员，负责与省商务厅及相关部门的日常沟通衔接工作。

9. 投资总额3亿美元以上（含本数）外商投资企业鼓励类项目确认书的出具申请应由省辖市商务部门通过我厅转报商务部审核。

三、切实履行外资审批管理服务职能

10. 按照“谁审批谁负责”的原则，各级商务部门应切实履行外资审批管理职能，承担相应责任，努力做好为企业和投资者的服务工作。审批管理工作是服务基层、服务企业、服务投资者的重要方面，要寓审批管理于服务之中，在审批管理中体现服务能力和水平。

11. 严格执行国家外商投资产业政策。对于《外商投资产业指导目录》限制类行业及国家综合平衡、宏观调控、“两高一资”和产能过剩等行业的外资项目，商务部门要按照有关规定严格审核，投资者或企业应事先取得有关部门前置许可意见或完成项目核准（备案）手续。

12. 加强项目真实性审核，推进项目早落地。要从申报材料是否齐全，申报内容是否真实，申报项目是否可行等多方面加强审核，坚决杜绝虚假外资项目。对已经审批的项目要加强跟踪服务和协调，加快项目的到资、建设和投产进程。

13. 认真做好外资并购安全审查制度的宣传和执行。按照国务院、商务部及省商务厅关于外资并购安全审查相关规定和要求，切实履行并购安全审查工作职责，督促相关投资者主动提交并购安全审查申请，做好有关配合工作。

14. 加强项目审批的备案工作。按照商务部规定要求，及时将相关外资项目审批及生产经营情况报商务部备案，避免因未及时备案导致影响企业正常生产经营情况的发生。

四、加强日常管理工作

15. 加强外资审批管理工作的档案管理. 按照《档案法》及有关规定，及时将外资审批管理工作中形成的原始档案资料收集整理后交付职能部门长期保存，避免重要档案资料

由个人或业务处室保存，以保证工作的延续和审批责任的可追溯。

16. 认真审核和准确填报审批管理工作信息。要对审批管理工作中涉及的相关信息进行严格审核和细致分类，按照《全口径外资管理信息系统》的规范要求全面、准确、及时录入，为后续汇总分析工作打下坚实可靠的数据基础。

17. 省商务厅将加强对下放后各地外资项目审批工作的监管，不定期对各地审批的外资项目的真实性、审批权限和程序的合法合规性、审批资料的完整性开展抽查。如发现违规行为，将视情况通报批评，直至收回下放的审批权限。

五、其他工作

18. 省商务厅原“网上审核异地出证”制度停止实施，原刻制并下发部分地方商务部门的“网上审批专用章”相应作废，原印制并下发部分地方商务部门的审批专用纸不再使用。

19. 省商务厅将加强对各地外资审批管理业务的辅导与培训，及时解读宣传国家最新利用外资政策和法律法规，帮助各地提高外资审批管理业务水平。

20. 本通知相关规定要求自 2013 年 11 月 1 日起执行。各地在执行过程中遇有问题，请及时向省商务厅（外资处）反映（联系电话：57710117）。

附件：

1. “部分地方商务部门”名单一览表
2. 省商务厅外资项目审批权限主要内容一览表
3. 商务部外资项目审批（核）、备案权限主要内容一览表
4. 《江苏省国家鼓励的外资项目确认书审核意见表》式样
5. 《江苏省国家鼓励发展的外资项目确认书变更事项审核意见表》式样
6. 《江苏省外商投资企业进口更新设备、技术及配备件证明审核意见表》式样

江苏省商务厅

2013 年 10 月 28 日

省发展改革委关于进一步简化和规范境外投资项目管理的通知

苏发改规发［2013］1号

各省辖市、县（市）发展改革委（局）：

根据《境外投资项目核准暂行管理办法》（国家发展改革委第21号令）、《国家发展改革委关于完善境外投资项目管理有关问题的通知》（发改外资［2009］1479号）、《国家发展改革委关于做好境外投资项目下放核准权限工作的通知》（发改外资［2011］235号）和《国家发展改革委关于进一步简化地方企业境外投资项目管理程序试点工作的通知》（发改外资［2012］3589号）有关规定，为进一步提高境外投资项目管理便利化、规范化水平，现将有关事项通知如下：

一、委托省辖市发展改革委核准小型境外投资项目。为鼓励和支持中小企业和民营企业开展境外投资，省发展改革委委托各省辖市发展改革委核准辖区（含所辖县、市、区，下同）内中方投资额3 000万美元以下的资源开发类、中方投资额1 000万美元以下的非资源开发类境外投资项目（以下称"小型境外投资项目"）。各省辖市发展改革委应结合本地区实际，制定境外投资项目核准管理办法，并可直接受理在辖区内注册企业的小型境外投资项目申报文件。此项委托核准权限不得下放和再委托。

二、简化小型境外投资项目申报和核准内容。企业向注册所在地省辖市发展改革委申请小型境外投资项目核准时，只需提交《小型境外投资项目申请报告表》（见附件1，电子文档请登录江苏发展改革委门户网站"在线下载"栏目下载，网址：www.jsdpc.gov.cn；或登录江苏发展改革委行政权力网上公开透明运行信息系统"通知公告"栏目下载，网址：sb.jsdpc.gov.cn/xksb）。各省辖市发展改革委对符合核准条件的小型境外投资项目出具《小型境外投资项目核准表》（见附件2，下载地址同上），并抄送有关县（市、区）发展改革委（局）。

三、建立小型境外投资项目登记制度。为确保委托工作效果和甄别特殊项目，各省辖市发展改革委在向企业下发《小型境外投资项目核准表》前，需报省发展改革委登记。如无异议，省发展改革委在收到省辖市发展改革委申请登记函及《小型境外投资项目核准表》、《小型境外投资项目申请报告表》（各1份）的5个工作日内予以登记，并出具《小型境外投资项目核准登记单》（样式见附件3）。省发展改革委启用"江苏发展和改革委员会境外投资项目核准登记章"（样式见附件4）。企业凭省辖市发展改革委出具的《小型境外投资项目核准表》和省发展改革委出具的《小型境外投资项目核准登记单》，依法办理商务、外汇、海关、出入境、税收、金融保险等相关手续。

四、减少境外投资项目申报环节。为提高工作效率，由国家发展改革委核准的境外投资项目，我省企业可将申报材料直报我委，由我委初审后报国家发展改革委核准。由国家发展改革委确认的境外并购类和竞标类项目信息报告，我省企业可将项目信息报告直报我委，由我委初审后报国家发展改革委办理。企业在向我委提交上述项目纸质请示文件及项目申请（或信息）报告等申报材料的同时，应通过江苏发展改革委行政权力网上公开透明运行信息系统网上申报系统（网址：sb.jsdpc.gov.cn/fgwapply）进行注册和申报，注册时“申报用户类型”选择“开放申报用户”、“权力名称”选择“限额以上境外投资项目的初步审查”。省发展改革委将国家发展改革委项目核准文件和项目信息报告确认函及时抄送至有关省辖市、县（市）发展改革委（局）。

除按规定应上报国家发展改革委进行确认的境外收购和竞标项目信息报告，我委不再进行其他境外收购或竞标项目信息报告确认，但企业申报项目核准时，应提交有关书面的说明或承诺材料，澄清境内企业参与竞争情况。已有境外投资项目经国家发展改革委核准的我省企业，可按原规定直接向国家发展改革委报送项目信息报告。

五、关于项目申请报告的编制。对于我省企业实施的中方投资额 3 000 万美元及以上的资源开发类、中方投资额 1 000 万美元及以上的非资源开发类境外投资项目，为减轻企业负担和体现企业自主决策的原则，对于企业向发展改革部门提交的境外投资项目申请报告，既可由企业按照《境外投资项目申请报告示范大纲》要求自行编制，也可委托咨询机构编制。

六、对于前往未建交、受国际制裁国家，或前往发生战争、动乱等特殊敏感国家和地区的投资项目，以及涉及基础电信运营、跨界水资源开发利用、大规模土地开发、干线电网、新闻传媒等特殊敏感行业的境外投资项目，仍按现有管理规定执行。

七、坚持政企分开原则，突出项目审核重点。各省辖市、县（市）发展改革委（局）在审核境外投资项目时，应按照《江苏境外投资项目核准暂行管理办法》（苏发改规发［2011］6 号）第二十四条的规定，主要对境外投资项目进行外部要素审查。境外投资项目的市场前景、经济效益、资源来源和产品技术方案等由企业进行自主决策、自担责任和风险。同时，发展改革部门应针对境外投资项目具体可能遇到的政治、经济、法律风险进行风险提示。

八、加强境外投资项目统计管理。各省辖市发展改革委应对本地区境外投资项目核准情况进行统计分析，对已核准项目建设和运营情况进行跟踪调查和服务，每季度首月 10 日前将上一季度综合情况及境外投资项目汇总表（见附件 5，下载地址同附件 1）以书面形式上报我委（外资处），电子版发至外资处邮箱（wjc@jsdpc.gov.cn）。

各省辖市、县（市）发展改革委（局）要按照服务发展、服务基层、服务企业的要求，结合本地区实际，加强组织领导，健全协调机制，形成工作合力，在提高境外投资便利化的同时，强化对境外投资的引导和综合服务，切实防范和化解境外投资风险，促进本地区境外投资健康发展。委托核准过程中发生重要情况要及时报告我委。

本通知自 2013 年 3 月 11 日起执行。此前下发的《江苏境外投资项目核准暂行管理办法》（苏发改规发［2011］6 号）、《省发展改革委关于境外投资项目核准管理有关事项的通知》（苏发改规发［2011］9 号）等有关境外投资项目管理的规定，凡与本通知有抵触的，均按本通知执行。

特此通知。

附件：

1. 小型境外投资项目申请报告表（样式）
2. 小型境外投资项目核准表（样式）
3. 小型境外投资项目核准登记单（样式）
4. 印章样式
5. 境外投资项目汇总表

江苏省发展改革委员会

2013 年 1 月 29 日

关于公布2012年省服务外包重点联系企业的通知

苏商外包［2012］360号

各市商务局：

为及时了解掌握我省外包企业运营动态及业务发展中存在的问题和困难，更好地对企业实施政策指导和协调服务，我厅决定实行服务外包重点联系企业制度。根据我厅《关于建立省服务外包重点联系企业制度的通知》（苏商外包［2012］157号）精神，各市进行了组织推荐，经研究，决定66家企业（名单附后）为2012年度省服务外包重点联系企业。现将有关事项通知如下。

一、厅服贸（外包）处具体负责服务外包重点联系企业工作

责任处室工作内容：

1. 政策资源配置优先向重点联系企业倾斜，包括国家和省鼓励服务外包发展资金的申报，参加境内外外包展会、峰会、专题培训，企业人才培训资助及人才招聘摊位分配等。

2. 为重点联系企业提供各类优先服务，如通报外包最新政策、提供信息咨询、开展业务培训、加强网上宣传等。

3. 为重点联系企业解决服务外包发展中遇到的困难和问题。属于本处室职责范围的，向主管厅领导汇报并尽快解决；不属本处室职责范围的，由外包处写出《情况反映》与相关部门协调，较大的问题向省政府或商务部写出《专题请示》上报，并及时将结果向重点企业反馈。

4. 加强与重点联系企业的交流与沟通，畅通反映问题和提出建议的渠道。采取电话、邮件、座谈会或实地调研等方式，加强与企业的联系。

二、重点联系企业工作要求

1. 重点联系企业每月10日前，向我厅联系处室报送《服务外包重点联系企业外包业务月报表》。

2. 重点联系企业反映服务外包中存在的问题要具体、翔实，提出的建议或意见要切合实际，并形成书面材料报送我厅及当地商务部门。

3. 各重点联系企业的联系人要相对固定。年度中有3个月不报送相关材料视为自动放弃省服务外包重点联系企业资格。

联系人：万力　丛雯燕

电话：025—5231164557710162；传真 025—57710329

电子邮箱：wanli@jiangsudoc. gov. cn

congwenyan@jiangsudoc. gov. cn

附件：2012 年省服务外包重点联系企业名单

江苏省商务厅

2012 年 4 月 17 日

附件1：

省服务外包重点联系企业名单

南京市（15家）：诚迈科技（南京）有限公司，南京中图数码科技有限公司，联创科技（南京）有限公司，南京朗坤软件有限公司，南京富士通南大软件技术有限公司，南京文思创新软件技术有限公司，华为软件技术有限公司，联迪恒星（南京）信息系统有限公司，江苏通信服务有限公司，南京欣网视讯通信科技有限公司，南京朗讯科技通信有限公司，江苏南大苏富特科技股份有限公司，江苏润和软件股份有限公司，江苏原力电脑动画制作有限公司，福特汽车工程研究（南京）有限公司

苏州市（15家）：旺宏微电子（苏州）有限公司，新宇软件（苏州工业园区）有限公司，江苏富士通通信技术有限公司，华硕科技（苏州）有限公司，江苏仕德伟网络科技股份有限公司，昆山中创软件工程有限责任公司，中银金融商务有限公司昆山分公司，方正国际软件有限公司，苏州工业园区乐升软件有限公司，苏州工业园区凌志软件有限公司，三星半导体（中国）研究开发有限公司，新电信息科技（苏州）有限公司，柯莱特信息技术有限公司，新世基（太仓）科技服务有限公司，中美冠科生物技术（太仓）有限公司

无锡市（15家）：无锡海辉软件有限公司，无锡药明康德新药开发有限公司，无锡恩梯梯数据有限公司，软通动力信息系统服务有限公司，贝卡尔特（中国）技术研发有限公司，泛亚信息技术江苏有限公司，横新软件工程（无锡）有限公司，无锡华润矽科微电子有限公司，无锡晟奥软件有限公司，江苏添福产品服务有限公司，江苏博彦信息技术有限公司，无锡研勤信息科技有限公司，中软国际资源信息技术（无锡）有限公司，无锡睿泰科技有限公司，好莱坞（中国）数码艺术研发中心有限公司

常州市（4家）：冲电气软件技术（江苏）有限公司，常州星北软件有限公司，江苏世轩科技股份有限公司，常州飞云信息技术有限公司

镇江市（4家）：江苏奥博洋信息技术有限公司，镇江市亿华系统集成有限公司，镇江金钛软件有限公司，江苏名通信息科技有限公司

南通市（4家）：东丽纤维研究所（中国）有限公司，巴塞利亚药业（中国）有限公司，安客诚全球信息服务（南通）有限公司，江苏先锋信息科技有限公司

泰州市（1家）：乐威（泰州）医药化学品有限公司

扬州市（1家）：扬州新宇软件有限公司

盐城市（1家）：江苏华生恒业科技有限公司

淮安市（1家）：江苏泛亚软件有限公司

连云港市（1家）：连云港杰瑞深软科技有限公司

宿迁市（2家）：宿迁大华软件科技有限公司，江苏明俊信息产业有限公司

徐州市（2家）：江苏新立迅软件科技有限公司，徐州中矿微星软件有限公司

数据篇
Data Articles

- 2012 年江苏国内贸易指标
- 2012 年江苏流通业态发展指标
- 2012 年江苏进出口贸易主要分类情况
- 2010—2012 年江苏三大区域和 13 市进出口情况
- 2012 年东南四省市服务业内部结构比较
- 2012 年年底江苏外商投资行业分布情况
- 2012 年江苏外商投资主要来源地
- 2010—2012 年江苏对外直接投资主要国别（地区）情况
- 2010—2012 年江苏各地对外直接投资情况
- 2010—2012 年江苏对外直接投资行业分布情况

2012 年江苏国内贸易指标

单位：亿元

区域		地区生产总值	社会消费品零售总额	批发零售业	住宿餐饮业
江苏		55 758.14	28 532.65	16 436.74	1 811.44
苏南	南京	7 201.57	3 103.82	2 793.48	287.09
	无锡	7 568.15	2 443.24	2 240.38	187.56
	常州	3 969.87	1 413.33	1 293.16	120.17
	苏州	12 011.65	3 240.97	2 830.37	382.73
	镇江	2 630.42	10 967.82	677.10	89.36
苏中	南通	4 558.67	1 719.27	1 576.34	132.31
	扬州	2 933.2	973.97	871.15	96.71
	泰州	2 701.67	737.57	633.73	103.87
苏北	徐州	4 016.58	1 312.50	1 173.31	139.19
	连云港	1 603.42	575.49	525.26	50.24
	淮安	1 920.91	633.24	567.60	65.64
	盐城	3 120.00	1 023.20	919.46	103.74
	宿迁	1 522.03	388.23	335.40	52.83

2012 年江苏流通业态发展指标

	项目	市场数	摊位数	商品成交额（亿元）及比重（%）		从业人员（万人）
江苏亿元以上商品交易市场情况	批发市场	293	249 319	13 661.28	87.24	83.03
	零售市场	269	133 558	1 997.96	12.76	29.36
	综合市场	171	127 331	2 224.91	14.21	30.06
	其中：1. 农产品市场	123	65 792	978.71	6.25	16.45
	2. 工业消费品市场	24	34 868	639.08	4.08	7.21
	3. 生产资料市场	8	10 556	153.16	0.98	2.01
	专业市场	391	262 823	13 434.33	85.79	82.34
	总计	562	390 154	15 659.24	100	112.4
江苏零售业态连锁店经营情况	零售业态	销售额（亿元）	门店数	从业人数（万人）		营业面积（万平方米）
	总计	4 851.52	18 300	38.82		1 873.08
	百货商店	212.74	1 242	2.34		83.25
	超级市场	921.03	4 409	13.82		518.63
	专业店	1 852.89	5 359	18.14		737.41
	专卖店	32.94	1 164	0.54		9.71
	便利店	9.59	395	0.27		4.49
	家具建材店	3.1	3	0.03		8.85
	其他	1 819.23	5 728	3.68		511.05

2012 年江苏进出口贸易主要分类情况

指标	绝对数（亿美元）	同比增长（%）
出口总额	3 285.4	5.1
一般贸易	1 395.5	10.5
加工贸易	1 602.0	−6.9
工业制成品	3 189.6	4.1
初级产品	54.9	−10.5
机电产品	2 175.0	4.7
高新技术产品	1 315.6	1.6
外商投资企业	2 046.8	−4.9
国有企业	275.9	4.1
进口总额	2 195.6	−3.3
一般贸易	797.3	−9.5
加工贸易	861.4	−8.6
工业制成品	1 816.9	−4.1
初级产品	329.8	−12.7
机电产品	1 288.8	−2.4
高新技术产品	921.7	1.2
外商投资企业	1 532.1	−10.0

2010—2012 年江苏三大区域和 13 市进出口情况

年份	2012			2011			2010		
	进出口（亿美元）	增长率（%）	比重（%）	进出口（亿美元）	增长率（%）	比重（%）	进出口（亿美元）	增长率（%）	比重（%）
苏南	4 721.40	0.59	86.14	4 693.77	14.11	86.96	4 113.32	37.01	88.31
苏中	468.41	−0.35	8.55	470.04	24.02	8.71	379.01	37.71	8.14
苏北	291.12	24.53	5.31	233.78	41.17	4.33	165.60	40.49	3.56
南京	552.35	−3.68	10.08	573.44	25.75	10.62	456.01	35.13	9.79
无锡	707.72	−2.33	12.91	724.63	18.36	13.43	612.23	39.40	13.14
常州	290.28	1.38	5.30	286.33	28.53	5.30	222.78	47.78	4.78
苏州	3 056.92	1.61	55.77	3 008.63	9.77	55.74	2 740.76	36.05	58.84
镇江	114.13	13.29	2.08	100.75	23.55	1.87	81.54	35.07	1.75
南通	263.01	2.04	4.80	257.75	22.30	4.78	210.75	29.55	4.52
扬州	101.73	0.32	1.86	101.40	23.06	1.88	82.40	51.64	1.77
泰州	103.67	−6.51	1.89	110.88	29.15	2.05	85.86	47.53	1.84
徐州	83.27	31.97	1.52	63.10	51.65	1.17	41.61	80.76	0.89
连云港	80.02	15.99	1.46	68.98	36.01	1.28	50.72	31.39	1.09
淮安	42.38	48.49	0.77	28.54	31.46	0.53	21.71	1.43	0.47
盐城	57.54	9.69	1.05	52.45	33.22	0.97	39.37	37.56	0.85
宿迁	27.93	34.93	0.51	20.70	69.67	0.38	12.20	95.76	0.26

2012 年东南四省市服务业内部结构比较（%）

指标	江苏	上海	浙江	广东	全国
农林牧副渔服务业	1.211 4	0.101 27	0.203 1	0.502 1	0.801 2
地质勘察水利管理业	0.704 2	0.415 0	0.420 1	0.669 2	1.012 0
交通运输仓储及邮通业	18.021 2	13.925 4	18.871 2	23.103 6	17.826 1
批发零售贸易及餐饮业	24.436 8	21.403 6	31.135 8	23.933 2	23.542 8
金融保险业	11.816 0	20.637 8	11.220 5	8.026 9	16.549 0
房地产业	12.036 7	15.328 6	6.426 0	14.047 2	5.848 1
社会服务业	9.347 0	11.436 2	10.627 9	14.728 0	12.126 9
卫生体育和社会福利业	3.426 8	3.427 9	4.518 0	3.037 4	3.027 0
教育文艺光电饮食业	7.837 9	7.136 6	8.347 2	5.138 0	8.637 7
科研综合技术服务业	1.320 5	2.837 0	0.927 9	0.939 0	2.212 8
国家机关和社团	6.911 6	3.037 8	6.627 4	5.602 7	7.938 9
其他行业	1.227 7	0.539 8	0.910 9	1.228 4	0.820 5

2012年年底江苏外商投资行业分布情况

行业	企业数	比重（%）	投资总额（亿美元）	比重（%）	注册资本（亿美元）	比重（%）
总计	50 461	100.00	6 250	100.00	3 301.38	100.00
农、林、牧、渔业	833	1.65	76	1.22	52.68	1.60
采矿业	23	0.05	14.22	0.23	6.69	0.20
制造业	30 932	61.30	4 413.87	70.62	2 203.9	66.76
电力、燃气及水的生产和供应业	475	0.94	140.57	2.25	55.41	1.68
建筑业	585	1.16	89.2	1.43	57.01	1.73
交通运输、仓储和邮政业	1 931	3.83	120.62	1.93	62.85	1.90
信息传输、计算机服务和软件业	2 496	4.95	72.02	1.15	38.89	1.18
批发和零售业	4 287	8.50	127.03	2.03	72.76	2.20
住宿和餐饮业	1 814	3.59	53.62	0.86	31.45	0.95
金融业	617	1.22	18.71	0.30	15.77	0.48
房地产业	1 718	3.40	545.85	8.73	372.79	11.29
租赁和商务服务业	1 936	3.84	143.86	2.30	107.28	3.25
科学研究、技术服务和地质勘查业	2 078	4.12	353.17	5.65	180.14	5.46
水利、环境和公共设施管理业	111	0.22	39.76	0.64	19.11	0.58
居民服务和其他服务业	422	0.84	20.54	0.33	11.9	0.36
教育	21	0.04	0.59	0.01	0.45	0.01
卫生、社会保障和社会福利业	19	0.04	9.11	0.15	4.68	0.14
文化、体育和娱乐业	152	0.30	11.26	0.18	7.61	0.23
其他	11	0.02	0.01	0.00	0.01	0.00

2012 年江苏外商投资主要来源地

国家（地区）	项目个数	比重（%）	合同外资（亿美元）	比重（%）	实际投资（亿美元）	比重（%）
合计	4 156	100.00	571.41	100.00	357.6	100.00
亚 洲	3 090	74.35	436.4	76.37	259.28	72.51
中国香港	1 664	40.04	282.92	49.51	179.64	50.24
中国澳门	14	0.34	2.11	0.37	1.37	0.38
中国台湾	650	15.64	59.56	10.42	16.17	4.52
印度尼西亚	10	0.24	0.85	0.15	0.26	0.07
日本	303	7.29	39.81	6.97	26.37	7.37
马来西亚	20	0.48	3.12	0.55	1.32	0.37
菲律宾	11	0.26	1.2	0.21	0.84	0.23
新加坡	136	3.27	20.8	3.64	20.71	5.79
韩国	195	4.69	18.88	3.30	9.95	2.78
泰国	7	0.17	0.13	0.02	0.38	0.11
非 洲	66	1.59	3.42	0.60	4.81	1.35
欧 洲	310	7.46	33.95	5.94	20.51	5.73
比利时	10	0.24	0.12	0.02	0.03	0.01
丹麦	14	0.34	0.46	0.08	0.23	0.06
英国	44	1.06	5.94	1.04	1.15	0.32
德国	79	1.90	10.56	1.85	7.11	1.99
法国	23	0.55	2.1	0.37	2.24	0.63
爱尔兰	1	0.02	0.27	0.05	0.14	0.04
意大利	35	0.84	2.6	0.46	0.86	0.24
卢森堡	6	0.14	1.1	0.19	0.81	0.23
荷兰	17	0.41	3.94	0.69	3.33	0.93
希腊	0	0.00	0	0.00	0	0.00
葡萄牙	1	0.02	0.02	0.00	0	0.00
西班牙	16	0.38	0.9	0.16	1.22	0.34
芬兰	9	0.22	1.21	0.21	0.71	0.20
瑞士	15	0.36	2.05	0.36	0.95	0.27
拉丁美洲	99	2.38	26.07	4.56	24.19	6.77
北美洲	436	10.49	29.42	5.15	14.95	4.18
加拿大	96	2.31	7.09	1.24	3.45	0.97
美国	335	8.06	20.82	3.64	8.58	2.40
大洋洲	176	4.23	17.5	3.06	9.16	2.56
澳大利亚	58	1.40	4.38	0.77	1.6	0.45

2010—2012 年江苏对外直接投资主要国别（地区）情况（%）

国家（地区）	2010	2011	2012	2011 中国投向
亚洲	48.58	51.85	53.20	60.94
中国香港	33.41	37.09	33.66	47.76
印度尼西亚	1.08	2.36	4.99	0.79
日本	0.90	0.59	0.64	0.20
新加坡	3.20	2.69	2.03	4.38
韩国	0.11	0.42	1.66	0.46
泰国	2.23	1.00	1.09	0.31
越南	1.10	0.45	0.76	0.25
非洲	5.16	10.28	7.27	4.25
尼日利亚	0.26	0.00	1.28	0.26
欧洲	18.21	11.34	10.29	11.05
英国	1.09	0.35	0.38	1.90
德国	3.32	1.97	4.23	0.69
法国	0.50	0.76	0.33	4.66
拉丁美洲	5.27	10.50	8.55	15.99
开曼群岛	3.70	0.75	0.96	6.61
墨西哥	0.05	0.28	0.76	0.06
英属维京群岛	0.58	9.04	5.36	8.32
北美洲	16.62	10.25	11.94	3.32
美国	13.54	5.96	8.46	2.43
大洋洲	6.16	5.79	8.74	4.44
澳大利亚	5.93	4.20	8.49	4.24

注：本表中所涉及的几大洲加起来的数据大于总额。之所以出现合计数小于几大洲加总数之和，原因在于统计中有些项目是由两个或以上的国家合作投资，而这些国家又不处于同一个地区。

资料来源：历年《江苏统计年鉴》。

2010—2012 年江苏各地对外直接投资情况

地区	2010		2011		2012	
	流量（万美元）	占比（%）	流量（万美元）	占比（%）	流量（万美元）	占比（%）
全省	215 014	100	350 231	100	504 547	100
苏南	170 992	79.53	240 886	68.78	336 480	66.69
苏中	38 804	18.05	63 707	18.19	94 161	18.66
苏北	5 217	2.43	45 638	13.03	73 906	14.65
南京市	34 427	16.01	58 827	16.80	91 775	18.19
无锡市	35 106	16.33	64 776	18.50	92 036	18.24
徐州市	1 573	0.73	12 095	3.45	60 860	12.06
常州市	34 186	15.90	44 457	12.69	25 107	4.98
苏州市	47 446	22.07	70 048	20.00	122 163	24.21
南通市	31 825	14.80	45 110	12.88	79 882	15.83
连云港市	1 820	0.85	29 458	8.41	1 520	0.30
淮安市	600	0.28	602	0.17	2 304	0.46
盐城市	671	0.31	2 694	0.77	8 692	1.72
扬州市	3 024	1.41	6 179	1.76	1 771	0.35
镇江市	19 828	9.22	2 778	0.79	5 399	1.07
泰州市	3 955	1.84	12 419	3.55	12 507	2.48
宿迁市	553	0.26	788	0.22	530	0.11

2010—2012 年江苏对外直接投资行业分布情况

	2010（万美元）	2011（万美元）	2012（万美元）	年增长率（%）
第一产业	3 476	4 772	23 286	387.97
农、林、牧、渔业	3 476	4 772	23 286	387.97
第二产业	104 267	151 149	150 561	－0.39
采矿业	2 300	32 961	33 260	0.91
制造业	63 461	63 865	72 820	14.02
电力、燃气及水的生产和供应业	36 417	35 868	40 314	12.40
建筑业	2 089	18 455	4 167	－77.42
第三产业	109 870	204 234	330 701	61.92
交通运输、仓储和邮政业	3 310	6 010	9 805	63.14
信息传输、计算机服务和软件业	12 018	17 588	7 597	－56.81
批发和零售业	37 351	86 699	89 584	3.33
住宿和餐饮业	4 764	11 500	3 100	－73.04
金融业			2 080	
房地产业	14 804	28 176	41 140	46.01
租赁和商务服务业	28 052	44 576	158 432	255.42
科学研究、技术服务和地质勘查业	4 171	6 202	12 682	104.48
居民服务和其他服务业	258	400	6 201	1 450.25
教育	142	70		
卫生、社会保障和社会福利业				
文化、体育和娱乐业	5 000	3 013	80	－97.34
总计	217 613	360 155	504 548	40.09

图书在版编目（CIP）数据

江苏商务发展报告. 2013/张为付主编. —北京：中国人民大学出版社，2014.12
ISBN 978-7-300-20219-8

Ⅰ.①江… Ⅱ.①张… Ⅲ.①商业经济-经济发展-研究报告-江苏省-2013 Ⅳ.①F727.53

中国版本图书馆 CIP 数据核字（2014）第 243112 号

江苏高校现代服务业协同创新中心研究报告
江苏商务发展报告（2013）
主编　张为付
Jiangsu Shangwu Fazhan Baogao 2013

出版发行	中国人民大学出版社		
社　　址	北京中关村大街 31 号	**邮政编码**	100080
电　　话	010－62511242（总编室）		010－62511770（质管部）
	010－82501766（邮购部）		010－62514148（门市部）
	010－62515195（发行公司）		010－62515275（盗版举报）
网　　址	http://www.crup.com.cn		
	http://www.ttrnet.com(人大教研网)		
经　　销	新华书店		
印　　刷	北京易丰印捷科技股份有限公司		
规　　格	185 mm×260 mm　16 开本	**版　　次**	2015 年 2 月第 1 版
印　　张	19.75 插页 1	**印　　次**	2015 年 2 月第 1 次印刷
字　　数	437 000	**定　　价**	58.00 元